3차원 다시점 영상 처리 및 부호화 기술

3DTV를 위한 MPEG, JVT, JCT-3V 표준화 작업

호요성 · 이천

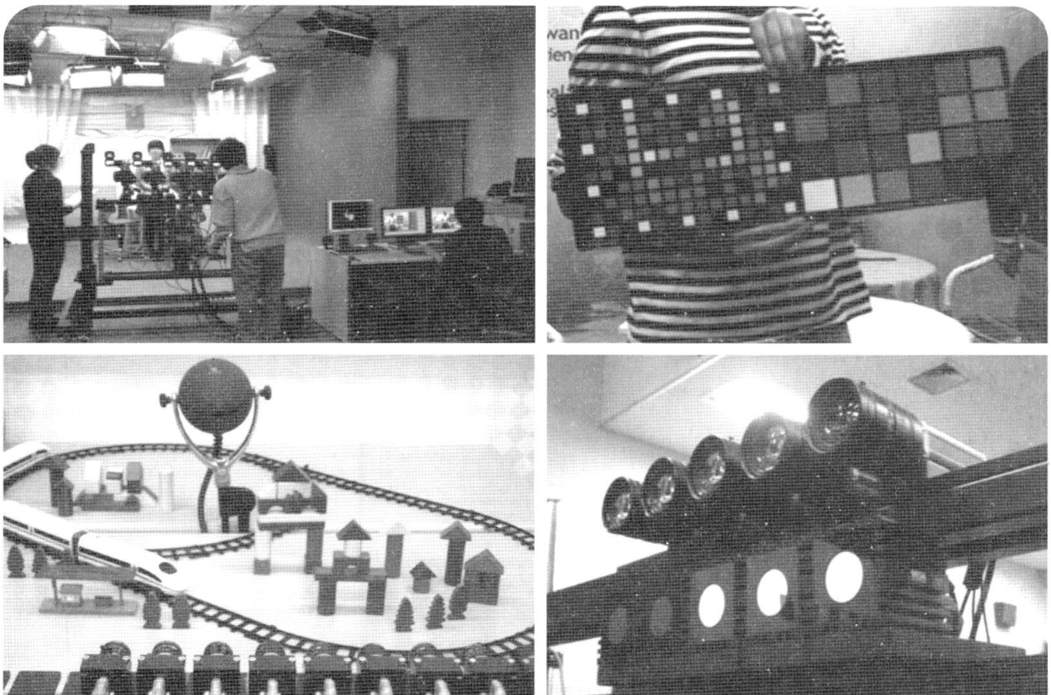

JINSAEM 진샘미디어

PREFACE
머리말

1990년도에 디지털 시대로 접어들면서 멀티미디어 기술은 비약적으로 발전했습니다. 아날로그 TV에서 디지털 TV로 바뀌고, 안방에서 보던 TV를 걸어 다니면서 보고, 한 번 놓치면 다시 보기 힘들었던 방송 프로그램을 이제는 원하는 시간에 자유롭게 볼 수 있는 시대가 되었습니다. 이와 더불어 가장 비약적으로 발전하고 있는 기술이 바로 3차원 영상 기술입니다. 한 대의 카메라로 촬영했던 영상을 두 대 이상의 카메라로 촬영한 3차원 영상을 통해 우리는 마치 장면 속에 들어가 있는 것처럼 생동감 있는 영상을 즐길 수 있게 되었습니다.

하지만 어떤 분들은 3차원 영상이 여전히 시청하기 불편하고 입체감을 잘 느끼지 못한다고 합니다. 그 이유는 시청자가 입체감을 느낄 수 있는 최상의 조건을 만족하지 못하기 때문입니다. 보통 3차원 영상을 촬영할 때 시청자의 시청 환경을 최대한 반영하지만, 모든 경우를 고려할 수 없기 때문에 이런 문제는 여전히 풀어야 할 숙제로 남아 있습니다. 이런 문제를 해결하는 방법으로, 다시점 카메라를 이용하는 방법이 있습니다. 3차원 장면을 두 대의 카메라로 촬영하는 대신에 여러 시점의 카메라로 촬영하여 시청자가 불편함을 느끼지 않고 입체감을 최대로 느낄 수 있도록 자유롭게 시점을 선택하여 재생하는 시스템을 다시점 영상을 이용한 3차원 비디오 시스템(3D video system)이라고 부릅니다.

3차원 비디오 시스템에서 가장 중요한 부분은 다시점 영상을 효율적으로 전송하기 위한 영상 압축 부호화 기술입니다. 기존의 비디오 부호화 기술은 대부분 단일 시점의 비디오를 부호화하기 위해 개발된 것이기 때문에 다시점 영상을 부호화하기 위해서는 보다 진보된 기술이 필요합니다. 이러한 문제를 해결하기 위해 비디오 압축 기술 표준화 기구인 ISO/IEC

JTC1/SC29/WG11 MPEG (moving picture experts group)과 ITU-T SG16 Q.6 VCEG (video coding experts group)은 3차원 비디오를 효율적으로 부호화하기 위한 기술을 개발하기 위해 공동 표준화 그룹인 JCT-3V (joint collaborative team on 3D video coding)를 구성하고, 다양한 응용을 위한 고화질, 고해상도의 3차원 영상에 대해 고효율, 저복잡도 압축을 목표로 3차원 비디오 부호화 (3D video coding) 기술의 표준화를 진행하고 있습니다. 특히, 2011년 11월에 있었던 MPEG 회의에서는 3차원 비디오 부호화 기술을 평가하여 H.264/AVC와 호환성을 갖는 3DV-ATM (3D video coding-AVC compatible test model) 기술을 개발하고, 차세대 비디오 부호화 기술인 HEVC (high efficiency video coding)와 호환성을 갖는 3DV-HTM (3D video coding-HEVC compatible test model) 기술을 개발하고 있습니다.

3차원 비디오 부호화 기술은 다시점 비디오 부호화 기술을 기반으로 개발되었습니다. 다시점 영상뿐만 아니라 임의 시점의 영상을 생성하는 데 필요한 깊이 데이터까지 동시에 부호화해야 하기 때문에 기존의 다시점 비디오 부호화 방법보다 진보된 기술이 필요합니다. 특히, 깊이 데이터 부호화 방법, 깊이 데이터를 이용한 영상 합성 예측 방법, 깊이 데이터를 이용한 시점 간 예측 방법 등은 기존의 단일 시점 비디오 부호화 기술에서는 없는 새로운 기술입니다. 따라서 3차원 비디오 부호화 표준을 이해하기 위해서는 3차원 영상에 대한 기본적인 이해가 필요하고, 임의 시점의 영상을 생성하기 위해서는 깊이 데이터를 획득하는 방법과 중간시점의 영상을 합성하는 방법을 이해해야 합니다. 이와 더불어, 다시점 영상을 부호화하는 방법을 잘 이해해야 합니다. 이렇듯 3차원 비디오 부호화 기술은 3차원 영상의 획득 방법부터 재생 방법까지 여러 가지 기술이 복합적으로 적용되기 때문에, 관련 분야의 실무자나 학생들의 이해를 돕기 위한 지도안의 필요성을 절실히 느끼게 되어 이 책을 준비하게 되었습니다.

이 책의 구성은 다음과 같습니다. 우선 제1장에서는 3차원 영상의 기하학적 구조를 이해하기 위한 기초 개념을 간단히 설명하고, 기본적인 영상 처리 기술을 설명합니다. 제2장에서는 다시점 카메라를 이용해 3차원 영상을 획득하는 방법과 획득한 영상을 보정하는 기술을 간단히 소개합니다. 제3장에서는 표준화 기구인 MPEG과 VCEG이 공동으로 발족한 JVT에서 개발한 다시점 비디오 부호화에 대해 소개합니다. 제4장에서는 3차원 비디오 부호화의 기본 개념과 부호화 기술을 포함한 3차원 비디오 시스템에 사용되는 요소 기술을 소개합니다.

제5장에서는 H.264/AVC를 호환하는 3차원 비디오 부호화 방법의 핵심 알고리즘을 알아보고, 제6장에서는 차세대 비디오 부호화 기술인 HEVC를 호환하는 3차원 비디오 기술을 소개합니다. 마지막으로, 제7장에서는 3차원 비디오를 시청하는 과정에서 발생할 수 있는 불편함을 이해하기 위한 인간의 시각적 특성과 3차원 영상의 화질을 평가하기 위한 방법을 간략히 소개합니다. 그리고 이 책의 전반에 걸쳐 독자에게 도움이 될 수 있는 알고리즘의 소스 코드를 제공했습니다.

이 책을 집필하면서 많은 도움을 준 여러 전문가들과 광주과학기술원 영상통신연구실 연구원들에게 깊은 고마움을 전하며, 이 책의 출판을 맡아 수고해 주신 진샘미디어 관계자 여러분께도 감사를 표합니다. 이 책이 3차원 영상 처리 기술과 부호화 기술의 실무자나 학생들이 3차원 영상의 기본 원리를 이해하고, 이를 바탕으로 3차원 비디오 부호화 표준에서 사용되는 핵심 알고리즘을 이해하는데 도움이 되기를 기대합니다. 이 책의 미흡한 부분에 대한 독자의 의견을 보내주시면 나중에 이 책을 개선하는데 최대한 반영하도록 노력하겠습니다.

2013년 3월

호요성, 이천

CONTENTS 차례

CHAPTER 4

CHAPTER 5

CHAPTER 6

CHAPTER 7

CHAPTER 1
다시점 기하학의 기초

근래에 들어 정보통신 기술이 급속히 발전하면서 우리의 삶도 크게 바뀌었다. 글자를 이용하여 정보를 얻는 시대에서 영상 정보를 통해 더 많은 정보를 쉽고 빠르게 접할 수 있는 시대가 된 것이다. 그래서 학교에서는 보다 쉬운 설명을 위해 더 많은 시청각 자료를 사용하고, 교과서는 더 많은 그림을 이용하고 있다. 최근에는 이런 2차원 영상을 이용한 정보 전달 방법을 뛰어넘어 보다 사실적인 정보 전달을 위한 3차원 영상을 이용하는 방법이 관심을 받고 있다. 3차원 영상은 2차원의 평면적인 정보를 넘어 입체감을 주는 정보로서 보다 현실감 있는 공간 정보를 전달할 수 있는 장점이 있다. 예를 들어, 3차원 영상을 이용하면 복잡한 물체의 구조를 보다 효과적으로 설명할 수 있으며, 사용자가 장면의 거리감을 느낄 수 있기 때문에 보다 사실적인 현장감을 제공할 수 있다.

3차원 영상은 보통 두 대의 카메라를 이용하여 획득할 수 있다. 3차원 영상을 처리하기 위해서는 카메라와 실제 공간 사이의 상관관계를 이해해야 한다. 이를 다시점 기하학(multi-view geometry)이라 하는데, 이 장에서는 3차원 영상의 기본 원리와 다시점 기하학을 소개한다.

1.1 3차원 영상의 소개

2차원 영상은 하나의 카메라로 획득한 영상이지만, 3차원 영상은 양안으로 물체의 거리감을 느끼는 원리를 기반으로 두 대의 카메라를 이용하여 획득한 영상을 말한다. 그러므로 3차원 영상은 기본적으로 같은 장면을 담고 있지만, 두 영상의 상대적 위치가 약간 다른 특징을 갖는다. 이런 원리는 이미 기원전 300년경에 그리스의 수학자인 유클리드(Euclid)에 의해 인간의 양안이 각각 서로 다른 장면을 받아들인다는 사실을 발견했다. 그리고 15세기의 이탈리아 미술가이자 수학자인 레오나르도 다빈치(Leonardo da Vinci)는 사람이 두 눈을 통해 사물을 인지하는 능력을 입체시(stereopsis)라고 명명하고, 이를 통해 인간이 물체의 거리감을 인식함을 알아냈다. 19세기 초 영국의 발명가이자 물리학자인 찰스 휘트스톤(Charles Wheatstone)은 입체시의 원리를 바탕으로 최초로 입체경(stereogram)을 발명했다 [1].

<그림 1-1>은 최초의 입체경과 입체 사진을 보인 것으로, 중앙에 설치한 두 개의 거울(A, A')에 양쪽 (E, E')에 설치한 입체사진이 반사되어 양안에 각각 다른 영상이 투영되는 원리를 이용했다. 그리고 사진과 거울의 거리를 조절하여 깊이감을 조절할 수 있도록 고안했다. 이후 1849년 스코틀랜드의 과학자 데이비드 브루스터(David Brewster)는 프리즘을 이용해 입체경의 크기를 줄이고, 그림을 더욱 크게 볼 수 있도록 개량한 입체경을 발명했다.

〈그림 1–1〉 최초의 입체경과 입체사진

3차원 입체 영상은 1830년대부터 연구가 지속적으로 이루어져 왔지만, 50년 정도의 주기로 부흥기와 쇠퇴기를 반복하고 있다. <그림 1-2>는 최초의 입체경부터 최근의 3차원 입체 영화까지의 대표적인 기술을 보인 것이다. 제1세대는 입체경의 발명을 시작으로 3차원 입체 영화의 부흥기를 맞았으나, 휴대용 카메라의 발명과 함께 눈에 피로감을 주는 입체 영상에 대한 관심이 낮아졌다. 이후 1950년대에 다양한 입체 카메라와 디스플레이 장치의 개발로 제2세대 3차원 입체 영화의 부흥기를 맞았다. 하지만 이즈음에 텔레비전의 보급과 입체 영상이 주는 피로감 때문에 입체 영상에 대한 관심이 다소 낮아졌다. 그러나 최근 디지털 기술이 발전하여 다양한 입체 카메라와 디스플레이 장치가 개발됨에 따라 다시 최고의 부흥기를 맞고 있다. 대표적인 예로, 2009년에 제작된 제임스 카메론 감독의 영화 '아바타 (Avatar, 2009)'는 뛰어난 컴퓨터 그래픽스 기술과 고해상도의 3차원 카메라를 이용해 제작되었으며, '아바타'가 크게 흥행하여 3차원 입체 영화의 상업적 성공 가능성을 입증했다. 이후 애니메이션과 실사 영화를 구분하지 않는 다양한 입체 영화가 제작되고 있다.

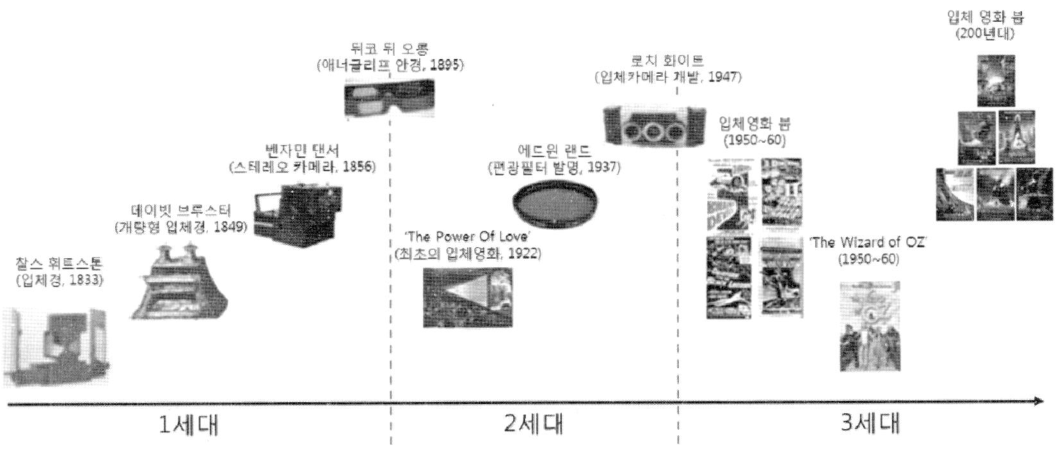

〈그림 1-2〉 3차원 입체 영상의 역사

최고의 전성기를 누리고 있는 입체 영화를 일각에서는 아직도 미숙한 기술이라고 평한다. 왜냐하면, 3차원 입체 영상은 인간이 입체감을 느끼는 환경을 인위적으로 제작하여 두 눈에 투영하기 때문에, 실제 자연 환경과 일치하지 않는 요소들이 인간의 시각 시스템에 혼란을 주어 신체적 거부감을 일으키기 때문이다. 또한 3차원 입체 영상을 재현하는 방법도 기존의

2차원 영상과 다르기 때문에 입체 영상의 효과적인 재현을 위해서는 부가적인 기술이 필요하다. 특히, 입체 영상을 감상하기 위해 편광 필터(polarized light filter)나 셔터 글라스(shutter glasses) 방식의 특화된 입체 안경이 필요하기 때문에 장시간 동안 3차원 영상을 감상하는데 불편한 단점이 있다. 이런 여러 가지 문제들을 해결하기 위해 3차원 카메라부터 재현 장치에 이르기까지 다양한 기술이 개발되고 있다.

1.2 기하학과 사영 변환

앞으로 이 책에서 다루게 될 3차원 영상은 양안식 또는 다시점의 카메라로 획득한 영상이므로, 카메라 사이의 관계를 잘 이해해야 한다. 이 장에서는 다시점 기하학(multi-view geometry)을 간략히 소개한다 [2]. 기본적인 기하학의 개념을 이해하려면 점/선/면의 관계를 알아야 한다. 한 평면 R^2 위의 한 점은 (x,y)와 같이 좌표축 위의 위치로 표현할 수 있다. 평면 공간 R^2를 벡터 공간으로 생각하면, (x,y)는 하나의 벡터로 취급할 수 있다. 한 평면 위의 선은 $ax + by + c = 0$과 같이 수식으로 표현할 수 있다. 이런 선을 벡터로 표현하면 $(a,b,c)^T$로 나타낼 수 있다. 한 점 $x = (x,y)^T$이 한 선 $l = (a,b,c)^T$ 위에 존재할 경우에 $ax + by + c = 0$를 만족해야 한다. 이를 벡터의 내적(inner product)으로 표현하면 $(x,y,1)(a,b,c)^T = (x,y,1)l$이 된다. 이때, 점 $(x,y)^T$을 $(x,y,1)^T$으로 확장하여 표현할 수 있다는 것을 기억하자.

<그림 1-3>에 보인 것과 같이, 사영 공간(projective space) P^2은 3차원 공간에서 선들의 집합이라고 생각하면 편리하다. 이런 선들은 원점 O를 지나는 모든 선을 의미하며, 대표적으로 $k(x_1,x_2,x_3)^T$으로 표현할 수 있다. 이런 점들은 사영 공간 P^2에서 한 점으로 표현될 수 있다. 그러므로 사영성(projectivity)은 사영 공간 P^2에서 역변환이 가능한 점과 점을 정합(mapping)하는 것을 말한다. 그리고 사영 변환(projective transformation)은 세 개의 벡터로 구성된 동차의 선형 변환으로, 다음 식 (1-1)과 같은 비특이(non-singular) 3×3 행렬 **H**로 표현할 수 있다.

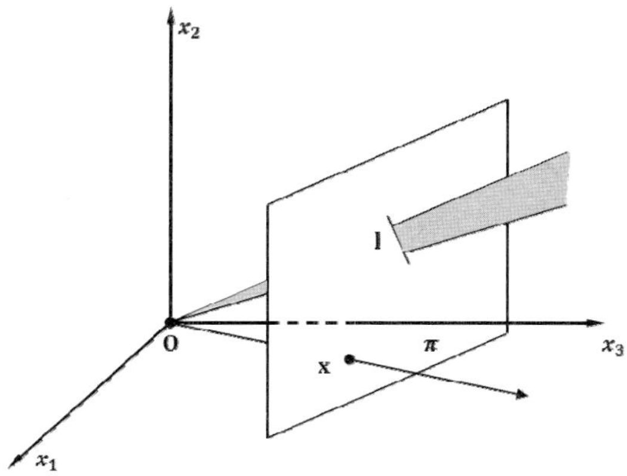

〈**그림 1-3**〉 사영 평면 모델

$$\begin{pmatrix} x_1' \\ x_2' \\ x_3' \end{pmatrix} = \begin{bmatrix} h_{11} & h_{12} & h_{13} \\ h_{21} & h_{22} & h_{23} \\ h_{31} & h_{32} & h_{33} \end{bmatrix} \begin{pmatrix} x_1 \\ x_2 \\ x_3 \end{pmatrix} \tag{1-1}$$

식 (1-1)을 간단히 표현하면 $\mathbf{x}' = \mathbf{H}\mathbf{x}$과 같다.

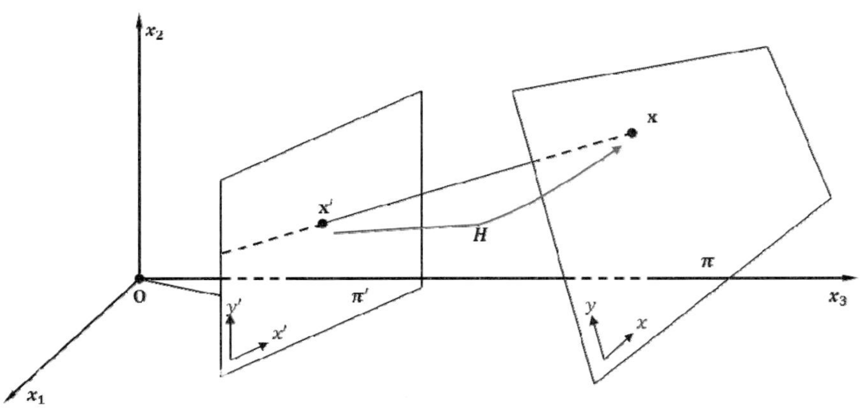

〈**그림 1-4**〉 사영 변환을 이용한 평면간 점-점 이동

식 (1-1)을 이용하면 두 평면 사이의 상응하는 점을 정합할 수 있다. <그림 1-4>는 사영 변환 행렬 H를 이용하여 한 평면 π' 위의 한 점 x′를 다른 평면 π 위의 상응점 x로 이동한 것을 설명한 것이다. 이때, 앞에서 설명한 사영 평면 모델을 이용하면, 두 점 x′와 x를 잇는 직선은

원점을 지나는 직선이 된다. 앞으로 설명할 카메라 모델과 임의 시점 영상의 합성 방법에서는 이와 같은 사영 변환을 이용한 평면간 상응점 결정 방법이 기본적으로 이용된다.

1.3 에피폴라 기하학

에피폴라 기하학(epipolar geometry)는 두 시점 사이의 사영 기하학을 설명한 것이다. 3차원 영상은 한 장면을 여러 대의 카메라로 동시에 촬영한 영상이므로, 각 카메라에서 상응하는 화소를 정의하는 것이 중요하다. 이런 상응 화소를 결정하기 위해서는 에피폴라 기하학을 먼저 이해해야 한다. 에피폴라 기하학은 장면의 구조와는 별개로 카메라의 내부 변수와 카메라간 위치와 방향에 의해 결정된다. 에피폴라 기하학은 기본적으로 여러 대의 카메라로 획득한 영상 사이의 상응점을 결정하기 위한 것이다.

에피폴라 기하학은 <그림 1-5>와 같이 두 카메라와 3차원 공간상의 한 점의 관계로 설명할 수 있다. 3차원 공간상의 한 점 $\mathrm{X} = (x,y,z)^T$가 C와 C'를 초점으로 하는 두 대의 카메라에 사영되었을 때, 각 점의 관계를 앞에서 설명한 사영 변환을 이용하여 설명할 수 있다. C를 초점으로 하는 왼쪽 카메라의 사영 변환 행렬을 P라고 하고, C'를 초점으로 하는 왼쪽 카메라의 사영 변환 행렬을 P′라고 하면, 3차원 공간 위의 한 점 $\mathrm{X} = (x_w,y_w,z_w)$는 식 (1-2)와 식 (1-3)과 같이 결정된다.

$$\begin{pmatrix} x_l \\ y_l \\ z_l \end{pmatrix} = \begin{bmatrix} p_{11} & p_{12} & p_{13} \\ p_{21} & p_{22} & p_{23} \\ p_{31} & p_{32} & p_{33} \end{bmatrix} \begin{pmatrix} x_w \\ y_w \\ z_w \end{pmatrix} \tag{1-2}$$

$$\begin{pmatrix} x_r \\ y_r \\ z_r \end{pmatrix} = \begin{bmatrix} p'_{11} & p'_{12} & p'_{13} \\ p'_{21} & p'_{22} & p'_{23} \\ p'_{31} & p'_{32} & p'_{33} \end{bmatrix} \begin{pmatrix} x_w \\ y_w \\ z_w \end{pmatrix} \tag{1-3}$$

이때, 각 카메라의 사영 변환 행렬은 각 카메라의 내부 변수와 외부 변수에 의해 결정된다.

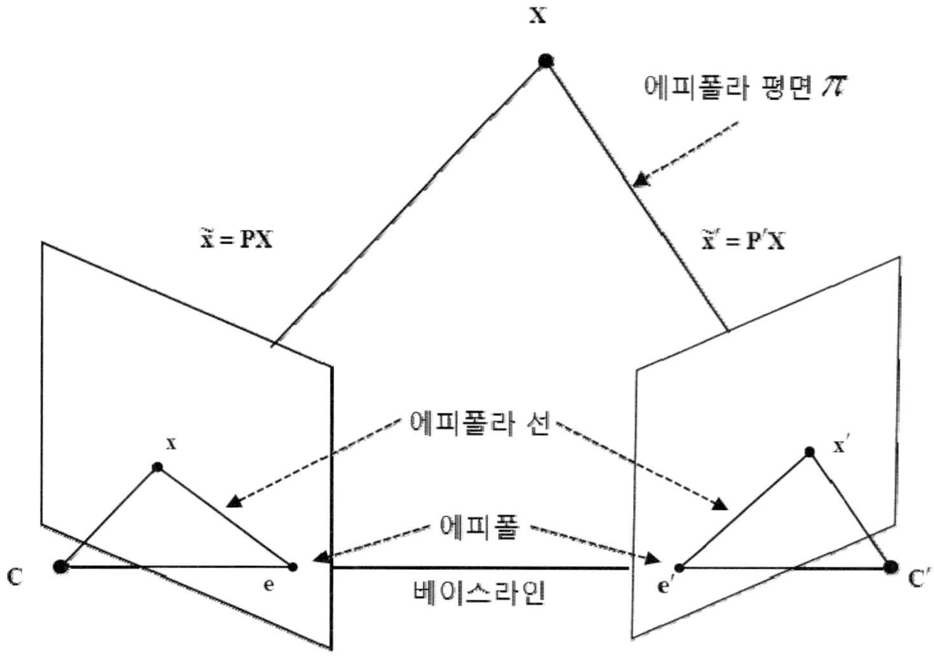

〈그림 1-5〉 에피폴라 기하학의 기본 모델

식 (1-2)와 식 (1-3)을 살펴보면, 각 카메라로 사영된 점이 3x1 벡터로 구성되어 있음을 알 수 있다. 이를 2차원 공간상의 한 점으로 표현하기 위해서는 식 (1-4)와 식 (1-5)를 통해 얻어진 점 벡터를 2x1 벡터로 변환해야 하는데, 식 (1-4)와 식 (1-5)의 요소를 z-요소로 나누어 주면 된다.

$$\mathbf{x} = \begin{pmatrix} \tilde{x}_l \\ \tilde{y}_l \end{pmatrix} = \begin{pmatrix} x_l / z_l \\ y_l / z_l \end{pmatrix} \tag{1-4}$$

$$\mathbf{x}' = \begin{pmatrix} \tilde{x}_r \\ \tilde{y}_r \end{pmatrix} = \begin{pmatrix} x_r / z_r \\ y_r / z_r \end{pmatrix} \tag{1-5}$$

앞으로 다룰 시점간 상응 화소를 결정하는 문제는 앞에서 설명한 왼쪽 시점의 영상에 존재하는 한 점 x와 이에 상응하는 화소 x′를 결정하는 방법을 의미한다. <그림 1-6>의 점 x는 왼쪽 카메라의 위치에서 보면 x와 X를 잇는 선 위의 한 점이 영상에 사영된 것이므로, 점 x′의 위치를 정확히 찾기 위해서는 원래의 점 X의 위치를 정확히 알아야 하는데, 이때 점 x의 깊이값이 이용된다. 깊이맵 혹은 깊이지도는 영상의 각 화소와 카메라 사이의 거리를 8비트 영상으로 표현한 영상으로, 3차원 비디오 시스템에서 중요한 부가정보이다. 이와 같은 영상 정보를 이용하여 원래 3차원 공간의 점을 찾는 과정을 역방향 사영(backward projection)이라고 한다.

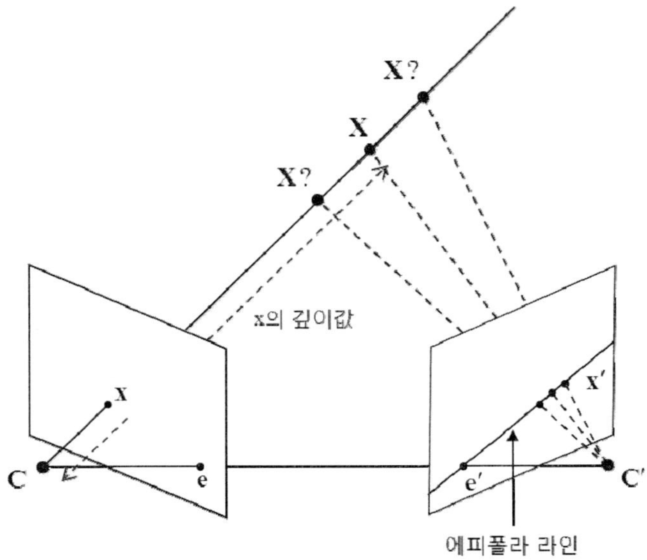

〈그림 1-6〉 역방향 사영을 이용한 점의 위치 복원

1.4 카메라 모델과 카메라 변수

카메라는 3차원 공간에 존재하는 빛을 2차원 평면인 필름이나 이미지 센서 위에 사영하여 2차원 영상을 획득하는 장치이다. 카메라는 렌즈와 이미지 센서를 포함하는 영상 장치로 다양한 구조를 갖지만, 이 장에서는 가장 기본적인 카메라 모델일 핀홀 카메라(pin-hole camera)를 설명한다. 이와 같은 카메라 모델은 앞에서 설명한 사영 기하학을 이용하여 나타낼 수 있다. 기본적인 핀홀 카메라 모델은 카메라의 구조를 수치화하여 행렬 형식으로 표현한다. <그림 1-7>은 핀홀 카메라 모델의 기하학적 구조를 보인 것으로, CCD(charge-coupled device) 센서 기반의 카메라를 바탕으로 한다.

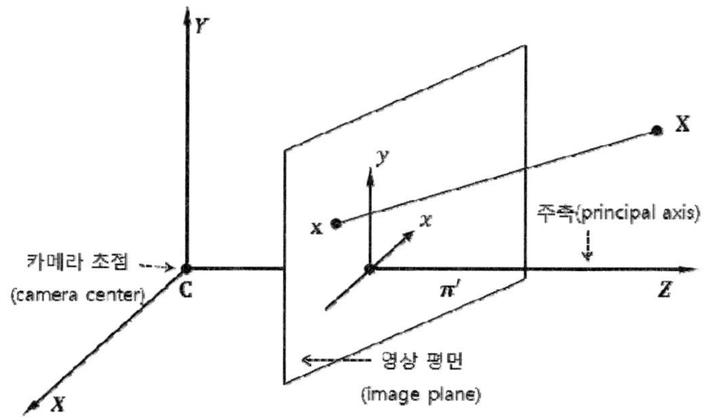

〈그림 1-7〉 핀홀 카메라 모델의 기하학적 구조

핀홀 카메라 모델을 설명하기 위해서는 3차원 공간에 있는 한 점의 위치를 표현하기 위한 세계 좌표계(world coordinate system)와 영상 위의 한 점을 표현하기 위한 영상 좌표계(image coordinate system)을 이용해야 한다. 중심 투영법(central projection)을 바탕으로 가장 간단하게 설명하기 위해 두 좌표계의 원점이 일치한다고 가정하면, 세계 좌표계의 Z-축과 영상 좌표계의 z-축이 겹치는 형태가 된다.

<그림 1-7>은 세계 좌표계의 한 점 $X = (X,Y,Z)^T$가 카메라 초점을 향해 사영되어 영상 평면 위의 한 점 x로 투영되는 점과 점의 관계를 보인 것이다. <그림 1-8>은 <그림 1-7>의 Y-Z 평면을 기준으로 핀홀 카메라 모델을 보인 것으로, 카메라의 초점거리와 세계 좌표계에서 영상 좌표계로 사영된 점과의 관계를 설명한 것이다. <그림 1-8>에서 삼각형의 닮은비를 이용하면 세계 좌표계의 한 점 $X = (X,Y,Z)^T$와 영상 평면으로 사영된 점 x와의 관계를 식 (1-6)으로 표현할 수 있다.

$$\begin{pmatrix} X \\ Y \\ Z \end{pmatrix} \rightarrow \begin{pmatrix} fX/Z \\ fY/Z \end{pmatrix} \tag{1-6}$$

식 (1-6)은 3차원의 세계 좌표계 R^3에서 2차원의 영상 좌표계 R^2로의 사영 정합(projection mapping)을 설명한 것이다. 이때 카메라 초점(camera center)은 세계 좌표계의 점들이 사영을 통해 수렴하게 되는 점을 가리킨다. 때로는 이 카메라 초점을 광심(optical center)으로 표현하기도 한다. 카메라 초점과 영상 평면이 수직으로 만나는 점을 주축(principal axis)이라고 하고, 주축과 영상 평면이 만나는 점을 주점(principal point)이라고 한다.

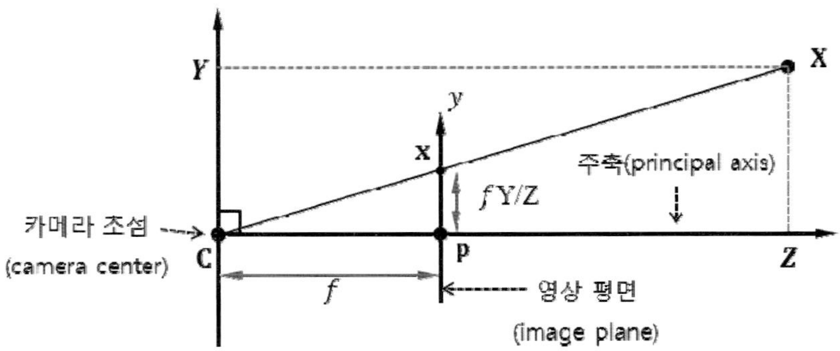

〈그림 1-8〉 카메라 초점거리와 사영된 점과의 관계

세계 좌표계 위의 점과 영상 평면의 점을 동차의 벡터(homogeneous vector)로 표현하면, 식 (1-7)과 같이 위의 카메라 모델을 간단히 수식화할 수 있다.

$$\begin{pmatrix} X \\ Y \\ Z \\ 1 \end{pmatrix} \rightarrow \begin{pmatrix} fX \\ fY \\ Z \end{pmatrix} = \begin{bmatrix} f & 0 & 0 & 0 \\ 0 & f & 0 & 0 \\ 0 & 0 & 1 & 0 \end{bmatrix} \begin{pmatrix} X \\ Y \\ Z \\ 1 \end{pmatrix} \tag{1-7}$$

여기서 3차원 공간 위의 점을 표현하는 새로운 방법을 소개한다. 식 (1-7)에 보인 것처럼, 세계 좌표계의 점을 영상 평면으로 정합하는 변환 행렬을 카메라 사영 행렬(camera projection matrix)이라고 하는데, 이 카메라 사영 행렬은 3x4이고, 세계 좌표계의 점 벡터는 3x1이므로 연산을 위해서는 동차의 벡터로 표현하기 위해 4x1 벡터 $(X, Y, Z, 1)^T$로 표시한다. 이런 방법을 종합하면 식 (1-7)을 식 (1-8)과 같이 정의할 수 있다.

$$\mathbf{x} = \mathbf{PX} \tag{1-8}$$

식 (1-8)은 영상 좌표계의 원점(origin)이 주점과 같을 때 얻을 수 있다. 하지만, 실제로는 주점이 획득한 영상의 중심에 가까이 위치한다. <그림 1-9>는 영상 좌표계와 세계 좌표계의 원점이 일치했던 것을 주점의 오차(principal point offset)만큼 영상 좌표계를 이동한 것을 보인 것이다. 이런 주점의 오차를 반영하면 세계 좌표계의 점 $X = (X,Y,Z)^T$가 영상 좌표계의 점으로 사영되는 과정을 다음과 같이 표현할 수 있다.

$$\begin{pmatrix} X \\ Y \\ Z \end{pmatrix} \rightarrow \begin{pmatrix} f\dfrac{X}{Z} + p_x \\ f\dfrac{Y}{Z} + p_y \end{pmatrix} \tag{1-9}$$

그리고 카메라 사영 행렬을 이용한 정합 과정은 식 (1-10)과 같이 표현할 수 있다.

$$\begin{pmatrix} X \\ Y \\ Z \\ 1 \end{pmatrix} \rightarrow \begin{pmatrix} fX + p_x \\ fY + p_y \\ Z \end{pmatrix} = \begin{bmatrix} f & 0 & 0 & p_x \\ 0 & f & 0 & p_y \\ 0 & 0 & 1 & 0 \end{bmatrix} \begin{pmatrix} X \\ Y \\ Z \\ 1 \end{pmatrix} \tag{1-10}$$

이와 같은 식을 간단히 표현하기 위해 카메라 사영 행렬을 다음과 같은 3x3행렬로 치환한다.

$$\mathbf{A} = \begin{bmatrix} f & 0 & p_x \\ 0 & f & p_y \\ 0 & 0 & 1 \end{bmatrix} \tag{1-11}$$

식 (1-11)을 카메라 보정 행렬(camera calibration matrix)이라고 하는데, 식 (1-10)을 다시 표현하면 식 (1-12)와 같이 쓸 수 있다.

$$\mathbf{x} = \mathbf{A}[\mathbf{I} \mid \mathbf{0}]\mathbf{X}_c \tag{1-12}$$

여기서 X_c는 앞서 언급한 세계 좌표계의 점 $X = (X,Y,Z)^T$를 카메라의 원점에 위치한 점이라고 가정한다.

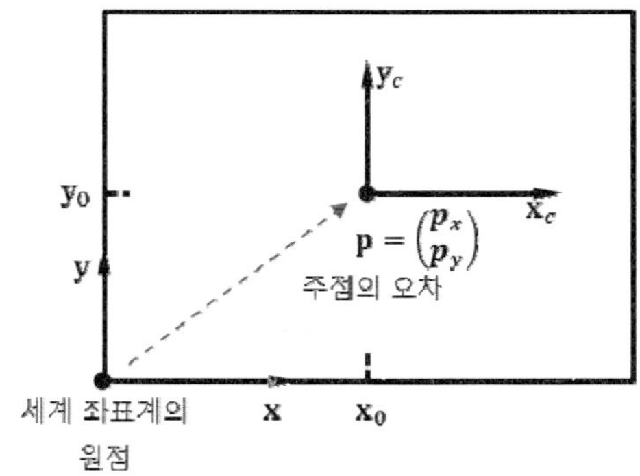

〈그림 1–9〉 영상 좌표계의 원점 이동 (주점의 이동)

이제 앞의 핀홀 카메라 모델을 설명하기 위한 가정에서 실제 상황으로 조금 더 접근한다. <그림 1–10>에서 설명한 두 개의 좌표계의 원점은 서로 겹쳐 있는 것으로 가정했지만, 실제로는 세계 좌표계와 영상 좌표계를 서로 다르게 표현한다. 만약 카메라의 위치와 방향을 임의로 정한 세계 좌표계를 기준으로 표현하면, 두 좌표계의 원점은 달라질 수밖에 없다. 카메라의 초점 거리(focal length)나 주점의 오차와 같이 카메라를 제작한 후에는 임의로 바뀔 수 없는 변수는 세계 좌표계의 위치와 상관없이 고정되지만, 카메라의 방향과 위치는 세계 좌표계를 어떻게 정의하느냐에 따라 달라질 수 있다. 실제로 카메라 변수를 추정하는 과정에서 격자형 패턴을 이용하는데, 이 패턴의 한 점을 세계 좌표계의 원점으로 지정하고 카메라의 방향과 위치를 추정한다.

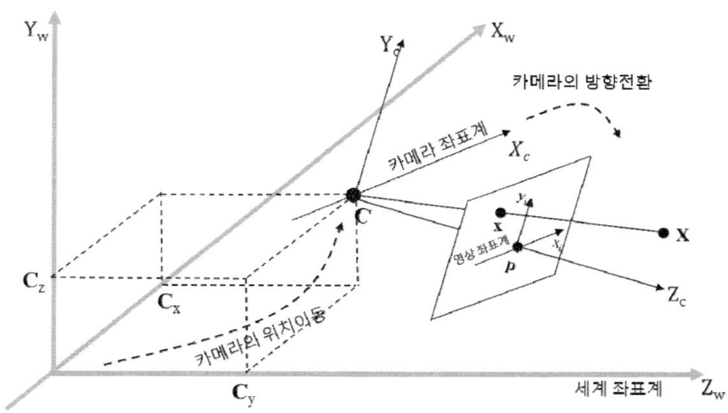

〈그림 1–10〉 카메라의 위치 이동과 방향 전환

카메라의 이동과 방향을 표현하기 위해서는 앞서 설명한 세계 좌표계와 영상 좌표계 외에 또 하나의 좌표계인 카메라 좌표계(camera coordinate system)를 이해해야 한다. 지금까지는 카메라 좌표계와 세계 좌표계가 완벽하게 일치한다는 가정에서 설명했지만, 카메라 좌표계의 원점과 세계 좌표계의 원점이 일치하지 않을 경우엔, 서로 다른 좌표계로 생각해야 한다. 카메라 좌표계는 초점 거리와 주점의 오차로 구성된 카메라 고유의 좌표계이므로, 카메라의 위치 이동과 방향 전환에 따라 카메라 좌표계가 변경되지 않는다.

<그림 1-10>은 이와 같은 세 개의 좌표계와 카메라의 위치 이동 및 방향 전환을 설명한 것이다. 카메라 좌표계의 위치를 세계 좌표계의 원점에서 $\widetilde{\mathbf{C}}$만큼 이동하고, 동시에 3x3의 방향 전환 행렬 $\mathbf{R}$을 이용하여 방향 전환을 수행했다고 하자. 이때, 세계 좌표계의 한 점을 $\widetilde{\mathbf{X}}$이라고 하고, 이 점을 카메라 좌표계를 기준으로 표시한 점을 $\widetilde{\mathbf{X}}_c$라고 하면, 두 점의 관계를 식 (1-13)과 같이 표현할 수 있다.

$$\widetilde{\mathbf{X}}_c = \mathbf{R}(\widetilde{\mathbf{X}} - \widetilde{\mathbf{C}}) \tag{1-13}$$

식 (1-13)을 동차의 벡터(homogeneous vector)를 이용하여 식 (1-14)와 같이 표현할 수 있다.

$$\mathbf{X}_c = \begin{bmatrix} \mathbf{R} & -\mathbf{R}\widetilde{\mathbf{C}} \\ 0 & 1 \end{bmatrix} \begin{pmatrix} X \\ Y \\ Z \\ 1 \end{pmatrix} = \begin{bmatrix} \mathbf{R} & -\mathbf{R}\widetilde{\mathbf{C}} \\ 0 & 1 \end{bmatrix} \mathbf{X} \tag{1-14}$$

식 (1-14)는 3차원 공간의 한 점 X가 방향 전환과 이동을 통해 카메라 좌표계로 이동한 것을 의미한다. 그러므로 카메라 좌표계로 이동한 이 점을 식 (1-12)를 이용해 다시 표현하면 식 (1-15)를 얻을 수 있다.

$$\mathbf{x} = \mathbf{AR}[\mathbf{I} \mid -\widetilde{\mathbf{C}}]\mathbf{X} \tag{1-15}$$

식 (1-15)는 식 (1-12)와 같은 의미이다. 특히, $-\mathbf{R}\widetilde{\mathbf{C}}$는 카메라의 초점이 방향 전환과 이동을 모두 수행하여 결정된 것이므로, 카메라의 이동 벡터라고 생각할 수 있다. 이를 $\mathbf{t}$로 표현하면,

3차원 공간의 한 점이 카메라 내부의 영상 평면에 사영되는 과정을 식 (1–16)과 같은 사영 행렬(projection matrix)로 표현할 수 있다.

$$\mathbf{P} = \mathbf{A}[\mathbf{R} \mid \mathbf{t}] \tag{1-16}$$

지금까지 카메라 모델의 기초와 카메라 변수를 살펴보았다. 카메라 변수에 대해 다시 종합하면, **A**는 카메라의 내부 변수(intrinsic parameter)로 카메라의 초점 거리와 주점의 오차로 이루어진 것으로, 카메라의 고유 변수이다. 그리고 **R**과 **t**는 카메라의 방향과 이동을 표시하는 변수로 세계 좌표계의 원점 위치에 따라 변할 수 있는 외부 변수이다. 이런 변수는 다시점 영상 사이의 기하학적 구조를 설명하는 중요한 정보이므로 정확한 정보의 추정이 매우 중요하다.

1.5 카메라 변수 추출

카메라의 기하학적 구조를 바탕으로 각 시점 영상의 상관관계를 정의하기 위해서는 앞에서 설명한 카메라의 변수를 정확하게 획득해야 하는데, 이런 카메라 변수를 추정 과정을 카메라 보정(camera calibration)이라고 한다. 카메라 보정 기술은 크게 객체 기반의 카메라 보정 기술과 객체를 사용하지 않는 카메라 보정 기술로 나눌 수 있다.

객체를 이용한 카메라 보정 기술은 <그림 1–11>과 같이 3차원 기하학적 정보를 포함하는 객체를 카메라로 촬영하고, 촬영한 영상과 객체의 정보를 정합하여 변수를 추정하는 기술이다. 예를 들면, <그림 1–12>의 바둑판과 같은 격자 패턴을 촬영하고, 획득한 영상의 격자와 3차원 공간상의 격자를 서로 정합하여 카메라 변수를 추정한다. 객체를 직접 이용하지 않고 카메라 변수를 추정하는 기술은 고정 변수인 카메라 내부 변수를 미리 추정하고, 외부 변수인 방향과 이동을 3차원 영상의 상관도를 이용하여 추정하는 방법이다 [3]. 이번 절에서는 격자 패턴을 이용하는 객체 기반의 카메라 보정 방법을 간단히 설명한다 [4].

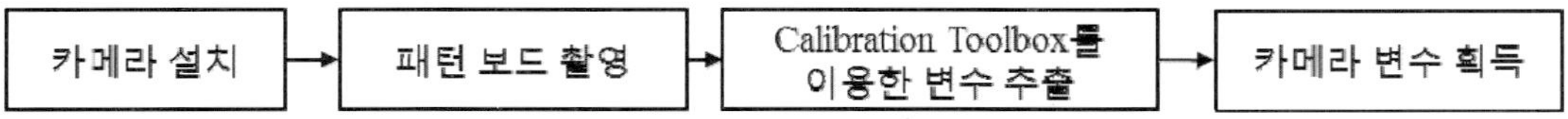

〈그림 1-11〉 카메라 변수 추출 과정

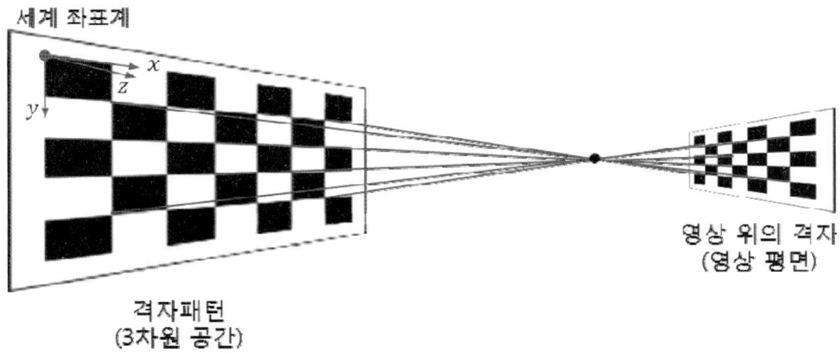

〈그림 1-12〉 격자 패턴을 이용한 카메라 보정 방법

1.5.1 패턴영상을 이용한 카메라 변수 추출

카메라 변수는 카메라 모델을 이용하여 카메라의 내부적 특성을 설명함과 동시에 세계 좌표계 위에서 카메라의 방향과 위치를 표현하는 중요한 정보이다. 카메라의 내부 변수는 식 (1-17)과 같이 구성된다. f는 초점 거리를 나타내며, 카메라의 렌즈와 상이 맺히는 영상 센서(CCD) 간의 거리로 결정된다. 카메라의 렌즈를 수직으로 투과하는 직선을 주축(principle axis)이라고 하는데, 식 (1-17)의 $\{p_x, p_y\}$는 주축이 카메라의 영상 평면과 만나는 위치를 나타낸다. 또한 s는 CCD의 각 셀(cell)의 모양을 표현한 것으로, 셀 모양이 직각에 가까울수록 0에 가까운 값을 갖는다. 최근에 개발된 대부분의 카메라를 사용할 때 $s = 0$으로 설정한다.

$$\mathbf{A} = \begin{bmatrix} f & s & p_x \\ 0 & f & p_y \\ 0 & 0 & 1 \end{bmatrix} \tag{1-17}$$

외부 변수는 카메라의 상대적 방향과 위치를 나타낸다. 카메라의 방향을 나타내는 방향 행렬(rotation matrix)은 식 (1-18)과 같은 3x3 행렬로 카메라 내부 변수와는 별개로 세계 좌표계를 기준으로 카메라의 방향을 나타낸다.

$$R = \begin{bmatrix} r_{11} & r_{12} & r_{13} \\ r_{21} & r_{22} & r_{23} \\ r_{31} & r_{32} & r_{33} \end{bmatrix} \tag{1-18}$$

카메라 변수는 <그림 1-12>에 보인 것과 같이 크기를 알고 있는 격자 패턴을 촬영하고, 촬영한 영상의 격자의 정보를 이용하여 추정한다. 카메라 외부 변수 중에서 위치 벡터는 식 (1-19)와 같이 세계 좌표계에서 카메라의 위치를 나타낸다.

$$t = \begin{bmatrix} t_1 \\ t_2 \\ t_3 \end{bmatrix} \tag{1-19}$$

<그림 1-12>에 보인 것처럼, 격자 패턴을 이용한 카메라 보정 방법은 3차원 공간상의 격자 패턴의 평면과 영상 평면을 서로 정합하여 카메라 변수를 추정하는 방법이다. 격자 패턴 위의 한 점을 $\mathbf{X} = (X,Y,Z)^T$라고 표기하고, 이에 상응하는 영상 위의 점을 $\mathbf{x} = (u,v)^T$라고 가정하자. 이 두 점을 동차의 벡터 형식으로 바꾸어 각각 $\tilde{\mathbf{X}} = (X,Y,Z,1)^T$과 $\tilde{\mathbf{x}} = (u,v,1)^T$로 표현하면, 식 (1-15)와 식 (1-16)을 식 (1-20)과 같이 나타낼 수 있다.

$$s\tilde{\mathbf{x}} = \mathbf{A}[\mathbf{R} \mid \mathbf{t}]\tilde{\mathbf{X}} \tag{1-20}$$

식 (1-20)의 방향 행렬(rotation matrix)을 세 개의 벡터로 다시 표현하고, 3차원 공간상의 격자 패턴 평면의 Z 방향의 값이 Z=0인 것을 이용하면, 식 (1-21)과 같이 나타낼 수 있다.

$$s\begin{pmatrix} u \\ v \\ 1 \end{pmatrix} = \mathbf{A}\begin{bmatrix}\mathbf{r}_1 & \mathbf{r}_2 & \mathbf{r}_3 & \mathbf{t}\end{bmatrix}\begin{pmatrix} X \\ Y \\ 0 \\ 1 \end{pmatrix} = \mathbf{A}\begin{bmatrix}\mathbf{r}_1 & \mathbf{r}_2 & \mathbf{t}\end{bmatrix}\begin{pmatrix} X \\ Y \\ 1 \end{pmatrix} \tag{1-21}$$

여기서 격자 패턴 평면 위의 모든 점들은 Z = 0이므로, 3차원 공간상의 점을 $\mathbf{X} = (\tilde{X},Y,1)^T$로 다시 표현할 수 있다. 이렇게 식 (1-20)을 3x3 크기의 호모그래피 행렬(homography matrix)로 표현하면 식 (1-22)와 같이 쓸 수 있다.

$$s\tilde{\mathbf{x}} = \mathbf{H}\tilde{\mathbf{X}} \qquad (\mathbf{H} = \mathbf{A}[\mathbf{r}_1 \quad \mathbf{r}_2 \quad \mathbf{t}]) \tag{1-22}$$

따라서 카메라 변수를 추출하기 위해서는 호모그래피 행렬을 정확하게 추정해야 한다.

호모그래피 행렬을 추정하기 위해 최대 우도 추정법(maximum likelihood estimation)을 이용한 추정 방법을 설명한다. 먼저 <그림 1-12>와 같이 격자 평면과 영상 평면 사이에 상응하는 화소를 정확히 찾으면, 각 상응 화소는 식 (1-22)를 만족한다. 하지만, 영상 위의 점을 추정하는 과정에서 발생할 수 있는 오류 때문에 정확한 위치를 찾는 것이 상당히 어렵다. 3차원 공간에 있는 격자 패턴에서 찾을 수 있는 n개의 점 중에서 i-번째 교차점을 $\mathbf{X_i}$라고 표시하고, 이에 상응하는 영상 평면 위의 점을 $\mathbf{x_i}$라고 하자. 특히, $\mathbf{x_i}$의 평균이 0이고 공분산 행렬(covariance matrix) $\Lambda_{\mathbf{x_i}}$인 가우시안 잡음(Gaussian noise)으로 인해 부정확하게 측정되었다면, 최대 우도 추정법을 이용한 호모그래피 행렬 $\mathbf{H}$는 식 (1-23)의 최소값을 구하여 얻을 수 있다.

$$\sum_i (\mathbf{x}_i - \mathbf{x}'_i)^T \Lambda_{\mathbf{x}_i}^{-1} (\mathbf{x}_i - \mathbf{x}'_i) \tag{1-23}$$

여기서 $\mathbf{\acute{x}}_i$는 식 (1-24)와 같은 방법으로 추정한다.

$$\mathbf{x}'_i = \frac{1}{\bar{h}_3^T \mathbf{X}_i} \begin{bmatrix} \bar{h}_1^T \mathbf{X}_i \\ \bar{h}_2^T \mathbf{X}_i \end{bmatrix} \tag{1-24}$$

여기서 $\bar{\boldsymbol{h}}_i^T$는 호모그래피 행렬을 추정하는 과정에서 획득한 $\mathbf{H}$의 각 열(row) 벡터이다. 식 (1-23)의 해를 구할 때 $\mathbf{x_i}$를 독립적으로 추정했다면, 공분산 행렬을 $\Lambda_{\mathrm{x_i}} = \sigma^2 \mathrm{I}$로 설정하여 구할 수 있다. 그러면 위의 문제는 식 (1-25)와 같이 비선형 최소 자승법(non-linear least-squares) 문제로 바뀐다.

$$\sum_i \|\mathbf{x}_i - \mathbf{x}'_i\|^2 \tag{1-25}$$

이 문제를 풀기 위해서 초기값이 필요한데, $\mathbf{H}$를 변형하여 $\mathbf{m} = (\bar{\boldsymbol{h}}_1^T, \bar{\boldsymbol{h}}_2^T, \bar{\boldsymbol{h}}_3^T)$ 이라고 하면, 식 (1-21)을 식 (1-26)과 같이 다시 정리할 수 있다.

$$\begin{bmatrix} \widetilde{\mathbf{X}}^T & \mathbf{0}^T & -u\widetilde{\mathbf{X}}^T \\ \mathbf{0}^T & \widetilde{\mathbf{X}}^T & -v\widetilde{\mathbf{X}}^T \end{bmatrix} \mathbf{m} = \mathbf{0} \tag{1-26}$$

식 (1-26)을 간단히 표시하면 $\mathbf{Lm} = 0$으로 표현할 수 있다. 이때 획득한 영상에서 결정한 점의 수가 n개 있으므로 식 (1-26)과 같은 방정식이 총 n개 있다. 따라서 행렬 $\mathbf{L}$은 최소 특이값(smallest singular value)을 찾는 방법으로 결정할 수 있다.

1.5.2 OpenCV를 이용한 카메라 변수 추출

컴퓨터 비전을 공부하는 연구자라면 OpenCV라는 공개 소스를 한번쯤은 접해 보았을 것이다. OpenCV는 Intel사에서 제공하는 공개 라이브러리로 Intel사와 Willow Garage사가 함께 개발하여 공개했다 [5]. 이 공개 라이브러리는 약 2500개의 영상 처리 및 컴퓨터 비전에 관련된 알고리즘이 구현되어 있기 때문에 영상 처리를 배우는 학생이나 연구자가 많이 이용하고 있다. OpenCV를 이용하기 위한 환경 설정은 블로그나 인터넷을 통해 쉽게 찾을 수 있는데, 여기서 설명하는 방법은 OpenCV2.0을 기준으로 한다.

이 장의 앞에서 소개한 것처럼, 카메라 보정 작업은 <그림 1-13>에 보인 격자 패턴과 같은 이미 알고 있는 정보를 이용하는 방법이 일반적이다. 격자 패턴은 정사각형의 문양을 격자로 배치한 구조이다. 카메라 보정을 위해서는 <표 1-1>과 같은 격자 패턴에 대한 정보를 미리 입력해야 한다.

〈표 1-1〉 카메라 변수 추출을 위한 정보

변수 이름	변수의 기능
NUM_OF_CONERS_IN_WIDTH	격자 패턴에서 가로 방향의 코너 개수
NUM_OF_CONERS_IN_HEIGHT	격자 패턴에서 세로 방향의 코너 개수
WIDTH_OF_A_BLOCK	한 격자의 한 변의 길이
NUM_OF_PATTERNS	격자 패턴을 촬영할 총 프레임 수

이때 격자의 한 변 길이를 mm 단위로 표시하는데, 격자 패턴의 실제 길이를 입력해 주면 된

다. 격자 패턴을 촬영할 총 프레임 수는 정해져 있지 않지만, 일반적으로 8로 지정하면 된다. 이 값이 커질수록 카메라 보정 과정에서 발생할 수 있는 오류는 줄어든다.

<소스코드 1-1>은 우리가 흔히 사용할 수 있는 웹캠을 이용하여 카메라 변수를 추출한 것이다. 이 소스코드를 실행하기 위해 필요한 장비는 웹캠과 <그림 1-13>에 보인 것과 같은 격자 패턴이다. 이 프로그램은 웹캠에서 영상을 획득하여 격자 패턴의 코너를 찾고, NUM_OF_PATTERNS 수만큼 패턴을 추출하면, cvCalibrateCamera2()함수를 호출하여 카메라 변수를 추정한다. 단일 시점의 카메라는 카메라의 내부 변수가 중요하므로, 카메라 방향 행렬과 위치 벡터를 따로 구하지 않는다.

〈그림 1-13〉 카메라 변수 추출에 이용하는 격자 패턴

〈소스코드 1-1〉 OpenCV 라이브러리를 이용한 단시점 카메라의 카메라 보정

```
#include "stdafx.h"

#include <cv.h>
#include <cxcore.h>
#include <highgui.h>

#pragma comment(lib, "cv200.lib")
```

```
#pragma comment(lib, "highgui200.lib")
#pragma comment(lib, "cxcore200.lib")

#define NUM_OF_CONERS_IN_WIDTH  5
#define NUM_OF_CONERS_IN_HEIGHT 8
#define NUM_OF_PATTERNS         8
#define WIDTH_OF_A_BLOCK        30

int _tmain(int argc, _TCHAR* argv[])
{
    int     board_width = NUM_OF_CONERS_IN_WIDTH;
    int     board_height    = NUM_OF_CONERS_IN_HEIGHT;
    int     n_boards        = NUM_OF_PATTERNS;
    const int board_dt      = WIDTH_OF_A_BLOCK;

    int board_n = board_width * board_height;
    CvSize board_sz = cvSize( board_width, board_height );
    CvCapture* capture = cvCreateCameraCapture( 0 );
    assert( capture );

    cvNamedWindow( "카메라 보정" );

    // 초기화: 메모리 할당
    CvMat* image_points         = cvCreateMat( n_boards*board_n, 2, CV_32FC1 );
    CvMat* object_points        = cvCreateMat( n_boards*board_n, 3, CV_32FC1 );
    CvMat* point_counts         = cvCreateMat( n_boards, 1, CV_32SC1 );
    CvMat* intrinsic_matrix_A   = cvCreateMat( 3, 3, CV_32FC1 );
    CvMat* distortion_coeffs_D  = cvCreateMat( 5, 1, CV_32FC1 );

    CvPoint2D32f* corners = new CvPoint2D32f[ board_n ];
    int corner_count;
    int successes = 0;
    int step, frame = 0;

    IplImage *image = cvQueryFrame( capture );  // 캠으로부터 영상 획득
```

```
IplImage *gray_image = cvCreateImage( cvGetSize( image ), 8, 1 );

// 정의한 NUM_OF_PATTERNS 수만큼 코너를 찾으면 완료
while( successes < n_boards ){

    if( frame++ % board_dt == 0 ){
        // 격자 패턴에서 코너 찾기
        int found = cvFindChessboardCorners( image, board_sz, corners,
        &corner_count, CV_CALIB_CB_ADAPTIVE_THRESH |
                    CV_CALIB_CB_FILTER_QUADS );

        cvCvtColor( image, gray_image, CV_BGR2GRAY );
        cvFindCornerSubPix( gray_image, corners, corner_count, cvSize( 11, 11 ),
        cvSize( -1, -1 ), cvTermCriteria( CV_TERMCRIT_EPS+CV_TERMCRIT_ITER, 30,
                                        0.1 ));
        // 코너를 영상에 표시하기
        cvDrawChessboardCorners( image, board_sz, corners, corner_count, found );
        cvShowImage( "카메라 보정", image );

        // 격자 패턴을 정확하게 추적했을 경우
        if( corner_count == board_n ){
            step = successes*board_n;
            for( int i=step, j=0; j < board_n; ++i, ++j )
                {
                CV_MAT_ELEM( *image_points, float, i, 0 ) = corners[j].x;
                CV_MAT_ELEM( *image_points, float, i, 1 ) = corners[j].y;
                CV_MAT_ELEM( *object_points, float, i, 0 ) = j/board_width;
                CV_MAT_ELEM( *object_points, float, i, 1 ) = j%board_width;
                CV_MAT_ELEM( *object_points, float, i, 2 ) = 0.0f;
            }
            CV_MAT_ELEM( *point_counts, int, successes, 0 ) = board_n;
            successes++;
        }
    }
```

```
        // 다음 화면을 획득하기 전까지 쉬기
        int c = cvWaitKey( 15 );
        if( c == 'p' ){
                c = 0;
                while( c != 'p' && c != 27 ){
                        c = cvWaitKey( 250 );
                }
        }
        if( c == 27 )
                return 0;
        image = cvQueryFrame( capture ); // 다음 화면 획득
}

CvMat* object_points2 = cvCreateMat( successes*board_n, 3, CV_32FC1 );
CvMat* image_points2 = cvCreateMat( successes*board_n, 2, CV_32FC1 );
CvMat* point_counts2 = cvCreateMat( successes, 1, CV_32SC1 );

for( int i = 0; i < successes*board_n; ++i ){
        CV_MAT_ELEM( *image_points2, float, i, 0) = CV_MAT_ELEM(
                                                *image_points, float, i, 0 );
        CV_MAT_ELEM( *image_points2, float, i, 1) = CV_MAT_ELEM(
                                                *image_points, float, i, 1 );
        CV_MAT_ELEM( *object_points2, float, i, 0) = CV_MAT_ELEM(
                                                *object_points, float, i, 0 );
        CV_MAT_ELEM( *object_points2, float, i, 1) = CV_MAT_ELEM(
                                                *object_points, float, i, 1 );
        CV_MAT_ELEM( *object_points2, float, i, 2) = CV_MAT_ELEM(
                                                *object_points, float, i, 2 );
}

for( int i=0; i < successes; ++i ){
        CV_MAT_ELEM( *point_counts2, int, i, 0 ) = CV_MAT_ELEM( *point_counts, int, i, 0 );
}
cvReleaseMat( &object_points );
cvReleaseMat( &image_points );
```

```
    cvReleaseMat( &point_counts );

    CV_MAT_ELEM( *intrinsic_matrix_A, float, 0, 0 ) = 1.0;
    CV_MAT_ELEM( *intrinsic_matrix_A, float, 1, 1 ) = 1.0;

    // 카메라 보정 작업 수행
    cvCalibrateCamera2( object_points2, image_points2, point_counts2, cvGetSize( image ),
        intrinsic_matrix_A, distortion_coeffs_D, NULL, NULL, CV_CALIB_FIX_ASPECT_RATIO );

    // 카메라 내부 변수와 렌즈왜곡 계수 저장
    cvSave( "Intrinsics.xml", intrinsic_matrix_A );
    cvSave( "Distortion.xml", distortion_coeffs_D );

    // 카메라 외부 변수 저장
    CvMat* rot_matrix, *rot_vector, *tr_vector;
    rot_matrix = cvCreateMat( 3, 3, CV_32FC1 );
    rot_vector = cvCreateMat( 1, 3, CV_32FC1 );
    tr_vector  = cvCreateMat( 1, 3, CV_32FC1 );

    rot_vector->data.fl[0] = extrinsic_vector_R->data.fl[0];
    rot_vector->data.fl[1] = extrinsic_vector_R->data.fl[1];
    rot_vector->data.fl[2] = extrinsic_vector_R->data.fl[2];

    tr_vector->data.fl[0] = extrinsic_vector_T->data.fl[0];
    tr_vector->data.fl[1] = extrinsic_vector_T->data.fl[1];
    tr_vector->data.fl[2] = extrinsic_vector_T->data.fl[2];

    // 3x3 행렬 형식으로 변환
    cvRodrigues2(rot_vector, rot_matrix);

    cvSave( "Rotation.xml", rot_matrix );
    cvSave( "Translation.xml", tr_vector );

    return 0;
}
```

<그림 1–14>는 위의 프로그램을 이용하여 얻은 격자 패턴의 코너를 추출한 결과를 보인 것이고, 식 (1–27)은 카메라 보정으로 얻은 카메라 내부 변수를 나타낸 것이다. 여기서 초점 거리와 주점의 오차를 주목하자. 초점 거리는 카메라 렌즈의 선택에 따라 결정되는 값이고, 주점의 오차는 영상의 해상도에 따라 결정된다. 이 영상의 경우 주점의 위치가 (308.410, 246.510)임을 알 수 있는데, 원본 영상의 해상도가 640x480이므로 주점의 위치가 영상의 중앙에 가깝다는 것을 알 수 있다. 카메라 외부 변수는 카메라의 패턴을 획득한 영상 별로 개별적으로 계산한다. 다시 말해, <그림 1–14>의 왼쪽 패턴 영상에 대한 외부 변수와 오른쪽 패턴 영상의 외부 변수가 서로 다르게 추정된다. 왜냐하면, 촬영한 패턴을 기준으로 카메라의 위치와 방향을 계산하기 때문에 각 패턴 영상 별로 다른 외부 변수가 계산된다. 식 (1–28)과 식 (1–29)는 직접 구한 카메라 방향 행렬과 위치 벡터를 보인 것이다.

〈그림 1–14〉 격자 패턴의 코너를 추출한 결과

$$A = \begin{bmatrix} f & 0 & p_x \\ 0 & f & p_y \\ 0 & 0 & 1 \end{bmatrix} = \begin{bmatrix} 725.314 & 0 & 308.410 \\ 0 & 725.314 & 246.510 \\ 0 & 0 & 1 \end{bmatrix} \tag{1–27}$$

$$R = \begin{bmatrix} -0.948 & 0.011 & -0.316 \\ 0.083 & 0.972 & -0.217 \\ 0.306 & -0.232 & -0.923 \end{bmatrix} \tag{1–28}$$

$$t = \begin{bmatrix} 11.647 \\ -0.752 \\ 34.498 \end{bmatrix} \tag{129}$$

1.5.3 Matlab Toolbox를 이용한 카메라 변수 추출

OpenCV와 같은 라이브러리 외에도 Matlab Toolbox 형태로 공개된 카메라 보정 소프트웨어가 있다. 대표적으로 미국의 Caltech 연구소에서 제공하는 카메라 보정 알고리즘이 유명하다 [6]. 지금부터 이 카메라 보정 알고리즘을 이용하여 카메라 변수를 추출하는 방법을 실제적인 사용법 위주로 간략히 소개한다. 해당 소프트웨어는 온라인으로 내려 받을 수 있으므로 소스코드에 대한 분석은 생략한다. Matlab Camera Calibration Toolbox는 참고 문헌의 링크를 통해 내려 받을 수 있다.

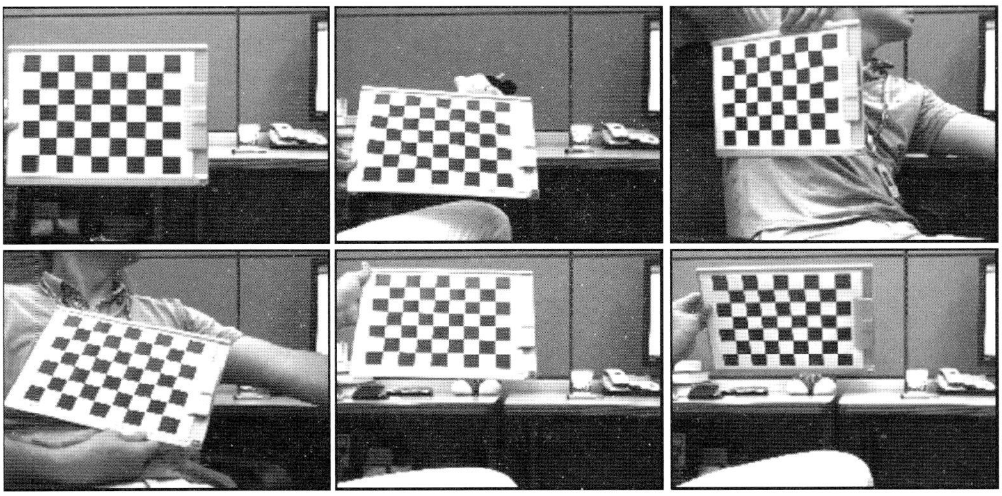

〈그림 1-15〉 격자 패턴을 여러 각도에서 촬영한 패턴 영상

카데라 변수를 추출하기 위해서는 OpenCV를 사용하는 방법과 마찬가지로 격자 패턴을 촬영한 패턴 영상이 필요하다. 패턴 영상은 앞에서 보인 <그림 1-13>과 같이 만들면 된다. 이 패턴을 <그림 1-15>와 같이 여러 각도에서 촬영하는데, 이는 각 패턴 영상에서 찾은 교차점의 상응 관계를 보다 다양하게 설정하여 카메라 변수의 오류를 최소화하기 위함이다. 이때 각 격자 패턴의 이름은 다음과 같이 지정한다.

```
패턴영상의 이름 지정: [패턴_이름]_[순서].bmp
```

여기서 [패턴_이름]은 사용자가 임의로 정할 수 있는 이름이고, [순서]는 각 패턴 영상을 순차적으로 번호를 매긴 것이다. 예를 들어, [패턴_이름]을 ‘ptn’이라고 하고, 총 6장의 패턴 영상을 촬영할 경우 다음과 같이 이름을 지정할 수 있다.

```
ptn_1.bmp, ptn_2.bmp, ptn_3.bmp, ptn_4.bmp, ptn_5.bmp, ptn_6.bmp
```

이렇게 지정한 파일은 내려 받은 소스코드가 들어있는 폴더로 복사한다. 이렇게 하면 카메라 변수 추출을 위한 기본적인 준비는 끝난다.

〈표 1-2〉 Matlab Toolbox를 이용한 카메라 변수 추출 순서

순서	실행	수행 내용
단계 1	‘calib_gui.m’ 실행	카메라 보정 소프트웨어 실행
단계 2	GUI에서 ‘Standard’ 클릭	Select mode 소프트웨어 실행
단계 3	‘Image names’ 클릭	보정할 패턴 영상 읽기
단계 4	‘Extract grid corners’ 클릭	각 패턴 영상의 교차점 탐색
단계 5	‘Calibration’ 클릭	탐색한 코너 정보를 바탕으로 카메라 변수 추출

Matlab Camera Calibration Toolbox를 이용한 카메라 변수 추출은 다음의 <표 1-2>에 보인 순서대로 수행하면 된다. 먼저 내려 받은 소스코드 중에서 ‘calib_gui.m’ 파일을 실행한다. 그 결과로 <그림 1-16(a)>와 같은 창이 뜬다. 이후 ‘Standard’ 버튼을 클릭하여 본격적으로 카메라 변수를 추출한다. <그림 1-16(b)>는 카메라 보정을 수행하는 소프트웨어를 보인 것으로, 중요한 실행 버튼을 붉은색 사각형으로 표시했다. 그 외의 기능에 대해서는 소프트웨어를 제공하는 웹 페이지를 참고하기 바란다.

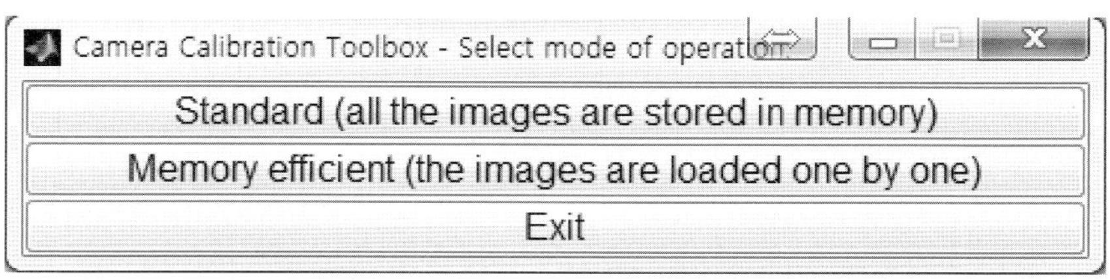

(a) 처음 나타나는 창 – ‘Standard’ 클릭

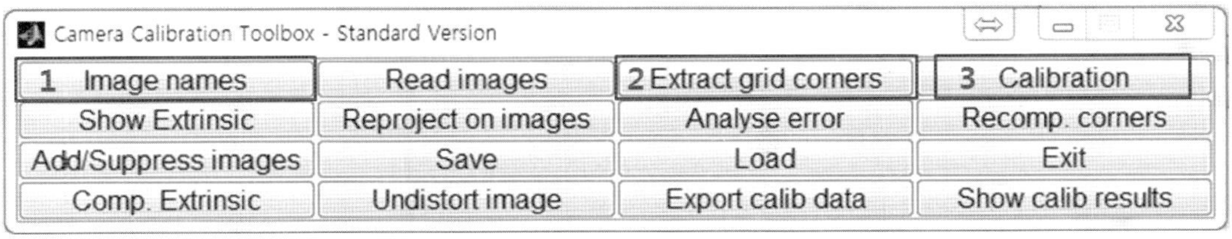

(b) 카메라 보정을 수행하는 소프트웨어

〈그림 1-16〉 카메라 보정 소프트웨어

카메라 보정을 위해 가장 먼저 실행하게 되는 단계가 <표 1-2>의 '단계 3'이다. 이 단계는 패턴 영상을 컴퓨터 메모리에 읽어오는 작업을 수행한다. 이 단계를 실행하면 Matlab 명령창에 현재 폴더에 포함되어 있는 파일을 모두 보여주고, 읽어올 패턴 영상의 이름을 입력하라는 명령어가 나온다.

<그림 1-17>의 붉은색 상자에 보인 것과 같이, 패턴 영상의 이름에서 순서와 파일 확장자를 제외한 앞부분의 이름을 입력한다. <그림 1-17>에서는 'ptn_'만 입력했다. 여기서 파일 형식이 'bmp'이므로 명령창에는 'b'만 입력한다. 그러면 저장된 6개의 패턴 영상을 읽고, 다음의 <그림 1-18>과 같이 입력한 패턴 영상을 한번에 출력한다.

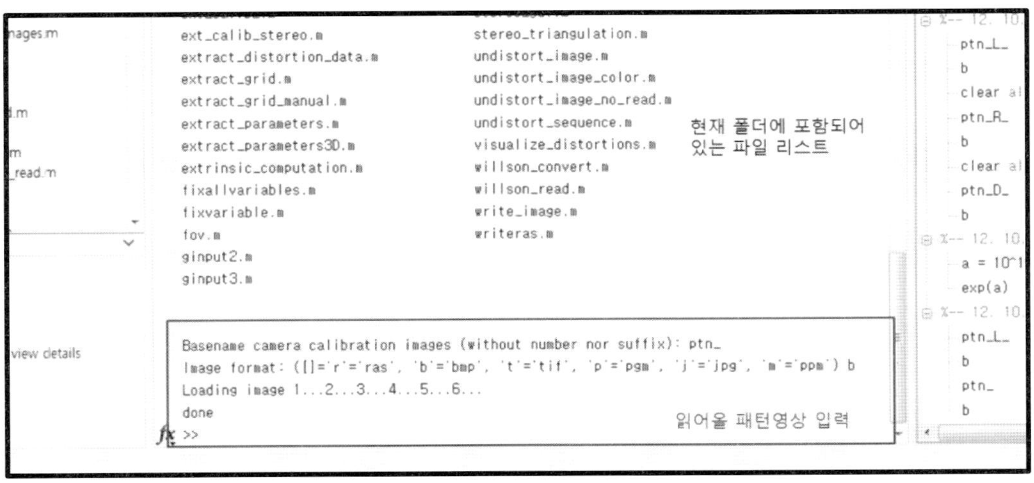

〈그림 1-17〉 패턴 영상의 이름 입력

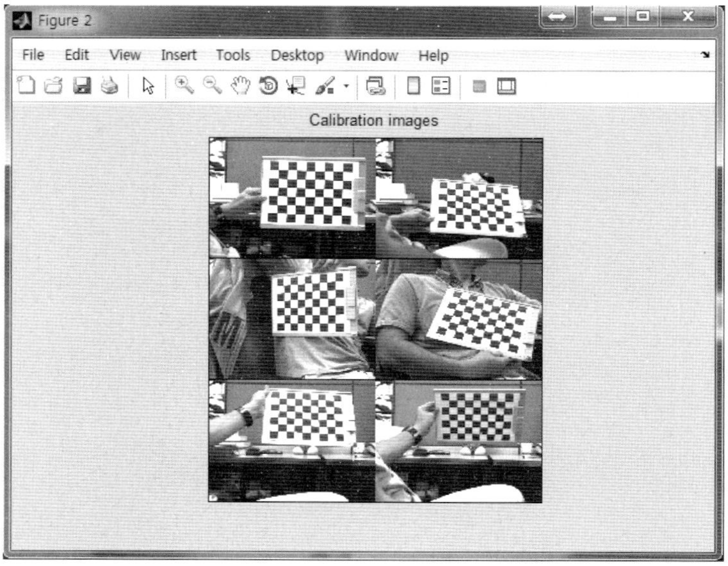

〈그림 1–18〉 입력한 패턴 영상

단계 4는 격자 패턴의 교차점을 사용자가 수동으로 입력하는 단계이다. 카메라 보정 소프트웨어에서 ‘Extract grid corner’를 실행하면 명령창에 아래와 같은 메시지가 나온다. 각 명령어에 따라 사용자가 임의로 지정해도 되지만, 기본 설정으로 지정하기 위해 엔터키를 계속 누르면 된다.

```
Extraction of the grid corners on the images
Number(s) of image(s) to process ([] = all images) =
Window size for corner finder (wintx and winty):
wintx ([] = 10) =
winty ([] = 10) =
Window size = 21x21
Do you want to use the automatic square counting mechanism (0=[]=default)
    or do you always want to enter the number of squares manually (1,other)?
```

이 단계에서 중요한 점은 각 패턴에서 처음 가리키는 지점이 그 패턴 영상의 원점 (origin)이 된다는 것이다. <그림 1–19>에 보인 것처럼, 원점으로부터 시계 방향으로 4개의 교차점을 순서대로 클릭해야 한다. <그림 1–19>에서 1번 위치의 점이 원점이 되어 가로 방향이 x–

축, 세로 방향이 y-축이 된다. 이 소프트웨어를 제공하는 웹페이지에서는 교차점의 선택 순서를 다르게 설명했다. 웹 페이지에서는 선택 순서를 그림의 2번부터 시작하지만, 여기서는 1번부터 시작한다. 이는 추후 다시점 카메라를 위한 카메라 변수 추정 과정에 더 적합하기 때문에 이와 같이 수행한다.

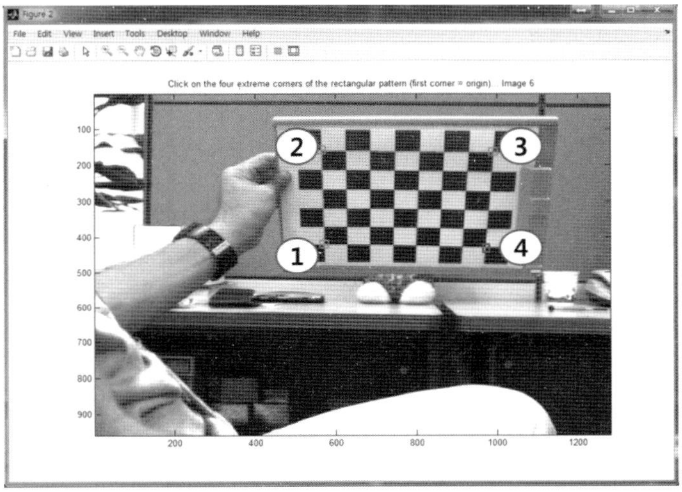

〈그림 1-19〉 패턴 영상의 교차점 선택하기

교차점을 모두 선택하면 명령창에 아래와 같은 메시지가 나타난다. 이때 정확한 카메라 변수를 추출하기 위한 중요한 격자 크기를 입력한다. 명령창에는 격자의 크기를 'dX'와 'dY'로 가리키며, 각각의 크기를 입력하라고 한다. 이때 사용자가 사용한 패턴의 크기에 따라 해당 값을 입력하면 된다. 우리는 패턴 영상의 격자 크기가 기본값인 30mm와 동일하기 때문에 엔터키를 입력하여 기본값을 입력한다. 이와 같이 교차점 선택을 반복적으로 수행하여 교차점을 선택하는 단계를 마무리한다.

```
    Processing image 1...
    Using (wintx,winty)=(10,10) - Window size = 21x21     (Note: To reset the window size,
run script clearwin)
    Click on the four extreme corners of the rectangular complete pattern (the first clicked
corner is the origin)...
```

```
Size dX of each square along the X direction ([]=30mm) =
Size dY of each square along the Y direction ([]=30mm) =
If the guessed grid corners (red crosses on the image) are not close to the actual corners,
it is necessary to enter an initial guess for the radial distortion factor kc (useful for subpixel
detection)
Need of an initial guess for distortion? ([]=no, other=yes)
Corner extraction...
```

단계 5는 입력한 교차점을 바탕으로 카메라 변수를 추출하는 단계이다. 소프트웨어에서 'Calibration' 버튼을 클릭하면 잠시의 시간이 경과한 후에 아래와 같이 결과값이 출력된다. 이 결과에서 fc는 초점거리(focal length)를 가리키고, cc는 주점의 오차를 보인다. 그리고 kc는 렌즈왜곡 계수를 나타낸다. 각 결과에서 물음표 뒤의 값은 오차 범위를 보이는 것이다. 그리고 카메라 변수를 각 요소별로 확인하려면 'Workspace'창에서 각 변수를 클릭하여 확인할 수 있다. 카메라 내부 변수의 경우는 변수 'KK'를 클릭하여 확인할 수 있다. 카메라 외부 변수의 경우는, 앞서 설명한 것과 같이, 각 패턴 영상별로 다른 변수를 갖기 때문에 필요한 패턴 영상의 변수를 이용하면 된다. 만약 첫 번째 패턴 영상의 카메라 외부 변수를 알고 싶을 경우에는 'Rc_1'과 'Tc_1'을 클릭하여 방향 행렬과 위치 벡터를 각각 확인할 수 있다.

```
Calibration results after optimization (with uncertainties):

Focal Length:  fc = [ 2413.55182   2416.77625 ] ?[ 84.27916   86.62576 ]
Principal point: cc = [ 699.2351875446   -0.02656   0.01128  0.00000 ]
?[ 0.22733   5.36178   0.01141   0.00734  0.00000 ]
Pixel error:     err = [ 0.36947   0.59702 ]
        323.89664 ] ?[ 59.17863   85.75617 ]
Skew: alpha_c = [ 0.00000 ] ?[ 0.00000  ] => angle of pixel axes = 90.000 ?0.000 degrees
Distortion:     kc = [ 0.05793   -3.
Note: The numerical errors are approximately three times the standard deviations (for
reference).

Recommendation: Some distortion coefficients are found equal to zero (within their
uncertainties). To reject them from the optimization set est_dist=[0;1;1;1;0] and run Calibration
```

CHAPTER 2

다시점 비디오 획득

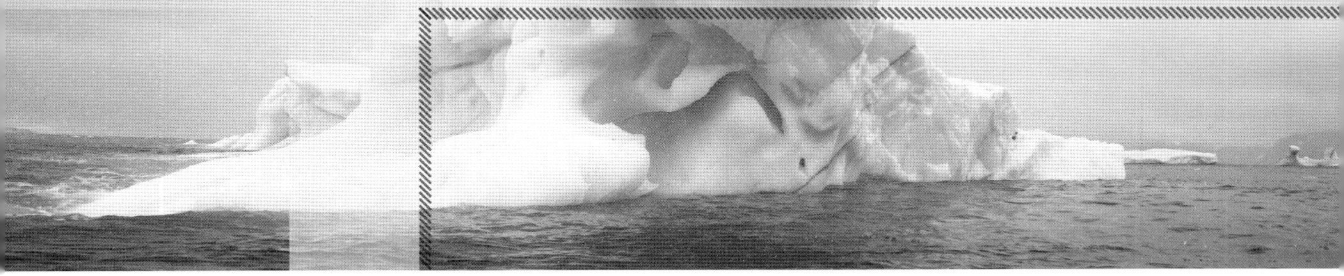

3차원 비디오 시스템의 입력 데이터는 여러 대의 카메라를 통해 획득한 다시점 영상과 각 시점의 깊이 데이터로 구성된다. <그림 2-1>은 다시점 카메라를 이용해 다시점 데이터를 획득하는 과정을 보인 것이다. 다시점 카메라는 동종의 카메라를 두 대 이상 평행하게 설치하고 각 카메라의 카메라 변수를 추정하기 위한 카메라 보정(camera calibration) 과정을 수행한다. 카메라 변수는 각 카메라의 내부/외부 구조를 설명하는 정보이므로, 이를 통해 카메라의 내부 구조와 카메라의 기하학적 위치와 방향을 파악할 수 있다. 추출한 카메라 변수는 기하학적 오차를 줄이는 영상 정렬(image rectification)에 이용된다. 영상 정렬 다음엔 각 카메라의 설정 상의 차이로 발생하는 색상 차이는 색상 보정(color correction)을 통해 줄인다. 마지막 단계로 다시점 영상의 시점간 상관도를 이용해 각 시점의 깊이 영상을 생성한다. 이번 장에서는 다시점 비디오를 획득하기 위한 다시점 카메라의 종류를 살펴보고, 획득한 다시점 영상을 보정하는 기술들을 살펴본다.

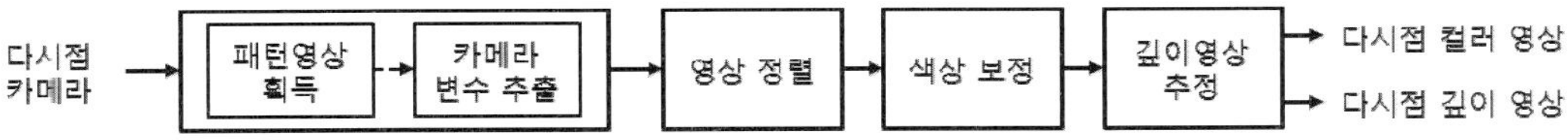

〈그림 2-1〉 다시점 카메라를 이용한 다시점 비디오 획득 과정

2.1 양안식 카메라

2.1.1 양안식 카메라의 종류와 기능

다시점 카메라 시스템은 동일한 종류의 카메라를 두 대 이상 이용하여 구성한 장치이다. 하지만 이는 양안식 카메라(stereoscopic camera)에서 카메라의 수를 늘린 것이기 때문에 양안식 카메라의 구조와 원리를 먼저 이해하는 것이 중요하다. 양안식 카메라는 두 대의 카메라를 이용하기 때문에 인간의 양안 시각 시스템과 유사한 특성을 갖는 두 시점의 영상을 획득할 수 있다. 최근에는 다양한 기능을 제공하는 양안식 카메라가 개발되어 보다 쉽고 효과적으로 입체 영상을 획득할 수 있게 되었다. 최근 3차원 입체영화에 가장 널리 이용되고 있는 양안식 카메라는 분광기(beam splitter)를 이용한 수직형 3차원 카메라이다. 이 카메라는 <그림 2-2>에 보인 것과 같이, 두 대의 카메라를 수직으로 설치하고 두 카메라가 교차하는 위치에 분광기를 설치하여 각 카메라에 각기 다른 시점의 영상일 투영되도록 한다. 이 카메라 시스템에서 영상의 화질을 결정하는 중요한 요소는 빛을 분리하는 분광기의 성능이다. 많은 업체에서 이 분광기의 성능을 높이기 위해 노력하고 있다. 또한 이 카메라 장치는 카메라의 간격을 조정하는 조절부가 있어 입체감을 조절할 수 있다. 이 시스템은 고해상도의 영상과 입체감을 자유롭게 조절할 수 있는 장점이 있지만, 카메라를 수직으로 설치해야 하기 때문에 부피가 크고, 분광기와 카메라 간격 조절장치 등의 부가 장치로 인해 가격이 비싸다는 단점이 있다.

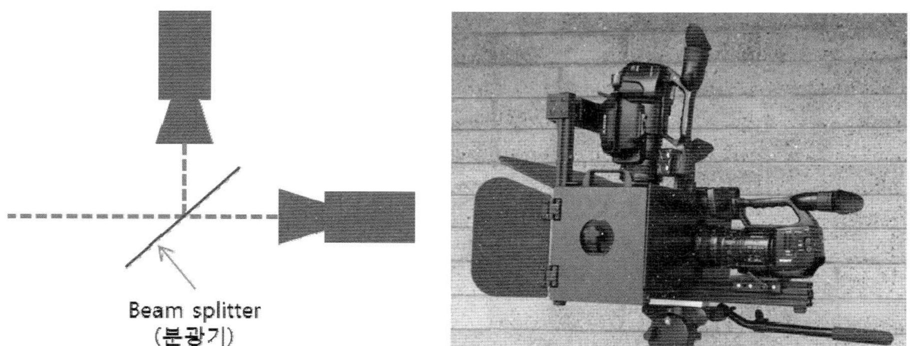

〈그림 2-2〉 분광기를 이용한 수직형 양안식 카메라 [7]

〈그림 2-3〉 카메라 간격 조절이 가능한 양안식 카메라 [8]

이런 단점을 보완하고 보다 작고 간편하게 이용할 수 있는 다양한 방식의 양안식 카메라가 개발되고 있다. 한 예로, 한국방송공사(KBS)에서는 2004년에 두 카메라의 수평축 조절이 가능하고 HD급 해상도를 지원하는 양안식 카메라를 개발했다. <그림 2-3>은 KBS에서 개발한 양안식 카메라를 보인 것이다. 수직형 양안식 카메라는 두 카메라의 수평 이동만 가능하기 때문에 양안의 특성을 제대로 반영하지 못한다. 하지만, KBS에서 개발한 이 카메라는 카메라의 각도를 조절할 수 있기 때문에 양안으로 본 영상에 가까운 입체 영상을 촬영할 수 있다. 더불어 이 카메라는 두 카메라의 주시각(viewing angle)을 제어하기 위해 대상 물체가 좌우 영상의 중앙에 위치하도록 조절하는 기술을 개발했다. 이 기술을 통해 시청자가 주 관심 대상 물체를 자연스럽게 즐길 수 있을 뿐만 아니라, 입체 영상을 시청할 때 발생할 수 있는 어지럼증을 최소화할 수 있다. 이 카메라는 현재 KBS 3차원 TV체험관의 시험 영상을 제작하는데 활용하고 있다.

2.1.2 웹캠을 이용한 양안식 카메라 구축

스테레오 카메라 시스템은 앞에서 설명한 것과 같이 동일한 종류의 카메라를 연결하여 한 장면을 동시에 촬영하는 장치이므로, 웹캠(webcam)과 같은 간단한 장비를 이용해 스테레오 카메라 시스템을 구축할 수 있다. 웹캠은 비교적 저렴한 가격으로 누구나 구입할 수 있는 카메라 장치이고, 구동에 필요한 라이브러리를 쉽게 구할 수 있기 때문에 이 장치를 이용하여 스테레오 카메라 장치를 간단하게 구축할 수 있다. 이번 절에서는 두 대의 웹캠을 이용해 스테레오 카메라 장치를 구축하는 방법과 스테레오 영상을 획득하기 위한 간단한 소스코드를 소개한다.

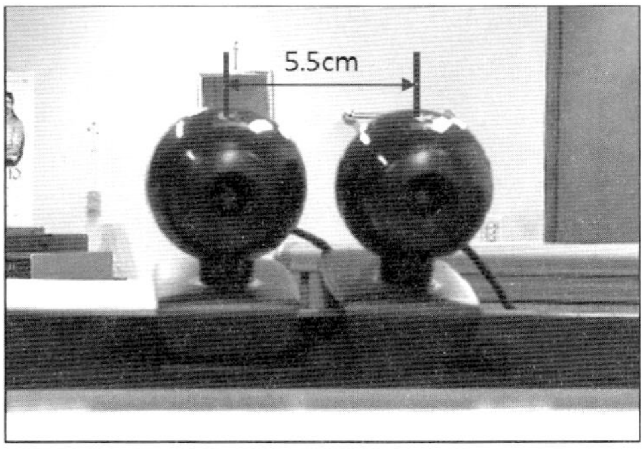

〈그림 2-4〉 웹캠을 이용해 구축한 스테레오 카메라

먼저 웹캠을 이용한 스테레오 카메라 장치를 구축하기 위해 고려해야 할 몇 가지를 언급한다. 스테레오 카메라는 동일한 종류의 카메라를 일정한 간격을 두고 동시에 촬영해야 하기 때문에 동일한 종류의 카메라를 선택하고, 정확하게 설치 해야 한다. <그림 2-4> 웹캠 두 대를 이용해 구축한 스테레오 카메라를 보인 것으로 두 카메라의 간격은 인간의 양안의 거리를 반영하여 5~6.5cm 거리를 두고 설치하는 것이 바람직하다. 이 스테레오 카메라는 다양한 라이브러리를 이용해 구동할 수 있지만, 여기서는 공개 라이브러리인 OpenCV1.0을 이용해 제어하는 방법을 소개한다. 해당 소스는 참고문헌의 링크를 통해 OpenCV1.0을 내려 받을 수 있다 [9]. 앞의 제1장에서도 언급했듯이, 이 라이브러리를 사용하기 위한 기본적인 환경 설정은 인터넷의 블로그나 다른 참고 도서를 이용하기 바란다.

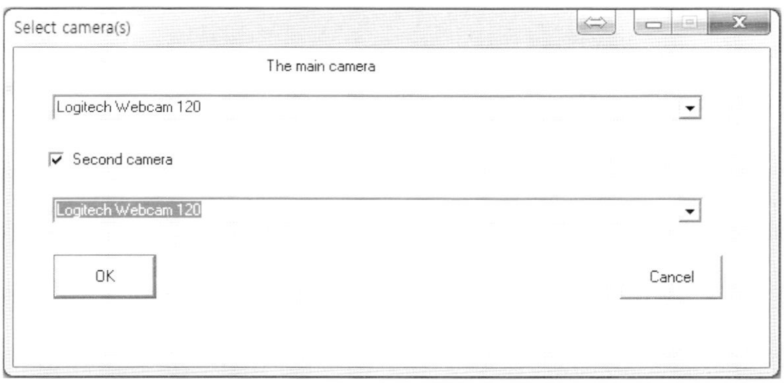

〈그림 2-5〉 카메라 선택 다이얼로그

아래에 소개한 <소스코드 2-1>은 OpenCV1.0 라이브러리를 이용해 <그림 2-4>에 구축한 스테레오 카메라를 구동하는 프로그램이다. 먼저 연결할 수 있는 카메라 수를 파악한 다음, cvcamSelectCamera()함수를 이용해 <그림 2-5>와 같이 카메라를 선택한다. 그리고 cvcamSetProperty()함수를 이용해 영상 획득에 필요한 기본 설정을 수행한다. 매 프레임마다 영상을 업데이트하기 위해 콜백(call-back) 함수를 정의한다. 콜백 함수는 카메라에 설정된 프레임율(frame rate)에 맞추어 카메라에서 호출한다. 이 함수가 호출 되면 카메라에서 획득한 정보를 미리 정의된 영상 버퍼로 전달한다. <그림 2-6>은 아래의 소스코드를 실행하여 획득한 스테레오 영상을 보인 것이다. 그림을 살펴보면 각 시점별로 시차가 존재함을 알 수 있다. 특히 촬영된 사람의 머리의 위치를 살펴보면 그 차이를 바로 알 수 있다. 더불어 주목할 점은 두 영상의 상응점(corresponding points - 동일한 물체가 두 대의 카메라로 촬영된 점들 사이의 관계)의 위치를 보면 높이가 일치하지 않다는 것을 알 수 있다. 이는 영상 정렬을 수행하지 않았기 때문에 발생하는 기하학적 오차로, 뒤에 소개하는 영상 정렬(image rectification) 방법을 이용해 보정할 수 있다.

〈그림 2-6〉 웹캠으로 획득한 스테레오 영상

〈**소스코드 2-1**〉 OpenCV1.0 라이브러리를 이용한 스테레오 카메라 구동 프로그램

```
#include "stdafx.h"

#include "cv.h"
#include "highgui.h"
#include "cvcam.h"
#include "cvaux.h"

#pragma comment(lib, "cv.lib")
#pragma comment(lib, "cxcore.lib")
#pragma comment(lib, "highgui.lib")
#pragma comment(lib, "cvcam.lib")

IplImage *m_imgCamFrame_L, *m_imgCamFrame_R;

void stereocallback(IplImage* image1, IplImage* image2) {
if(m_imgCamFrame_L == NULL)  {
        m_imgCamFrame_L = cvCreateImage(cvSize(image1->width, image1->height), 8, 3);

}

if(m_imgCamFrame_R == NULL)  {
        m_imgCamFrame_R = cvCreateImage(cvSize(image2->width, image2->height), 8, 3);

}

if(m_imgCamFrame_L != NULL && m_imgCamFrame_R != NULL)
{
        cvFlip(image1, m_imgCamFrame_L, 0);
        cvFlip(image2, m_imgCamFrame_R, 0);
}
}

int _tmain(int argc, _TCHAR* argv[])
{
```

```
int ncams = cvcamGetCamerasCount( );    // 사용가능한 카메라 대수
int* out;
int nselected = cvcamSelectCamera(&out); // 카메라 선택 창

int cam1 = out[0];
int cam2 = out[1];

// 1번 카메라
cvcamSetProperty(cam1, CVCAM_PROP_ENABLE, CVCAMTRUE);
cvcamSetProperty(cam1, CVCAM_PROP_RENDER, CVCAMTRUE);
cvNamedWindow("Cam1", 1);
cvcamWindow MyWin1 =(cvcamWindow)cvGetWindowHandle("Cam1");
cvcamSetProperty(cam1, CVCAM_PROP_WINDOW, &MyWin1);   // 1번 카메라의 환경 설정

// 2번 카메라
cvcamSetProperty(cam2, CVCAM_PROP_ENABLE, CVCAMTRUE);
cvcamSetProperty(cam2, CVCAM_PROP_RENDER, CVCAMTRUE);
cvNamedWindow("Cam2", 1);
cvcamWindow MyWin2 =(cvcamWindow)cvGetWindowHandle("Cam2");
cvcamSetProperty(cam2, CVCAM_PROP_WINDOW, &MyWin2);   // 2번 카메라의 환경 설정

// 카메라 해상도 및 영상포맷 설정
cvcamGetProperty(cam1, CVCAM_VIDEOFORMAT, NULL);
cvcamGetProperty(cam2, CVCAM_VIDEOFORMAT, NULL);

// stereocallback함수를 매 프레임마다 호출하여 영상 출력
cvcamSetProperty(cam1, CVCAM_STEREO_CALLBACK , stereocallback);

cvcamInit();
cvcamStart();

// 영상 획득(무한반복)
while(1)
{
    int key = cvWaitKey(1);
```

```
    if(key == 27) {
        break;
    }
}
cvcamStop( );

return 0;
}
```

앞의 소스코드의 이해를 위해 카메라를 제어하는 함수를 <표 2-1>에 간략하게 소개했다. 영상을 획득하기 위해서는 카메라의 속성(property)를 설정해야 하는데, 이 때 필요한 함수인 cvcamSetProperty()함수에 필요한 인자와 속성들을 <표 2-2>에 간략히 소개했다.

〈표 2-1〉 OpenCV1.0의 웹캠 제어함수

함수 이름	함수의 기능
int cvcamGetCamerasCount();	설치된 웹캠의 개수를 반환
int cvcamSelectCamera(int** out);	카메라를 선택하는 다이얼로그 박스(윈도우)를 호출. 최대 카메라 2대를 선택 가능
int cvcamSetProperty(int camera, const char* property, void* value);	camera의 속성(property)에 값(value)을 설정
cvcamGetProperty(int camera, const char* property, void* value);	이미 설정되어 있는 property의 값을 value에 반환
int cvcamInit( );	cvcamSetProperty()함수를 이용해 설정한 값을 활성화
int cvcamStart( );	설정된 모든 카메라의 구동을 시작
int cvcamStop( );	카메라의 구동을 멈춤
Stereocallback( )	카메라에서 프레임을 획득하기 위해 호출하는 callback함수

〈표 2-2〉 카메라 제어를 위한 속성 설정

속성 이름(property name)	동작내용	인자
CVCAM_PROP_ENABLE	카메라를 선택/해제	CVCAMTRUE/ CVCAMFALSE
CVCAM_PROP_RENDER	카메라를 실행	CVCAMTRUE/ CVCAMFALSE
CVCAM_PROP_WINDOW	실행할 카메라를 선택하는 윈도우를 선택	카메라의 포인터를 윈도우(HWND)에 반환
CVCAM_PROP_CALLBACK	매 프레임마다 콜백함수를 호출	void
CVCAM_DESCRIPTION	카메라의 스트림을 호출	카메라의 구조체 포인터
CVCAM_VIDEOFORMAT	비디오 형식을 나타내는 윈도우 호출	NULL
CVCAM_CAMERAPROPS	카메라 속성 윈도우 호출	NULL
CVCAM_RNDWIDTH	출력 비디오의 가로 크기	가로크기의 포인터
CVCAM_RNDHEIGHT	출력 비디오의 세로 크기	세로크기의 포인터
CVCAM_STEREO_CALLBACK	스테레오 카메라의 콜백함수 설정	Void
CVCAM_PROP_RAW	마지막 프레임 획득	IplImage**
CVCAM_PROP_SETFORMAT	비디오 형식을 직접 지정	비디오 형식의 포인터

2.2 다시점 카메라

2.2.1 다시점 카메라의 종류

다시점 비디오는 그 목적에 따라 양안식 카메라와는 다른 형태의 카메라 획득 장치를 이용한다. 가장 일반적인 형태가 <그림 2-7>과 같은 일차원 평행형(1D parallel) 카메라 구조이다. 이 구조는 각각의 카메라가 향하는 방향이 같고 높이가 같아야 한다. 일차원 평행형 카메라를 이용하여 획득한 영상은 수평 방향의 시차만 존재한다. 그러므로 다시점 카메라를 이용할 경우 넓은 화각(angle of view)의 영상을 획득할 수 있다. 또한 깊이 정보를 계산할 때 상응 화소를 수평 방향의 화소만 고려하면 되므로, 상응화소 탐색 과정의 복잡도를 크게 줄일 수 있다. 깊이 영상을 획득하기 위한 대부분의 카메라 시스템은 이와 같은 일차원 평행형 카메라 시스템을 이용한다. <그림 2-8>은 MPEG 3차원 비디오 부호화의 실험 데이터로 이용되고 있는 "Newspaper"영상을 보인 것이다 [10].

〈그림 2-7〉 일차원 평행형 다시점 카메라 구조

〈그림 2-8〉 일차원 평행형 다시점 카메라로 획득한 9시점의 다시점 영상

다시점 비디오 부호화(multi-view video coding)의 표준화 과정에서는 일차원 평행형 카메라 구조뿐만 아니라, 2차원 평행형 카메라 구조를 이용해 획득한 다시점 영상을 이용했다. <그림 2-9(a)>는 일차원 평행형 다시점 카메라 구조를 2차원으로 확장한 카메라 구조를 보인 것이다. 2차원 평행형 카메라로 획득한 다시점 영상은 일차원 평행형 카메라로 획득한 영상보다 넓은 시야각을 제공할 수 있다. 하지만 이 다시점 비디오는 일차원 평행형 카메라에 비해 시점의 수가 자승으로 늘어나기 때문에 데이터 전송의 부담이 더욱 커진다. 또한 각 시점의 영상을 동시에 처리해야 하기 때문에 영상 획득과 보정하는 과정에 가중되는 복잡도가 더욱 높아진다. 이런 단점을 보완하기 위해 카메라 구조를 보다 단순화한 구조가 <그림 2-9(b)>와 같은 십자형 구조이다. 2차원 격자형 카메라 중에서 일부 시점의 카메라만을 이용하여 2차원 평행형의 영상과 같은 효과를 얻을 수 있다. <그림 2-10>은 다시점 비디오 부호화의 테스트 영상으로 이용된 "Flamenco" 영상을 보인 것이다.

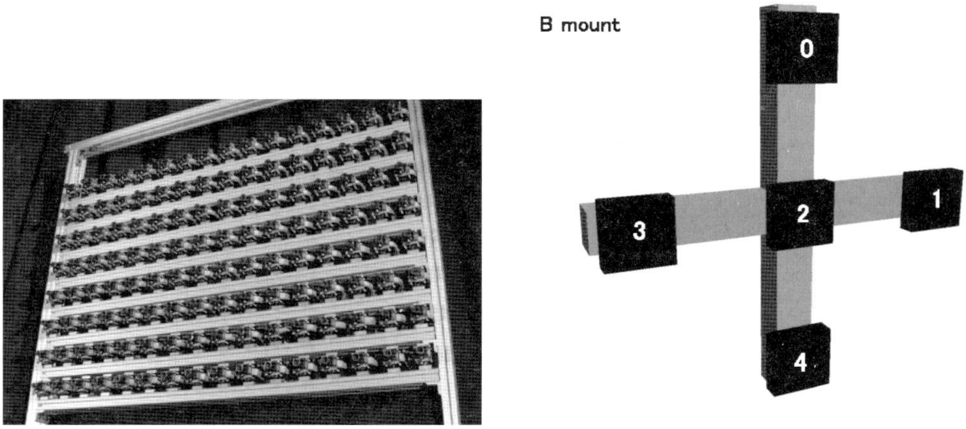

(a) 2차원 격자형 카메라 구조 (b) 십자형 카메라 구조

〈그림 2-9〉 2차원 평행형 다시점 카메라

〈그림 2-10〉 십자형 구조를 이용해 획득한 "Flamenco" 영상

일차원 아크형(1D arc)인 카메라 구조는 앞에서 설명한 일차원 평행형 카메라나 2차원 평행형 다시점 카메라와는 달리 다시점 카메라가 한 점을 향해 수렴하도록 설치한 것이다. 인간의 양안은 한 물체를 향하여 안구의 방향을 조절한다. 물체의 거리가 멀어질수록 양안이

향하는 방향은 평행을 이루게 되고, 물체의 거리가 가까워질수록 양안이 이루는 각도는 커지게 된다. 최근 영화나 방송에 널리 이용되고 있는 스테레오 카메라는 이런 양안의 특성을 이용해 카메라의 방향을 조절한다. 이런 관점에서 일차원 수렴형 구조는 깊이감을 효율적으로 표현할 수 있는 방법이라고 할 수 있다. <그림 2-11>은 마이크로소프트 연구소(Microsoft Research, MSR)에서 다시점 영상을 획득하기 위해 사용한 카메라 시스템으로 "Breakdancers" 영상과 "Ballet"영상을 촬영했다 [11]. 특히, MSR에서는 영상 분할방법과 3차원 워핑(3D warping)을 이용한 깊이 영상 획득 방법을 이용해 깊이 영상을 동시에 제공했다. <그림 2-12>에 보인 영상들은 이러한 방법을 이용하여 획득한 다시점 영상이다.

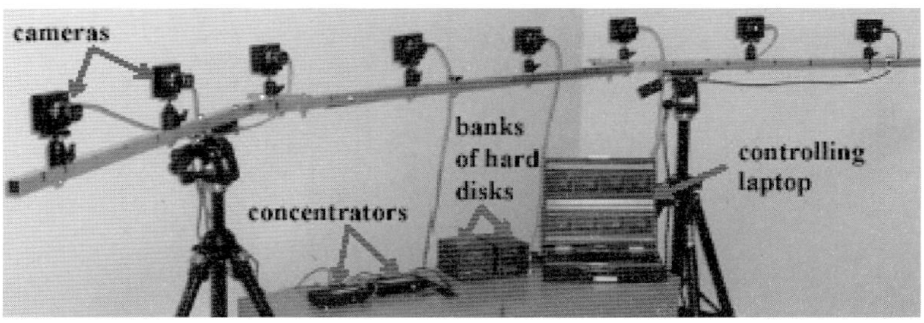

〈그림 2-11〉 일차원 아크형 다시점 카메라 구조 [11]

〈그림 2-12〉 일차원 아크형 다시점 카메라로 획득한 영상과 깊이 영상

특수한 다시점 카메라 형태로 <그림 2-13>에 보인 것과 같은 전방향성 수렴형 구조와 전방향성 방사형 구조가 있다. <그림 2-13>에는 카메라 4대로 구성 했지만, 카메라 대수를 늘리면 보다 세밀한 3차원 영상을 획득할 수 있다. 수렴형 구조의 경우 카메라 중간에 위치한 장면에 대해 여러 시점에서 본 다양한 시점의 화면 재현이 가능하고 방사형 구조의 경우 카메라 배치상의 중앙 위치를 기준으로 수평 방향으로 전방향에 대한 재현이 가능하다. 특히 수렴형 구조의 경우 3차원 복원에 적합한 카메라 구조이다.

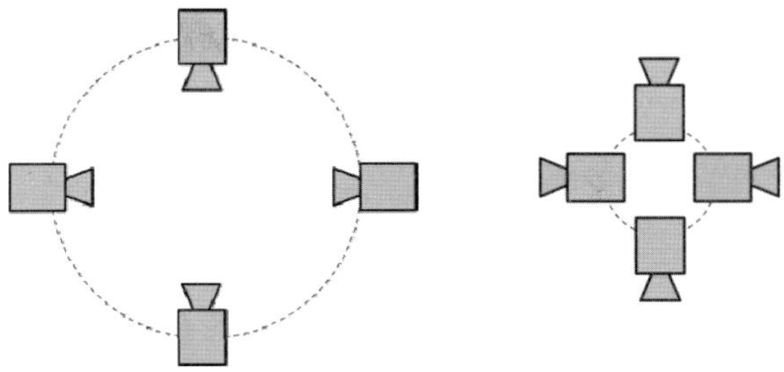

〈그림 2-13〉 전방향성 수렴형 구조(좌), 전방향성 방사형 구조(우)

이렇게 다양한 카메라 구조에 의한 다시점 영상의 획득에서는 여러 대의 카메라 간의 동기를 맞춰주는 것이 중요하다. 이를 위해 일반적으로 동기화 장치를 이용한다. 동기화 장치를 이용하지 않을 경우, 소프트웨어적인 방법을 이용하여 카메라를 동기화 한다.

2.2.2 다시점 비디오의 요구 조건

다시점 비디오는 앞에서 소개한 다시점 카메라를 이용하여 획득한 영상이다. 하지만 이 영상이 3차원 비디오 재현 장치에서 효과적으로 재현되기 위해서는 다시점 비디오가 갖추어야 할 요구 조건이 있다. 이러한 요구 조건을 살펴보기 위해서 MPEG 3차원 비디오 부호화 그룹에서 제시한 다시점 비디오의 요구 조건을 살펴본다. MPEG 표준화 그룹에서는 3차원 비디오의 전문가들과 함께 다시점 비디오가 갖추어야 할 요구 사항들을 결정했다. 이를 바탕으로 2008년 1월에 열린 MPEG 표준화 회의에서는 3차원 비디오 부호화의 표준화를 위한 3차원 비디오 데이터를 기고해 줄 것을 요청했다 [12]. 이 때 테스트 영상이 갖춰야 하는 조건들도 함께 지정했다. 이 조건들을 살펴보면 3차원 영상 처리 기술과 3차원 비디오 부호화 방법이 필요한 데이터의 요구 조건을 파악할 수 있다.

(1) 다시점 비디오 데이터

3차원 비디오 부호화 그룹에서는 다시점 비디오 데이터의 시점 수를 최소 2개에서 최대 45개까지 제공하도록 권고한다. 시점의 수가 많을수록 시점 선택의 폭이 넓어지므로 보다 많은 시점의 영상 데이터가 요구된다.

(2) 다시점 비디오의 깊이 영상

다시점 비디오 데이터의 각 시점에 해당하는 깊이 영상을 기본 입력 데이터로 이용한다. 깊이 영상은 한 장면을 구성하는 모든 화소들의 3차원 거리값을 나타내는 정보이다. 실제 깊이값을 8비트 영상으로 변환한 데이터가 깊이 영상이다. 이 깊이 영상의 형식은 대체로 4:0:0이나 4:2:0의 형식을 이용한다. 4:2:0 형식의 깊이 영상의 경우는 휘도(luminance) 정보에 깊이정보를 저장하고, 나머지 색차정보(chrominance)에는 128과 같은 의미 없는 값으로 채운다. <그림 2-14>는 깊이 영상의 값의 범위를 설명한 것이다. 가장 가까이 있는 물체는 가장 큰 값인 255로 지정되고, 가장 멀리 떨어진 물체는 가장 작은 값인 0으로 지정된다.

〈그림 2-14〉 깊이 영상의 값의 범위와 구성

(3) 깊이 데이터 추출 및 영상 합성 소프트웨어

다시점 영상을 이용해 깊이 데이터를 추출하는 소프트웨어와 깊이 데이터와 컬러 데이터를 이용해 중간 시점의 영상을 생성하는 소프트웨어에 대한 요구 사항이 포함되어 있다. 기본적으로 소스코드까지 공개할 수 있는 소프트웨어를 요청했다. 제공된 깊이 데이터 추출 소프트웨어의 성능 평가는 합성 영상의 주관적 화질 테스트를 통해 이루어진다. 이런 요청에 대한 응답으로 여러 기관에서 깊이 데이터 추출 소프트웨어와 영상 합성 소프트웨어를 제공했다. 결국 전문가들의 논의를 거쳐 Nagoya 대학이 제공한 소프트웨어가 참조 소프트웨어로 선택되고, 부가 기능은 다른 기관에서 공동 작업으로 개발하였다. 이 소프트웨어에 대한 자세한 설명은 4장에 이어진다. 그리고 중간 시점 합성 소프트웨어는 Nagoya대학이 3차원 워핑 기술을 기반으로 한 소프트웨어를 제공했고, Thomson사가 변위(disparity) 이동을 기반으로 한 소프트웨어를 제공했다. 결과적으로 이 두 기술이 하나의 소프트웨어로 통합되어 영상 합성 소프트웨어로 이용되고 있다. 이에 대한 자세한 설명도 4장에 이어진다.

(4) 카메라 배열의 요구 조건

일차원 평행형 다시점 카메라 구조를 기본으로 카메라의 거리가 물리적으로 5cm 간격의 카메라 구조를 이용할 것을 권고한다. <그림 2-15>과 같이 구성한 다시점 카메라를 예로 들면, 카메라 시스템의 양 끝의 거리가 식 (2-1)로 계산한 다시점 카메라와 객체가 이루는 각(α_1)과 시청거리(D)로 이루어지는 값 D_{L-R} 보다 작아야 한다.

$$D_{L-R} = 2D\tan(\alpha_1/2) \tag{2-1}$$

예를 들어, 각도가 20°이고 시청거리가 3m일 경우는 위의 식에 의해서 최양단의 카메라 거리가 104cm를 넘지 않도록 해야 한다.

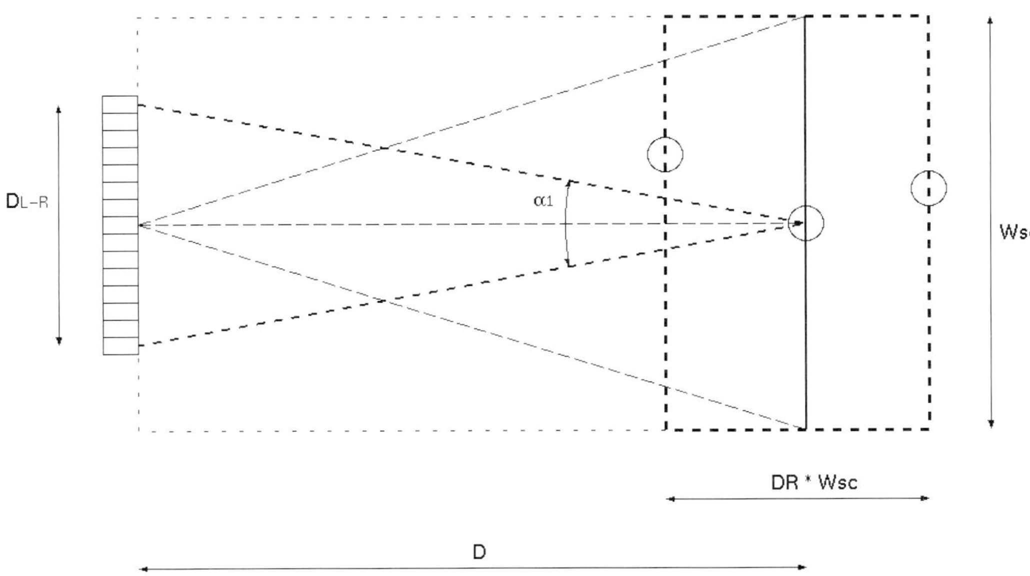

〈그림 2-15〉 일차원 평행형 카메라의 구성 조건 [12]

(5) 영상 정렬(image rectification)

깊이 영상을 효율적으로 추출하기 위해서는 영상의 기하학적 오차를 최대한 줄여야 한다. 그 대표적인 기술로 영상 정렬이 있다. 영상 정렬을 이용하면 각 시점별 상응하는 화소들이 수평축으로 동일한 위치에 존재하기 때문에 깊이값을 추정하기 위한 복잡도가 줄어든다. 또한 3차원 영상을 재현할 때 보다 편안한 입체 영상을 제공할 수 있기 때문에 영상 정렬 기술이 필수적으로 수행되어야 한다.

(6) 카메라 종류

영상획득에 사용한 카메라 종류와 카메라 변수 정보를 함께 제공해야 한다. 특히, 카메라의 내부 변수(intrinsic parameter)와 외부 변수(extrinsic parameter)를 제공해야 한다. 카메라 내부 변수는 카메라 자체의 기하학적 구조를 설명한 3x3행렬을 나타내고, 카메라 외부 변수는 카메라의 방향을 나타내는 3x3행렬과 위치를 나타내는 3x1벡터로 구성된다.

(7) 카메라의 동기화

3차원 비디오 데이터는 다시점 카메라를 이용해 획득한 영상이므로, 영상을 획득할 때 카메라간 동기화를 정확하게 수행해야 한다. 만약 카메라 동기화가 이루어지지 않을 경우 각 시점마다 장면이 달라질 수 있기 때문에 카메라간 동기화를 수행해야 한다. 카메라간 동기화는 싱크 발생기(sync generator)나 소프트웨어적인 제어를 통해 가능하다.

(8) 해상도

권장하는 영상의 해상도는 VGA급(640x480)이상이다. 가능하면 고해상도의 영상이 선호된다. 촬영속도는 최소 24Hz 이상이어야 한다. 실제로 MPEG 표준화 과정에서 고려된 영상의 해상도는 XGA급(1024x768)과 Full-HD급(1920x1080)의 영상으로 구성된다.

(9) 색상 일치(color consistency)

시점간의 조명차이나 색상차이가 최소화된 영상이 필요하다. 동일한 종류의 카메라를 이용하여 다시점 카메라 시스템을 구축하더라도, 각 카메라의 조리개, 초점거리 등은 정확하게 통일하기 어렵기 때문에 시점간 색상차가 발생할 수 있다. 이러한 색상차는 후보정 기술을 이용하여 최소화할 수 있다.

(10) 영상 콘텐츠

부호화 알고리즘의 효율성을 테스트하기 좋은 영상이 필요하다. 카메라가 움직이지 않는 고정된 위치에서 촬영되고, 움직이는 객체, 장면의 복잡도, 조명의 변화 등의 요소가 포함된 영상이 요구된다.

(11) 카메라 보정(camera calibration)

모든 카메라에 대한 정확한 내부(intrinsic)/외부(extrinsic)/센서(sensor) 파라미터가 제공되어야 한다. 이런 정보는 깊이 정보를 이용해 인접 영상에서 상응 화소의 위치를 매핑할 수 있도록 정확한 데이터가 요구된다.

(12) 캘리브레이션(calibration) 알고리즘

카메라의 내부/외부 파라미터를 측정하기 위한 알고리즘은 Tsai's 의 방법을 기본적으로 사용한다 [129]. 다음의 <표 2-3>은 카메라 변수를 구체적으로 설명한 것이다.

〈표 2-3〉 카메라 제어를 위한 소속 설정

구분	설명	변수 기호
외브 변수	세계 좌표(world coordinate)에서 카메라의 상대적 위치	t(3x1 벡터)
	세 개의 축(pitch, roll, yaw/tilt)에 대한 회전	R(3x3 행렬)
내브 변수	화소 단위의 초점 거리	f(상수)
	영상 좌표계 상에서 광축의 위치	(px, py)T
	접선 왜곡 계수	s(상수)
센서 평면 변수	수평 방향의 화소수	w(가로 크기)
	수직 방향의 화소수	h(세로 크기)
	영상 센서의 가로 세로의 비	a = w/h
	영상 센서의 물리적인 수평 길이(mm)	

2.3 다시점 영상의 카메라 변수 추출

제1장에서 설명한 것과 같이 카메라 변수는 카메라 내부변수(intrinsic parameter)와 외부 변수(extrinsic parameter)로 구성된다. 다시점 카메라 시스템을 이용하여 영상을 획득했을 때 동일한 종류의 카메라를 이용하기 때문에 내부변수는 모든 시점에서 동일해야 한다. 하지만 외부 변수의 경우는 각 카메라의 위치가 다르기 때문에 각 카메라마다 다른 외부 변수를 갖는다. 예를 들어, 이상적인 일차원 평행형의 다시점 카메라 구조의 경우는 모든 시점의 방향 행렬은 동일하고 다만 위치 벡터의 x-축 값만 일정한 간격을 가진다. 하지만 카메라 변수는 각 시점별로 각각 추정하므로 모든 변수가 서로 다른 값을 갖게 된다. 이번 절에서는 다시점 카메라의 변수를 추출하는 방법에 대해서 설명한다.

<소스코드 2-2>는 앞서 소개한 웹캠을 이용한 스테레오 카메라를 이용하여 영상을 획득할 때 패턴 영상을 저장하기 위해 <소스코드 2-1>을 일부 수정한 코드이다. 회색 박스로 표시한 영역이 추가한 내용이다. 이 소프트웨어는 프로그램을 실행하는 중에, 'c'키를 누르면 두 카메라의 정지영상이 저장된다. 통상적으로 패턴영상은 6장에서 10장정도 획득하면 된다. <그림 2-16>은 <소스코드 2-2>로 획득한 패턴영상을 보인 것이다. 뒤에서 설명할 카메라 변수 추출은 이 패턴영상을 이용해 설명한다.

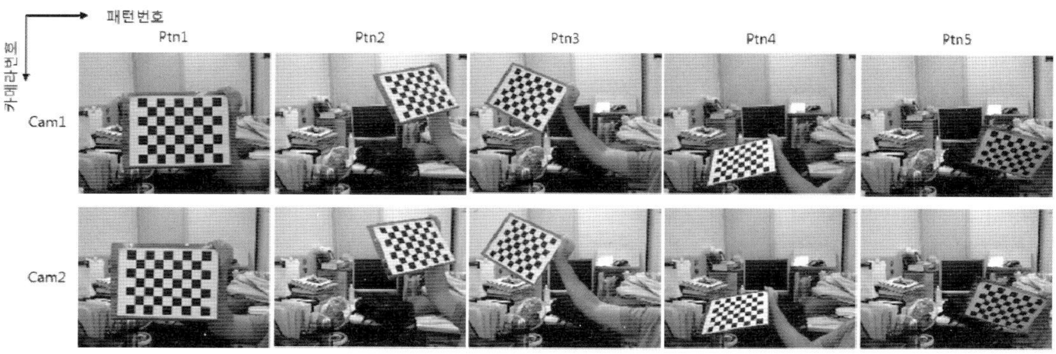

〈그림 2-16〉 웹캠을 이용한 스테레오 카메라로 획득한 패턴영상

〈**소스코드 2-2**〉 스테레오 카메라에서 패턴영상을 저장하기 위한 코드 추가 수정

```
#include "stdafx.h"

#include "cv.h"
#include "highgui.h"
#include "cvcam.h"
#include "cvaux.h"

#pragma comment(lib, "cv.lib")
#pragma comment(lib, "cxcore.lib")
#pragma comment(lib, "highgui.lib")
#pragma comment(lib, "cvcam.lib")

IplImage *m_imgCamFrame_L, *m_imgCamFrame_R;

void stereocallback(IplImage* image1, IplImage* image2) {
if(m_imgCamFrame_L == NULL)  {
    m_imgCamFrame_L = cvCreateImage(cvSize(image1->width, image1->height), 8, 3);
    }

    if(m_imgCamFrame_R == NULL)  {
    m_imgCamFrame_R = cvCreateImage(cvSize(image2->width, image2->height), 8, 3);
    }

    if(m_imgCamFrame_L != NULL && m_imgCamFrame_R != NULL)
    {
        cvFlip(image1, m_imgCamFrame_L, 0);
        cvFlip(image2, m_imgCamFrame_R, 0);
    }
}

int _tmain(int argc, _TCHAR* argv[])
{
    int ncams = cvcamGetCamerasCount( );   // 사용가능한 카메라 대수
    int* out;
```

```
    int nselected = cvcamSelectCamera(&out); // 카메라 선택 창

    int capture_count = 0;
    char capture_name[256];

int cam1 = out[0];
int cam2 = out[1];

// 1번 카메라
cvcamSetProperty(cam1, CVCAM_PROP_ENABLE, CVCAMTRUE);
cvcamSetProperty(cam1, CVCAM_PROP_RENDER, CVCAMTRUE);
cvNamedWindow("Cam1", 1);
cvcamWindow MyWin1 =(cvcamWindow)cvGetWindowHandle("Cam1");
cvcamSetProperty(cam1, CVCAM_PROP_WINDOW, &MyWin1);  // 1번 카메라의 환경 설정

// 2번 카메라
cvcamSetProperty(cam2, CVCAM_PROP_ENABLE, CVCAMTRUE);
cvcamSetProperty(cam2, CVCAM_PROP_RENDER, CVCAMTRUE);
cvNamedWindow("Cam2", 1);
cvcamWindow MyWin2 =(cvcamWindow)cvGetWindowHandle("Cam2");
cvcamSetProperty(cam2, CVCAM_PROP_WINDOW, &MyWin2);  // 2번 카메라의 환경 설정

// 카메라 해상도 및 영상포맷 설정
cvcamGetProperty(cam1, CVCAM_VIDEOFORMAT, NULL);
cvcamGetProperty(cam2, CVCAM_VIDEOFORMAT, NULL);

// stereocallback함수를 매 프레임마다 호출하여 영상 출력
cvcamSetProperty(cam1, CVCAM_STEREO_CALLBACK , stereocallback);

cvcamInit();
cvcamStart();

// 영상 획득(무한반복)
while(1)
{
    int key = cvWaitKey(1);
```

```
        if(key == 'c')
        {
            sprintf(capture_name, "ptn_L_%d.bmp", capture_count);
            cvSaveImage(capture_name, m_imgCamFrame_L);
            sprintf(capture_name, "ptn_R_%d.bmp", capture_count++);
            cvSaveImage(capture_name, m_imgCamFrame_R);
        }
        if(key == 27) {
            break;
        }
    }

    cvcamStop( );

    return 0;
}
```

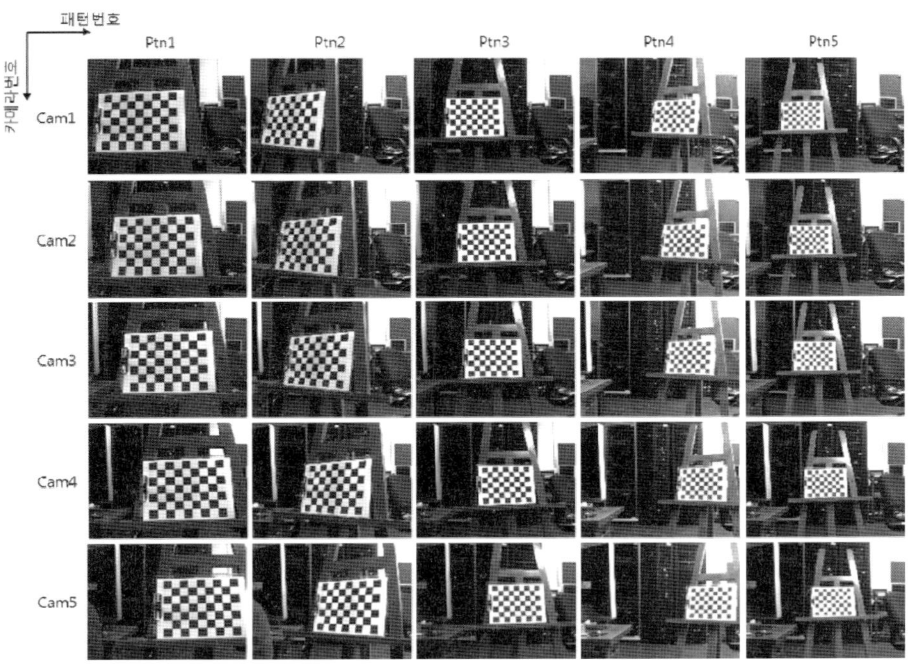

〈그림 2-17〉 다시점 카메라로 획득한 패턴영상

다시점 카메라의 변수 추출은 다시점 카메라를 이용해 획득한 패턴 영상을 기반으로 수행한다. 이번 절에서 설명하는 방법은 앞서 제1장에서 설명한 Matlab Camera Calibration Toolbox를 이용한 방법을 설명한다 [6].

다시점 카메라의 변수 추출 과정과 단시점 카메라의 변수 추출 과정의 다른 점이 있다. 단시점 카메라의 변수 추출을 위한 패턴 촬영의 조건은 존재하지 않는다. 하지만 다시점 카메라의 경우는 카메라 외부 변수를 정확히 추출해야 하기 때문에 촬영 조건이 존재한다. 첫째로, 다시점 카메라의 패턴 영상은 하나의 패턴의 모양을 모든 카메라가 동시에 촬영해야 한다는 점이다. <그림 2-17>은 다섯 대의 카메라로 구성된 일차원 평행형 카메라로 획득한 패턴영상을 보인 것이다. 그림을 살펴보면 각 패턴번호마다 5대의 카메라를 동시에 이용해 획득한 영상이라는 것을 알 수 있다. 그리고 둘째는 모든 카메라에서 격자 패턴이 완전히 보여야 한다는 것이다. 일부분이 화면 밖으로 나가면 안 된다. 셋째로 각 카메라 마다 지정하는 세계 좌표계의 원점을 동일하게 선정해야 하는 것이다. 구체적으로 말하면, 패턴의 한 점을 세계 좌표계의 원점으로 지정하는데, 그 지점이 모든 카메라에서 동일한 위치여야 한다는 것이다. 이와 같은 사항을 고려하여 패턴 영상을 획득하면 다시점 카메라의 카메라 변수를 추정할 수 있다.

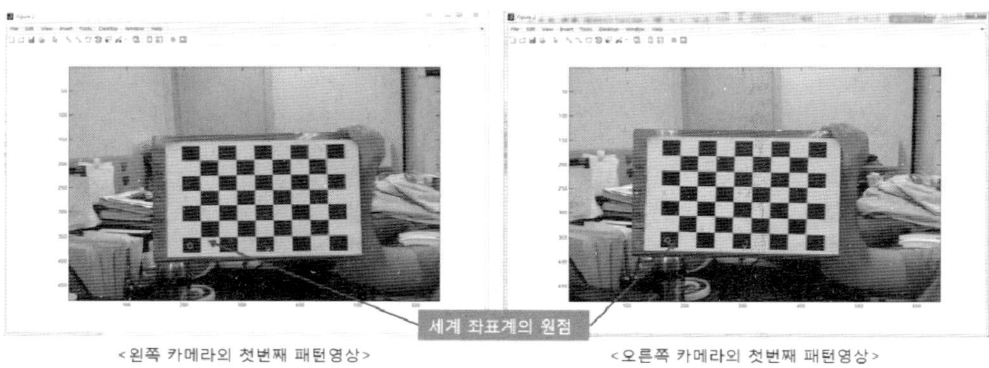

〈그림 2-18〉 각 카메라의 세계 좌표계의 원점 선택

카메라 내부 변수를 추출하는 방법은 제1장에서 설명한 방법과 동일하게 수행하면 된다. 하지만, 카메라 외부 변수는 카메라간 상관관계를 고려해야 하므로 조금 다르게 수행해야 한다. 가장 중요한 것은 위에서 설명한 것과 같이 각 카메라 별로 세계 좌표계의 원점을 지정할

때 동일한 지점을 선택하는 것이다. 각 카메라의 변수 추출을 수행할 때 패턴영상의 교차점을 지정할 때, 처음 선택하는 교차점이 세계 좌표계의 원점이 된다. 그러므로 각 카메라의 변수 추출에서 첫째 패턴영상의 첫째 교차점은 <그림 2-18>과 같이 모든 시점에서 동일해야 한다. 이와 같은 과정을 거쳐 각 카메라의 카메라 외부 변수를 <그림 2-19>와 같이 구할 수 있다. 이런 카메라 변수 중에서 하나의 패턴의 외부 변수를 선택하면 된다. 이와 같은 방법으로 각 카메라 별로 내부 변수와 외부를 추출하면 <표 2-4>와 같은 결과를 얻을 수 있다. 여기서 카메라 외부변수는 각 카메라의 첫번째 패턴을 이용해 추출한 것이다. 한가지 주의할 점은, 각 카메라의 변수 추출을 마친 후에 명령창에 'clear all'을 입력하여 수행한 정보를 모두 초기화 해야 한다.

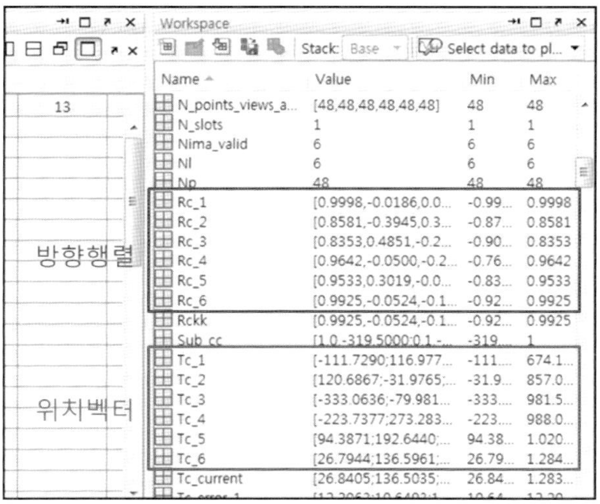

〈그림 2-19〉 카메라의 외부 변수(패턴별로 생성)

〈표 2-4〉 스테레오 카메라의 카메라 변수

카메라 변수	Cam1			Cam2		
A	705.0628	0	345.0127	710.7121	0	331.4383
	0	706.3216	226.7999	0	711.7031	242.3193
	0	0	1	0	0	1
R	0.999761	−0.01857	0.011546	0.999078	0.018982	−0.03851
	−0.01814	−0.99918	−0.03625	0.019028	−0.99982	0.000817

	0.012209	0.036029	−0.99928	−0.03849	−0.00155	−0.99926
t	−111.729			−137.4170		
	116.9772			90.7059		
	674.1204			683.5365		

2.4 다시점 영상의 정렬

두 시점 이상의 다시점 카메라로 한 장면을 동시에 획득했을 때 발생할 수 있는 문제점 중에서 카메라의 방향과 위치가 서로 일치하지 않아 발생하는 기하학적 오차(geometrical error)가 있다. 이 기하학적 오차는 시점간 상응 화소를 결정하는 깊이값 추정과정의 복잡도에 영향을 준다. 더불어 기하학적 오차를 제거하지 않고 입체 영상으로 재현할 경우, 시청자는 어지러움이나 구토증을 느낄 수 있다. 그러므로 다시점 영상은 영상 정렬 기술을 적용하여 기하학적인 오류를 제거해야 한다. <그림 2-20>은 스테레오 카메라로 획득한 영상을 영상 정렬을 거친 결과를 보인 것이다. <그림 2-20(a)>를 보면, 같은 객체가 서로 다른 높이에 위치해 있음을 알 수 있다. 하지만, <그림 2-20(b)>는 각 객체의 위치가 같은 높이에 있음을 알 수 있다. 이렇게 정렬된 영상을 이용하면 깊이값을 추정할 때 동일한 높이의 화소값만 비교하면 되므로 복잡도를 크게 낮출 수 있다. 또한 영상 정렬을 수행한 스테레오 영상은 객체가 같은 높이에 있으므로 눈에 피로감을 적게 줄 수 있다.

(a) 영상 정렬 전

(b) 영상 정렬 후

〈그림 2-20〉 스테레오 카메라로 획득한 영상의 정렬 결과

영상 정렬방법은 일반적으로 카메라 보정을 통해 획득한 카메라 변수를 이용해 수행한다. Hartely [13]가 소개한 영상 정렬 방법은 각 시점의 에피폴을 무한대로 이동하여 에피폴라 선들이 서로 평행하도록 하는 방법이다. Fusiello [14]가 제안한 영상 정렬 방법은 카메라 변수를 이용하여 영상을 변환하는 방법을 소개했다. 아래의 <소스코드 2-3>은 Fusiello가 제안한 Matlab 코드를 옮긴 것이다. 이 방법을 살펴보면 다음의 순서로 영상 정렬이 수행된다. 먼저 카메라 변수를 이용해 각 카메라의 초점(camera center)을 계산한다. 그리고 두 카메라의 초점을 잇는 직선을 영상 정렬을 위한 x-축으로 설정한다. 그리고 이 x-축을 기준으로 나머지 y-축과 z-축을 설정한다. 이렇게 하면 두 카메라에서 공통으로 적용할 하나의 세계 좌표계가 완성된다. 그 다음, 이 세계 좌표계를 기본으로 하는 새로운 방향 행렬을 계산한다. 이때, y-축과 z-축의 값을 공통으로 설정하고, x-축의 값만 원래의 거리만큼 차이를 두고 설정하는 것이 바람직하다. 두 카메라의 내부 변수는 각 카메라의 내부 변수의 각 요소의 평균값을 계산하여 새로운 내부 변수를 결정한다. 이렇게 새롭게 정의한 카메라 변수를 이용해 새로운 사영 행렬(projection matrix)를 각각 계산한다. 그리고 원래의 사영 행렬과 새롭게 정의한 사영 행렬을 이용해 두 행렬간의 변환 행렬(transform matrix)을 계산한다. 이렇게 계산한 변환 행렬을 원본 영상에 적용하면 영상 정렬이 완료된 영상을 얻을 수 있다. <그림 2-20>은 이와 같은 방법을 이용해 스테레오 영상을 정렬한 결과를 보인 것이다. 영상 정렬 전의 영상은 상응하는 객체의 위치가 수직적인 오차가 존재하지만, 영상 정렬 후의 영상은 상응하는 객체의 수직적인 오차가 확연히 줄어든 것을 확인할 수 있다. 이런 영상을 이용하면 보다 정확한 깊이 영상을 획득할 수 있다.

〈**소스코드 2-3**〉 Fusiello가 제안한 스테레오 영상의 정렬 코드 [14]

```
function [T1,T2,Pn1,Pn2] = rectify(Po1,Po2)

% RECTIFY: compute rectification matrices

% factorize old PPMs
[A1,R1,t1] = art(Po1);
[A2,R2,t2] = art(Po2);

% optical centers(unchanged)
c1 = - inv(Po1(:,1:3))*Po1(:,4);
c2 = - inv(Po2(:,1:3))*Po2(:,4);

% new x axis(= direction of the baseline)
v1 =(c1-c2);

% new y axes(orthogonal to new x and old z)
v2 = cross(R1(3,:)',v1);

% new z axes(orthogonal to baseline and y)
v3 = cross(v1,v2);

% new extrinsic parameters
R = [v1'/norm(v1)
v2'/norm(v2)
v3'/norm(v3)];

% translation is left unchanged
% new intrinsic parameters(arbitrary)
A =(A1 + A2)./2;
A(1,2)=0; % no skew

% new projection matrices
Pn1 = A * [R -R*c1 ];
Pn2 = A * [R -R*c2 ];
```

```
% rectifying image transformation
T1 = Pn1(1:3,1:3)* inv(Po1(1:3,1:3));
T2 = Pn2(1:3,1:3)* inv(Po2(1:3,1:3));

% ------------------------
function [A,R,t] = art(P)
% ART: factorize a PPM as P=A*[R;t]
Q = inv(P(1:3, 1:3));
[U,B] = qr(Q);
R = inv(U);
t = B*P(1:3,4);
A = inv(B);
A = A ./A(3,3);
```

2.5 다시점 영상의 색상 보정

다시점 카메라 시스템은 증가한 카메라 수 때문에 여러 가지 문제가 발생한다. 그 중 카메라의 설정과 수광 센서(light receiving sensor)의 차이, 조명 차이(illumination mismatches) 등으로 인해 시점간 색상 불일치 문제가 발생할 수 있다. 색상 불일치 문제는 같은 물체가 각 시점 별로 다른 색상을 갖는 현상으로, 동일 기종의 카메라를 이용하여 다시점 카메라를 구성하더라도 발생할 수 있다. 이런 문제은 사용자에게 시점간 색상 차이로 인한 부자연스러움을 느끼게 할 수 있을 뿐만 아니라, 시점간의 상관도가 낮기 때문에 3차원 비디오의 부호화 효율도 떨어지게 한다. 또한, 각 시점의 깊이 영상을 추정할 때 상응 화소를 정확하게 구분하지 못하게 하는 원인이 되기도 한다. <그림 2-21>은 다시점 비디오 부호화를 위해 일본의 KDDI연구소에서 제공한 'Race' 영상을 각 시점 별로 나열한 것으로, 같은 종류의 카메라를 이용해 촬영된 화면임에도 색상의 차이가 뚜렷한 것을 알 수 있다.

〈그림 2-21〉 다시점 영상의 색상 불일치 현상

이런 시점간 색상 불일치 문제를 해결하기 위한 알고리즘은 전처리 과정의 사용 여부에 따라 두 가지로 분류할 수 있다. 첫째는, 원본 색상 정보를 알 수 있는 색상 차트(color chart)를 이용한 보정하는 방식이다 [15, 16]. 하지만 이 방법은 시점간의 색상 불일치 문제를 선형 모델링으로 해결하는 것이므로, 색상 차트가 미리 촬영되지 않은 영상에 대해서는 적용이 불가능한 단점이 있다. 두번째로, 색상 차트를 이용하지 않는 방법이 있다. 각 시점별 히스토그램 매칭(histogram matching)을 이용한 방법이 있는데 [17, 18], 이 방법은 시점별로 휘도와 색차 성분의 히스토그램을 정합시켜서 색상을 보정하는 방법이다. 하지만, 다시점 카메라가 서로 다른 위치에서 촬영한 영상이기 때문에 시점의 차이로 인한 폐색 영역(occluded area)과 비폐색 영역(disoccluded area)에 대한 고려가 없으므로 촬영한 영상에 따라 성능의 차이가 발생할 수 있다. 이런 문제를 해결하기 위한 방법으로 상응점을 이용한 색상 보정 알고리즘이 있다 [19, 20]. 이 방법은 시점간 상응점를 기반으로 에너지 함수를 정의하고, 색상의 차이가 최소가 되도록 색상을 보정하는 알고리즘이다. 이 장에서는 이런 상응점 기반의 색상 보정 알고리즘을 바탕으로 카메라의 특성에 기반한 색상 보정 방법을 소개한다 [21].

카메라 특성에 기반한 색상 보정 방법

디지털 카메라는 촬영된 영상의 색상 분포에 영향을 미칠 수 있는 다양한 요소들이 있다. 이런 요소들을 각 카메라에 맞게 설정하는 것을 실제로 불가능하다. 이는 동일한 기종의 카메라의 카메라를 기계적으로 동일하게 설정하더라도 색상 불일치 문제를 해결할 수 없다는 것을 의미한다. 따라서 각 카메라의 특성을 촬영된 영상을 분석하여 예측하고, 참조 시점의 카메라와 대상 시점의 카메라의 특성을 수식으로 모델링하여 색상을 보정하는 방법을 소개한다 [21]. <그림 2-22>는 카메라의 특성을 이용한 색상 보정 알고리즘을 설명한 순서도를 보인 것이다.

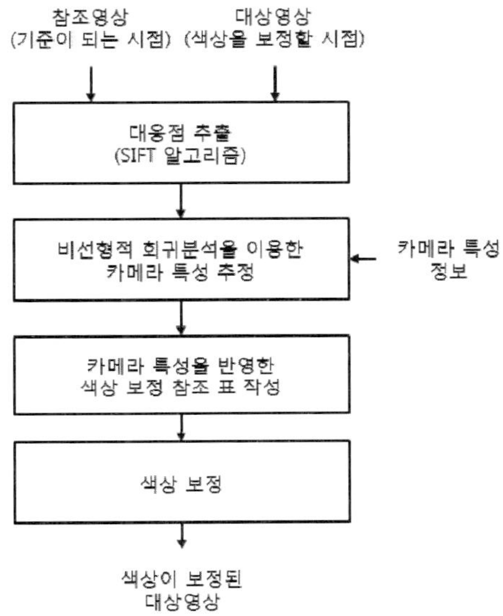

〈그림 2-22〉 카메라 특성을 이용한 색상 보정 알고리즘의 순서도

먼저 다시점 영상 중에서 기준이 되는 시점의 영상을 참조 영상 혹은 참조 시점 영상이라고 한다. 주로 다시점 영상 중에서 가운데 위치한 영상을 참조 시점으로 한다. 그리고 나머지 시점의 영상을 대상 영상 혹은 보정 시점 영상이라고 한다. 출력 영상에서 참조 영상은 변화가 없고 대상 영상만 색상이 변하게 된다.

이 알고리즘은 카메라의 특성을 기반으로 시점간 차이를 모델링하는 것이므로, 모델링할 카메라의 특성을 결정하는 것이 중요하다. 이 알고리즘에서 이용하는 카메라의 특성은 세가지가 있는데, 이득(gain)과 오차(offset), 감마(gamma)가 있다. 이 세가지 특성은 수동적인 조절을 통해 사용자가 원하는 영상으로 보정할 수 있지만, 원치 않는 차이가 발생할 경우 색상 불일치 문제의 원인이 된다. <그림 2-23>은 카메라 특성을 설명한 것이다. 두 카메라의 특성이 완벽하게 동일하다면 점선과 같이 입사광에 대해 같은 반환값을 갖게 되지만, 카메라간 특성이 조금씩 차이가 발생하므로 실선과 같은 차이가 발생한다.

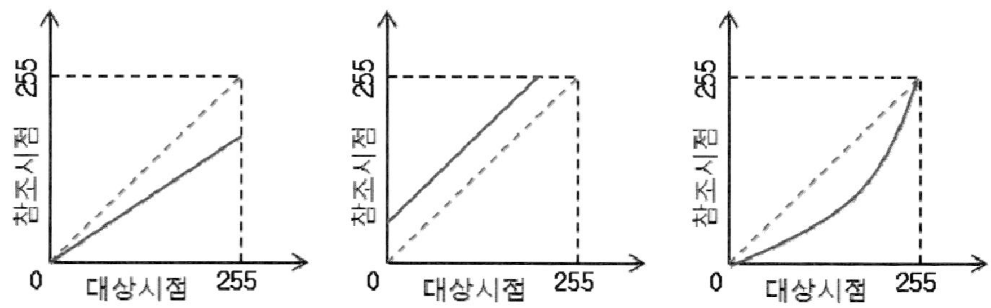

(a) 이득　　(b) 오차　　(c) 감마

〈그림 2-23〉 카메라 특성에 따른 참조 시점과 대상시점의 차이

$$gain: y_{ref} = ax_{tar}$$
$$offset: y_{ref} = x_{tar} + b$$
$$gamma: y_{ref} = (x_{tar})^{r} \tag{2-2}$$

카메라 특성을 수식으로 표현하면 식 (2-2)와 같이 표현할 수 있다. 수식에서 y_{ref}는 참조 시점의 영상의 화소값을 나타내고, x_{tar}는 대상 영상의 화소값을 의미한다. 이 모델에서 a, b와 r은 각각 이득, 오차, 감마를 위한 계수이다. 세 가지 특성을 하나의 수식으로 종합하면 식 (2-3)과 같이 모델링 할 수 있다.

$$y_{ref} = a(x_{tar})^{r} + b \tag{2-3}$$

세 가지 계수를 정확히 예측하는 것이 알고리즘의 성능을 결정한다. 이를 위해서는 참조 시점 영상과 보정 시점 영상에서 대응하는 색상 정보를 얻는 과정이 필요하다. 이 알고리즘에서는 상응점을 찾는 방법 중에서 SIFT(Scale-Invariant Feature Transform)을 이용해 두 시점의 상응점을 추출한다. 충분히 많은 수의 상응점을 추출하여 각 색상 별로 대응 정보를 이용할 수 있지만, 영상에 있지 않는 색상에 대해서는 상대적 카메라 특성을 이용해 나머지 영상에 대한 대응 색상을 유추한다.

상대적 카메라 모델은 비선형의 형태를 갖기 때문에 계수들을 직접 계산할 수 없다. 따라서 오차 함수를 식 (2-4)와 같이 정의하고, 비선형 순환법인 가우스-뉴튼(Gauss-Newton) 알고리즘을 이용해 계수값을 예측한다.

$$e_i(\vec{\beta}) = y_i - f(x_i, \vec{\beta}) \tag{2-4}$$

여기서 y_i는 샘플 집합 내에 존재하는 참조 시점 영상의 화소값을 나타내고, x_i는 그에 상응하는 보정 시점 영상의 화소값을 의미한다. 함수 $f()$는 상대적 카메라 특성 모델을 나타내고, $\vec{\beta}$는 위의 세 가지 카메라 특성 $\{a,b,r\}$을 원소로 하는 벡터이다. 여기서 이용되는 함수 $f()$는 식 (2-4)를 이용해 식 (2-5)와 같이 다시 쓸 수 있다.

$$f(x_i, \vec{\beta}) = a(x_i)^r + b \tag{2-5}$$

식 (2-5)에서 정의한 오차함수를 이용해 참조 시점과 보정 시점의 색상차이를 최소한으로 줄이기 위해 최소 자승 오류(Least-Square-Error) 방법을 이용한다. 이를 수식으로 표현하면 식 (2-6)과 같이 쓸 수 있다.

$$E(\vec{\beta}) = \sum_m e_i^2(\vec{\beta}) \tag{2-6}$$

여기서 m은 상응점 추출을 통해 획득한 샘플 수를 의미한다. 이 과정을 통해서 기준 시점에 대한 보정 시점의 카메라 특성 차이를 의미하는 계수를 얻을 수 있다. 이 과정은 RGB 채널별로 독립적으로 수행되므로 한 시점당 총 9개의 계수가 발생한다.

이후 RGB 채널의 색상 변환 과정을 위해 보정 시점 카메라당 각각 3개의 색상 참조표(color look-up table)를 생성한다. 색상 참조표는 보정 시점 영상의 색상 값과 그 값이 변환되어야 하는 값을 포함한다. <그림 2-24>는 색상 참조표를 이용해 보정 시점의 화소값을 변환하는 과정을 보인 것이다. 이 알고리즘을 이용하면 앞에서 보인 "Race"영상의 색상이 다음의 <그림 2-25>와 같이 색상이 같아짐을 알 수 있다. <그림 2-25(a)>는 참조 시점의 원본 영상을 보인 것이고, <그림 2-25(b)>는 보정할 대상시점의 영상을 보인 것이다. 이 두 영상을 비교하면 색상의 차이가 확연히 드러남을 알 수 있다. <그림 2-25(c)>는 히스토그램 정합 방법을 이용해 보정 대상시점을 수정한 결과이다. 그리고 <그림 2-25(d)>는 카메라 특성을 이용한 결과이다. 그림을 통해 확인할 때는 두 방법의 차이가 크게 드러나지 않는다. 하지만 참조 시점의 영상과 보정 대상시점의 영상의 상응 화소를 비교하면 카메라 특성을 이용한 결과가 보다 정확함을 알 수 있다.

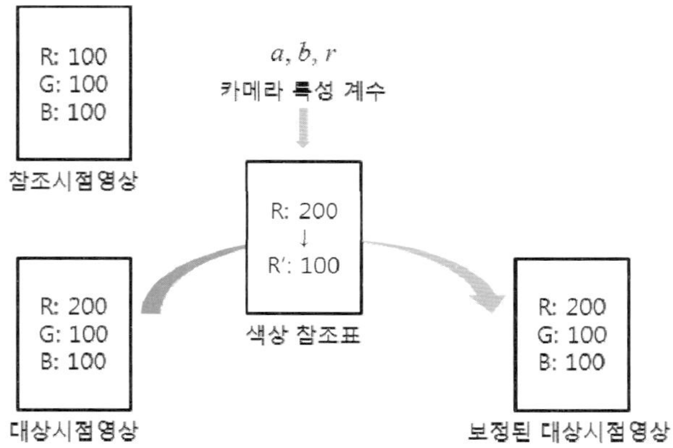

〈그림 2-24〉 색상 참조표를 이용한 색상 보정

(a) 참조 시점의 원본 영상 (b) 보정 시점의 원본영상

(c) 히스토그램 매칭 방법 (d) 카메라 특성을 이용한 방법

〈그림 2-25〉 색상 보정 결과

2.6 영상 분할을 이용한 깊이 영상 추정

2.6.1 3차원 워핑을 이용한 깊이 영상 추정

기존의 스테레오 정합 알고리즘은 깊이값 불연속점에서 오차가 자주 발생한다. 이런 오차는 중간 영상 합성 과정에서 객체의 경계가 중복되거나 불분명해지는 문제점을 가진다. 이와 같은 문제점을 해결하기 위해 영역 분할을 이용하는 깊이맵 추정 기법이 제안되었다 [22]. 이 방법은 영상이 비슷한 화소들끼리 묶어 영상을 분할한 다음, 각 영역에 대해 하나의 깊이 값을 할당하거나 일정하게 변하는 값으로 할당한다. 영역 분할 기반의 깊이맵 추정 기법은 분할된 영역 내부에서는 깊이값이 미세하게 변화하며, 깊이값의 불연속점은 세그먼트의 경계에서 발생한다고 가정한다.

영역 분할 기반의 스테레오 정합 알고리즘은 <그림 2-26>에 도시화한 것처럼 일반적으로 네 단계의 연속적인 절차를 거친다. 첫째, 영역 분할 알고리즘을 적용하여 비슷한 화소들을 하나의 세그먼트로 묶는다. 둘째, 초기 변위맵 생성을 위해 윈도우 기반의 지역변위 탐색 방법을 이용한다. 셋째, 변위평면을 추출하기 위해 평면 조정 방법을 사용한다. 넷째, 추출된 변위 평면을 이용해 최적의 변위 평면을 할당한다. 방법은 기존의 방법들에 비해 객체의 경계가 명확해질 뿐만 아니라, 보다 정확한 변위맵을 추정할 수 있다.

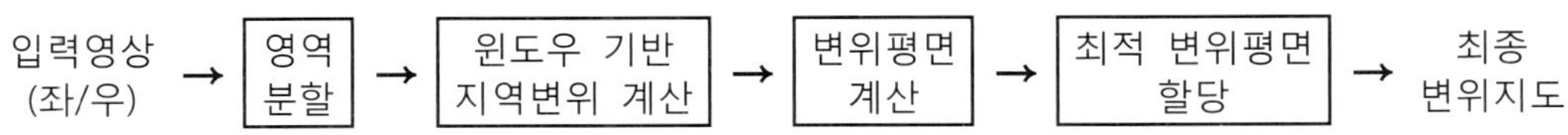

〈그림 2-26〉 영역 분할 기반 스테레오 정합 알고리즘의 블록 다이어그램

기존의 스테레오 정합 알고리즘은 병렬 카메라 구성에서 얻은 영상을 영상 정렬 과정을 수행한 결과를 이용한다. 이는 변위를 구하기 위해 주변 영상의 화소 중에서 수평 방향으로만 탐색을 하기 때문인데, 이와 같은 방법은 일차원 평행형 카메라가 아닌 다른 카메라 구성을 통해 획득한 다시점 영상의 깊이맵을 추정하는 데에는 한계가 있다.

이와 같은 문제점을 보완하기 위해 3차원 워핑을 이용한 깊이맵 추정 기법이 이용된다 [11]. 이 방법은 깊이맵을 구할 시점에서의 영상의 특정 세그먼트를 3차원 워핑을 통해 주변 영상으로 투영(projection)한 다음 깊이값을 탐색하는 방법을 이용한다. 이 방법을 이용하면 카메라 구성에 상관없이 깊이맵을 생성할 수 있다. 이를 쉽게 설명하면 <그림 2-27>과 같이 나타낼 수 있다. 좌영상의 깊이 영상을 추정하는 것이 목적이라고 하자. 그렇다면 좌영상의 한 화소 단위로 3차원 워핑을 통해 원래 좌영상의 한 화소를 3차원 공간 위에 돌려 놓는다. 그 다음 카메라 사영 행렬을 이용해 우영상으로 투영하면 좌영상과 우영상의 상응 화소가 결정된다. 만약 3차원 워핑에 이용되었던 깊이값이 정확한 값이었다면 결정된 상응 화소가 정확하게 일치할 것이다. 그렇지 않았을 경우는 결정된 상응 화소의 컬러값이 서로 다를 것이다. 이런 방식으로 한 점의 깊이값을 결정하기 위해 깊이값을 변화하면서 3차원 워핑을 수행하고, 이렇게 결정된 상응 화소의 컬러값을 비교하여 상관도가 가장 높은 깊이값을 최종 깊이값으로 결정한다.

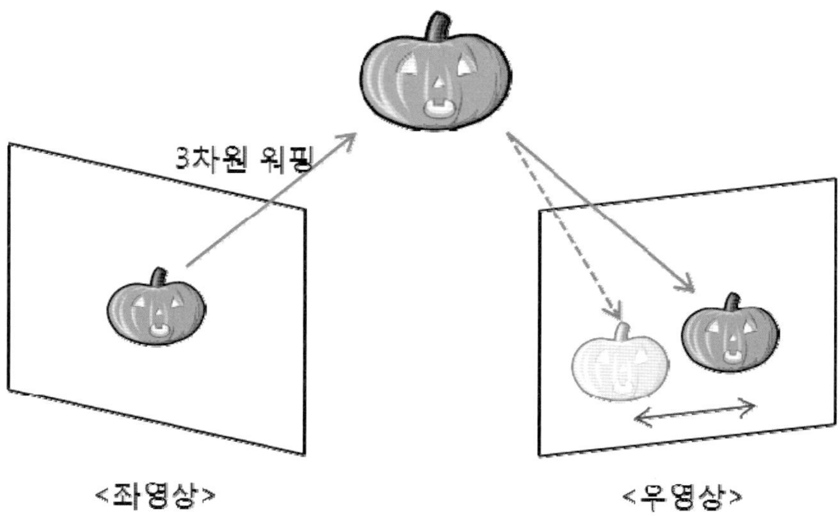

〈그림 2-27〉 3차원 워핑을 이용한 깊이값 탐색 방법

초기 깊이맵 탐색 과정을 통해 얻어진 깊이맵은 많은 오차를 갖게 된다. 왜냐하면 객체의 경계가 아닌객체의 내부의 경우 색상이 유사한 경우가 많기 때문에 잡음과 같은 깊이값이 많이 발생한다. 이와 같은 문제점을 해결하기 위해 깊이값 결정 단계에서 영상 전체를 고려하는 방법들이 많이 소개 되었다. 이런 방법을 크게 두 가지로 구분하면 그래프 컷(graph cuts) [23]을 이용한 방법과 신뢰 확산(belief propagation) [24]을 이용한 방법이 있다.

2.6.2 신뢰 확산을 이용한 깊이 영상 추정

앞에서 설명한 영상 분할 기반의 깊이맵 추정 방법은 화소 단위의 깊이맵 추정 방법의 단점을 보완하여 객체의 깊이값을 보다 정확하게 결정하기 위한 방법이다. 이 방법을 바탕으로 세그먼트 단위로 결정한 깊이값을 신뢰 확산 방법을 이용해 깊이값을 최적화하면 보다 정확도가 높은 깊이 영상을 획득할 수 있다. 특히 다시점 영상은 한 장면을 동시에 여러 카메라로 획득한 영상이므로 시점간 상관도를 더 효율적으로 이용할 수 있다. 다음에 소개할 방법은 이와 같은 방법을 잘 소개한 논문[25]의 내용을 간략히 소개한다.

<그림 2-28>은 논문에서 소개한 방법을 도시화한 것이다. 먼저 영역 분할 기법을 이용해 영상을 세그먼트로 세분화 한다. 그리고 각 세그먼트 단위로 초기 깊이맵을 결정한다. 초기 깊이맵을 결정하는 과정에서는 3차원 워핑 기법과 자체적응 함수를 사용한다. 마지막 단계인 깊이맵 정제 과정에서는 세그먼트 단위의 신뢰 확산 방법을 사용하여 깊이맵의 오차를 줄인다.

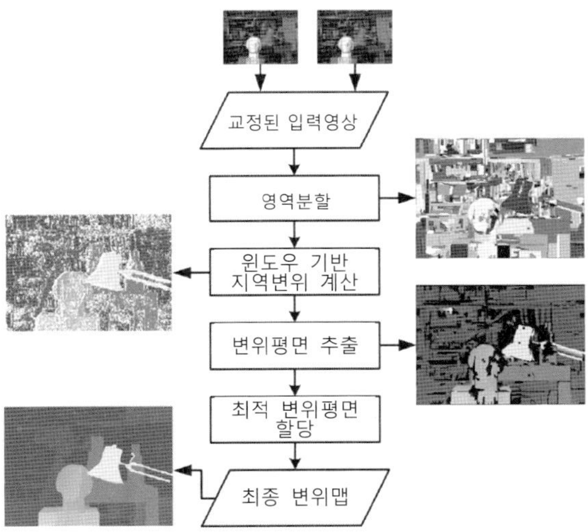

〈그림 2-28〉 영역 분할과 신뢰 확산을 이용한 다시점 영상의 깊이맵 추정 방법

획득하려는 대상 시점의 색상 영상을 분할하는 작업을 먼저 수행한다. 목표 시점의 색상 정보를 유사한 색상끼리 연결하여 영상을 분할한다. 앞서 언급한 것처럼, 깊이값의 불연속점은 세그먼트의 경계 부분에서 발생하는데 이 가정을 만족시키기 위해서는 세그먼트의 크기

가 작도록 세분화하는 것이 바람직하다. 이런 과정의 성능을 최대로 끌어올리기 위해서 논문에서는 그래프 기반의 영역 분할 알고리즘을 이용했다 [26].

영역 분할 방법을 통해 얻어진 세그먼트 단위로 깊이값을 탐색한다. 가장 많이 알려진 정합 방법은 대상 시점의 현재 화소를 중심으로 한 윈도우와 참조 시점의 대상 화소를 중심으로 한 윈도우를 이용해 원소들의 차이를 계산하는 정합 함수를 이용한다. 널리 이용하는 정합함수는 SD(squared intensity difference)와 AD(absolute intensity difference)이지만 이 함수들은 카메라간 색상의 불일치에 민감하므로 이에 강인한 정합 함수가 필요하다. 이에 위 논문에서는 기존의 AD함수에 경사도 맵(gradient map)을 이용한 함수를 추가한다. 특히 경사도 맵의 성능을 높이기 위해 경사도 맵의 방향을 4방향으로 확장하여 사용한다.

$$C(x,y,d) = (1-\omega)C_{MAD}(x,y,d) + \omega C_{MGRAD}(x,y,d) \tag{2-7}$$

여기서 ω는 가중치를 나타내며 CMGRAD(x,y,d)와 CMAD는 각각 다음과 같이 정의한다.

$$C_{MGRAD}(x,y,d) = \frac{1}{M}\sum_{(x,y)\in S_K}\left\{\begin{array}{l}\nabla_x I_1(x,y) - \nabla_x I_2(x',y') + \\ \nabla_y I_1(x,y) - \nabla_y I_2(x',y') + \\ \nabla_{-x} I_1(x,y) - \nabla_{-x} I_2(x',y') + \\ \nabla_{-y} I_1(x,y) - \nabla_{-y} I_2(x',y')\end{array}\right\} \tag{2-8}$$

$$C_{MAD}(x,y,d) = \frac{1}{M}\sum_{(x,y)\in S_K}\{I_1(x,y) - I_2(x',y')\} \tag{2-9}$$

여기서 M은 세그먼트 내의 화소의 개수, S_k는 대상 세그먼트, (x', y')는 깊이값 d와 3차원 워핑으로 결정된 상응 화소의 위치, ∇_x, ∇_y, ∇_{-x}, ∇_{-y}는 각각 $+x$방향, $+y$방향, $-x$방향, $-y$방향의 경사도 맵을 의미한다. 다시점 영상에서는 하나의 세그먼트에 대한 깊이값 추정 과정에서 좌영상과 우영상 모두에 대해 정합 함수를 적용하여 보다 오류가 적은 깊이값을 얻을 수 있다. 다시점 영상을 이용할 때 얻을 수 있는 가장 큰 장점은 폐색 영역으로 인해 발생할 수 있는 문제를 최소화할 수 있다는 것이다.

신뢰 확산을 이용한 깊이 영상 정제 방법을 이용하면 각 세그먼트 간의 상관도를 향상 시켜 더욱 정확한 깊이 영상을 획득할 수 있다. 위 논문에서 제안하는 방법은 앞 단계에서 획득한 초기 깊이맵을 신뢰 확산 방법을 이용해 초기 깊이맵을 정제한다. 기존의 화소 단위의 신뢰 확산 방법이 상/하/좌/우의 인접 화소들간의 상관도를 높일 수 있도록 반복적으로 각 화소의 상태를 업데이트한다. 이런 방법을 세그먼트 기반의 신뢰 확산 방법에 적용하기 위해서는 인접 세그먼트와의 관계를 잘 설정해야 한다. <그림 2-29>에 화소 단위 및 세그먼트 단위의 신뢰 확산 방법을 도식화했다. <그림 2-29(a)>는 화소 단위의 신뢰 확산 방법을 소개한 것이다. 현재 블록의 신뢰도를 높이기 위해 인접 블록의 신뢰도를 고려한다. 이때 고려하는 요소는 인접 블록의 최적의 깊이값과 유사도이다. 이렇게 인접 블록의 신뢰도를 고려하여 현재 블록의 신뢰도를 업데이트하는 방식으로 최적의 깊이값을 결정한다. <그림 2-29(b)>는 이런 화소 단위의 신뢰도 업데이트 방법을 세그먼트 단위로 수행한다. 현재 세그먼트의 신뢰도를 높이기 위해 인접해 있는 세그먼트의 신뢰도를 고려한다. 고려하는 요소는 화소 단위의 방법과 동일하다. 하지만 이런 세그먼트 단위의 신뢰 확산 방법은 인접한 세그먼트의 개수가 고정되어 있지 않으므로 가장 가깝고 유사한 세그먼트를 연결하는 것이 필요하다. 가장 간단한 방법은 세그먼트의 색상 유사도가 가장 가까운 4개의 세그먼트를 연결하는 것이다.

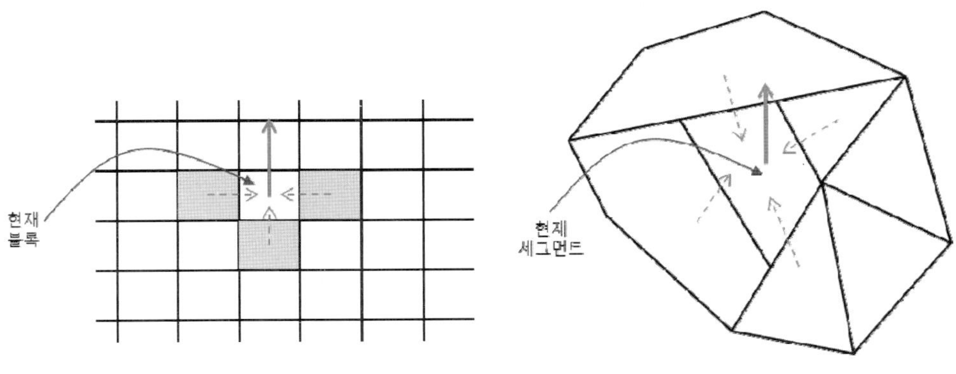

(a) 화소 단위의 신뢰 확산 방법　　(b) 세그먼트 단위의 신뢰 확산 방법

〈그림 2-29〉 신뢰 확산 방법을 이용한 깊이값 결정 방법

<그림 2-30>은 지금까지 설명한 신뢰 확산 방법을 세그먼트 단위의 깊이맵 추정 방법의 결과를 보인 것이다. <그림 2-30(a)>는 다시점 비디오 부호화의 표준화 과정에서 사용된 테스트 영상으로 이용된 'Akko&Kayo' 영상으로 일차원 병렬형 다시점 카메라를 이용해 획득한 영상이다. <그림 2-30(b)>는 색상 영상과 동일한 시점의 초기 깊이맵을 보인 것이다. 이

결과를 보면 객체의 경계가 불분명하고, 배경에 흰색의 잘못된 깊이값을 확인할 수 있다. 이에 비해서 <그림 2-30(c)>의 최종 깊이맵을 보면 배경의 잘못된 깊이값들이 모두 사라지고, 객체의 내부도 보다 선명해 졌음을 알 수 있다.

(a) 색상 영상 (b) 초기 깊이맵 (c) 정제된 깊이맵

〈그림 2-30〉 신뢰 확산 방법을 이용한 깊이맵 결과

앞에서 설명한 스테레오 정합 방법을 이용한 깊이 영상 획득 방법은 입력데이터인 색상 영상의 기하학적 상관도를 이용해 깊이 영상을 획득한다. 하지만 이런 방법은 색상의 유사도를 이용해 변위값을 결정하기 때문에 객체의 변위는 다르나 색상의 유사도가 높은 객체에 대해서는 부정확한 변위값이 측정될 수 있다. 이런 영역을 비텍스쳐 영역(textureless region)이라고 하는데, 이런 영역에서는 부정확한 깊이값이 측정되기 쉽다. 또한 다시점 영상에서는 시점간 폐색/비폐색 영역(occluded/disoccluded regions)이 존재한다. 참조 시점에서는 보이지만 다른 대상 시점의 영상에서 보이지 않는 영역을 폐색 영역이라고 하고, 참조 시점에서는 보이지 않던 영역이 다른 대상 시점에서 보이게 되는 영역을 비폐색 영역이라고 한다. 이런 폐색 영역과 비폐색 영역은 서로 상반되는 개념이면서 동시에 발생하는 영역이다. 이런 폐색/비폐색 영역은 한쪽에만 존재하는 정보이므로, 영상의 상관도가 없는 영역이다. 이런 영역에 대한 변위정보를 추출하는 것은 거의 불가능하므로, 스테레오 정합을 이용한 방법은 이런 영역에 대한 변위정보를 정확하게 추정하기 어렵다.

최근의 깊이 영상 획득에 관한 연구 중에서 스테레오 정합과 같은 소프트웨어적인 방법과는 다르게 하드웨어적인 방법으로 적외선 센서를 이용한 깊이 카메라를 이용한 방법이 널리 이용되고 있다.

CHAPTER 3
다시점 비디오 부호화

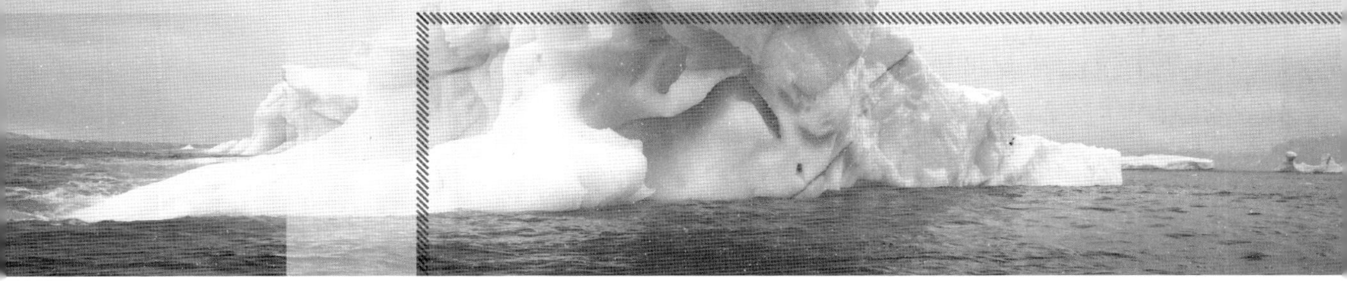

다시점 비디오는 동일한 종류의 카메라를 이용해 한 장면을 동시에 획득한 영상이다. 다시점 비디오를 이용하면 다양한 각도의 장면을 살펴볼 수 있기 때문에 입체영상을 효과적으로 재현할 수 있다. 예를 들면, 2012년 런던 올림픽의 체조 경기에서 선수들이 각자의 기량을 선보일 때 시점을 순식간에 변화하는 효과를 연출했다. 이런 효과는 동일한 카메라를 수십대 설치하고 동시에 장면을 획득하는 'Bullet Time'이라는 기술이다. 이 방법은 수십 대의 카메라를 피사체 주변에 설치하고, 어느 한 순간의 장면을 시점 이동해 보여주는 방법이다. 이 기술은 1999년에 발표된 영화 '매트릭스(Matrix)'에서 주인공이 총알을 피하는 장면에 적용되어 큰 화제가 되었다. 이런 효과는 지난 올림픽의 체조 경기뿐만 아니라, 영화, 광고, 뮤직 비디오 등 여러 분야에서 효과적으로 사용되고 있다. 이렇듯 다시점 비디오를 이용하면 단일 시점 카메라보다 3차원 입체 효과를 효과적으로 연출할 수 있다.

최근에 개발되고 있는 3차원 비디오 시스템은 다시점 비디오를 기본 입력 데이터로 이용한다. 특히, 무안경식 다시점 재현 장치(auto-stereoscopic display)는 최소 8시점부터 최대 36시점의 다시점 영상을 이용한다. 또한 최근 개발되고 있는 스테레오 재현 장치는 다시점 영상 중에서 시청자가 보기 편하고 입체감을 가장 효과적으로 느낄 수 있는 두 시점의 영상을 선택해 재현한다. <그림 3-1>은 다시점 영상을 이용한 3차원 영상 서비스의 개념을 보인 것이다.

3차원 비디오를 제작하는 단계에서는 다시점 카메라를 이용해 다시점 비디오를 획득하고 보정하는데, 이때 고려해야 할 사항은 카메라의 방향 정렬, 카메라간 동기화, 카메라간 색상

일치, 카메라 변수 추출 등이 있다 [27]. 카메라의 방향 정렬은 각 카메라가 의도한 대로 일정한 방향을 향하도록 조절하는 과정이다. 만약 일차원 병렬형(1D parallel) 구조일 경우에는 모든 카메라의 방향이 평행이어야 하고, 일차원 수렴형(1D convergence)일 경우는 모든 카메라가 일정한 지점을 가리켜야 한다. 하지만 실제로 카메라를 설치하는 단계에서 원래 목적한 대로 완벽하게 정렬하는 것은 기술적으로 한계가 있다. 이를 보정하기 위해 제1장에서 설명한 카메라 변수를 이용해 다시점 영상을 정렬한다 [28]. 이 과정을 수행하면 각 영상간의 수직적 오차가 줄어들어 깊이값을 추정하는데 복잡도를 효과적으로 줄일 수 있다. 그리고 카메라간 동기화(synchronization)는 각 카메라가 촬영하는 시간을 동일하게 유지하는 방법으로, 다시점 영상을 촬영하는 단계에서 시간적인 동기가 정확하게 이루어져야 한다. 만약 카메라간 획득 시간이 일치하지 않을 경우 각 시점의 장면이 달라지게 되므로 완벽한 3차원 영상의 재현이 불가능하다. 다음으로 카메라간 색상 일치(color correction)는 카메라의 변수 설정이 서로 다른 데서 기인한다. 동일한 종류의 카메라를 사용하더라도 조리개, 초점, 조명 설정 등의 차이로 시점간 색상 분포가 달라질 수 있다. 이런 오류를 줄이기 위해서는 측정 단계에서 카메라 설정을 최대한 동일하게 조정하고, 후보정(post-processing) 방법을 이용해 시점간 색상을 일정하게 교정한다 [21]. 마지막으로 카메라 변수를 추정하기 위한 카메라 보정(camera calibration)이 있다. 카메라 보정은 카메라의 기하학적 정보를 표시하는 카메라 변수를 추정하는 기술로, 다시점 영상을 획득하기 전에 전처리 과정(pre-processing)으로 수행된다. 이때 카메라의 구조가 변경되었을 경우에는 카메라의 외부 변수(camera extrinsic parameter)를 다시 설정해야 한다. 다시점 영상의 경우 카메라간 상대적 위치와 방향이 중요하므로, 다시점 카메라의 카메라 변수 추정 방법을 이용해야 한다.

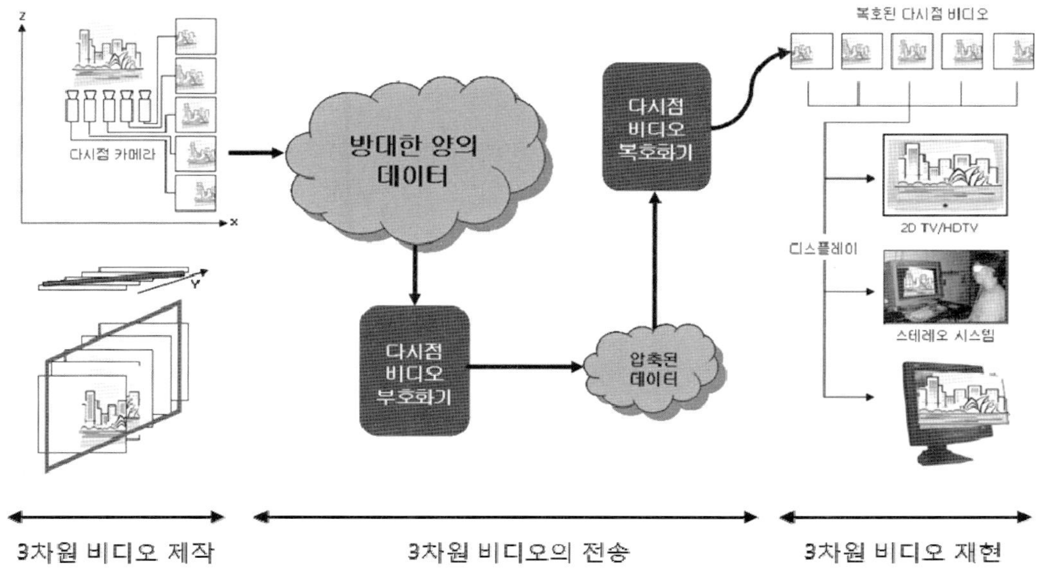

〈그림 3-1〉 다시점 비디오 부호화를 이용한 3차원 영상 서비스

3.1 다시점 비디오 부호화 소개

3차원 비디오의 전송단에서는 시점의 수에 비례하게 증가하는 방대한 데이터양을 효과적으로 줄이고, 이를 채널을 통해 전달한다. 다시점 비디오는 여러 대의 카메라로 동시에 촬영한 영상이므로 시점간 상관도가 매우 높다. 이를 이용해 다시점 비디오를 효과적으로 부호화하는 기술이 바로 다시점 비디오 부호화(multi-view video coding, MVC) 방법이다 [29, 128]. 다시점 비디오 부호화는 ISO/IEC 산하의 MPEG (moving picture experts group) 표준화 기구와 ITU-T 산하의 VCEG (video coding experts group) 표준화 기구가 협력을 통해 제정한 국제 영상 부호화 표준이다. 이번 장에서는 다시점 비디오 부호화의 주요 기능과 표준화 과정에서 논의되었던 기술을 살펴보고, 참조 소프트웨어인 JMVC (joint multi-view video coding)의 사용법을 알아본다.

3.2 다시점 비디오 부호화의 표준화 과정

다시점 비디오 부호화는 3차원 비디오 시스템의 입력 데이터인 다시점 비디오를 효과적으로 부호화하기 위해 개발됐다. MVC의 표준화 과정은 <그림 3-2>에 간략히 정리했다. 2002년부터 MPEG 3차원 오디오-비주얼(3D Audio-Visual, 3DAV) 그룹에서 다양한 3차원 영상 서비스에 대해 탐색 실험(exploration experiment)을 수행했다. 3DAV 표준화 그룹은 약 4년간의 표준화 회의를 통해 다시점 비디오 부호화의 필요성에 대해서 논의해 2005년 1월부터 다시점 비디오 부호화의 표준화 작업을 시작했다.

2005년 7월에 열린 MPEG 표준화 회의에서는 다시점 비디오 부호화에 대한 제안요청서가 배포됐다 [30]. 이듬해 2006년 1월 미팅에서는 여러 기관에서 제시한 기술을 바탕으로 성능 평가가 이루어졌고, 각 기술을 주제별로 구분해 핵심 실험(Core Experiment)을 수행했다. 그리고 2006년 7월 회의부터는 ISO/IEC산하의 MPEG 전문가들과 ITU-T 산하의 VCEG이 협력해 만든 JVT(joint video team)에서 MVC의 표준화 작업을 수행했다. 약 2년 동안 각 기술의 적합성을 평가한 후, 2008년 4월에 표준 초안을 작성했다.

일반적으로 국제 표준화 과정에서 가장 중요한 시기를 꼽는다면 제안요청서(Call for Proposals)가 배포되고 난 후, 여러 기관에서 제안한 기술을 평가하는 시기라고 말할 수 있다. 2005년 10월에 열렸던 회의에서는 여러 기관들이 제안한 기술 중에서 독일 Fraunhofer-HHI 연구소에서 제안한 테스트 모델을 기본적인 참조 소프트웨어로 선정했다. 이 소프트웨어는 기존의 계위적 비디오 부호화(Scalable Video Coding)[31]의 참조 소프트웨어를 이용한 JSVM(Joint Scalable Video Model) 3.5를 기본으로 하여 구현됐고, 2006년 2월에 배포됐다. 이어서 2006년 7월에 다시점 비디오의 병렬 처리를 위해 각 시점 별로 독립적으로 부호화하는 JMVM(Joint Multi-view Video Model) 1.0이 배포됐다. 이후 여러 번의 JVT 회의를 통해 새로운 버전이 업데이트됐고, 2007년 5월에는 JMVM 4.0이 배포됐다.

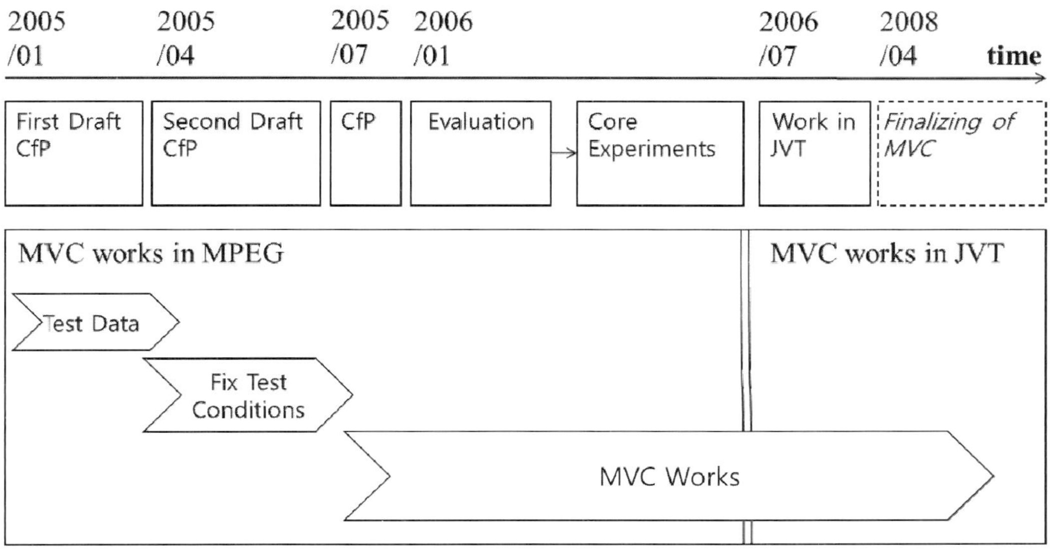

〈그림 3-2〉 다시점 비디오 부호화의 표준화 과정

3.3 다시점 비디오 부호화의 응용과 요구 사항

다시점 비디오 부호화의 표준화 작업을 진행하는 과정에서 표준화할 기술이 이용될 수 있는 응용 분야를 조사했다 [32]. 오랜 시간을 투자해 제정된 표준이 회사나 연구자들의 외면으로 그냥 잊혀져 버린다면 얼마나 큰 손실이겠는가? 그렇기 때문에 기술 표준이 널리 이용되기 위해서는 산업체와 협의해 표준화될 기술이 이용될 수 있는 분야를 먼저 정하는 것이 중요하다. 그리고 표준화 과정에서 제정될 기술의 기본적인 요구 조건을 제시함으로 제정된 기술의 기능을 잘 설명할 수 있어야 한다. 이번 절에서는 MVC의 표준화 과정에서 발표한 응용 분야와 요구 사항을 간략하게 소개한다 [32].

3.3.1 다시점 비디오 부호화의 응용

(1) 자유시점 비디오/자유시점 TV

(Free Viewpoint Video/ Free Viewpoint Television)

앞서 설명한 3DAV를 위한 표준화 작업에서는 여러 가지 3차원 비디오 서비스 중에서 사용자가 시청하는 시점을 직접 변경하거나, 여러 시점의 영상을 이용해 효과적인 입체 영상을 재현할 수 있는 시스템을 평가했다. 이런 시스템을 FTV 혹은 자유시점 TV라고 하는데, 일본의 Nagoya 대학을 중심으로 제안됐다 [33]. 자유시점 TV는 카메라 간격이 작은 다시점 카메라로 장면을 촬영하고, 이를 바탕으로 Ray-Space를 정의한다. 이렇게 정의한 Ray-Space는 사용자의 요청에 따라 임의의 시점 영상을 자유로이 생성할 수 있다. <표 3-1>은 이 시스템을 이용할 수 있는 분야를 정리한 것이다.

〈표 3-1〉 다시점 비디오 부호화 기술이 이용될 수 있는 응용분야

구분	각 분야별 상세 내용
엔터테인먼트	콘서트, 스포츠, 다중 사용자 게임, 영화, 드라마, 뉴스
교육	문화, 운동 종목의 교육, 의학 수술 과정
관광	동물원, 수족관, 식물원, 박물관
감시 시스템	교통 통제, 지하 주차장, 은행

<그림 3-3>은 자유시점 TV의 기본 구성도를 보인 것이다. 다시점 카메라를 이용해 획득한 다시점 영상은 카메라 변수를 이용해 영상 정렬을 수행한다. 이후 수평 방향으로 기준 시점의 모든 화소에 대해 인접 시점의 영상에서 상응 화소(corresponding pixel)의 변위를 측정한다. 이후 각 상응 화소를 이용해 Ray-Space를 구성한다. 이렇게 구성된 Ray-Space를 이용하면 임의 시점의 영상을 생성할 수 있는데, 생성된 다시점 비디오를 현재 표준화가 진행되고 있는 다시점 비디오 부호화 시스템을 이용해 부호화 한다. 부호화된 비트스트림을 다시점 비디오 복호화기로 재구성해 재현 장치에 맞게 변형 및 합성한 후 재생한다.

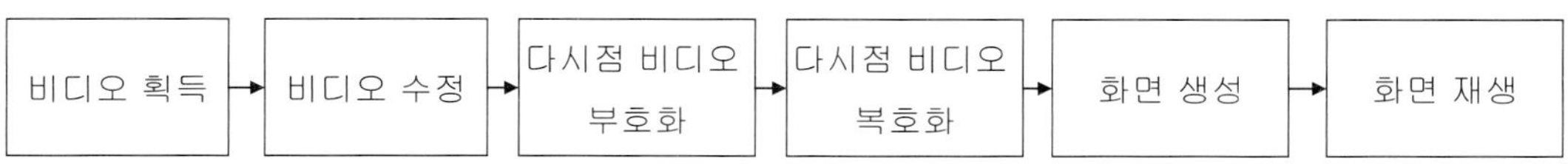

〈그림 3-3〉 자유시점 TV 시스템 기본 구성도

(2) 3차원 TV (3DTV)

다시점 비디오 부호화의 다른 응용 분야로 3차원 TV가 있다. 현재 널리 보급되고 있는 스

테레오 TV는 스테레오 화면 형식(side-by-side 또는 top-bottom)으로 제공되는 두 시점의 영상을 스테레오 모니터에 재현한다. 이런 스테레오 TV의 단점은 이미 제공된 스테레오 영상을 그대로 보여 줄 수 있을 뿐 깊이감의 조절 혹은 시청 시점의 변경과 같은 기능을 제공하지 못한다. 하지만 다시점 비디오 부호화 기술을 이용하는 3차원 TV는 두 시점의 영상을 재현하는 기능을 기본으로 포함하고, 다시점 비디오 부호화를 이용해 복원된 다시점 비디오는 다양한 위치에서 촬영한 입체 영상을 제공한다. 그러므로 시청자는 시청하는 위치를 바꾸어 보다 다양한 시점의 입체 영상을 즐길 수 있다. <그림 3-4>는 이러한 3차원 TV의 기능을 설명한 것이다. 다시점 3차원 TV 시스템은 다시점 카메라를 이용해 촬영한 다시점 비디오를 압축 부호화해 전송한다. 채널을 통해 전송된 비트스트림은 수신단에서 다시점 비디오 복호기로 복원된다. 재구성된 다시점 비디오는 재현 장치의 구성에 따라 다양하게 변형 또는 합성되어 재생된다.

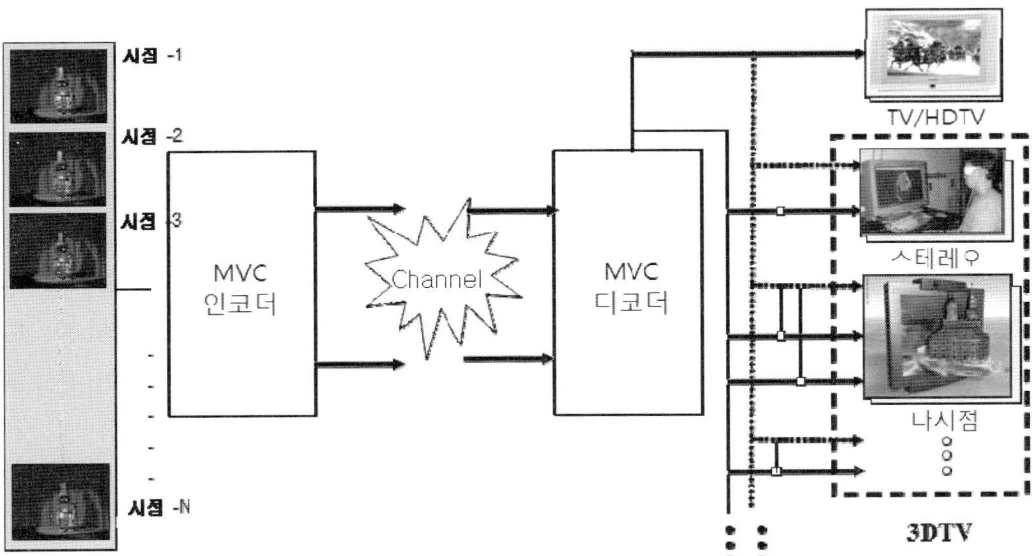

〈그림 3-4〉 3DTV 시스템 구조도 [32]

재현 장치로는 2차원 SDTV/HDTV, 스테레오 TV, 3DTV 등이 있다. 3차원 비디오 재현 기능이 없는 일반 TV의 경우에는 미리 정의된 기준 시점의 영상을 복원해 재현한다. 이는 흑백 TV에서 컬러 TV로 전환할 때, 흑백 TV로도 시청이 가능하게 하는 기술과 같다. 그리고 일반적으로 사용하고 있는 스테레오 TV는 복원한 두 시점 중에서 두 시점을 선택해 재현한다. 그리고 마지막으로 다시점 재현 장치와 같은 경우는 다시점 영상을 모두 이용하므로 모든 시점의 영상을 복원해 재현한다. 3차원 TV는 여러 시점의 입체 영상을 지원하므로, 생성해야 할 시점의 수가 촬영된 시점의 수보다 많을 경우를 대비해 IVR(intermediate view rendering) 기술을 갖추어야 한다. 다시점 비디오 부호화 표준화 과정에서 이런 요구와 관련해 카메라 매개 변수와 같은 추가적인 정보를 포함해야 한다고 권고하고 있다.

(3) **몰입형 원격회의**

서로 다른 장소에서 촬영된 원격회의 영상을 동시에 시청하거나, 원하는 패널의 화상을 자유롭게 선택할 수 있는 몰입형 원격회의에 다시점 비디오 부호화가 이용될 수 있다.

3.3.2 다시점 비디오 부호화의 요구 사항

다시점 비디오 부호화에서 요구되는 사항은 크게 부호화에 관련된 요구 사항과 시스템에 관련된 요구 사항으로 분류할 수 있다. 요구 사항은 반드시 만족되어야 하는 필수적인 항목과 만족하면 좋은 권장 항목이 있다.

(1) **압축 효율**(Compression Efficiency)

다시점 비디오 부호화는 최신 비디오 압축 표준인 H.264/AVC를 기반으로 할 수 있으나, 기존의 비디오 압축과는 달리 여러 대의 카메라로부터 획득한 영상을 압축해야 하므로 데이터 양이 매우 크다. 그러나 각 카메라의 영상간에는 공간적인 중복성이 있으므로, 이 특징을 고려해 높은 압축 효율을 제공하는 부호화 기술을 확보해야 한다. 각 카메라에 관한 부가적인 데이터가 필요하지만 이 정보도 최소가 되어야 한다.

(2) **계위성**(Scalability)

계위성은 영상의 화질을 단계별로 제공할 수 있는 기능을 말한다. 계위성의 종류는 SNR(signal-to-noise-ratio) 계위성, 공간적인 계위성, 시간적인 계위성, 복잡도 계위성, 시점 계위성 등이 있다. 다시점 비디오 부호화 기술은 이러한 다양한 종류의 계위성을 보장해야 한다. 각 계위성은 사용자의 요구에 따라 원하는 영상을 단계적으로 서비스할 수 있어야 한다. 대부분 기존의 비디오 압축 방식에서 사용되는 계위성이지만, 시점 계위성은 다시점 비디오 부호화 에서 새롭게 사용되는 기능으로서, 원하는 시점이 우선적으로 부호화되는 방법이다.

(3) 낮은 지연(Low Delay)

다시점 비디오 부호화는 부호화할 때나 복호화할 때에 걸리는 시간에 대한 지연이 적어야 한다. 또한 시점의 변화에 필요한 시간도 최대한 적어야 한다. 시점의 변화란 원하는 시점에 대한 임의 접근(random access)을 의미하는데, 이런 경우에 요구되는 장면 전환에 걸리는 시간적인 지연이 적어야 한다는 것이다.

(4) 해상도, 색 공간 및 깊이

다시점 비디오 부호화는 다양한 종류의 해상도(QCIF, CIF, SD, HD)와 다양한 색 공간(YCbCr 4:4:4, 4:2:2, 4:2:0)을 지원해야 한다. 그리고 색의 깊이의 경우 16 비트까지 지원해야 한다. 일반적으로 사용되는 YUV 4:2:0의 색 공간에 8 비트는 반드시 지원해야 하고, 다양한 응용에 이용되기 위해서는 위의 조건들도 만족해야 한다. 또한, RGB 색공간을 지원하도록 권장하고 있다.

(5) 시점 사이의 화질의 일관성

다시점 비디오 부호화는 동일 시간의 여러 시점의 영상에 대해 동일한 화질의 영상을 제공해야 한다. 따라서 제안하는 다시점 비디오 부호화 알고리즘은 가급적 여러 시점 영상의 화질이 유사해야 한다.

(6) 시점 임의 접근과 공간적 복호화 및 렌더링

다시점 비디오 부호화는 각 시점에 대한 자유로운 접근과 복호화할 때에 특정 영역에 대해서만 복호화해 재현할 수 있어야 한다. 시점 임의 접근은 원하는 시점으로 복호화가 가능해야 한다는 것이다. 특정 영역에 대한 복호화 및 렌더링은 계위성과도 관련이 있다. 예를 들어, 장면중에서 사람 부분만을 보고 싶다면 그 부분에 대해서만 복호가 가능해야 한다는 의미이다. 시점 임의 접근은 필수적인 요구 사항이다.

(7) 시간적 임의 접근

다시점 비디오 부호화는 시간적인 임의 접근도 가능해야 하는데, 이는 사용자가 원하는 시각의 장면부터 복호화가 가능해야 한다는 것이다. 결국 앞서 언급된 시점 임의 접근과 관련해 생각해 보면, 다시점 비디오 부호화 기술은 사용자가 원하는 시점의 원하는 장면부터 복호화가 가능해야 한다. 시간적 임의 접근은 필수적인 요구 사항이다.

(8) 병렬 처리

다시점 비디오 부호화의 부호기와 복호기의 효율적인 사용을 위한 다양한 시점의 영상에 대한 병렬 처리는 실제 응용에서 요구되는 사항이다.

(9) 카메라 매개 변수

카메라 매개 변수의 전송을 지원해야 한다. 카메라 매개 변수는 카메라 제작 단계에서 결정되는 내부 변수와 3차원 공간상의 카메라 위치를 나타내는 외부 변수로 이루어진다.

3.4 계층적 B화면 구조를 이용한 예측 구조

3.4.1 비디오 부호화의 중복성

일반적인 단일 시점 비디오의 부호화 방법은 다음과 같은 비디오 영상의 중복성(redundancy)을 이용해 부호화 한다. 첫째는, 공간적 중복성(spatial redundancy)으로 영상의 영상의 인접 화소는 서로 유사한 특징을 지닌다는 점을 이용한다. 일반적으로 객체의 내부와 같이 색상이 유사한 영역은 인접한 화소의 색상이 비슷하기 마련이다. 이런 공간적 중복성을 이용하는 방법은 이산 코사인 변환(discrete cosine transform, DCT)과 같은 변환을 이용해 영상 정보를 주파수 영역으로 변환하고, 이로 인해 얻어진 소수의 변환 계수(coefficients)를 부호화 한다. 공간적 상관도가 높을수록 변환 계수의 분포가 저주파수 대역에서 크게 나타나므로 저주파수 대역의 계수를 부호화하면 효율적으로 압축할 수 있다. <그림 3-5>는 이런 공간적 상관도와 DCT 변환 결과를 단적으로 보인 것이다. <그림 3-5>에서 하늘 영역에 해당하는 부분의 Red 채널의 값을 살펴보면, 그 값의 범위가 최소 58에서 63까지 이루어짐을 알 수 있다. 이 값에 DCT 변환을 수행해 보면 저주파수의 계수가 높게 나타남을 알 수 있다. 특히, 이렇게 변환한 계수를 양자화(quantization)를 수행하기 때문에 값의 크기가 작은 계수는 0으로 설정된다. 결국, 양자화 후의 정수 계수만 부호화하기 때문에 공간적 상관도가 높을수록 소수의 변환 계수를 부호화하게 된다. 결국 적은 수의 계수로 영상을 효과적으로 부호화할 수 있다.

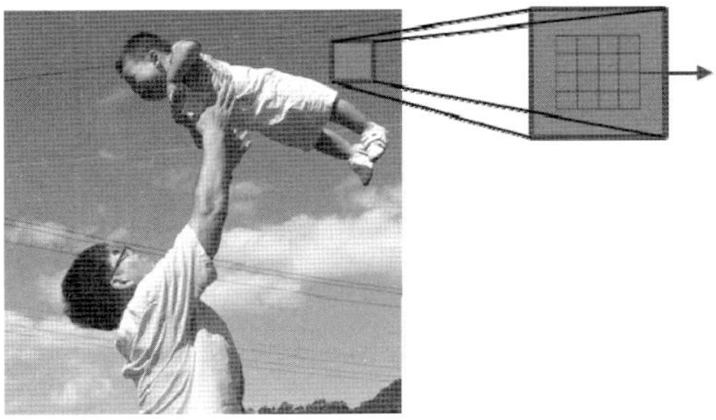

58	59	60	61
58	59	60	62
59	60	61	62
59	60	62	63

→ DCT

117.0	119.0	121.5	124.0
-0.9	-0.9	-1.6	-1.3
0.0	0.0	0.5	0.0
0.4	0.4	0.1	-0.5

〈그림 3-5〉 공간적 중복성과 DCT 변환

둘째는 시간적 중복성(temporal redundancy)으로, 인접한 화면일수록 유사도가 높다는 것을 이용해 부호화 한다. 움직임이 없는 영역에 대해서는 이전 화면(previous frame)에서 동일 영역의 정보를 가져올 수 있다. 또한 움직임이 있는 영상일 경우엔 움직임 예측(motion estimation)을 통해 영상의 유사도가 가장 높은 영역을 이전 화면에서 가져오고, 그 차이값(혹은 잔여 데이터, residual data)을 부호화하는 방법을 이용한다. 뉴스에서 엥커가 소식을 전하는 영상이나 CCTV(closed circuit television)의 영상과 같은 경우는 화면의 배경은 거의 운직임이 없고 일부 객체만 움직임이 있기 때문에 시간적 중복성이 매우 높다. <그림 3-6>은 시간적 상관도를 보이기 위해 인접한 두 화면의 차분 영상을 보인 것이다. <그림 3-6>에 보인 것과 같이, 화면의 배경은 차분값이 작고, 전경 객체의 경우에는 차분값이 큰 것을 알 수 있다. 이런 시간적 중복성을 이용해 적은 데이터양으로 화면간 차분 신호만 전송하고, 수신단에서 복원된 이전 화면과 전송된 차분 신호를 더해 현재 화면을 복원하는 방법을 이용할 수 있다. 특히, 전경 객체와 같이 움직임이 많은 경우엔 부호화가 끝난 이전 화면 중에서 가장 비슷한 부분을 참조해 부호화하는 움직임 예측을 이용해 차분 값을 줄일 수 있다.

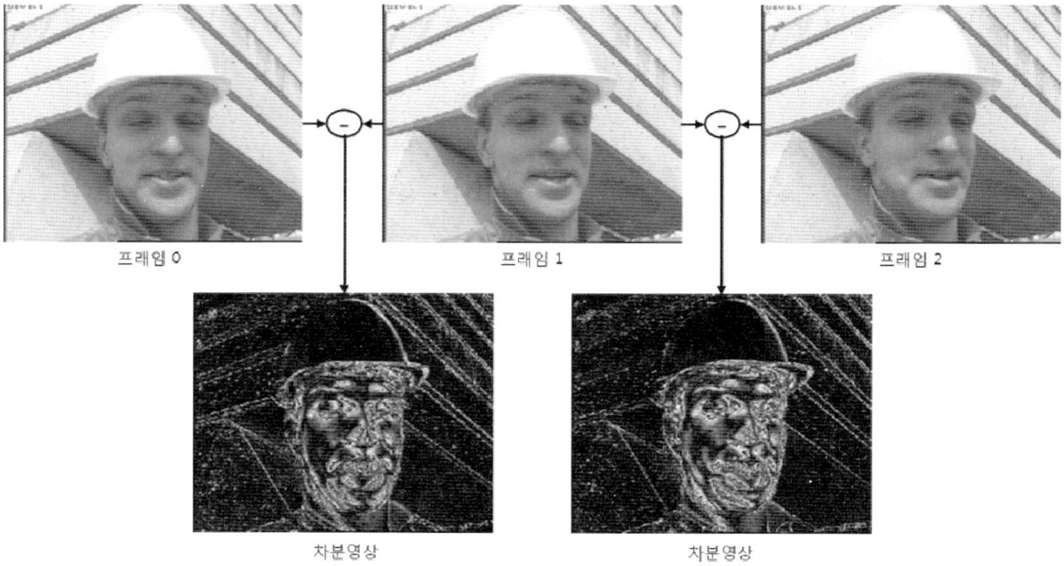

〈그림 3-6〉 시간적 상관도를 보이기 위한 화면간 차분영상

비디오 부호화의 세 번째 중복성은 통계적 중복성(statistical redundancy)이다. 이 통계적 중복성은 부호화할 데이터가 중복되어 있을 경우 최소한의 정보를 보내는 방법이다. 일반적으로 전송할 데이터의 확률적 특성을 살펴보면 각 데이터의 발생 빈도는 서로 다르게 나타난다. <그림 3-6>의 차분 영상의 경우를 살펴보면, 대부분의 영역에서 0에 가까운 잔여 데이터가 발생하며, 일부 영역에서 큰 값의 잔여 데이터가 발생한다. 각 잔여 데이터별로 빈도수를 조사한 다음 가장 많이 발생하는 값에 가장 짧은 코드를 할당하면 효율적인 부호화가 가능하다. 비디오 부호화에 자주 이용하는 방법은 허프만 코드(Huffman code)와 산술 부호화(arithmetic coding) 방법이 있는데, 이런 방법은 데이터의 통계적인 특성을 이용한다.

3.4.2 비디오 부호화의 구조

비디오 부호기는 앞에서 설명한 데이터의 공간적/시간적/통계적 중복성을 이용해 압축한다. 비디오 부호기는 데이터를 전송하기 전에 원본 비디오 데이터의 중복성을 이용해 압축한다. 비디오 복호기는 수신된 데이터를 이용해 원래의 비디오 데이터를 복원한다. 일반적으로 비디오 부호기와 복호기는 쌍을 이루어 설계되기 때문에 코덱(CODEC: enCOder +

DECoder)이라고 부른다. <그림 3-7>은 압축 효율이 뛰어난 비디오 압축 표준인 H.264/AVC의 구조를 보인 것이다 [34]. 비디오 부호화기의 구조와 기능에 대한 자세한 내용은 참고문헌 [35], [36], [37]을 참고하기 바란다. 여기에서는 세부 기술에 대한 기술은 생략하고 부호화기의 요소 기술을 간단히 소개한다.

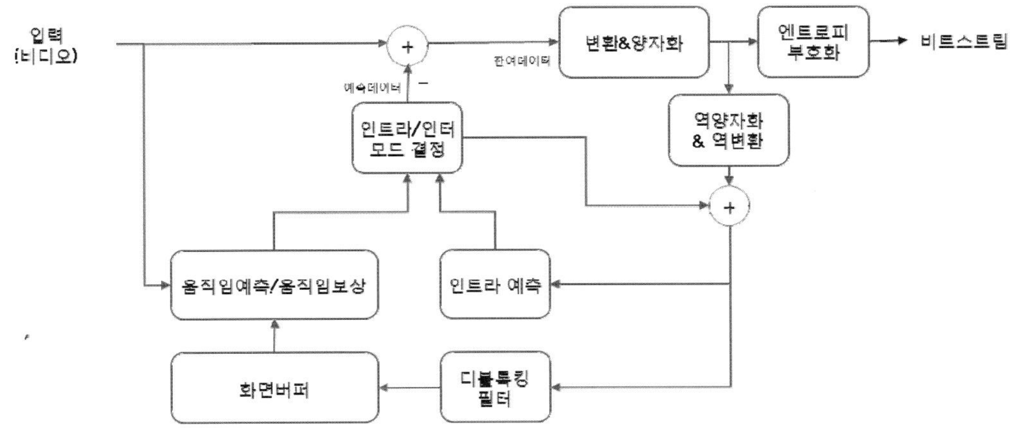

(a) H.264/AVC의 부호기 구조

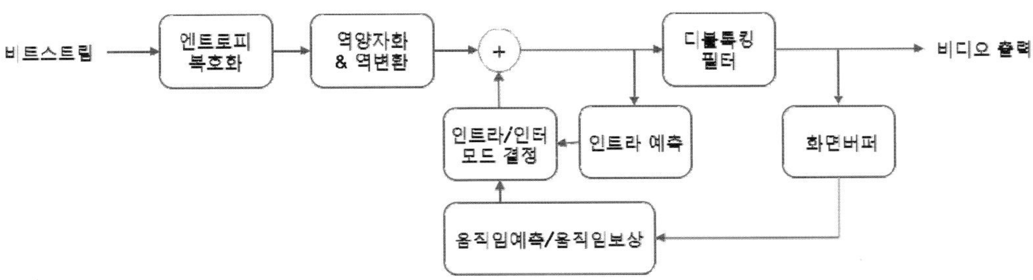

(b) H.264/AVC의 복호기 구조

〈그림 3-7〉 비디오 코덱의 구조

먼저 비디오 부호기의 구조부터 설명한다. 입력 신호인 비디오가 입력되면 전송할 데이터량을 줄이기위해 입력 신호를 예측하는 작업을 수행한다. 예측에는 크게 인트라 예측(intera prediction)과 인터 예측(inter prediction)이 있다. 인트라 예측은 디지털 사진을 압축하는 기술인 JPEG과 같이 한 화면을 압축하는 방법이다. 이때 공간적 중복성과 통계적 중복성을 이용해 부호화 한다. 인트라 예측은 현재 블록을 부호화할 때 부호화가 끝난 인접한 블록의 화소 정보를 이용해 예측한다. 이때 총 9가지 방향을 이용해 예측하고, 원본 데이터와 가장 비슷한 예측 방향을 선택해 부호화 한다. 인터 예측 방법은 시간적 중복성을 제거하기 위해 현재 화면과 부호화가 끝난 화면을 서로 비교해 차이가 가장 적은 블록을 찾는 움직임 예측(motion estimation)을 이용해 부호화 한다. 특히, 인트라 예측만을 이용해 부호화하는 화면을 I-화면(I-picture)이라고 하고, 과거 시점의 참조 영상만 이용해 인터 예측하는 화면을 P-화면(P-picture), 과거와 미래의 참조 영상을 모두 이용하는 인터 예측을 수행하는 화면을 B-화면(B-picture)이라고 한다.

인트라 또는 인터 예측 방법을 통해 얻은 예측 데이터는 원본 입력 데이터와의 차이를 구한 잔여 데이터(residual data)를 획득한다. 잔여 데이터는 DCT와 같은 변환 함수를 이용해 주파수 영역으로 변환한다. 변환을 수행하면 각 주파수 별로 계수(coefficient)가 결정 된다. 이 계수는 양자화를 거쳐 엔트로피 부호화(entropy coder)를 통해 압축한다.

한편, 부호기에서는 양자화된 변환 계수를 역양자화와 역변환 과정을 거쳐 잔여 데이터를 복원한다. 이때의 복원된 데이터는 변환 계수의 양자화로 인해 부호화 손실이 포함된 값으로 복원된다. 이렇게 복원된 잔여 데이터는 앞에서 수행한 예측 결과와 취합하여 입력 영상을 복원한다. 그리고 디블록킹 필터를 거쳐 화면 버퍼에 저장된다. 화면 버퍼에 저장된 복원 영상은 움직임 예측/보상 단에서 참조 영상으로 다시 이용된다.

비디오의 복호기는 부호기의 반대 순서로 수행된다. 먼저 입력 신호인 비트스트림을 엔트로피 복호화를 거쳐 양자화 계수를 복원한다. 그리고 역양자화와 역변환 과정을 거쳐 잔여 데이터를 복원한다. 그리고 미리 예측한 영상과 더해져 비디오를 복원한다. 그리고 디블록킹 필터를 거쳐 비로소 비디오 신호로 출력이 되는 것이다. 이런 일련의 과정은 많은 비디오 부호화 방법에서 공통적으로 이용하고 있다. 특히, 최근 활발히 개발되고 있는 HEVC(high efficiency video coding)의 부호화 방법도 이 구조에서 크게 벗어나지 않는다. 다만 HEVC의 경우는 처리하는 블록의 크기를 가변적으로 바꿀 수 있다는 것과 몇 가지 부가적인 부호화 기술이 추가되어 부호화 이득이 개선되었다.

3.4.3 다시점 비디오 부호화의 예측 구조

다시점 비디오 부호화 방법의 가장 큰 특징은 계층적 B화면 구조를 이용한 예측 구조이다.

다시점 비디오 부호화의 표준화 작업이 진행되면서 예측 구조 이외에 많은 부호화 알고리즘이 제안되었지만, 표준화 확정 단계에서 표준안에 적용된 알고리즘은 예측 구조뿐이었다. 그러므로 다시점 비디오 부호화의 예측 구조를 이해하는 것은 매우 중요하다.

먼저 B화면 구조를 설명한다. 앞에서 설명한 인터 예측 방법은 이미 부호화가 끝난 복원된 영상을 이용해 현재 블록과 가장 유사도가 높은 영역을 움직임 예측을 통해 선정하고, 그로 인해 생성한 예측 데이터와 원본 데이터의 차분 영상을 부호화 한다. 인터 예측 방법을 구분하면 크게 P화면 부호화 방법과 B화면 부호화 방법이 있다. P화면 부호화 방법은 부호화를 시간축 방향으로 점진적으로 부호화하는 것이다. 그러므로 참조 화면은 항상 과거 시점의 화면만으로 구성된다. 하지만 B화면 부호화 방법은 과거 시점뿐만 아니라 미래 시점의 참조 화면까지 동시에 고려해 부호화하는 것이다. <그림 3-8>은 이와 같은 B화면 부호화 방법의 예를 보인 것이다. 그림과 같이 현재 부호화 할 화면을 F_t라고 하고, 나머지 화면(F_{t-3}, F_{t-2}, F_{t-1}, F_{t+1}, F_{t+2}, F_{t+3})은 이미 부호화가 끝나고 복원한 참조 영상이라고 한다. 이때, B화면 부호화 방법은 참조 시점 영상을 과거 시점의 참조 영상과 미래 시점의 참조 영상을 동시에 이용할 수 있다. 경우 1과 같은 경우는 과거 시점에서 한 블록을 참조하고, 미래 시점에서 한 블록을 참조해 현재의 블록의 값을 예측한다. 이때 두 참조 블록은 가중합(weighted sum)을 이용해 예측 데이터를 생성한다. 경우 2는 과거 시점의 참조 영상에서 두 참조 블록을 가져와 현재의 블록의 예측 데이터를 생성한다. 이와 마찬가지로 경우3은 미래 시점의 참조 영상에서 두 참조 블록을 가져온다. 이와 같이 B화면 부호화 방법은 미래와 과거 시점의 참조 시점을 모두 고려해 두 참조 블록을 결정하고, 이를 동시에 이용해 참조 데이터를 만들기 때문에 양방향 예측(bi-directional prediction)이라고도 한다.

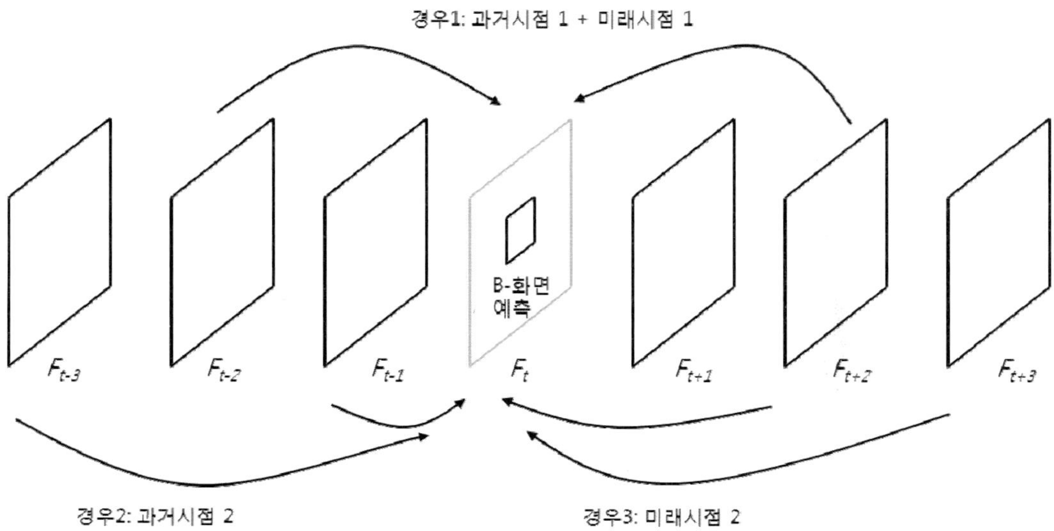

〈그림 3-8〉 B화면 부호화 방법

이제 B화면 부호화 방법에 대해 설명했으니 계층적 B화면 부호화(Hierarchical B-picture coding) 방법에 대해서 알아보자. 계층적이란 말은 피라미드처럼 단계별로 부호화하는 방법을 가리킨다. 예를 들어, <그림 3-9>와 같이 GOP(group of pictures)가 8인 비디오를 계층적 B화면 부호화 방법을 이용해 부호화 한다고 하자. 가장 먼저 부호화하는 화면은 당연히 T_0일 것이다. 그 다음 부호화하는 화면은 다음 GOP의 첫째 화면인 T_8을 인트라 예측을 부호화 한다. 이렇게 하면 T_0와 T_8은 부호화를 마치고 복원한 영상을 영상 버퍼에 저장한다. 그 다음 부호화하는 화면은 GOP의 정 중앙에 위치한 T_4 화면을 T_0와 T_8을 참조 영상으로 취하고 B화면 부호화 방법으로 압축한다. 그리고 그 다음은 T_2 화면을 T_0와 T_4을 참조 영상으로 취해 B화면 부호화 방법으로 압축한다. 그리고 동일한 방법으로 T_6를 T_4와 T_8을 참조 영상으로 취해 부호화 한다. 그리고 나머지 영상은 인접한 영상을 참조해 부호화 한다. 이렇게 계층적으로 가장 멀리 떨어져 있는 화면부터 중앙으로 계단 형식으로 부호화하는 방법을 계층적 B화면 부호화 방법이라고 한다. 이 부호화 방법은 스케일러블 비디오 부호화(scalable video coding, SVC) 방법을 위해 고안된 방법인데 [38], 다시점 비디오 부호화 방법에 다시 이용됐다.

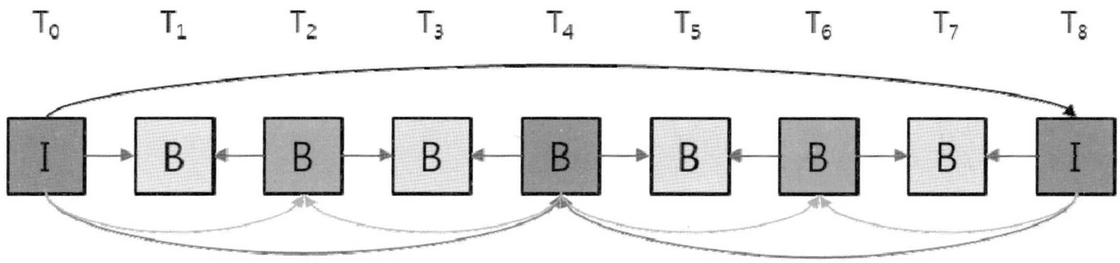

〈그림 3-9〉 GOP=8인 경우의 계층적 B화면 부호화 방법

다시점 비디오 부호화에서는 이런 계층적 B화면 부호화 방법을 기본으로 시점간 예측이 가능하도록 예측 구조를 시점 방향으로 확장했다 [39]. 동일 시간에서 다시점 영상의 차이는 시차에 의한 변위(disparity)이다. 이런 변위는 시간 방향에서의 움직임 예측과 동일한 방법으로 변위 예측(disparity estimation)을 수행할 수 있다. 지금부터는 시점간 예측을 변위 예측이라고 하고, 시간 방향의 예측을 기존의 방법과 동일한 움직임 예측(motion estimation)이라고 명명한다. 변위 예측은 부호화할 블록과 가장 유사한 블록을 참조 영상에서 찾고, 그 영상과 현재 블록의 원본 영상과의 차분값을 부호화하는 방법이다. 이런 과정을 변위 예측에도 동일하게 이용할 수 있다. 시점간 차이는 시차에 의한 변위이므로, 움직임 예측과 동일한 방법을 이용해 변위와 참조 블록을 찾을 수 있다. 이런 방법을 바탕으로 다시점 비디오 부호화의 시점간 예측을 가능하도록 설계한 예측 구조가 <그림 3-10>과 같은 계층적 B화면 구조를 이용한 시/공간적 예측 구조이다.

이 예측 구조를 보다 자세히 설명하기 위해 몇 가지 용어를 정의한다. 먼저 임의 접근(random access)를 위한 기준 화면(anchor frame)과 기준 화면 중간의 비기준 화면(non-anchor frame)이 있다. 기준 화면은 단일 시점 비디오 부호화의 I-화면의 기능과 같이 임의 접근성을 이루기 위해 설정한다. 다시점 비디오 부호화의 GOP는 이 기준 화면의 거리로 설정된다. 일반적으로는 15Hz나 30Hz의 화면율로 획득한 영상에 대해서는 GOP=15로 설정하고, 25Hz의 화면율로 획득한 영상은 GOP=12로 설정한다. 각 시점에 대해서는 기준 화면을 어떤 부호화 방법을 이용하느냐에 따라 시점의 특성이 결정된다. <그림 3-10>을 들어 설명하면, S0 시점의 영상은 기준 화면을 I화면 부호화 방법을 이용하므로 I-시점이라고 부른다. S2는 부호화가 끝난 S0의 화면을 참조해 부호화하므로, P-시점이라고 부른다. 중간의 S1은 양쪽에 부호화가 끝난 영상을 이용해 부호화하므로 B-시점이라고 부른다. 그래서 세 시점의 영상을 부호화할 때 <그림 3-10>과 같은 구조로 부호화하는 경우는 시점 방향으로 I-B-P의 예측 구조를 갖는다고 표현한다. 화살표는 참조하는 영상을 의미한다. 예를 들어, S0의 T4 화면은 S0의 T0 화면과 S0의 T8 화면을 동시에 참조해 부호화 한다는 의미이다.

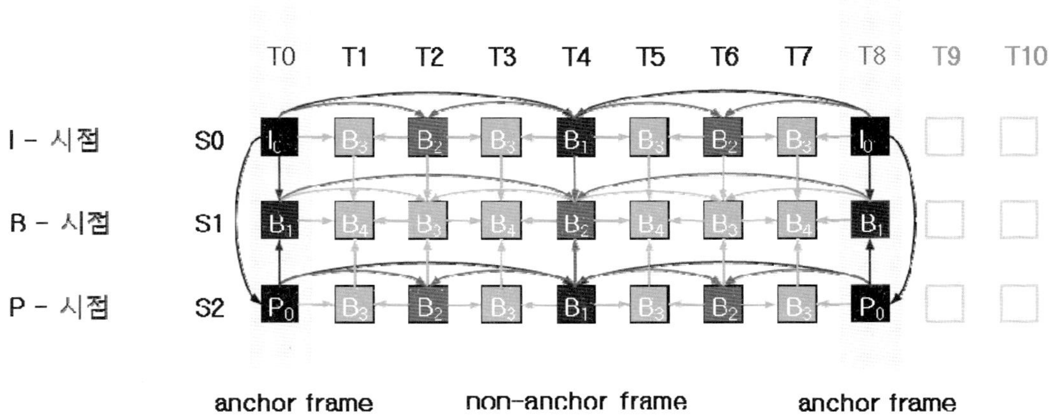

〈그림 3-10〉 계층적 B화면 구조를 사용한 시·공간적 예측 구조

3.5 다시점 비디오 부호화의 참조 소프트웨어

다시점 비디오 부호화의 표준화 과정을 살펴보면, 제안요청서(call for proposals)를 배포한 후에 여러 기관에서 제안한 기술들을 평가 및 분류해 핵심 실험(core experiment)을 수행한 것을 알 수 있다. 이 핵심 실험의 목적은 제안한 기술들을 비슷한 방법끼리 묶어서 그 중 가장 성능이 뛰어난 하나의 알고리즘을 선택하기 위해서이다. 이때 각 제안한 방법을 공통의 부호화 소프트웨어에 집적(integration)해 동일한 부호화 조건(test condition)으로 부호화해 그 결과를 비교해야 한다. 이런 목적으로 개발된 참조 소프트웨어가 JMVM(joint multi-view video model)이다. 이 소프트웨어는 계위 비디오 부호화(scalable video coding)의 참조 소프트웨어인 JSVC(joint scalable video coding)를 기반으로 개발됐다. 핵심 실험을 마치고 최종 표준 기술을 반영한 참조 소프트웨어가 JMVC (joint Multi-view video coding)이다. <표 3-2>는 다시점 비디오 부호화를 위한 참조 소프트웨어의 각 버전별 배포 시기와

소프트웨어가 포함되어 있는 문서 번호를 정리한 것이다. JVT에서는 모든 문서와 소프트웨어를 공개하기 때문에 표에 기록된 문서를 무료로 내려 받을 수 있다.

〈표 3-2〉 다시점 비디오 부호화의 참조 소프트웨어 배포

배포 시기	문서 번호	배포 소프트웨어	비고
2006. 7.	JVT-T209	JMVM 1.0	예측 구조 반영
2006. 10.	JVT-U208	JMVM 2.0	IC 구현
2007. 1.	JVT-V208	JMVM 3.0	버그 개선
2007. 4.	JVT-W208	JMVM 4.0	Motion Skip Mode 구현
2007. 6.	JVT-X208	JMVM 5.0	SEI 정보
2007. 10.	JVT-Y208	JMVM 6.0	버그 개선
2008. 1.	JVT-Z208	JMVM 7.0	성능 개선
2008. 4.	JVT-AA208	JMVM 8.0	버그 개선
2008. 4.	JVT-AA212	JMVC 1.0	JMVM의 부호화 방법 제거
2008. 7.	JVT-AB207	JMVC 2.0	버그 개선
2008. 10.	JVT-AC207	JMVC 3.0	신택스 요소 개선
2009. 1.	JVT-AD207	JMVC 4.0	성능 개선
2009. 6	JVT-AE207	JMVC 6.0	성능 개선
2009. 6	JVT-AE207	JM15.1.MVC	JM15.1을 기반 MVC SW

3.5.1 MVC 참조 소프트웨어 소개

다시점 비디오 부호화의 참조 소프트웨어는 <표 3-2>에 보인 것처럼 여러 번의 수정을 통해 성능이 조금씩 개선됐다. 각 버전별로 소프트웨어가 개선된 과정을 살펴보고 싶을 경우엔 참조 소프트웨어의 폴더에 포함된 ‘jmvc_changes.txt’라는 파일을 확인하면 된다. <그림 3-11>은 파일에 포함된 내용을 일부 보인 것처럼, 소프트웨어의 버전 변화 내용을 알 수 있고 작업 완료 시기를 확인할 수 있다. 그리고 소프트웨어를 수정한 기관과 수행 내용을 살펴볼 수 있다.

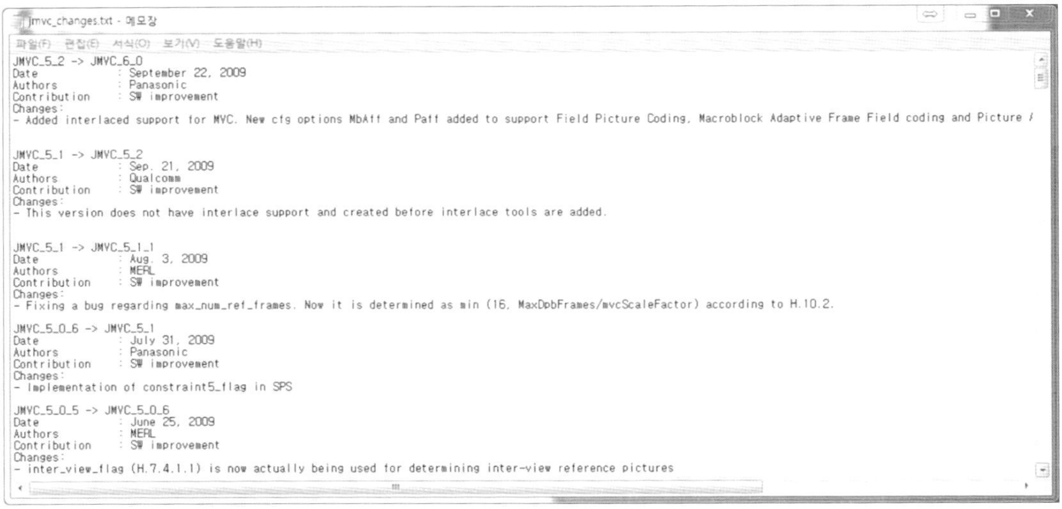

〈그림 3-11〉 참조 소프트웨어의 개발 과정을 확인할 수 있는 텍스트 파일

현재 JMVC와 JMVM 소프트웨어는 Rheinisch-Westflische Technische Hochschule(RWTH) Aachen 대학에서 CVS(concurrent versions system) 통해 제공되고 있다. CVS란 파일 버전을 관리하는 네트워크 지원 응용 소프트웨어이다. 네트워크 접속을 통해 다수의 작업자가 같은 프로젝트를 동시에 편집할 수 있기 때문에 주로 공동 개발 작업에 널리 이용되고 있다. 또한 소프트웨어 개발에서 업데이트에 대한 버전 관리가 편리한 기능을 제공한다. 이런 특징 때문에 표준화 작업 과정에서 필요한 참조 소프트웨어 관리에 사용되고 있다.

CVS를 이용하기 위해서는 CVS를 지원하는 응용 프로그램이 필요하다. 대표적으로 WinCVS가 널리 이용되고 있다. CVS에 접속하기 위해서는 아래의 <표 3-3>의 접속 정보를 이용하면 된다. 이 정보는 위의 <표 3-2>에 소개한 문서를 열어보면 쉽게 찾을 수 있다. JMVC 소프트웨어 서버에서 파일 읽기 권한은 모든 접속자에게 부여되지만, 쓰기 권한은 JMVC 소프트웨어 관리자에 한해 제한한다. JMVM의 경우도 JMVC의 경우와 동일한 과정으로 다운을 받을 수 있다. 다만 module name에 대한 변수 값이 jmvm으로 변경된다. CVS 사용이 익숙하지 않은 경우에는 JVT 사이트(http://wftp3.itu.int/av-arch/jvt-site/)에서도 소프트웨어를 구할 수 있다.

다음은 JMVC 소프트웨어에 접근하기 위한 CVS 클라이언트 명령어에 대한 예이다.

```
cvs -d :pserver:jvtuser:jvt.Amd.2@garcon.ient.rwth-aachen.de:/cvs/jvt login
cvs -d :pserver:jvtuser@garcon.ient.rwth-aachen.de:/cvs/jvt checkout jmvc
```

다음은 특정 소프트웨어 버전(예: JMVC 6_0)에 접근하기 위한 명령어이다.

```
cvs -d :pserver:jvtuser:jvt.Amd.2@garcon.ient.rwth-aachen.de:/cvs/jvt login
cvs -d :pserver:jvtuser@garcon.ient.rwth-aachen.de:/cvs/jvt co -r JMVC_6_0 jmvc
```

〈표 3-3〉 JMVC의 내려 받기를 위한 CVS 접속 정보

authentication	Pserver
host address:	garcon.ient.rwth-aachen.de
path:	/cvs/jvt
user name:	Jvtuser
password:	jvt.Amd.2
module name:	Jmvc

앞에서 언급한 방법을 통해 JMVC 소프트웨어에 접근하면, 커맨드 창의 프롬프트 폴더에 JMVC 폴더가 생성된다. <표 3-4>은 JMVC 폴더 내의 각 폴더에 대해 설명을 한 것이다.

〈표 3-4〉 내려 받은 JMVC 소스의 각 폴더의 내용

폴 더	내 용
bin	소프트웨어 빌드 후 생성되는 실행 파일이 위치한다.
lib	소프트웨어 빌드 후 생성되는 라이브러리들이 위치한다.
JMVC	JMVC 소프트웨어의 소스코드와 프로젝트 파일들이 위치한다. 빌드와 JMVC 구동에 필요한 모든 파일이 이 폴더에 저장되어 있다.
JMVC/H264Extension/build	마이크로소프트 비주얼 스튜디오의 프로젝트 파일(sln)과 리눅스를 위한 메이크 파일이 제공된다.

JMVC/H264Extension/data	인코더 환경 설정 파일에 대한 기본적인 예제 파일들이 위치한다. 위 예제 파일들은 환경 설정 파일에서 사용 가능한 모든 변수를 포함한 것은 아니며, 단지 환경 설정 파일에 대한 기본적인 예를 제공하고 있다.
JMVC/H264Extension/include	현재 폴더에 있어야 할 라이브러리 또는 테스트 프로젝트에 필요한 클래스를 위한 파일을 포함한다. 현 폴더는 자주 사용되는 라이브러리(H264AVCCommonLib)를 위한 폴더를 포함하고 있다. JMVC/ H264Extension/src에 있는 라이브러리 혹은 테스트 프로젝트 폴더에 포함되는 라이브러리와 테스트 프로젝트에서 필요한 클래스의 파일들을 포함하고 있다.
JMVC/H264Extension/src	이 폴더는 라이브러리와 테스트 프로젝트 내부에서 필요한 모든 소스 파일과 포함 파일을 포함하고 있다.
Validation	JMVC 소프트웨어의 유효성(Validation)을 체크하기 위한 펄(Perl) 스크립트(Script)이다. JMVC 소프트웨어를 수정한 이후에는 Validation 스크립트가 실행된다.
jmvc_changes.txt	이 파일은 JMVC 소프트웨어 버전의 업그레이드에 따른 주요한 변동사항에 관해 명시하고 있으며 JMVC 1.0부터 계속적으로 변동사항에 관해 이 파일을 통해 명시한다.

내려 받은 JMVC 소프트웨어를 빌드하기 위해서는 두 가지 방법을 이용할 수 있다. 첫째는 마이크로소프트사에서 제공하는 Visual Studio를 이용한 방법이고, 둘째는 리눅스 환경에서 gcc 컴파일러를 이용한 방법이다.

Visual Studio를 이용해 빌드할 경우를 먼저 살펴보다. <표 3-4>에서 소개한 것처럼, 'JMVC\H264Extension\build\windows' 폴더를 살펴보면 두 가지 버전의 프로젝트 파일(.sln 또는 .dsw)이 있음을 알 수 있다. sln파일은 Visual Studio .Net 이상의 버전에서 프로젝트 열기가 가능하고, dsw파일은 Visual Studio 6.0에서 프로젝트 열기가 가능하다. 우리는 현재 Visual Studio 2010을 사용하고 있기 때문에 이 컴파일러를 기준으로 설명한다. 먼저 Visual Studio 2010을 이용해 'H264AVCVideoEncDec_vc8. sln'파일을 열면 <그림 3-12>와 같이 Visual Studio의 버전이 맞지 않으니 변환을 해야 한다는 창이 뜨게 된다. 이때는 망설이지 말고 'Finish'를 클릭해 변환을 완료하자.

〈그림 3-12〉 프로젝트 파일보다 상위 버전의 Visual Studio로 열었을 때 나타나는 창

다음으로 빌드를 클릭해 바이너리 파일(실행 파일)을 생성해 보자. 이때 빌드 방법을 'Debug'모드와 'Release'모드로 선택할 수 있다. 'Debug'모드는 프로그램을 실행하다 발생할 수 있는 오류에 대해서 디버깅이 가능하도록 부가정보를 삽입해 빌드하는 것이다. 그렇다 실행속도가 다소 느리고 복잡하다. 'Release'모드는 부가정보를 생략하고 순수 프로그램 내용만 프함하기 때문에 처리속도가 크게 향상 될 수 있다. 'Debug'로 빌드한 실행 파일과 'Release'로 빌드한 실행 파일을 비교하면 다음의 <표 3-5>과 같다.

〈표 3-5〉 빌드한 결과 생성되는 실행 파일

Debug 모드로 빌드한 실행 파일	Release 모드로 빌드한 실행 파일
bin/DownConvertStaticd.exe bin/H264AVCDecoderLibTestStaticd.exe bin/H264AVCEncoderLibTestStaticd.exe bin/MVCBitStreamAssemblerStatic.exe bin/MVCBitStreamExtractorStatic.exe bin/PSNRStatic.exe	bin/DownConvertStatic.exe bin/H264AVCDecoderLibTestStatic.exe bin/H264AVCEncoderLibTestStatic.exe bin/MVCBitStreamAssemblerStatic.exe bin/MVCBitStreamExtractorStatic.exe bin/PSNRStatic.exe

리눅스 환경의 gcc 컴파일러를 이용한 빌드는 'JMVC/H264Extension/build/linux' 폴더의 make 파일을 이용하면 된다. 빌드 방법은 단순히 Make 파일이 위치한 디렉토리로 이동한 후 아래와 같이 Make 명령을 실행하면 컴파일이 수행된다. Make라는 명령어 대신 make release나 make debug 명령어를 이용하면, 앞에서 설명한 release 모드나 debug 모드 만을 위한 빌드를 이룰 수 있다.

```
cd JMVC/H264AVCExtension/build/linux
make
```

빌드를 통해 얻은 실행 파일을 자세히 소개하면 <표 3-6>와 같이 정리할 수 있다.

〈표 3-6〉 빌드한 실행 파일의 기능

실행 파일	기 능
DownConvertStatic.exe	resampler 비디오 시퀀스를 시간적 혹은 공간적으로 샘플링을 수행한다. 또한 영상의 크기를 잘라내는(cropping) 기능도 제공한다.
H264AVCEncoderLibTestStatic.exe	AVC/MVC encoder 인코더는 단일시점(single-view) 혹은 다시점(Multi- view) 비트스트림 생성에 사용된다.
H264AVCDecoderLibTestStatic.exe	MVC decoder 디코더는 AVC/MVC encoder를 통해서 생성된 비트스트림을 복호화해 하는 작업을 수행한다.
MVCBitStreamAssembler.exe	MVC assembler 비트스트림 어셈블러는 모든 시점에 대한 비트스트림 생성이 끝난 후 이를 시간 우선 방식(time-first order)으로 하나의 비트스트림으로 만드는 작업을 수행한다.
MVCBitStreamExtractor.exe	MVC extractor 비트스트림 추출기는 다시점 비트스트림으로부터 서브 스트림(substream)을 추출할 때 이용된다. 서브 스트림이란 일부 시점에 대한 비트스트림을 의미한다.
PSNRStatic.exe	PSNR tool PSNR 툴은 두 raw 비디오 데이터 사이의 PSNR을 측정하 위해 사용된다.

JMVC 소프트웨어는 여러 프로젝트를 하나로 묶어서 제공한다. 지금부터는 각 프로젝트별 기능을 조금 더 자세히 설명하고, 실행을 위한 환경 설정에 대해서 설명한다.

먼저 Visual Studio를 이용해 소스를 분석하려고 할 때는 작업하고자 하는 프로젝트를 먼저 선택해야 한다. 여러 프로젝트 중에서 관심이 있는 프로젝트를 선택해 메뉴를 살펴보면 <그림 3-13>과 같은 메뉴 창이 뜬다. 여기서 'Set as StartUp Project'('시작프로젝트로 설정')를 선택한다. 이렇게 선택을 하면 Visual Studio에서 프로그램을 실행했을 경우 선택된 프로젝트만 실행되게 된다. 특히, JMVC의 부호기에서 작업하려 할 경우는 'H264AVCEncoderLibTestStatic' 프로젝트를 선택해야 하고, 복호기에서 작업하려 할 경우는 'H264AVCDecoderLibTestStatic' 프로젝트를 선택해야 한다.

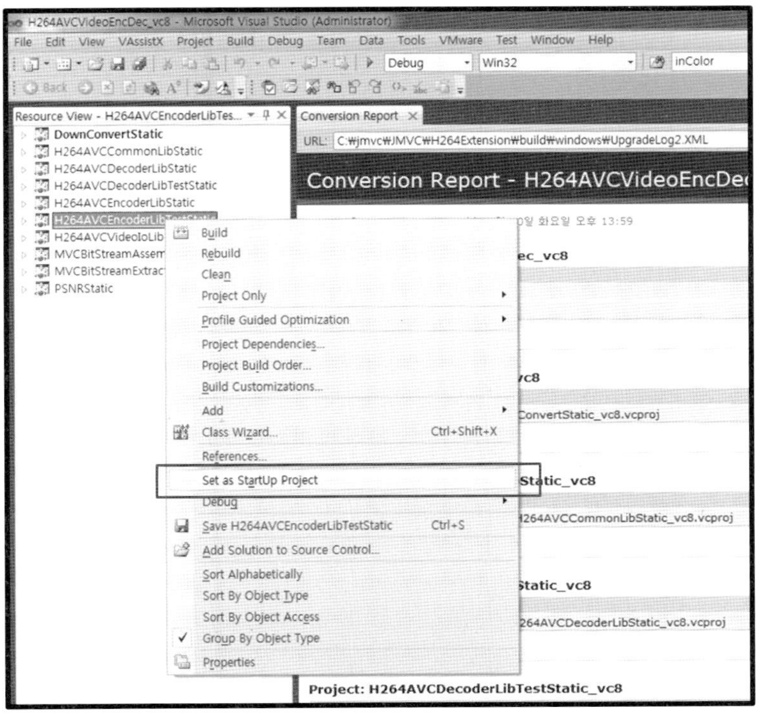

〈그림 3-13〉 프로젝트 실행을 위한 설정

3.5.2 JMVC 인코더 실행 방법

H264AVCEncoderLibTestStatic 프로젝트는 H.264/AVC나 MVC의 부호화 알고리즘을

이용해 비디오를 압축하는 기능을 수행한다. 'H264AVCEncoderLibTestStatic. exe' 실행 파일을 이용해 실행하기 위해서는 환경 설정 파일(configuration file)이 필요하다. 실행 방법은 아래와 같이 명령어를 정의하고 실행하면 된다. 이때 <view_id>는 부호화 할 시점의 번호를 가리킨다.

```
H264AVCEncoderLibTestStatic.exe –vf <환경 설정 file> <view_id>
```

환경 설정 파일은 부호화에 필요한 다양한 변수를 포함하고 있다. 각각의 라인마다 하나의 변수가 설정되고, 문자 '#'으로 주석을 구분한다. 각각의 변수는 기본값(default value)이 설정되어 있어서 환경 설정 파일에 포함하지 않은 변수에 대해서는 기본값으로 대체된다. 아래의 글상자는 환경 설정 파일의 예를 보인 것이다. 이 환경 설정 파일에는 다시점 비디오 부호화에 관련된 변수만 포함하고 있다.

```
# JMVC Configuration File in MVC mode

#====================== GENERAL ======================
InputFile     input # input file
OutputFile    stream # bitstream file
ReconFile     rec # reconstructed file
SourceWidth 640 # input frame width
SourceHeight 480 # input frame height
FrameRate   25.0 # frame rate [Hz]
FramesToBeEncoded 250 # number of frames

#====================== CODING ======================
SymbolMode 1 # 0=CAVLC, 1=CABAC
FRExt 1 # 8x8 transform(0:off, 1:on)
BasisQP 31 # Quantization parameters

#===================== STRUCTURE =====================
GOPSize 12       # GOP Size(at maximum frame rate)
IntraPeriod 12  # Anchor Period
```

```
NumberReferenceFrames 2 # Number of reference pictures
InterPredPicsFirst 1 # 1 Inter Pics 0 Inter-view Pics
DeltaLayer0Quant 0 # differential QP for layer 0
DeltaLayer1Quant 3 # differential QP for layer 1
DeltaLayer2Quant 4 # differential QP for layer 2
DeltaLayer3Quant 5 # differential QP for layer 3
DeltaLayer4Quant 6 # differential QP for layer 4
DeltaLayer5Quant 7 # differential QP for layer 5
PicOrderCntType 0 # Picture order count type(0 or 2)

#================== MOTION SEARCH ===================
SearchMode 4 # Search mode(0:BlockSearch, 4:FastSearch)
SearchFuncFullPel 3 # Search function full pel
#(0:SAD, 1:SSE, 2:HADAMARD, 3:SAD-YUV)
SearchFuncSubPel 2 # Search function sub pel
#(0:SAD, 1:SSE, 2:HADAMARD)
SearchRange 32 # Search range(Full Pel)
BiPredIter 4 # Max iterations for bi-pred search
IterSearchRange 8 # Search range for iterations(0: normal)

#=================== LOOP FILTER ====================
LoopFilterDisable 0 # Loop filter idc(0: on, 1: off, 2:
# on except for slice boundaries)
LoopFilterAlphaC0Offset 0 # AlphaOffset(-6..+6): valid range
LoopFilterBetaOffset 0 # BetaOffset(-6..+6): valid range


#================ WEIGHTED PREDICTION =================
WeightedPrediction 0 # Weighting IP Slice(0:disable, 1:enable)
WeightedBiprediction 0 # Weighting B Slice(0:disable, 1:explicit,
2:implicit)

#================ NESTING SEI MESSAGE =================
NestingSEI 0 #(0: NestingSEI off, 1: NestingSEI on)
SnapShot 0 #(0: SnapShot off, 1: SnapShot on)
```

```
#============= ACTIVE VIEW INFO SEI MESSAGE ==============
ActiveViewSEI 0 #(0: ActiveViewSEI off, 1: ActiveViewSEI on)

#======== VIEW SCALABILITY INFOMATION SEI MESSAGE ==========
ViewScalInfoSEI 0 #(0: ViewScalSEI off, 1: ViewScalSEI on)

#======== MULTI-VIEW SCENE INFORMATION SEI MESSAGE =========
Multi-viewSceneInfoSEI 1 #(0: off, 1: on)
MaxDisparity    12

#====== MULTI-VIEW ACQUISITION INFOMATION SEI MESSAGE =======
Multi-viewAcquisitionInfoSEI 1 #(0: off, 1: on)
AcquisitionInfoFile    Camera_ballroom.cfg

#======= PARALLEL DECODING INFORMATION SEI Message =========
PDISEIMessage 0 # PDI SEI message enable(0: disable, 1:enable)
PDIInitialDelayAnc 2 # PDI initial delay for anchor pictures
PDIInitialDelayNonAnc 2 # PDI initial delay for non-anchor pictures

NumViewsMinusOne        2 #(Number of view to be coded minus 1)
ViewOrder 0-2-1 #(Order in which view_ids are coded)

View_ID           0 #(view_id of a view 0 - 1024)
Fwd_NumAnchorRefs       0 #(number of list_0 references for anchor)
Bwd_NumAnchorRefs       0 #(number of list 1 references for anchor)
Fwd_NumNonAnchorRefs 0 #(number of list 1 references for non-anchor)
Bwd_NumNonAnchorRefs 0 #(number of list 1 references for non-anchor)

View_ID 1
Fwd_NumAnchorRefs       1
Bwd_NumAnchorRefs       1
Fwd_NumNonAnchorRefs 1
Bwd_NumNonAnchorRefs 1
Fwd_AnchorRefs      0 0
```

```
Bwd_AnchorRefs 0 2
Fwd_NonAnchorRefs      0 0
Bwd_NonAnchorRefs      0 2

View_ID 2
Fwd_NumAnchorRefs      1
Bwd_NumAnchorRefs      0
Fwd_NumNonAnchorRefs 0
Bwd_NumNonAnchorRefs 0
Fwd_AnchorRefs 0 0

NumLevelValuesSignalledMinus1 0

Level_IDC 1
NumApplicableOpsMinus1 0
ApplicableOpTemporalId 0 0
ApplicableOpNumTargetViewsMinus1 0 2
ApplicableOpNumViewsMinus1 0 2
ApplicableOpTargetViewId 0 0 0
ApplicableOpTargetViewId 0 1 2
ApplicableOpTargetViewId 0 2 1
```

JMVC를 이용해 다시점 비디오를 부호화하기 위해서는 위의 환경 설정 파일을 자유롭게 편집할 수 있어야 한다. 지금부터 다시점 비디오 부호화를 위해 알아야 할 변수에 대해서 그 기능과 설정 방법을 알아본다.

(1) InputFile (string형)

부호화할 영상의 파일 이름을 입력한다. 특히, 다시점 비디오 부호화의 경우 여러 시점을 하나의 환경 설정 파일을 통해 부호화할 수 있도록 파일명을 "시퀀스이름_시점.yuv" 형태로 표현한다. 예를 들어, 8시점의 다시점 영상인 'ballet' 영상의 경우 그 파일 이름이 'ballet_0.yuv', 'ballet_1.yuv', ..., 'ballet_7.yuv'로 표기한다. 이 경우 InputFile은 'ballet'이 되고, 각 시점은 view_id로 구분된다.

(2) OutputFile (string형)

부호화를 통해 생성되는 비트스트림의 이름을 지정한다. 결과 파일에는 입력한 이름에 view_id와 '.264'라는 확장자가 연결되어 비트스트림 파일이 생성된다. 예를 들어, 'ballet'이라는 값을 넣어두면 각 시점이 부호화 될 때마다 'ballet_0.264', 'ballet_1. 264'와 같은 이름의 파일이 생성된다.

(3) ReconFile (string형)

복호화를 통해 복원(reconstructed)한 영상의 이름을 입력한다. 예를 들어, 'ballet_rec'이라는 값을 넣어두면 각 시점이 부호화 될 때마다 'ballet_rec_0.yuv', 'ballet_rec_1.yuv'와 같은 복원 영상을 생성한다.

(4) SourceWidth (unsigned int형)

입력 영상의 가로 크기를 입력한다. YUV 색차 형식의 경우 Y 성분 영상에 대한 값이다.

(5) SourceHeight (unsigned int형)

입력 영상의 높이를 의미한다. YUV 색차 형식의 경우 Y 성분 영상에 대한 값이다.

(6) FrameRate (double형)

입력영상의 초당 프레임 수를 나타낸다.

(7) FrameToBeEncoded (unsigned int형)

입력영상의 한 시점에 대해 부호화 할 전체 프레임 수를 나타낸다.

(8) SymbolMode (flag형))

엔트로피 부호화 방법 결정을 위한 값이다. 0이면 문맥-적응적 가변 길이 부호화(context-adaptive variable length coding, CAVLC)가 사용되고 1이면 문맥-적응적 이진 산술 부호화(context-adaptive binary arithmetic coding, CABAC)가 이용된다.

(9) FRExt (flag형)

H.264/AVC의 high profile에서 사용되는 8x8 변환 사용 여부 결정을 위한 값이다. 1이면 8x8 변환이 사용되고, 0이면 사용되지 않는다. 일반적으로 8x8 변환은 4x4 변환을 이용하는

경우에 비해 더 좋은 부호화 성능을 보이며, 특히, 이미지 크기가 큰 경우에 그 효과가 크다.

(10) BasisQP (double형)

부호화를 위한 기본 QP(quantization parameter) 값으로, 일반적으로 계층적 B화면 (hierarchical B picture) 구조에서 Layer 0의 값과 동일하다. 뒤에 나올 DeltaLayerXQuant 에 의해 계층별 QP 값이 조정된다.

(11) GOPSize (unsigned int형)

MVC에서 기본적으로 사용되는 계층적 B화면 구조의 GOP(group of pictures)는 하나의 anchor 화면과 다수의 계층적 B화면으로 구성되는데, GOPSize는 anchor 화면과 anchor 화면 사이의 거리를 의미한다. GOPSize는 FrameRate에 의해 결정되는데, JMVC에서 사용하는 GOP 사이즈는 2, 12, 15의 배수이어야 하고, 최대값은 64까지 지원된다.

(12) NumReferenceFrames (unsigned int형)

List 0와 List 1에서 사용 가능한 참조 화면의 수를 나타내며, MVC에서는 2로 설정된다.

(13) InterPredPicsFirst (flag형)

MVC에서 인터 예측과 시점간 예측(inter-view prediction)의 우선순위를 결정하는 변수로, 1이면 참조 화면 리스트에서 인터 예측의 우선순위가 시점간 예측보다 높고, 0이면 시점간 예측 순위가 더 높게 설정된다.

(14) DeltaLayerXQuant (double형)

계층적 B화면에서 X계층에 대한 QP가 QP=BasisQP+DeltaLayerXQuant로 계산된다.

(15) SearchMode (int형)

움직임 벡터(motion vector)를 찾는 알고리즘을 결정한다. 0이면 전역 탐색 방법이 사용되고, 4이면 고속 움직임 탐색 방법이 사용된다. 현재 두 가지 방법만 있고, 0과 4 사이에 대한 방법은 정의되지 않았다. 일반적으로는 부호화 시간을 크게 줄이면서 비트율-왜곡 (rate-distortion) 관점에서 큰 손실이 없는 고속 탐색 방법이 선호된다.

(16) SearchFuncFullPel (int형)

정화소(integer-pel) 단위로 움직임 벡터(motion vector)를 탐색할 때 어떤 왜곡치(distortion measure)를 사용할 지를 결정한다. <표 3-7>는 각 모드별 설명을 보인 것이다.

〈표 3-7〉 움직임 예측에 이용하는 왜곡치 결정 방법

0	밝기 성분에 대한 SAD(Sum of absolute difference)
1	밝기 성분에 대한 SSD(Sum of squared difference)
2	밝기 성분에 대한 Hadamard 변환된 영역에서의 SAD
3	모든 색상 성분에 대한 SAD

(17) SearchFuncSubPel (int형)

부화소(sub-pel) 단위로 움직임 벡터(motion vector)를 탐색할 때 어떤 왜곡치(distortion measure)를 사용할 지를 결정한다.

(18) SearchRange (unsigned int형)

움직임 벡터 탐색 범위를 결정한다. 고속 움직임 탐색 방법이 선택된 경우에 대해서는 실제 탐색 범위는 좁아지기도 한다. 다시점 비디오 부호화의 경우 기본적으로 96으로 설정한다. 이는 다시점 비디오의 기본 시차를 고려해 설정한 것이다.

(19) LoopFilterDisable (unsigned int형)

디블록킹 필터를 사용할 지 여부를 결정한다. 0이면 디블록킹 필터를 이용하고, 1이면 적용하지 않는다. 2를 입력하면 슬라이스 경계를 제외한 모든 블록의 경계에 디블록킹 필터를 적용한다.

(20) Multi-viewSceneInfoSEI (unsigned int형)

Multi-view Scene Information SEI(Multi-viewSceneInfo)를 사용할 지 여부를 결정한다. 이 값이 1이면 사용하고, 0이면 사용하지 않는다.

(21) MaxDisparity (unsigned int형)

Multi-viewSceneInfoSEI가 1인 경우에 최대 변위값(disparity)을 결정한다. 이 값은 0 이

상이어야 한다.

(22) Multi-viewAcquisitionInfoSEI (unsigned int형)

Multi-view Acquisition Information SEI(Multi-viewAcquisitionInfoSEI) 메시지 사용 유무를 결정한다. 이 값이 0이면 사용하지 않고, 1이면 사용한다.

(23) AcquisitionInfoFile

Multi-viewAcquisitionInfoSEI이 1인 경우 Multi-view Acquisition Information을 포함하는 파일 이름을 정의한다. 아래는 Multi-view Acquisition Information에 대한 예이다. 관련 내용을 좀 더 자세히 알고 싶으면 JVT문서 JVT-Z038이나 JVT- W060을 참고하면 된다. 해당 문서는 JVT 사이트(http://wftp3.itu.int/av-arch/ jvt-site/)에서 구할 수 있다.

(24) NumViewMinusOne (unsigned int형)

부호화할 전체 시점의 수에서 1을 뺀 값을 결정하며, 0부터 1023까지 가능하다.

(25) ViewOrder (string형)

부호화할 시점의 순서를 결정한다. 만약 0번, 1번, 2번의 세 시점 영상을 부호화하는데, 시점 방향으로 I-B-P의 예측 구조를 이용한다고 하면 ViewOrder의 설정은 0-2-1로 입력해야 한다.

(26) View_ID (unsigned int형)

부호화할 시점이 몇 번째 시점인 지를 알려주는 값이다. 다음에 소개되는 변수에 의해 부호화에 관한 세부 사항이 결정된다.

(27) Fwd_NumAnchorRefs (unsigned int형)

해당 View_ID의 시점을 부호화할 때 Anchor 화면에 대한 List 0의 수를 결정한다.

(28) Bwd_NumAnchorRefs (unsigned int형)

해당 View_ID의 시점을 부호화할 때 Anchor 화면에 대한 List 1의 수를 결정한다.

(29) Fwd_NumNonAnchorRefs (unsigned int형)

해당 View_ID의 시점을 부호화할 때 non-Anchor 화면에 대한 List 0의 수를 결정한다.

(30) Bwd_NumNonAnchorRefs (unsigned int형)

해당 View_ID의 시점을 부호화할 때 non-Anchor 화면에 대한 List 1의 수를 결정한다.

(31) Fwd_AnchorRefs (pair of unsigned int)

한 쌍의 수로 구성되어 있는데, 첫 번째 숫자는 anchor 화면의 List 0에 대한 상대적인 참조 인덱스이고, 두 번째 숫자는 view_id를 의미한다. 현재는 상대적인 참조 화면 인덱스에 하나의 값을 설정하도록 제한되어 있고, 그 값은 0이어야 한다.

(32) Bwd_AnchorRefs (pair of unsigned int)

한 쌍의 수로 구성되어 있는데, 첫 번째 숫자는 anchor 화면의 List 1에 대한 상대적인 참조 인덱스이고, 두 번째 숫자는 view_id를 의미한다. 현재는 상대적인 참조 화면 인덱스에 하나의 값만을 설정하도록 제한되어 있고, 그 값은 0이어야 한다.

(33) Fwd_NonAnchorRefs (pair of unsigned int)

한 쌍의 수로 구성되어 있는데, 첫 번째 숫자는 non-anchor 화면의 List 0에 대한 상대적인 참조 인덱스이고, 두 번째 숫자는 view_id를 의미한다. 현재는 상대적인 참조 화면 인덱스에 하나의 값만을 설정하도록 제한되어 있고, 그 값은 0이어야 한다.

(34) Bwd_NonAnchorRefs (pair of unsigned int)

한 쌍의 수로 구성되어 있는데, 첫 번째 숫자는 non-anchor 화면의 List 1에 대한 상대적인 참조 인덱스이고, 두 번째 숫자는 view_id를 의미한다. 현재는 상대적인 참조 화면 인덱스에 하나의 값만을 설정하도록 제한되어 있고, 그 값은 0이어야 한다.

(35) NumLevelValueSignalledMinus1 (unsigned int형)

부호화 되는 영상의 level values signalled minus 1의 값을 결정하며, 그 범위는 0부터 63까지이다.

(36) Level_IDC (unsigned int형)

level_idc를 결정하고, 다음에 소개되는 변수에 의해 제어된다.

(37) NumApplicableOpsMinus1 (unsigned int형)

해당 값에 1을 더한 값이 Level_IDC에 의해 결정된 level에 대한 실행점(operation point)의 수를 결정한다.

(38) ApplicableOpTemporalId (pair of unsigned int)

한 쌍의 숫자로 구성되는데, 첫 번째 숫자는 Level_IDC에 의해 결정된 level에 대한 실행 포인트의 인덱스를 의미하고, 두 번째 숫자는 상응하는 실행 점의 temporal_id를 의미하는데 그 값은 0에서 1023까지 설정이 가능하다.

(36) ApplicableOpNumTargetViewsMinus1 (pair of unsigned int)

한 쌍의 숫자로 구성되는데, 첫 번째 숫자는 Level_IDC에 의해 결정된 level에 대한 실행 포인트의 인덱스를 의미하고, 두 번째 숫자는 상응하는 실행 점의 target output views minus 1을 의미하고 그 값은 0에서 1023까지 설정이 가능하다.

(40) ApplicableOpNumViewsMinus1 (pair of unsigned int)

한 쌍의 숫자로 구성되는데, 첫 번째 숫자는 Level_IDC에 의해 결정된 level에 대한 실행 포인트의 인덱스를 의미하고, 두 번째 숫자는 상응하는 실행점에 대해 목표 시점에 의존적이긴 하나 목표 시점에 속하지 않는 시점의 수들을 의미하고, 그 값은 0부터 1023까지 설정할 수 있다.

(41) ApplicableOpTargetViewId (triplet of unsigned int)

첫 번째 숫자는 Level_IDC에 의해 결정된 level에 대한 실행 포인트의 인덱스를 의미하고, 두 번째 숫자는 목표 시점의 인덱스를 의미한다. 마지막으로 세 번째 숫자는 상응하는 실행점에 대한 목표 시점(applicable_op_target_view_id)을 의미하고, 그 값은 0부터 1023까지 설정이 가능하다.

3.5.3 JMVC 디코더 및 기타 프로젝트

H264AVCDecoderLibTestStatic 프로젝트는 H.264/AVC나 MVC 비트스트림을 복호해 복원 영상을 생성한다. 아래 예제는 H264AVCDecoderLibTestStatic 실행의 한 예이다. 환경 설정 파일 안에는 인코더 실행을 위한 명령이 들어 있고, view_id는 부호화될 시점을

의미한다.

```
H264AVCDecoderLibTestStatic.exe <str> <rec> <numViews>

str: bitstream file(input)
rec: reconstructed video sequence(output)
numViews: number of view in bitstream
```

MVCBitStreamAssember는 부호화된 각 시점의 비트스트림을 하나로 통합하는 툴이다. 환경 설정 파일에 통합을 위한 변수가 설정되어 있는데, 통합된 비트스트림은 부호화 된 순서와 동일하고, 환경 설정 파일인 assemblere.cfg에 대한 예제는 다음과 같다.

```
#============== Assembler: View Encode order ================
OutputFile ballroom.264
NumberOfViews 8
InputFile0 stream_0.264
InputFile1 stream_2.264
InputFile2 stream_1.264
InputFile3 stream_4.264
InputFile4 stream_3.264
InputFile5 stream_6.264
InputFile6 stream_5.264
InputFile7 stream_7.264
```

MVCBitStreamAssember의 실행법은 다음과 같다.

```
MVCBitStreamAssemblerStatic.exe -vf assembler.cfg
```

MVC 비트스트림에서 하위 스트림(sub-stream)을 추출하는 툴이다. 하위 스트림이란 전체 시점 중 일부 시점에 대한 스트림을 의미하며, 그 사용법은 다음과 같다.

```
MVCBitStreamExtractorStatic.exe InputStream [OutputStream | [-op] ]
InputStream: filename for the input bitstream
OutputStream: filename for the output bitstream
-op Op -> extract the corresponding packets with operation point id = Op
```

사용 예제는 다음과 같다.

```
MVCBitStreamExtractorStatic.exe input.264 output.264 -op 0
```

3.6 표준화 과정에서 제안된 주요 알고리즘

3.6.1 조명 보상 기술(Illumination Compensation)

다시점 비디오는 여러 카메라로 촬영한 영상이기 때문에 동일한 장면을 촬영하더라도 카메라의 위치 및 방향, 카메라의 제작상의 차이와 조리개 조절 차이 등의 문제로 조명값의 변화가 있기 마련이다. <그림 3-14>는 실험 영상 중 하나인 'Uli' 영상에서의 조명 차이로 인한 문제점을 보여준다. 전체적으로 색감이 다를 뿐만 아니라 밝기 정도가 차이가 나서 이는 작은 화소값의 변화에도 민감한 비디오 부호화 과정에서는 문제가 될 수 있다. 따라서 이에 따른 다양한 조명 보상 기술이 제안됐고, 현재 ETRI/Sejong과 Thomson/USC가 공동으로 제안한 매크로블록 단위의 조명 보상 기술이 JMVM 2.0 [40]에 구현됐다. 이 방법은 움직임 예측/보상 과정에서 매크로블록 단위로 조명을 보상해 주는 방법(illumination change-adaptive motion compensation)이다.

<그림 3-14>에 보인 것처럼, 기존의 다양한 매크로블록 모드에 조명을 보상한 16x16 모드를 추가해 움직임 예측을 수행하고, 비트율-왜곡(rate-distortion) 관점에서 조명을 보상한 16x16 모드가 선택될 경우 조명을 보상하는 방법이다. 16x16 모드에는 P-SKIP, P_16x16, B_SKIP, B_Direct, B_16x16 모드가 포함된다. 조명 보상은 식 (3-1)과 같은 기존의 SAD(sum of absolute difference)가 아닌 식 (3-2)와 같은 MR_SAD(mean-re-

moved SAD)를 사용할 수 있다.

〈그림 3-14〉 인접 시점간의 조명 차이 (Uli 영상)

$$SAD(x,y) = \sum_{i=m}^{m+S-1} \sum_{j=n}^{n+T-1} \left| f(i,j) - r(i+x, j+y) \right| \tag{3-1}$$

$$M_{cur} = \frac{1}{S \times T} \sum_{i=m}^{m+S-1} \sum_{j=n}^{n+T-1} f(i,j) \tag{3-2}$$

$$M_{ref}(p,q) = \frac{1}{S \times T} \sum_{i=p}^{p+S-1} \sum_{j=q}^{q+T-1} r(i,j) \tag{3-3}$$

$$MR\_SAD(x,y) = \sum_{i=m}^{m+S-1} \sum_{j=n}^{n+T-1} \left| \{f(i,j) - M_{cur}\} - \{r(i+x, j+y) - M_{ref}(m+x, n+y)\} \right| \tag{3-4}$$

이때, M_{cur}과 M_{ref}는 현재 블록과 참조 블록의 평균값을 나타내고, $f(i,j)$와 $r(i,j)$는 현재 화면과 참조 화면의 화소값을 각각 나타낸다. MR_SAD를 사용하면 현재 블록과 참조 블록간의 평균치를 제외한 상태에서 상대적인 비교가 가능하다. 이 참조 블록간의 평균값의 차이가 바로 조명 차이에서 기인한 것이다. 따라서 이 두 블록의 평균값의 차이인 DVIC(difference value of illumination change) 값을 보내야 한다.

3.6.2 움직임 정보 생략 모드(Motion Skip Mode)

다시점 비디오는 인접하는 시점끼리의 시간적 상관도가 높다. 움직임 생략 모드는 이런 특징을 고려해 이전에 부호화된 인접 시점의 움직임 정보를 공유하는 방법을 통해 부호화 효율을 증진시킨다. <그림 3-15>는 인접 시점과 현재 시점 사이의 매크로블록의 상관관계를 보인다. 이미 부호화된 인접 시점에서 T0 시간대의 매크로블록 P_0'가 T1 시간대의 P_1'을 참조해 부호화된 경우 움직임의 정도가 MV_{nbr}이고, 현재 시점의 T0 시간대의 매크로블록 P_0가 T1 시간대의 매크로블록 P_1을 참조해 부호하는 경우의 MV_{cur}는 MV_{nbr}와 유사하고, 두 시점 사이의 상대적인 변위는 dv와 dv'도 유사하다는 가정이다. 이 경우 P_0를 부호화할 때 필요한 움직임 정보를 P_0로부터 공유해 쓸 수 있다는 것이 바로 움직임 생략 모드의 핵심적인 아이디어이다.

움직임 정보 생략 모드 기술은 크게 인접 시점에서 상응 매크로블록을 찾는 단계와 상응 매크로블록으로부터 움직임 정보를 유도하는 단계로 나뉜다. 상응 매크로블록의 위치를 찾는 다는 것은 <그림 3-16>의 dv값을 정의하는 것으로써, 상응 매크로블록은 시점간의 예측만을 이용해 부호화되는 기준 화면(anchor frame)에서 식 (3-5)처럼 매크로블록 크기인 16의 배수 영역마다 MAD 값을 계산해 최소의 MAD 값을 값을 갖는 변위가 전역 변위 값(global disparity value, GDV)이 되고, 해당 GDV 값은 기준 화면의 헤더에 부호화된다.

$$GDV(x,y)=\min_{x,y}\left[\frac{\sum_{i,j\in R}\left|img0(i,j)-img1(i-16\times x, j-16\times y)\right|}{R}\right] \tag{3-5}$$

여기서 $img0$과 $img1$은 두 시점의 영상이고, R은 두 영상이 겹친 영역을 의미한다. 즉, 16의 단위만큼 움직이면서 겹쳐지는 영역의 평균 오류가 가장 작은 값이 GDV 값이 되는 것이다.

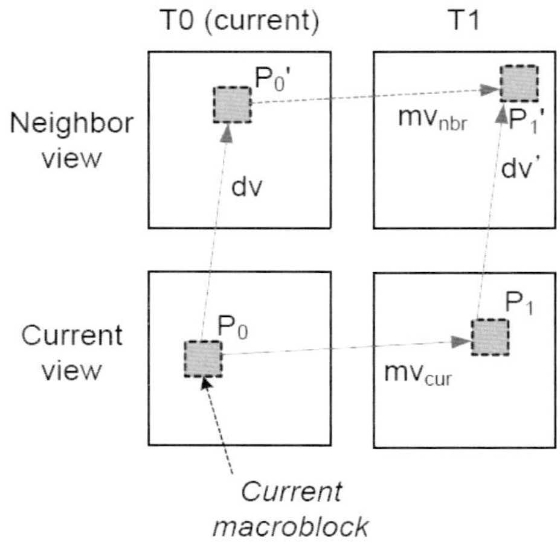

〈그림 3-15〉 인접한 두 시점에서의 매크로블록 사이의 상관 관계

비기준 화면(non-anchor frame)에 대한 GDV 값은 식 (3-6)과 같이 해당 화면의 POC(picture order count)와 해당 비기준 화면이 속한 GOP의 양 끝단에 위치한 기준 화면의 GDV 값으로부터 유도된다. 식 (3-7)은 이를 단순한 형태로 유도한 것이다. 이는 GDV_A와 GDV_B의 차이가 32 이상 차이가 나지 않는 경우, GDV_{cur}이 결국 GDV_A와 GDV_B 중 하나와 유사해지므로 단순화해 사용해도 큰 차이가 없음을 연구를 통해 밝혔다.

$$GDV_{cur} = GDV_A + \left\lfloor \frac{POC_{cur} - POC_A}{POC_B - POC_A} \times (GDV_B - GDV_A) \right\rfloor \tag{3-6}$$

$$GDV_{cur} = GDV_A \tag{3-7}$$

각 화면에 대한 GDV 값을 계산한 후, 해당 화면에 속하는 매크로블록은 GDV 값을 통해 인접 시점에서 상응 매크로블록을 찾고, 상응 매크로블록의 움직임 관련 정보를 공유한다.

움직임 생략 모드는 다른 기존의 모드와 비트율-왜곡(rate-distortion) 관점에서 비교되고, Motion Skip Mode가 최적으로 판단되는 경우 매크로블록 레벨에서 정의된 motion_skip_flag를 전송함으로써 움직임 관련 정보의 부호화를 대신한다. <그림 3-16>는 움직임 생략 모드에서 상응 매크로블록에 대한 개념과 GDV의 유도 과정을 보여준다. 매크로블록에 대해 움직임 생략 모드가 선택되면 매크로블록 모드, 참조 인덱스, 움직임 벡터와 같은 움직인 관련 정보는 부호화되지 않고, 인접 시점의 상응 매크로블록의 움직임 정보로 대체된다. 해당 기술은 2007년 5월에 JMVM 4.0에 구현됐다. 실험 조건을 준수해 실험을 수행한 결과, 움직임 정보의 공유 모드 기술은 평균적으로 0.18dB 정도의 부호화 효율이 증진됐다.

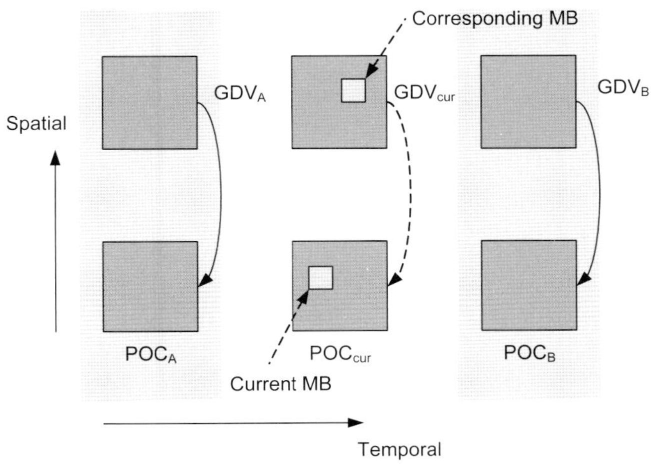

〈그림 3-16〉 Motion Skip Mode에 대한 개념도

3.6.3 영상 합성 예측(View Synthesis Prediction)

다시점 비디오에서는 인접한 시점의 영상끼리는 상관도가 높다. 어떤 시점의 영상에 관한 정보는 이와 인접한 시점에도 대부분 존재하기 때문에, 만약 좌/우 영상으로부터 그 사이에 존재하는 가상 시점에 대한 영상 생성이 가능하다. 이를 위해 JVT 내에서는 합성 영상 예측 기술에 대한 연구를 진행했다. 이런 연구의 큰 흐름인 깊이 영상 생성과 이를 이용한 합성 영상 생성은 이미 앞에서 소개했다. 이번에는 이렇게 합성한 영상들을 이용한 효율적인 다시점 비디오 부호화 방법을 소개 한다. 지금까지 발표된 합성 영상 예측 방법은 합성된 영상을 추가적인 참조 화면으로 이용하는 방법과 합성된 영상과 부호화할 영상의 차분 영상을 부호화하는 방법이 소개됐다.

<그림 3-17>은 가상 영상을 추가적인 참조 화면으로 이용하는 방법이다 [41]. 이 경우 부호화할 화면은 시간 방향의 참조 화면, 시점 방향의 참조 화면, 그리고 여기에 더해 가상 시점

영상을 참조 화면으로 이용한다. 가상 시점 영상은 현재 부호화할 화면과 기하학적인 위치가 대부분 일치하므로 부호화할 때 가장 유사하다는 장점을 가진다. 그러나 가상 시점 영상은 인접 시점에서 참조한 영상이기 때문에 빈 영역 채움으로 인한 오류값이 공간적인 상관도를 떨어뜨릴 가능성이 높다. 따라서 보통은 가상 시점 영상을 참조하는 새로운 매크로블록 부호화 모드를 정의하고, 이 모드가 기존의 부호화 모드와 비트-왜곡(rate-distortion) 관점에서 경쟁해 부호화에 도움이 될 경우에만 이용한다.

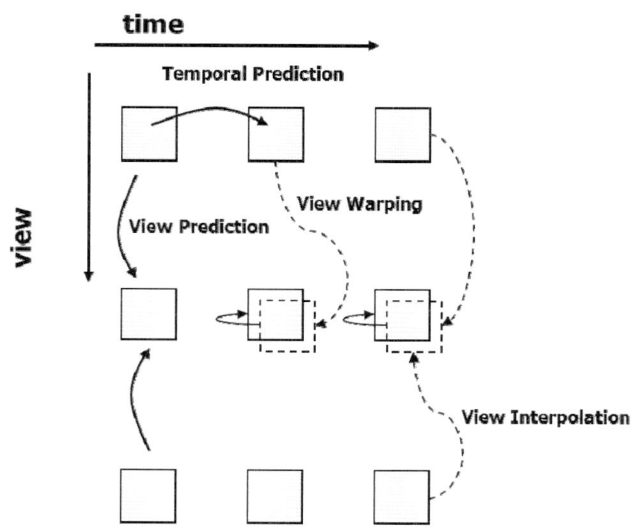

〈그림 3-17〉 가상 시점 영상을 참조 화면으로 이용하는 방법

또 다른 방법은 가상 시점 영상과 현재 부호화할 시점의 차분 영상을 부호화하는 방법이 있다 [42]. <그림 3-18>은 이런 시스템의 개념도를 보여 준다. 인코더 단에서는 입력 영상에서 입력 영상에 대한 가상 시점 영상을 빼서 발생하는 차분 영상을 부호화 한다. 일반적으로 차분 영상의 경우에 합성 영상이 원영상과 대부분 유사한 위치에 유사한 값을 가지기 때문에 그 크기가 매우 작고 값이 존재하지 않는 경우가 많다. 따라서 부호화 효율 면에서 큰 효과를 보인다. 하지만 이 경우 차분 영상의 시간적인 상관도가 중요하므로, 이는 곧 합성 영상의 시간적 상관도가 중요하다는 것이고, 다시 깊이 영상의 시간적인 상관도 또한 매우 중요하다는 의미이다. 따라서 이 경우 깊이 영상 생성시 시간적인 상관도를 유지하는 것이 중요하다. 복호단에서는 부호화의 역과정으로 원 영상을 복호화할 수 있다.

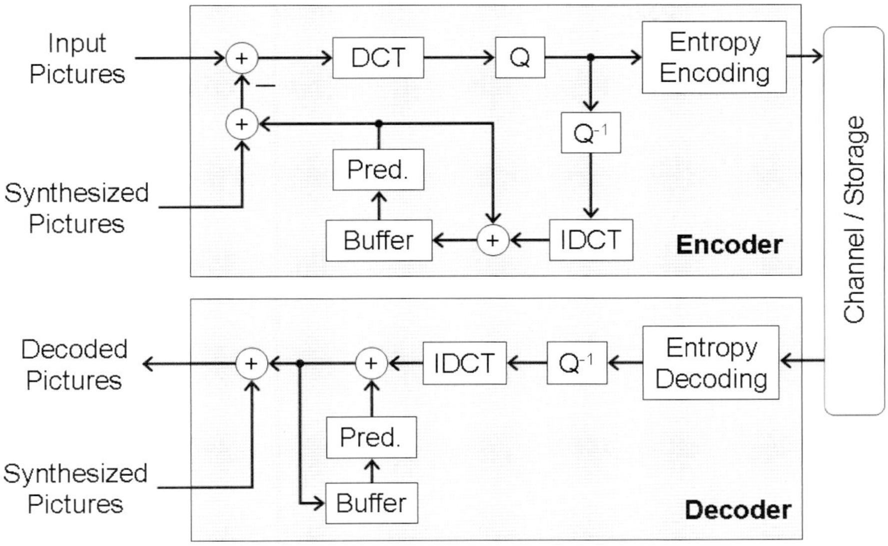

〈그림 3-18〉 가상 시점을 이용한 차분 영상 부호화 방법

앞에서 언급한 두 가지 방법은 각각 장단점을 가지고 있다. 가상 시점 영상을 추가적인 참조 화면으로 이용하는 경우는 가상 시점 영상의 화질이 좋을수록 부호화 효율을 개선할 수 있고, 좋지 않아도 부호화 효율에 영향을 주지 않는다는 장점이 있지만, 가상 시점의 영상을 생성하는데 복잡도가 높다는 단점이 있다. 이에 반해, 차분 영상 부호화 방법은 합성된 영상의 시간적인 상관도가 큰 영향을 미친다. 만약 차분 영상의 시간적인 상관도가 원래 부호화하고자 했던 입력 영상의 시간적인 상관도보다 떨어진다면 시간적인 상관도에 기반한 비디오 부호화에 큰 영향을 받아 오히려 더 많은 비트를 발생시키기도 한다.

MVC에서 이용된 합성 영상 예측 방법은 깊이 영상이 추가적인 부가정보로 분류된다. 다시 말해, MVC의 입력 영상은 다시점 비디오만으로 이루어 졌으므로, 영상 합성에 필요한 깊이영상은 내부적으로 생성해야 한다. 따라서 합성 영상 예측을 이용해 부호화 효율을 증진 시키더라도 깊이 영상을 생성하기 위해 복잡도가 증가하게 되면 전체적인 성능의 감소를 야기할 수 있다. 이런 문제점을 극복하기 위해 MVC 범위 내에서는 깊이 영상을 가급적 단순화해 사용하려고 하나, 이는 가상 시점 영상 생성을 위해 고화질 깊이 영상을 필요로 하는 FTV의 목적과 상반되는 결과를 낳게 된다.

CHAPTER 4

3차원 비디오 부호화와 요소기술

다시점 비디오 부호화(multi-view video coding, MVC)는 3차원 비디오 시스템의 기본 입력인 다시점 비디오와 깊이 데이터를 함께 압축하는 기술이다. 압축된 정보는 복호기를 통해 복원되고, 임의 시점의 영상을 생성하여 3차원 디스플레이 장치에 재현된다. 3차원 비디오 데이터의 획득부터 재현까지 일련의 과정을 통틀어 3차원 비디오 시스템(3D video system)이라고 한다. 3차원 비디오 데이터의 부호화 기술은 국제 표준화 그룹인 MPEG(moving picture experts group)의 주도로 활발히 개발되고 있다. 2001년부터 진행된 3차원 오디오-비주얼(3D audio-visual) 표준화 그룹에서는 자유시점 TV(Free viewpoint TV, FTV)의 중요성에 대해 동의 했다. 자유시점 TV는 임의의 시점의 영상을 생성하기 위해 다시점 비디오를 이용한다. 그러므로 다시점 비디오의 방대한 데이터를 효율적으로 부호화하는 다시점 비디오 부호화(multi-view video coding)에 대한 표준화 작업을 2005년부터 시작했다. 이후 약 5년 동안의 표준화 작업을 통해 표준안을 제정했다 [29].

다시점 비디오 부호화의 표준화 작업이 마무리될 즈음에 MPEG 표준화 그룹은 보다 많은 시점의 영상을 이용할 수 있는 영상 합성 기술을 지원하는 3차원 비디오 시스템을 <그림 4-1>과 같이 정의하고, 이 시스템에 필요한 3차원 비디오 부호화 기술(3D video coding)의 표준화 작업을 2007년부터 시작했다. 여기서 기술하는 3차원 비디오 시스템은 각 시점의 깊이 영상 획득, 다시점 영상의 전처리, 3차원 데이터의 압축 및 전송, 그리고 최종 단말기에서 3차원 영상을 재현하는 모든 기술을 포함한다. 이번 장에서는 3차원 비디오 시스템의 개념을 보다 자세히 설명하고 이 시스템에서 중요한 깊이 영상 획득 방법과 중간 시점 영상 합성 방법에 대해 구체적으로 설명한다.

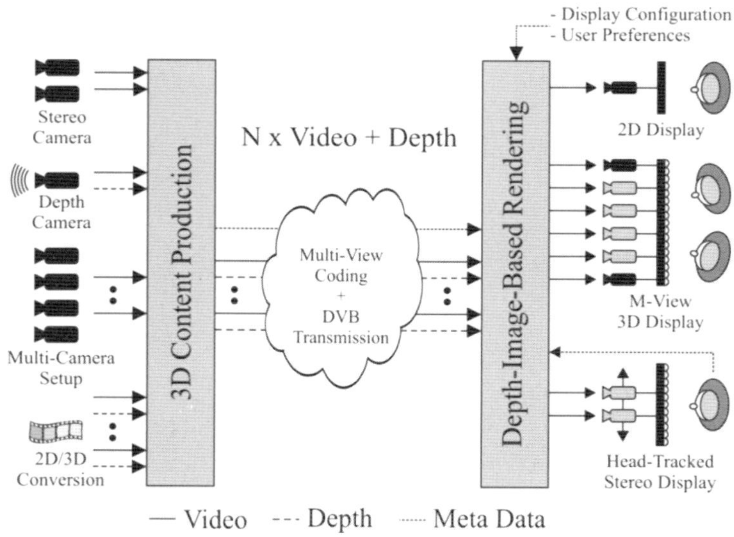

〈그림 4-1〉 3차원 비디오 시스템의 개념도 [43]

4.1 3차원 비디오 시스템과 부호화

3차원 비디오 시스템은 다시점 카메라로 획득한 다시점 비디오와 각 시점의 깊이 영상을 기본 입력으로 취한다. 이 때 다시점 비디오는 다수의 카메라로 구성된 카메라 시스템을 이용해 획득한 비디오 데이터를 가리키고, 깊이 영상은 각 시점의 영상에 대한 거리 정보를 말한다. 다시점 비디오와 깊이 영상으로 구성된 3차원 비디오 데이터는 표준화 작업이 진행되고 있는 3차원 비디오 부호화 방법으로 부호화하고, 수신단에서는 전송된 비트스트림을 복호화하여 다시점 비디오와 깊이 데이터를 복원한다.

<그림 4-2>는 3차원 비디오 부호화의 기능을 설명한 것으로, 3차원 비디오 시스템에 이용될 3차원 비디오 형식(data format)을 압축 및 복원하여 재현 장치의 종류에 적합한 방법으로 재현한다. 기본적으로 전송된 다시점의 비디오 영상 중에서 원하는 시점의 2차원 영상을 자유롭게 선택해 기존의 2차원 디스플레이 장치에서 재생할 수 있다. 전송된 다시점 영상보다 적은 시점의 영상을 3차원 재현 장치에 연결해 여러 시점의 입체 영상을 재생하거나, 반

대로 복원한 다시점 영상의 시점 보다 많은 시점의 영상을 재현 장치 내부에서 생성해 재생할 수 있다. 또한 시청자의 위치를 탐지해 시청자의 위치에 맞는 시점의 입체 영상을 재생할 수도 있다. 복원한 3차원 비디오를 자연스럽게 재생하기 위해서는 복원한 다시점 영상보다 더 많은 수의 시점에서 영상을 이용해야 한다. 이때 재현단에서 임의의 중간 시점 영상을 합성하는 방법을 영상 합성이라고 표현하고, 이 방법을 3차원 비디오 재현단의 기본 기능으로 포함한다.

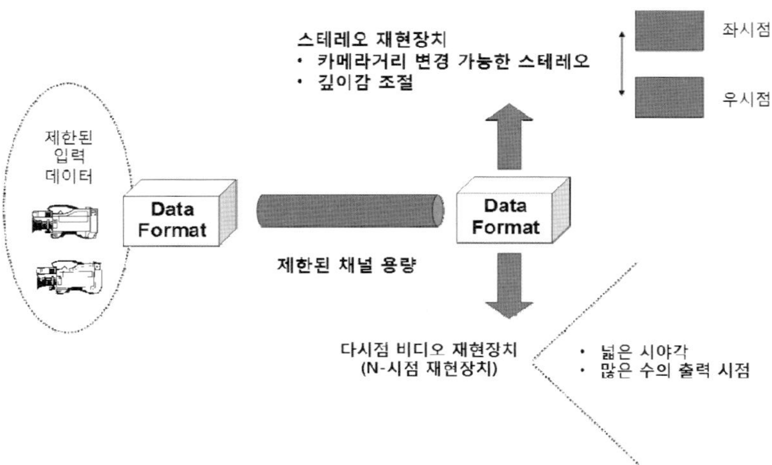

〈그림 4-2〉 3차원 비디오 형식의 기능 [44]

<그림 4-3>은 다시점 비디오 뿐만 아니라 깊이 영상을 사용하는 목적을 간단히 설명한 것이다. 3시점의 비디오 데이터와 각 시점의 깊이 데이터로 구성된 3차원 비디오 데이터가 전송됐다고 하자. 복호기에서 복원한 데이터는 깊이 영상 기반의 영상 렌더링(depth-based image rendering, DIBR) [45]기술을 이용해 제공된 시점수 보다 많은 시점의 영상을 생성할 수 있다. 일반적으로 깊이 영상은 컬러 영상에 비해 매우 단조로운 특성을 가진다. 이런 특징을 가진 깊이 영상을 부호화하면 발생하는 비트가 동일시점의 컬러 영상을 부호화한 것에 비해 10~50% 정도만 차지한다. 그러므로 <그림 4-3>과 같이 9시점의 다시점 비디오를 MVC를 이용해 모두 부호화하는 것보다 3시점의 컬러비디오와 3시점의 깊이 비디오로 구성된 3차원 비디오 데이터를 부호화하는 것이 더 효율적이다.

3차원 비디오를 부호화하는 방법은 크게 두 가지로 나눌 수 있다. 첫째는, 단시점의 영상과

깊이 영상을 동시에 부호화하는 방법이다. 복호된 깊이 영상을 이용하면 임의의 시점을 합성할 수 있기 때문에 3차원 영상을 재현할 수 있다. 그러나 참조할 수 있는 시점이 하나이므로 시점이동에 따른 빈 영역의 처리가 어려워진다. 이 문제점은 다시점 영상을 이용하면 쉽게 해결할 수 있다. 두 번째 방법은 다시점 비디오와 깊이 영상을 부호화하는 방법이다. 다시점 비디오를 각 시점별로 부호화하지 않고 시점 사이의 상관도를 이용해 부호화 한다. 깊이 영상도 마찬가지로 시점간 상관도를 이용해 부호화 한다. 현재 진행되고 있는 3차원 비디오 부호화의 표준화 기술은 다시점 영상뿐만 아니라 다시점 깊이 영상을 효과적으로 부호화하는 방법을 포함한다.

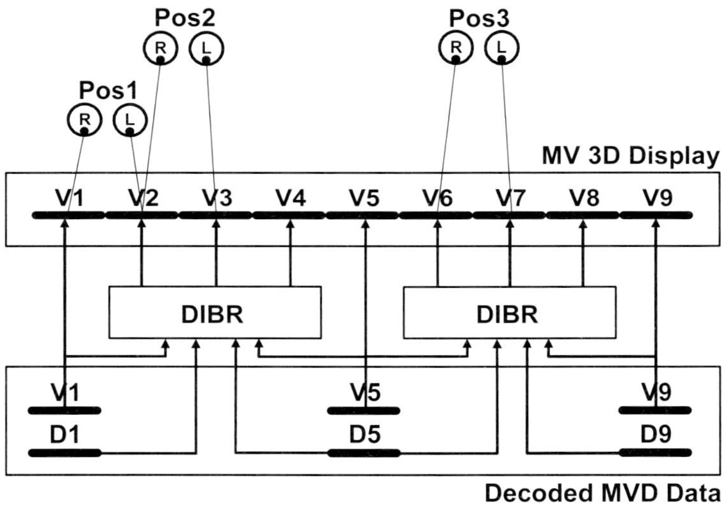

〈그림 4–3〉 영상 합성을 이용한 다시점 영상 생성 방법 [43]

3차원 비디오 부호화의 표준화 과정은 <그림 4-4>에 보인 것과 같이 2006년부터 진행됐다. 다시점 비디오 부호화의 표준화 과정이 마무리 될 즈음에 2006년 1월 회의에서는 FTV 시스템에 대한 필요성을 다시 제기했다. 그리고 몇 번의 회의를 거쳐 3차원 비디오 부호화에 대한 필요성을 구체화했다. 2008년 1월에는 3차원 비디오 부호화의 표준화 작업을 본격적으로 시작하기 위해 테스트 영상과 필수 소프트웨어를 요청했다 [46]. 그리고 다음 회의인 2008년 4월 회의에서는 기고된 소프트웨어와 테스트 영상을 바탕으로 탐색 실험(exploration experiment, EE)을 수행했다. 이 탐색 실험의 목적은 표준화에 필요한 부호화 방법의 실현 가능성을 결정하기 위해 제반 기술의 성능을 시험하는 것이다. 구체적으로 설명하면, 다시점 영상을 이용한 깊이 영상 생성 방법과 깊이 영상을 이용한 중간 시점 영상을 생성하는 방법을 테스트하기 위함이다. 몇 년간의 탐색 실험을 거쳐 2011년 3월에는 3차원 비디오 부호화에 관한 제안요청서(Call for Proposal)을 배포했다 [47]. 제안 요청에 대한 응답으로 2011년 10월 회의에서는 10개의 기관에서 제안된 기술을 평가했다 [48]. 이후 AVC-호환의 테스트 모델과 HEVC-호환의 테스트 모델이 결정되어 각 기술의 성능이 평가되고 있다 [49, 50].

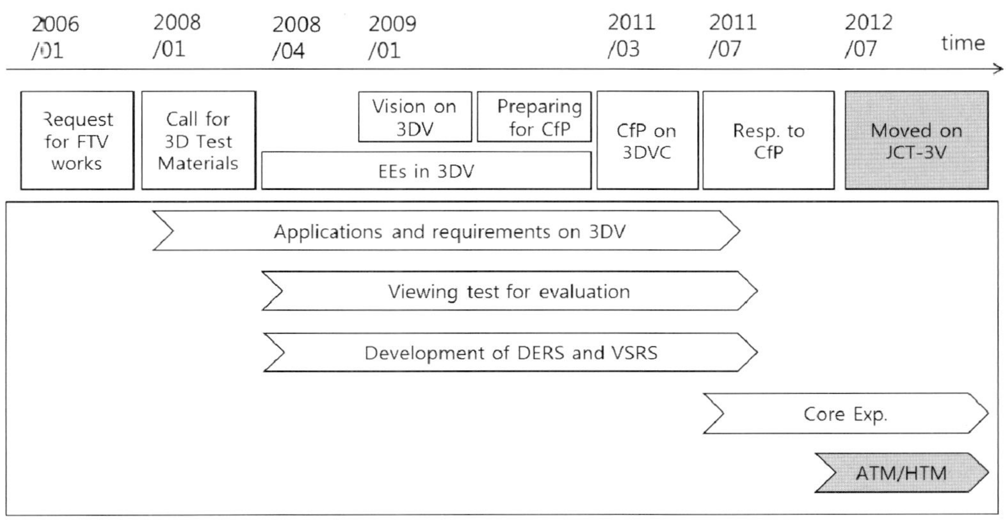

〈그림 4-4〉 3차원 비디오 부호화의 표준화 과정

4.2 3차원 비디오 부호화의 요구 사항

3차원 비디오 부호화의 표준화 그룹에서는 다시점 비디오 부호화 방법과 마찬가지로 3차원 비디오 부호화 표준의 요구 사항을 제정해 나갔다. 이 요구 사항은 개발할 3차원 비디오 부호화 방법의 목적과 범위를 제시하고, 향후 표준안이 이용될 분야에 활용하기 위한 정보로 이용된다. 한번 제정된 표준은 다양한 제품의 제작을 위한 기준이 되기 때문에 명확한 요구 사항을 제정하는 것이 매우 중요하다. 이번 절에서는 3차원 비디오 부호화의 표준화 과정에

서 발표한 요구 사항을 간략하게 소개한다 [27]. 먼저 3차원 비디오 시스템의 입력 데이터형식에 대해서 설명한다. 그리고 이렇게 제정된 데이터 형식을 부호화할 부호기 및 복호기의 요구 조건을 설명한다. 마지막으로 영상 재현단에서 복원한 3차원 비디오 데이터를 효과적으로 재현하는 방법에 대한 요구 조건을 설명한다.

4.2.1 데이터 형식의 요구 사항

(1) **비디오 데이터**(video data)

부호화되지 않은 비디오 데이터는 최소 두 시점의 영상을 복원하여 스테레오 디스플레이 장치에 재현할 수 있어야 한다. 원본 비디오 데이터에는 카메라의 기하학적 오류나 색상 차이가 적어야 한다. 표준화 과정에서 제정될 비디오 데이터의 형식은 스테레오 재현 장치뿐만 아니라, 다시점 재현 장치에도 호환될 수 있어야 한다. 표준화 과정에서 비디오 데이터의 형식을 결정하는 것이 매우 중요하다. 비디오 데이터의 형식에 따라 부호화 방법이 결정되기 때문이다.

(2) **보조 데이터**(Supplementary data)

재현단에서 입력된 시점 보다 많은 시점의 영상을 생성할 수 있도록 보조 데이터를 이용한다. 보조 데이터의 예로, 깊이 영상(depth map), 깊이 영상의 신뢰도(reliability of depth map), 영상 분할 정보, 객체의 반사도 정보, 폐색 영역 정보가 있다. 보조 데이터는 중간 시점의 영상을 생성하는데 이용되지만, 사용자에게 직접 보여주는 정보가 아니므로 데이터 양은 최소화 되어야 한다.

(3) **데이터 볼륨**(Data volume)

비디오 데이터를 압축하여 전송된 비트스트림은 복호기를 이용해 복원한다. 이때 복원한 데이터의 총량은 한 시점의 비디오 데이터의 4배 이상이어야 한다. <그림 4-5>은 구성이 가능한 3차원 비디오 데이터의 예를 보인 것이다. <그림 4-5>에 보인 것과 같이, 모든 데이터의 총량은 한 시점의 비디오 영상보다 4배 이상이 된다.

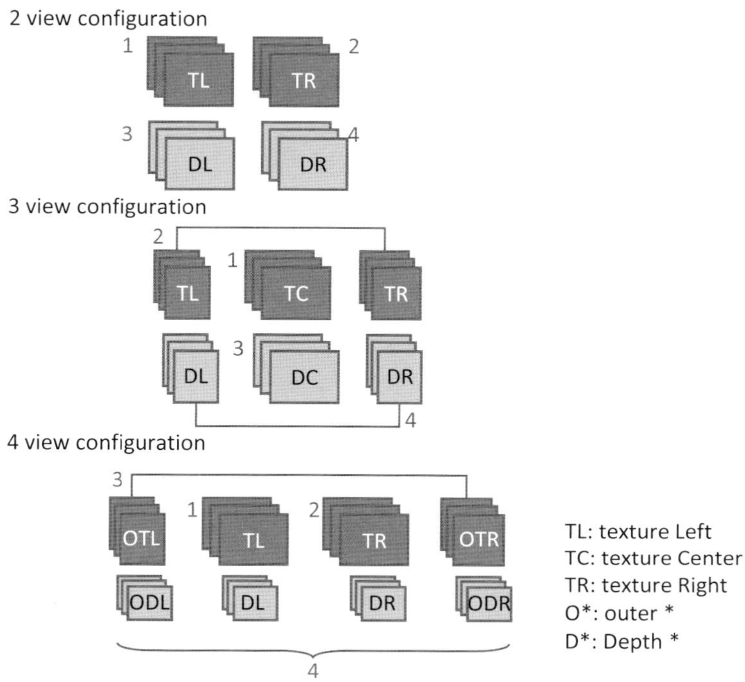

〈그림 4-5〉 3차원 비디오 데이터 구성의 예 [27]

(4) **메타 데이터(Metadata)**

3차원 비디오 데이터에는 3차원 비디오를 설명하는 메타 데이터를 포함해야 한다. 각 시점에 대한 내부/외부 카메라 변수와 장면을 설명하는 데이터, 깊이 영상을 설명하는 데이터가 메타 데이터에 포함될 수 있다.

(5) **낮은 복잡도(Low complexity)**

3차원 비디오 데이터는 편집이 쉬워야 하므로 복잡도가 낮아야 한다. 이를 위해 임의 화면을 접근하기 위한 복잡도가 낮아야 한다.

(6) **응용성(Applicability)**

3차원 비디오 데이터는 카메라로 촬영한 자연영상이나 컴퓨터 그래픽스로 생성한 영상에 모두 적용할 수 있어야 한다.

4.2.2 3차원 비디오 데이터 압축의 요구 사항

(1) **부호화 효율**(Compression efficiency)

3차원 비디오 부호화 방법을 이용해 한 시점의 컬러 비디오와 부가 데이터를 모두 부호화했을 때, 한 시점의 컬러 비디오를 가장 성능이 뛰어난 표준 기술로 부호화한 결과보다 비트율이 두 배 이상 높지 않아야 한다. 또한 같은 방법으로 다시점 비디오를 부호화했을 경우보다 부호화 효율이 높아야 한다.

(2) **합성의 정확도**(Synthesis accuracy)

3차원 비디오 데이터를 부호화했을 때 발생하는 부호화 오류는 합성 영상에 영향을 주어 합성 영상의 화질을 떨어뜨리는 원인이 된다. 그러므로 부호화 방법은 비트율을 조정해 합성 영상의 화질을 조절하는 기능을 제공해야 한다.

(3) **전방향 호환성**(Forward compatibility)

부호화된 3차원 비디오 데이터의 비트스트림은 기존의 AVC 부호화 표준을 이용해 스테레오 비디오나 모노 비디오를 복원할 수 있어야 한다. 다시 말해, 앞으로 새롭게 제정된 3차원 비디오 부호화 표준으로 부호화한 비트스트림을 H.264/AVC와 같은 기존의 부호화 표준을 이용해 일부 시점의 영상을 복원할 수 있어야 한다. 3차원 비디오 부호화 표준 그룹에서는 이렇게 복호된 일부 시점의 영상을 이용해 side-by-side 형식으로 스테레오 영상을 재구성하거나, 영상의 화질을 개선하기 위한 후처리(post-processing)를 허용하고 있다.

<그림 4-6>는 이와 같은 구성이 가능하도록 모노 혹은 스테레오 영상을 지정하는 방법을 설명한 것이다. AVC 코덱을 이용한 단시점 영상의 복원은 2시점의 영상일 경우는 왼쪽의 컬러 영상을 복호화할 시점으로 정하고, 3시점의 영상일 경우는 중간 시점의 컬러 영상을 모노 영상으로 복호화할 시점을 정한다. 스테레오 MVC 호환 모드의 경우는 여러 시점의 컬러 영상 중에서 중앙의 인접한 두 시점을 MVC 복호화 방법으로 복원할 시점으로 정한다. 마지막으로 AVC 코덱으로 스테레오 영상을 복원하는 방법을 FCF(frame compatible format)이라고 하는데, 두 시점의 영상을 다운샘플링해 side-by-side혹은 top-and-bottom 형식으로 구성한 다음, 한 시점의 영상으로 부호화하는 방법이다. 이 방법은 기존의 AVC 코덱으로 스테레오 영상을 전송할 수 있는 장점이 있다. 3차원 비디오 부호화 표준화 그룹에서는 이런

방법으로 스테레오 영상을 복원하는 방법도 표준화 작업을 진행하고 있다.

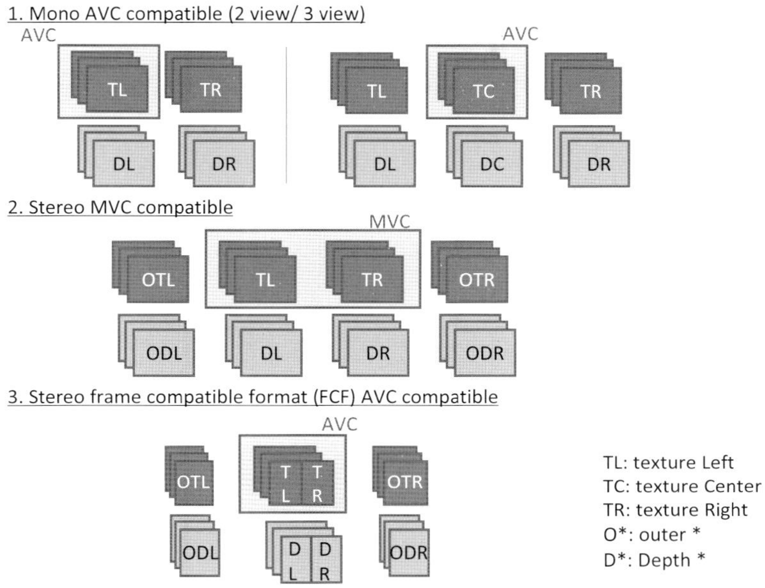

〈그림 4–6〉 AVC 코덱의 전방향 호환성을 위한 데이터 구성 [27]

3차원 비디오 부호화 기술은 현재 표준화 작업이 진행되고 있는 HEVC(high efficiency video coding)에도 호환성을 유지해야 한다. HEVC의 표준화 작업은 2013년까지 표준안이 제정될 예정이다. 3차원 비디오 부호화 표준화 그룹에서는 HEVC를 이용하는 코덱도 동시에 개발하고 있다. 그러므로 <그림 4–7>과 같이 HEVC를 이용해 부호화한 3차원 비디오 비트스트림을 일반적인 HEVC 코덱으로 일부 모노/스테레오 시점의 영상을 복원할 수 있어야 한다.

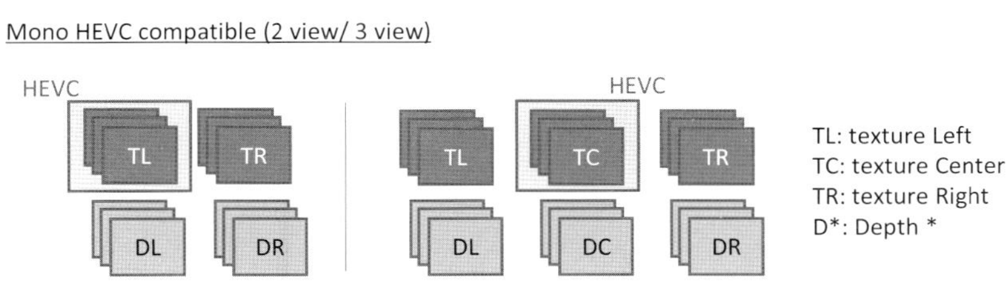

〈그림 4–7〉 HEVC 코덱의 전방향 호환성을 위한 데이터 구성 [27]

(4) 시점 계위성(View scalability)

3차원 비디오 부호화 방법은 비트스트림의 복호화를 통해 원하는 시점의 영상을 바로 복원할 수 있어야 한다.

4.2.3 3차원 비디오의 재현에 관한 요구 사항

(1) 재현성(Rendering capability)

3차원 비디오 데이터 형식은 기존의 부호화 표준보다 재현 영상의 화질이 더 좋아야 한다. 또한 재현 범위를 변경할 수 있어야 한다.

(2) 낮은 복잡도(Low complexity)

3차원 비디오 데이터 형식은 실시간 복호와 영상 합성이 가능해야 한다. 이런 기능을 제공하기 위해 낮은 복잡도와 효율적인 메모리 사용을 고려해야 한다.

(3) 재현 장치의 종류(Display types)

3차원 비디오 데이터 형식은 재현 장치에 적합한 영상을 제공해야 한다. 예를 들어, 스테레오 재현 장치의 경우는 두 시점의 영상이 필요하고, 다시점 재현 장치의 경우는 다시점의 영상이 필요하다. 또한 데이터 형식은 재현 장치의 화면 조절 기능 장치에 적용이 가능해야 한다.

(4) 카메라 간격의 가변성(Variable baseline)

3차원 비디오는 카메라간의 거리 혹은 시점간 거리(baseline)를 조정함으로 깊이감(혹은 입체감)을 조절할 수 있다. 3차원 비디오 데이터가 다시점 영상을 제공하기 때문에 사용자가 시청하기 편안한 가장 이상적인 시점간 거리를 선택할 수 있어야 한다.

(5) 깊이 범위(Depth range)

3차원 비디오는 적절한 깊이 범위(depth range)를 제공해야 한다. 일반적으로 깊이감의 범위를 [W/2;+W/2]가 넘어가지 않도록 설정한다. 이때 W는 재현 장치의 가로 길이를 가리킨다. 이런 범위를 지정하는 것은 3차원 영상을 감상하는 동안 사용자가 느낄 수 있는 시각적 피로를 최소화하기 위함이다.

4.3 3차원 비디오 부호화를 위한 탐색 실험

MPEG 3DVC 표준화 그룹은 본격적인 3차원 비디오 부호화의 기술을 개발하기에 앞서 실험환경을 구축하기 위한 탐색 실험(exploration experiments)을 약 3년간 수행했다 [51]. 탐색 실험을 통해 3차원 비디오 부호화 표준화 작업을 진행하기 위한 실험 환경을 구축했다. 우선 다시점 비디오 데이터를 수집해 테스트 영상을 확보했고, 깊이 영상 추정 소프트웨어와 중간 시점 영상 생성 소프트웨어를 개발했다. 이번 절에서는 실험 영상에 대해 간략하게 소개하고 수행된 탐색 실험의 내용을 간략히 소개한다.

4.3.1 3차원 비디오 부호화를 위한 실험 영상

2008년 1월의 회의에서 배포된 테스트 영상에 대한 요청은 그 다음 회의에서 4개 기관에서 총 10개의 실험 영상이 기고됐다. 그리고 2008년 7월에는 이들 영상에 대한 주관적 화질 평가가 수행됐다 [52]. 원본 테스트 영상에 대한 주관적 화질평가에서 각 영상의 입체감이 뛰어나고 콘텐츠 또한 적절하다는 결론을 내렸다. 하지만 각 영상에 대한 깊이 영상은 함께 제공되지 않았으므로 깊이 영상을 생성하는 탐색 실험(EE1: depth estimation)을 수행했다. <그림 4-8>은 독일의 연구기관인 HHI에서 제공한 테스트 영상을 보인 것이다. 왼쪽부터 세 영상은 실내에서 촬영한 영상으로 카메라의 움직임은 없다. 그리고 네 번째 영상은 실외를 촬영한 영상으로 보다 깊은 거리감을 느낄 수 있는 영상이다. HHI에서 제공한 영상의 해상도는 1024x768이다. <그림 4-9>는 일본의 Nagoya 대학에서 제공한 테스트 영상으로 총 80시점의 다시점 영상을 제공했다. 그리고 해상도는 1280x960이다. <그림 4-10>은 한국전자통신연구원(ETRI)와 MPEG KOREA가 협력해 제공한 테스트 영상이다. 한국의 전통 건물을 배경으로 촬영한 영상으로 깊이감이 뛰어난 특징이 있다. <그림 4-11>은 광주과학기술원(GIST)에서 제공한 테스트 영상으로 총 9시점의 다시점 비디오로 해상도는 1024x768이다. 이 영상이 다른 영상에 비해 깊이감이 가장 뛰어나다는 평가를 받았다. <표 4-1>은 각 기관에서 제공한 실험 영상을 간략히 소개한 것이다.

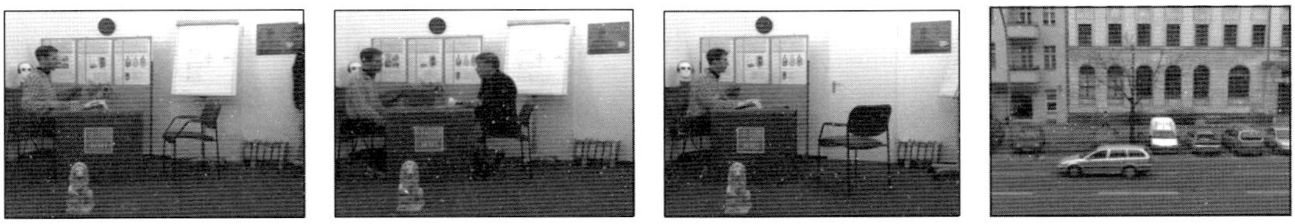

(a) (b) (c) (d)

〈그림 4–8〉 HHI에서 제공한 실험 영상:
(a) Book_arrival, (b) Leaving_laptop, (c) Door_flowers, (d) Alt_moabit

(a) (b) (c)

〈그림 4–9〉 Nagoya 대학에서 제공한 실험 영상: (a) Champagne_tower, (b) Pantomime, (c) Dog

(a) Lovebird1 (b) Lovebird2

〈그림 4–10〉 ETRI/MPEG_KOREA에서 제공한 실험 영상

〈그림 4-11〉 GIST에서 제공한 'Newspaper' 실험 영상

〈표 4-1〉 일차원 평행형 카메라를 이용한 3차원 비디오 실험 영상

실험 영상	제공기관	영상 크기	프레임률	시점 수	총 프레임	카메라 거리
Newspaper	GIST	1024x768	30 fps	9	300	5cm
Lovebird1	MPEG KOREA	1024x768	30 fps	12	300	3.5cm
Lovebird2		720x576	30 fps	12	600	3.5cm
Pantomime	Nagoya Univ.	1280x960	30 fps	80	500	5cm
Dog		1280x960	30 fps	80	300	5cm
Champagne Tower		1280x960	30 fps	80	500	5cm
Book Arrival	I	1024x768	16.67 fps	16	100	6.5cm
Leaving Laptop		1024x768	16.67 fps	16	100	6.5cm
Door Flower		1024x768	16.67 fps	16	100	6.5cm
Alt Moabit		1024x768	16.67 fps	16	100	6.5cm

2009년 1월 열린 회의에서는 보다 다양한 테스트 영상을 확보하기 위한 요청을 했다 [12]. 이에 대한 응답으로 Philips에서 컴퓨터 그래픽스와 실사를 합성해 획득한 다시점 영상을 제공했다. 더불어 계층적 깊이 영상(layered depth image, LDI)을 기반으로 한 실험 데이터도 함께 제공했다. 계층적 깊이 영상이란 기준시점의 깊이값과 색상을 전경과 배경으로 나누어 저장한 데이터이다. 기준 시점에서 이웃한 시점으로 시점이동 했을 경우 새롭게 드러나는 영

역은 배경 영역이다. 이런 경우 배경의 깊이 영상과 배경의 컬러 영상을 이용하면 새롭게 드러나는 영역을 효과적으로 채울 수 있다. Philips에서는 이런 계층적 깊이 영상을 이용해 영상을 합성하는 기술도 함께 제안했으나, 3차원 비디오 시스템이 정의하는 데이터 형식과 맞지 않아 연구가 중단됐다. <그림 4-12>와 <그림 4-13>은 두 가지 계층적 깊이 영상을 보인 것이다. 'Beer garden'은 1개 시점의 컬러 영상과 배경 컬러 영상, 전경 컬러 영상, 배경 깊이 영상들을 제공한다. 'Mobile' 영상은 3개 시점의 컬러 영상과 깊이 영상을 제공했다. <그림 4-12>는 'Beer garden' 영상에 대한 각 데이터를 보인 것이다. 중앙 시점의 영상은 일반적인 컬러 영상이고, 중앙의 깊이 영상은 중앙 시점의 컬러 영상에 대한 깊이 영상을 나타낸 것이다. 배경 영상은 시점 이동시 가려지는 영상을 포함한 영상이고, 배경 깊이 영상은 시점 이동시 가려지는 깊이 영상을 나타낸다. 이 영상을 이용해 임의 시점의 영상을 생성하기 위해서는 LDI를 기반으로 한 시점합성 소프트웨어를 이용해야 한다 [53]. <표 4-2>는 Philips에서 제공한 실험 영상에 대한 정보를 보인 것이다.

〈표 4-2〉 계층적 깊이 영상 기반의 실험 영상

실험 영상	제공기관	영상 크기	프레임율	시점 수	총 프레임	카메라 거리
Beer_garden	Philips	1920x1080	30 fps	1	300	5cm
Mobile	Philips	720x540	30 fps	3	200	6.5cm

2009년 7월 회의에서는 그 동안 수행된 탐색 실험의 결과가 충분히 수행되었다고 판단하고, 더 다양한 시나리오의 실험 영상을 확보하기 위해 움직이는 영상에 대한 실험 영상을 요청했다 [12]. 그 동안 개발된 많은 깊이 영상 추정 알고리즘들은 카메라가 정지해 있는 특성을 고려한 것이다. 이를 통해 만족할 만한 수준의 깊이 영상을 얻을 수 있었다. 하지만, 카메라 움직일 경우도 대비하기 위해 이와 같은 요청을 한 것이다. 2009년 10월 회의에서 이 요청에 대한 응답으로 2개 기관에서 움직이는 영상을 제공했다. <그림 4-14>는 움직이는 영상과 함께 새로 추가된 실험 영상이다. 일본의 Nagoya 대학에서는 레일을 이용한 움직이는 영상을 제공했다. 그리고 <그림 4-15>은 폴란드의 Poznan 대학에서는 9대의 HD 카메라를 이용해 움직이는 영상 1개와 고정된 움직임의 영상 2개를 제공했다. 이와 같이 움직이는 카메라의 테스트 영상을 <표 4-3>과 같이 정리했다.

〈표 4-3〉 움직이는 영상과 함께 새로 추가된 실험 영상

실험 영상	제공기관	영상 크기	Fps	시점 수	카메라 거리	움직임
Kendo	Nagoya Univ.	1024x768	30	8	5cm	유
Ballroons	Nagoya Univ.	1024x768	30	8	5cm	유
Poznan_Street	Poznan Univ.	1920x1080	25	9	13.75 cm	무
Poznan_CarPark	Poznan Univ.	1920x1080	25	9	13.75 cm	무
Poznan_Hall	Poznan Univ.	1920x1080	25	9	13.75 cm	유

(a) 중앙 시점

(b) 배경 영상

(c) 중앙 시점의 깊이 영상

(d) 배경 영상의 깊이 영상

〈그림 4-12〉 계층적 깊이 영상: 'Beer_garden'

(a) 중앙 시점

(b) 배경 영상

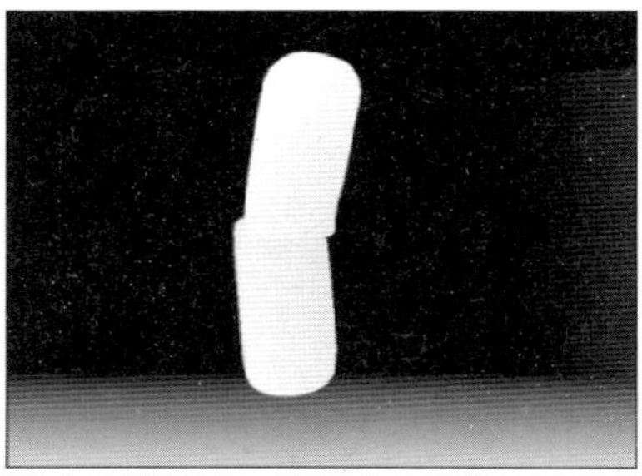

(c) 중앙 시점의 깊이 영상

(d) 배경 영상의 깊이 영상

〈그림 4-13〉 계층적 깊이 영상: 'Mobile'

(a) balloons

(b) kendo

〈그림 4-14〉 Nagoya 대학에서 제공한 카메라가 움직이는 영상

(a) Poznan_Hall

(b) Poznan_Carpark

〈그림 4-15〉 Poznan 대학에서 제공한 카메라가 움직이는 영상

2011년 3월에 열린 회의에서는 Nokia가 컴퓨터 그래픽스 기반의 테스트 영상을 제공했다. Philips에서 제공한 'Mobile'영상도 컴퓨터 그래픽스를 기반으로 한 영상이지만, Nokia에서 제공한 영상은 Full HD급의 움직이는 테스트 영상을 제공했다. 이 영상은 2011년 4월에 열린 회의에서 3차원 비디오 부호화의 실험 영상으로 적합하다는 결론에 이르러 실험 영상으로 선정됐다. <그림 4-16>은 Nokia에서 제공한 'GT_Fly'영상이다 [54].

〈그림 4-16〉 Nokia에서 제공한 'GT_Fly'영상

4.4 깊이 영상 추정 기술

3차원 비디오 시스템에서 자유시점 선택 기능을 구현하기 위해서는 여러 시점의 영상을 이용해 가상의 중간 시점 영상을 합성하는 중간 시점 영상 합성 기술이 필요하다. 중간 시점 영상을 생성하는 방법은 영상기반 렌더링(image based rendering, IBR) 기술을 바탕으로

연구가 진행됐다 [55]. 영상 기반 렌더링의 관련 기술 중에서 깊이 영상을 이용한 임의 시점 영상 합성 방법이 가장 이용하기 쉽고, 3차원 비디오 시스템에 적용하기 쉬운 깊이 영상 기반 렌더링(depth image-based rendering, DIBR) [45] 기술이 널리 이용되고 있다. 깊이 영상은 영상 내에 존재하는 객체의 3차원 거리 정보를 나타내는 영상으로, 깊이 영상의 화소 값은 해당 화소의 깊이 정보를 나타낸다. 그러므로 깊이 영상의 정확도는 합성된 중간 시점 영상의 화질을 결정하기 때문에 정확한 깊이 영상을 생성하는 작업이 매우 중요하다.

스테레오 영상에서 깊이값을 추정하는 방법은 <그림 4-17>과 같은 원리로 깊이와 변위간의 상관 관계를 이용한다. 두 대의 카메라가 정확하게 수평이 맞도록 정렬이 되어 있고, 카메라의 방향이 평행을 이룬다고 가정하자. 이런 카메라 구성에서 어느 한 영상에 존재하는 임의의 한 화소가 다른 시점의 영상에도 존재할 때, 이 두 시점에서의 좌표의 수평 차이를 변위(disparity)라고 한다. 카메라와 거리가 먼 거리에 있는 문체는 물체의 크기가 작을 뿐만 아니라, 변위값의 크기가 작게 된다. 반대로 카메라와 물체의 거리가 가까우면, 물체의 크기가 클 뿐만 아니라 변위값의 크기가 크게 된다.

〈그림 4-17〉 변위와 깊이의 상관 관계

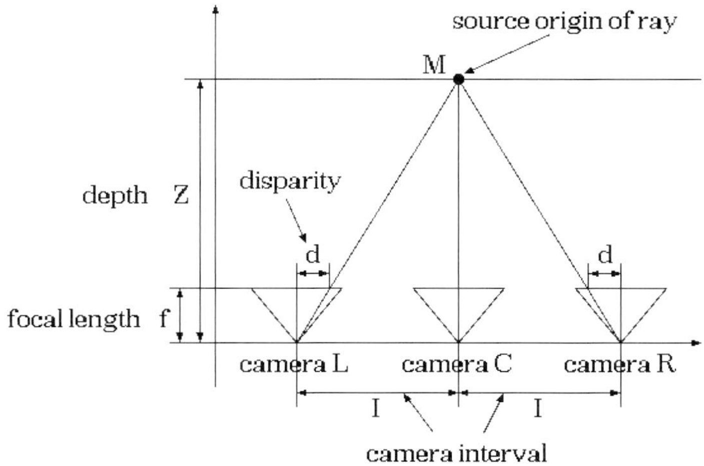

〈그림 4-18〉 일차원 평행형 카메라 구조에서의 변위와 깊이값의 관계

특히 다시점 비디오에서 변위와 깊이의 상관 관계를 수학적으로 설명하면 다음의 <그림 4-18>과 같다. 우선 <그림 4-18>에서 왼쪽 카메라(camera L)과 중간 카메라(camera C)의 관계를 살펴보자. 3차원 공간상의 한 점 M이 왼쪽 카메라와 중간 카메라로 각각 투영됐다고 하자. 두 카메라의 시차 때문에 카메라에 사영되는 위치가 달라지게 된다. 이 때 발생하는 것이 그림과 같은 변위값 d이다. 이 변위값과 깊이값을 구하기 위해 삼각형의 닮은비를 이용하면 식(4-1)과 같이 구할 수 있다.

$$d : f = I : Z \tag{4-1}$$

여기서 I는 두 카메라간의 거리를 나타내는 베이스라인(baseline)이고 Z는 M의 실제 깊이값을 나타낸다. 베이스 라인 I는 이름을 그대로 가져와 B로 표시하기도 한다. 이를 다시 풀면 식 (4-2)와 같이 정리할 수 있다.

$$d = \frac{f \cdot I}{Z} \tag{4-2}$$

일반적으로 깊이 영상 추정 과정에서 깊이값의 범위를 지정하고 추정 과정을 수행한다. 이로 인해 결정되는 것이 깊이값의 최대/최소(Z_{near}, Z_{far})범위이다.

$$d_{\min} = \frac{f \cdot I}{Z_{far}}, \ d_{\max} = \frac{f \cdot I}{Z_{near}} \tag{4-3}$$

이런 변위 값을 이용해 얻어진 변위지도(혹은 변위 맵, disparity map)은 식 (4–4)를 이용해 깊이 영상(depth map)으로 변환하게 된다.

$$v = (2^N - 1)\frac{d - d_{\min}}{d_{\max} - d_{\min}} \tag{4-4}$$

이때 N은 깊이값을 표현하는 총 레벨 수를 지정하는 값이다. 보통은 8비트 영상을 이용하기 때문에 실제 깂이값은 총 256 단계의 레벨로 표현한다. 그리고 v는 깊이 영상의 레벨 값을 나타낸 것으로 흔히 깊이 영상의 레벨값(depth index)이라고 표현한다. 식 (4–2)와 식 (4–4)를 이용해 깊이 영상의 레벨값(v)과 실제 깊이값(Z)와의 관계는 나타내면 식 (4–5)와 같이 정의할 수 있다.

$$z = \frac{1}{\frac{v}{255} \cdot \left(\frac{1}{Z_{\text{near}}} - \frac{1}{Z_{\text{far}}} \right) + \frac{1}{Z_{\text{far}}}} \tag{4-5}$$

이 식을 분석하면 실제 깊이값(real depth)과 레벨값과의 관계를 <그림 4–19>와 같이 설명할 수 있다. 만약 1m에서 5m사이의 3차원 공간을 8비트 영상으로 표현할 경우, 카메라와 거리가 가까운 쪽에는 레벨값이 촘촘하게 정합되고, 멀수록 드문 드문하게 정합됨을 알 수 있다.

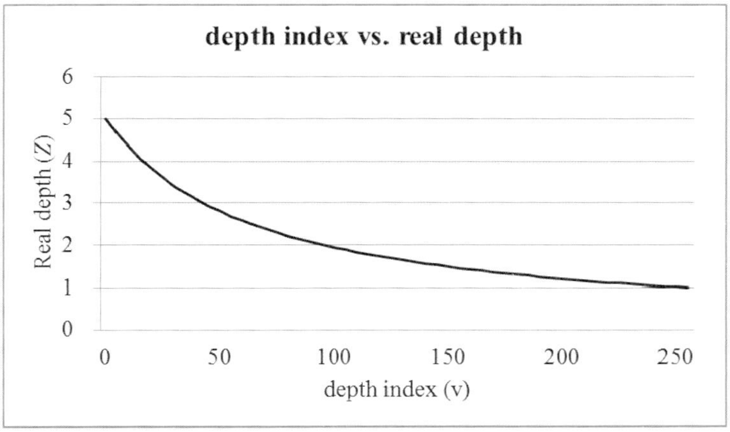

〈그림 4-19〉 실제 깊이값과 깊이 영상의 레벨값의 관계

세 시점의 카메라에서 중간 카메라(camera C)에 대한 객체의 변위값은 인접한 카메라와 일정한 상관 관계를 갖게 된다. <그림 4-18>에서 두 베이스라인(baseline)의 거리가 같은 경우는 왼쪽 카메라(camera L)과 중간 카메라 사이에서 결정되는 변위값(dLC)와 오른쪽 카메라(camera R)와 중간 카메라 사이에서 결정되는 변위값(dRC)은 서로 같게 된다.

4.4.1 다시점 비디오의 깊이값 추정

MPEG 3차원 비디오 부호화 그룹에서 이용하는 다시점 비디오의 깊이 영상을 생성하는 방법은 <그림 4-18>과 같이 중간 카메라의 깊이 영상을 생성하기 위해 세 시점의 카메라를 이용한다. 이는 시차로 발생하는 폐색영역의 영향을 최소화해 깊이값의 정확도를 최대로 올리기 위함이다.

깊이값을 추정하는 기본 원리는 구하려고 하는 대상 시점 영상의 각 화소에 대한 대응 화소를 참조 시점에서 상관도가 가장 높은 화소와의 위치적 차이로 결정한다. 일반적으로 이런 대응 화소는 다시점 기하학에서 정의되는 에피폴라 선(epipolar lines) 위에 존재한다. 정확한 변위를 결정하기 위해서는 깊이값의 범위 $\{d_{min}, d_{max}\}$ 안의 변위값(d)의 각 에너지 값을 더해 에너지가 가장 낮은 변위값을 최종 변위로 결정한다. 이를 위해 일반적으로 에너지 함수를 식 (4-6)과 같이 정의한다.

$$E(d) = E_{data}(d) + \lambda E_{smooth}(d) \tag{4-6}$$

여기서 $E_{data}(d)$는 대상 변위값 d에 대해 인접 시점의 영상과의 유사도를 계산한 값이다. 그리고 $E_{smooth}(d)$는 대상 변위값 d에 대해 이웃한 화소간의 유사도를 보인 것이다. 이 항을 이용하는 이유는 깊이 영상이 이웃한 화소와의 상관도를 고려하기 위함이다. 이렇게 정의한 에너지 함수는 다음의 네 단계를 거쳐 최종 변위값을 결정하게 된다 [56].

① 정합 비용값 계산(matching cost computation)
② 비용값 합산(cost aggregation
③ 변위값 결정(disparity computation)
④ 변위값 정제(disparity refinement)

정합 비용값 계산은 위에서 설명한 Edata(d) 항을 구하기 위해 수행된다. 보통은 변위값 d에 대해 대상 시점 영상과 참조 시점 영상의 절대차(mean absolute difference, MAD)를 구한다. 이렇게 결정된 비용값은 일정한 크기의 윈도우와 색상영상의 유사도를 이용해 비용값을 합산하게 된다. 이때 윈도우 크기를 결정하는 방법도 깊이 영상 추정의 성능을 결정하는 중요한 요소가 된다. 세번째 단계는 비용값 합산을 통해 결정한 데이터를 이용해 변위값을 결정한다. 보통은 앞에서 결정된 비용값 중에서 가장 작은 비용값을 갖는 변위(d)를 대상 화소의 변위값으로 결정한다. 이를 WTA(winner- take-all) 방법이라고 한다. 네번째 단계는 결정된 변위값을 바탕으로 다시 한번 변위값을 정제하는 과정이다. 앞 단계에서 결정된 변위값은 잡음이 많이 포함되어 있다. 이를 보완하기 위해 결정된 변위값과 인접 화소와의 유사도를 고려해 전체적인 에너지가 최소가 되는 값을 결정한다. 이런 방법 중에서 가장 널리 이용하는 것이 MRF(Markov Random Field)를 기반으로 한 신뢰 확산(belief propagation)방법 [24]과 그래프 이론(graph theory)를 기반으로 한 그래프-컷(graph cuts) 방법 [23]이 있다.

MPEG 3차원 비디오 부호화 표준화 그룹에서는 이런 기술을 바탕으로 자체 소프트웨어인 DERS(depth estimation reference software)를 개발했다 [57]. 이 소프트웨어는 아래의 링크를 통해 내려 받을 수 있다. 접속을 위해서는 MPEG KOREA(http://www.mpeg.or.kr/)에 회원가입을 하고 정회원이 되면 알려주는 ID와 비밀번호를 이용해야 한다.

DERS는 일본의 Nagoya대학에서 초기 버전을 제공하고, 여러 연구 기관에서 기고한 기술을 통합해 개발됐다. DERS의 깊이 영상 생성 방법을 크게 세가지로 분류하면 다음의 <그림 4-20>과 같이 세가지 모드로 구분할 수 있다 [58]. 자동 모드는 세 시점의 입력 영상과 카메라 변수 외에 다른 부가적인 정보를 이용하지 않고 자동으로 깊이 영상을 생성하는 방법이다. 영상 분할 모드는 각 변위값의 비용값을 계산하기에 앞서 영상 분할을 통해 영상을 영역별로 나누고, 각 영역에 동차의 변위값을 할당하는 방법이다. 마지막으로 반자동 모드는 객체의 경계의 정확한 변위값 할당과 움직임이 없는 객체의 안정적인 변위값 할당을 위해 부가적인 데이터를 이용하는 방법이다. 모든 방법에서 공통적으로 이용하고 있는 방법은 정합 비용값(matching cost)를 계산하는 것과 그래프-컷(graph-cuts)을 이용한 변위값 정제 기술이다. 정합 비용값은 1x1이나 3x3크기의 윈도우를 이용해 각 변위값(d)에 따라 색상차를 구해 계산한다. 그리고 그래프-컷 방법을 이용해 최소 에너지를 갖는 변위영상을 결정한다. 다음 절부터는 포함되어 있는 기술을 보다 자세히 설명한다.

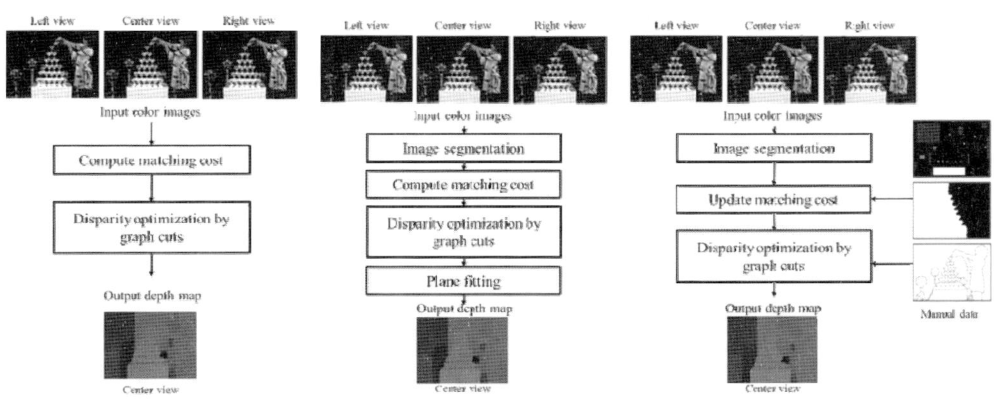

(a) 자동 모드 (b) 영상분할 모드 (c) 반자동 모드

〈그림 4-20〉 DERS의 깊이 영상 생성 방법

4.4.2 부화소 결정 방법을 이용한 깊이값 추정

초기의 DERS는 비용값 계산 과정에서 각 변위값에 대한 비용값 계산을 정수 단위의 화소 위치로 계산했다. 다시 말해 원본 해상도를 그대로 유지하고 변위값의 변화도 정수단위로 이

동하면서 비용값을 계산했다. 하지만 변위 범위가 넓지 않을 경우 계산 하는 비용값의 대상이 적어 비교적 정확도가 낮은 변위값을 결정할 수 있다. 이런 단점을 보완하기 위해 일본의 Nagoya대학에서는 부화소 단위로 변위값을 결정하는 방법을 제안했다 [59]. <그림 4-21>은 부화소 결정 방법을 설명한 것이다.

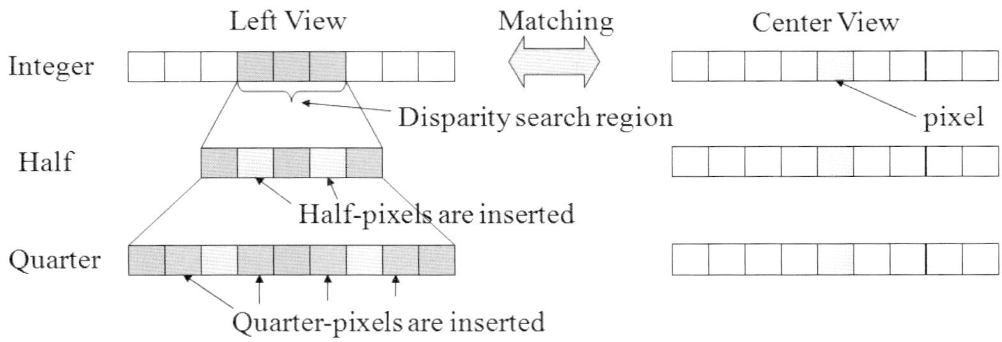

〈그림 4-21〉 부화소 결정 방법(sub-pixel precision) [60]

부호화 변위 결정 방법을 위해 가장 먼저 수행하는 것은 참조 영상을 가로 방향으로 2배(half-pel) 혹은 4배(quarter-pel)로 업셈플링 하는 것이다. 그리고 현재 시점(center view)의 대상 화소(노란색 화소)에 가장 상관도가 높은 화소를 찾는 것이다. 업셈플링에 사용하는 필터는 Bi-linear 필터, Bi-Cubic 필터, H.264/AVC의 6-tap 필터를 이용했다. 필터는 사용자가 직접 선택해 이용할 수 있다. 이 기고문에서는 참조 영상을 업셈플링하는 것과 동시에 최종적으로 결정한 변위값을 부화소 단위로 결정할 수 있도록 제안했다. 만약 일반적인 방법처럼 정수 단위로 변위를 결정할 경우, 이전 최종 변위 추정 단계에서 결정한 변위값을 정수단위로 반올림해 결정한다. 하지만 부화소 단위의 변위 결정 방법을 선택했을 경우, 그 값을 유지하고 깊이 영상으로 변환할 때 그 값을 그대로 이용한다. 결과적으로 깊이 영상에서는 부화소 결정 방법의 경우가 정수 단위의 결정 방법보다 값의 범위가 더 넓어지게 된다. 이 기술은 DERS에 적용되어 모든 테스트 영상의 깊이 영상을 생성하는 과정에서 이용됐다. 깊이 영상 추정을 위한 탐색 실험(EE1: depth estimation)을 통해서 각 테스트 영상의 깊이 영상을 결정했는데, 대부분의 영상이 half-pel의 정확도를 이용했다. 그리고 일부 영상에서 quarter-pel의 정확도를 이용해 깊이 영상을 생성했다.

4.4.3 깊이 영상의 시간적 상관도 향상

MPEG 3차원 비디오 부호화를 위한 깊이 영상을 생성하는 과정에서 이용하는 소프트웨어 DERS는 다른 일반적인 깊이 영상 생성 방법과 마찬가지로 프레임 단위로 수행된다. 다시 말해, 깊이 영상을 생성하는 과정에 인접한 프레임과의 깊이 영상의 상관도를 고려하지 않고 현재 프레임의 깊이값만 추정한다. 결과적으로 발생하는 문제점은 동일 시점의 깊이 영상의 시간적 상관도가 낮을 수 있다는 것이다. <그림 4-22>는 이와 같은 문제점을 보인 것으로, 움직임이 없는 동일한 물체가 시간에 따라 서로 다른 깊이값을 갖는 것을 확인할 수 있다.

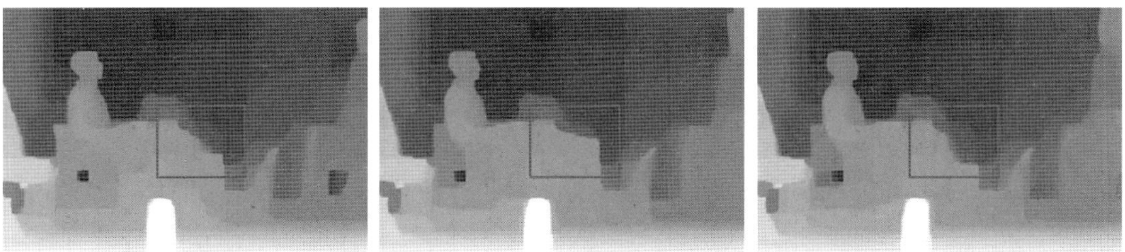

〈그림 4-22〉 깊이 영상의 시간적 상관도 저하

이에 광주과학기술원(GIST)에서는 깊이 영상의 시간적 상관도를 높이기 위해, 현재 화면의 깊이 영상을 탐색할 때 이전 화면의 깊이 영상을 고려하는 방법을 제안했으며, 그 성능을 검증 받아 나고야 대학에서 배포한 소프트웨어에 포함시켰다 [61].

이 방법에서 더 나아가 깊이 영상의 상관도를 높이기 위한 후처리 필터링 방법을 소개한다 [62]. 시간적 상관도 문제를 해결하기 위한 알고리즘들은 대부분 깊이 영상을 탐색 하는 과정에서 움직임 예측을 통해 이전 프레임과 이후 프레임에서의 깊이값을 참조하는 방법이다 [63, 64]. 이런 방법들은 움직임 예측의 성능에 따라 그 결과가 달라질 수 있고, 복잡도도 높은 문제점을 가진다. 여기에서 소개하는 방법은 영상 처리에 널리 사용하는 양방향 필터(bilateral filter)를 시간축으로 확장해 깊이 영상의 상관도를 향상하는 방법이다. 여기서 제시하는 필터는 처리할 현재 화소 $p = (x,y)$를 기준으로 인접 화소의 깊이값 $d_p = \{D(x-1,y,t), D(x+1,y,t), D(x,y-1,t), D(x,y+1,t), D(x,y,t-1), D(x,y,t+1)\}$ 중에서 가장 작은 값을 갖는 깊이값을 취하는 방법이다. 이를 수식으로 표현하면 식 (4-7)과 같다.

$$D(x,y,t) = \arg\min_{d \in d_p} \frac{\sum_{u \in u_p} \sum_{v \in v_p} \sum_{w \in w_p} W(u,v,w) \cdot C(u,v,w,d)}{\sum_{u \in u_p} \sum_{v \in v_p} \sum_{w \in w_p} W(u,v,w)} \quad (4-7)$$

여기서 각 변수는 $u_p = \{x-r,\cdots,x+r\}$, $v_p = \{y-r,\cdots,y+r\}$, $w_p = \{t-r,\cdots,t+r\}$와 같고 $D(x,y,t)$는 변위값을 나타낸다. 위 식에서 양방향 필터의 가중값인 $W(u,v,w)$와 정합 비용 $C(u,v,w,d)$는 식 (4-8)과 같이 정의된다.

$$W(u,v,w) = \exp\left\{-\frac{\|I(x,y,t) - I(u,v,w)\|^2}{2\sigma_R^2}\right\} \exp\left\{-\frac{(x-u)^2 + (y-v)^2 + (t-w)^2}{2r^2}\right\} \quad (4-8)$$

$$C(u,v,w,d) = \min(\lambda L, | D(u,v,w) - d |) \quad (4-9)$$

여기서 λ는 정합 오차 $C(u,v,w,d)$의 상한을 결정하기 위한 상수를 나타내고, L은 스테레오 정합에 사용된 변위값의 범위를 나타낸다. 그리고 $I(x,y,t)$는 색상 영상의 화소값을 나타낸다.

이와 같은 결합형 양방향 필터(joint bilateral filter, JBF)를 시간축으로 확장해서 깊이 영상에 적용하면 깊이 영상의 대부분의 영역의 시간적 상관도가 향상된다. <그림 4-23>은 이와 같은 방법을 이용해 깊이 영상을 후처리한 결과를 보인 것이다. <그림 4-23(a)>의 의자 다리에 해당하는 깊이값을 보면 각 시간별로 다른 깊이값을 갖는 것을 알 수 있다. 하지만 위의 후처리 필터를 적용한 <그림 4-23(b)>는 같은 값이 일정하게 유지됨을 알 수 있다.

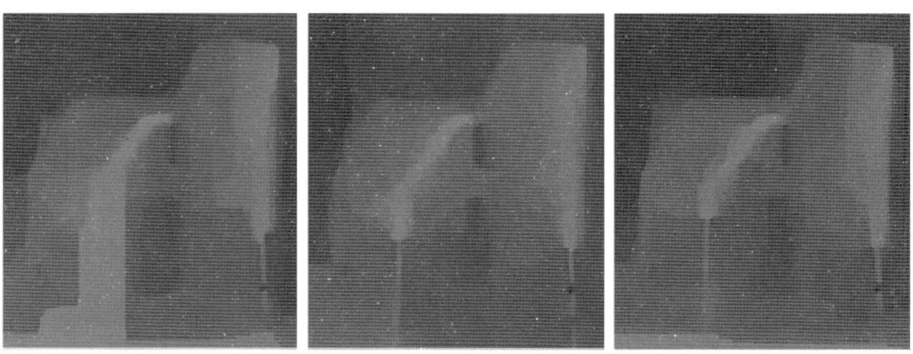

(a) 시간적 상관도 후처리를 하지 않은 깊이 영상

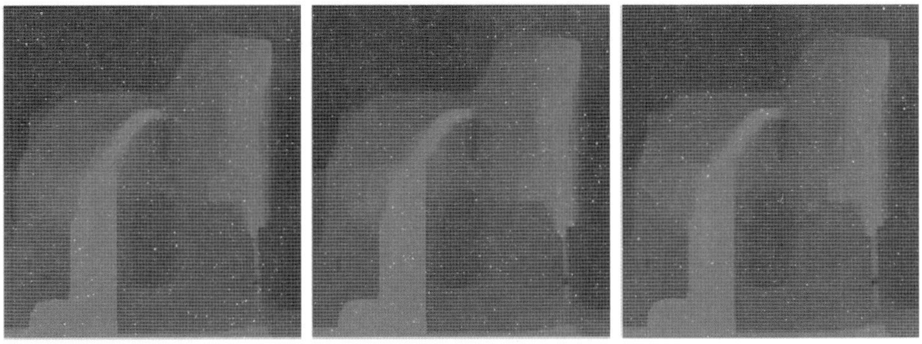

(b) 시간적 상관도 후처리를 수행한 깊이 영상

〈그림 4-23〉 깊이 영상의 시간적 상관도 향상 결과

4.4.4 영상 분할을 이용한 깊이 영상 추정

일반적인 깊이 영상 추정 방법은 화소 단위로 인접 시점과의 상관도를 고려해 깊이값을 결정한다. 변위 정제 과정이 각 화소의 유사도와 정확도를 높여 주지만 색상영상의 객체 경계를 정확하게 유지해 주진 못한다. 2008년 1월 회의에서는 이런 단점을 보완하기 위해 일본의 Nagoya대학에서 영상 분할(image segmentation)을 이용한 방법을 제안했다 [65]. 영상 분할을 수행하면 <그림 4-24>와 같이 객체의 색상이 유사한 영역들로 분할할 수 있다. 이렇게 분할한 한 영역(segment)에는 한 변위값을 할당하면 보다 <그림 4-25>과 같이 객체의 모양을 잘 유지하는 깊이 영상을 생성할 수 있다. Nagoya대학에서는 세가지 영상 분할 방법을 DERS에 구현했다.

Mean Shift 기술을 이용한 영상 분할 방법은 다른 방법에 비해 평면의 수가 적지만, 각 영역에 할당한 깊이값이 선형적으로 결정되기 때문에, 컬러 영상에서는 같은 객체로 인지되는 영역이 깊이 영상에서는 값이 점진적으로 변화하는 문제점이 있다. Pyramid방법과 K-means 방법은 분할된 영역이 객체의 경계와 일치했지만, 영역 분할이 과하게 되어 최종 깊이영상에 잡티와 같은 깊이값이 많이 생성되었다.

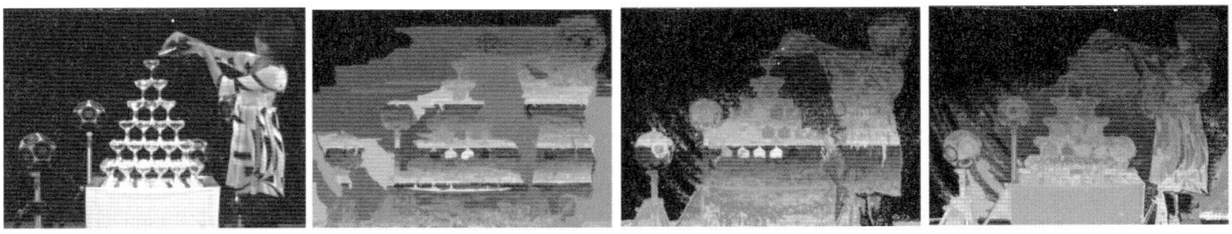

(a) 색상영상 (b) Mean Shift (c) Pyramid (d) K-means

〈그림 4-24〉 영상 분할을 수행한 영상

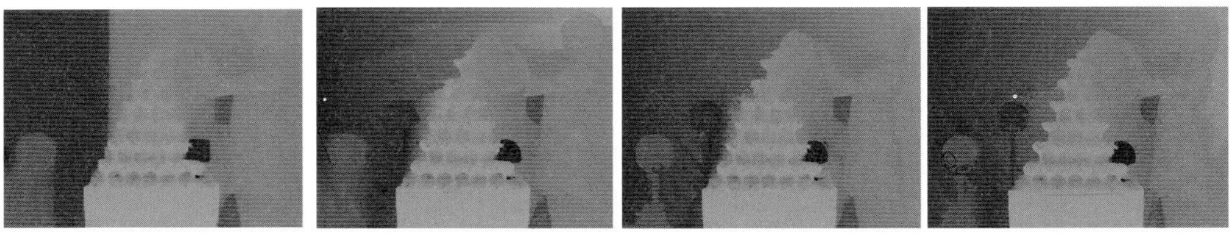

(a) 원본 깊이맵 (b) Mean Shift (c) Pyramid (d) K-means

〈그림 4-25〉 영상 분할을 이용해 깊이값을 할당한 결과

4.4.5 반자동 깊이 영상 추정 기술

지금까지 설명한 부화소 단위의 깊이 영상 추정 방법과 시간적 상관도를 향상하는 방법이 기준 소프트웨어에 추가됨으로써 생성된 깊이 영상의 정확도가 많이 향상되었으나, MPEG 전문가들은 아직 깊이 비디오 부호화의 입력 영상으로는 부적합하다는 결론을 내렸다. 이에 MPEG 그룹에서 제공한 기준 소프트웨어의 방법을 초월한 다른 방법으로 좀 더 정확한 깊이 영상을 기고해 줄것을 요청했다. 이에 대한 응답으로 한국전자통신연구원(ETRI)과 일본의 나고야 대학에서는 반자동 깊이 정보 추정(semi-automatic depth estimation) 방법을 제안했다 [66, 67]. 한국전자통신 연구원에서 제안한 방법은 수동으로 획득한 기준 영상을 주기적으로 삽입해 보다 정확한 깊이 정보를 추정하는 방법으로 상당히 좋은 성능 개선을 보였으나, 기준 영상을 생성하는 방법이 명확하지 않아 추가적인 노력이 필요하다. 한편, 나고야 대학에서 제안한 반자동 깊이 정보 추정 방법은 기준 영상뿐만 아니라, 경계(edge) 정보까지 이용하는 방법으로 그 성능을 인정받았다. <그림 4-26>는 나고야 대학에서 제안한 반자동 깊이맵 생성 방법을 설명한 것이다.

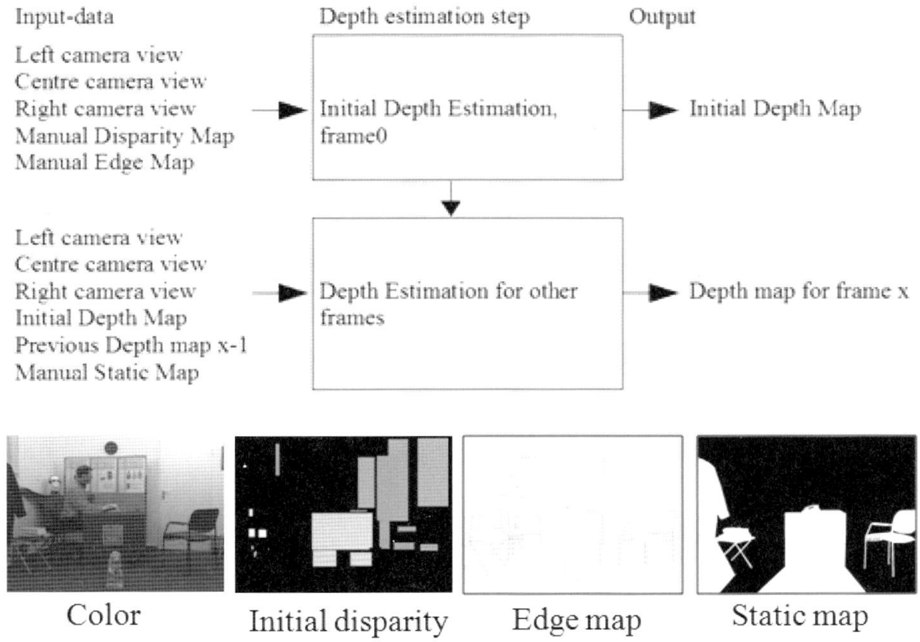

〈그림 4-26〉 반자동 깊이맵 생성 방법 [66]

4.5 깊이추정 참조 소프트웨어(DERS)

4.5.1 DERS 내려 받기와 빌드

이번 절에서는 앞에서 소개한 깊이 영상 생성 방법들이 구현되어 있는 참조 소프트웨어인 DERS(depth estimation reference software)의 실제적인 사용 방법에 대해 알아본다. 참조 소프트웨어는 MPEG 표준화 기구에서 SVN(SubVersioN)을 통해 배포되고 있다. 이 SVN 서버에서 제공하는 소프트웨어는 MPEG 표준화 과정에서 이용하는 제반 소프트웨어를 관리하는 역할을 한다. 현재 표준화가 진행되고 있는 소프트웨어부터 표준화가 끝난 소프트웨어까지 모든 소프트웨어를 관리하고 있다. 우리가 관심이 있는 소프트웨어를 내려 받기 위해서는 SNV서버 관리 프로그램을 설치해야 한다. 여기에서는 가장 유명한 TortoiseSVN 프로그램을 이용한 방법을 설명한다.

소프트웨어를 설치를 마쳤으면, 윈도우 탐색기를 열어 오른쪽 마우스를 클릭하면 아래의

<그림 4-27>과 같이 메뉴가 뜨게 된다. 그 중 'SVN Checkout'을 클릭하면 SVN 서버의 주소와 프로그램을 내 컴퓨터에 저장할 디렉토리를 설정하는 창이 나타난다. SVN 서버 주소는 아래의 링크를 입력하면 된다. 다음으로 해야 하는 작업은 사용자이름(username)과 비밀번호(password)를 입력해야 한다. 사용자 이름은 'sc29wg11'로 입력하면 된다. 비밀번호의 경우는 MPEG의 회원가입(http://www.mpeg.or.kr/)을 통해 받을 수 있다. 이 비밀번호는 매 회의 마다(4회/년) 변경되므로 최신 비밀 번호를 이용해야 한다. 가끔 비밀번호의 업데이트가 늦어질 경우가 있으므로, 최신 비밀번호를 이용해 접속이 되지 않을 경우는 이전 회의에 사용했던 비밀 번호를 이용하면 된다. 올바른 비밀번호를 이용해 접속이 이루어 졌으면 대상 디렉토리에 DERS라는 폴더가 생성되고 내려 받기가 완료된다.

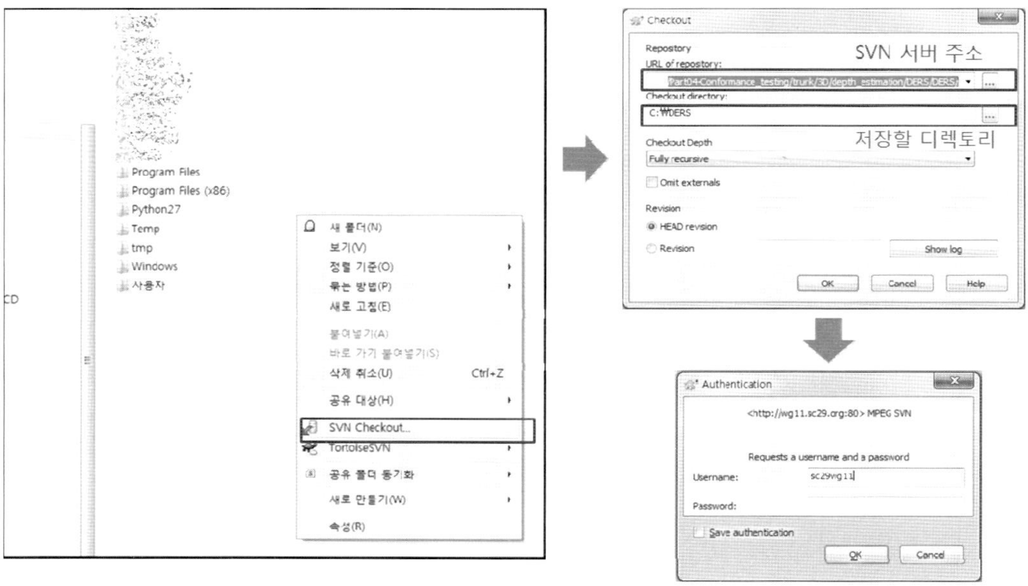

〈그림 4-27〉 DERS 소프트웨어 내려 받기

<표 4-4>는 내려 받은 폴더에 포함되어 있는 내용을 간략히 소개한 것이다. 여기서 자주 이용하는 폴더는 빌드를 위한 'windows' 혹은 'linux', MPEG 3DVC 테스트 영상의 카메라 변수 정보를 모아둔 'camera_parameter_files', DERS실행을 위한 환경 설정 파일(configuration files), 그리고 DERS의 매뉴얼이 포함되어 있는 'doc'폴더 등이 있다.

DERS의 빌드를 위해서는 Visual Studio와 같은 윈도우즈 플랫폼이나 gcc와 같은 리눅스

플랫폼에서 빌드가 가능하다. DERS는 C++로 짜여져 있기 때문에 C++ 컴파일러를 제공하는 다른 플랫폼에서도 빌드가 가능하다. 모든 라이브러리는 정적 라이브러리로 모든 실행파일들은 정적으로 라이브러리들과 연결된다.

〈표 4-4〉 DERS의 폴더 내용

폴더	내용
DERS	DERS의 소스코드와 프로젝트 파일들이 있다.
DERS/windows	윈도우 기반의 Visual Studio 프로젝트 파일이 있다. 이 파일을 통해 빌드를 할 수 있다.
DERS/linux	리눅스를 위한 makefile이 제공된다.
DERS/DepthEst	소스 및 프로젝트 파일들이 포함되어 있다.
DERS/DepthEstLibStatic	라이브러리를 위한 소스 및 프로젝트 파일들이 있다.
DERS/CommonLibStatic	VSRS와 DERS의 공통 라이브러리에 대한 소스가 있다.
DERS/camera_parameter_files	실험 영상에 대한 카메라 매개변수 파일들이 포함되어 있다.
DERS/configuration_files	DERS 구동을 위한 환경 설정(configuration) 파일이 포함되어 있다.
DERS/bin	DERS의 실행파일들이 생성되는 폴더이다.
DERS/lib	라이브러리 파일들이 위치하는 곳이다
DERS/doc	DERS의 매뉴얼이 포함되어 있다.

Window 운영체제에서는 Visual Studio로 빌드가 가능하다. Visual Studio 6.0환경에서는 'dsw'확장자의 프로젝트 파일을 이용하면 되고, .NET 이상의 버전에서는 'sln'파일을 열어서 사용하면 된다. DERS는 공개 라이브러리인 OpenCV를 기본적으로 이용하고 있기 때문에, 이를 연결해 주기 위한 환경 설정이 필요하다. 자세한 내용은 OpenCV의 환경 설정을 참고하기 바란다.

Linux 운영체제에서는 gcc 컴파일러를 이용해 빌드할 수 있다. 빌드 방법은 Make 파일이 위치한 디렉토리로 이동한 후 아래와 같이 make 명령을 수행하면 된다. make라는 명령어 대신 'make release'나 'make debug'라는 명령어를 이용하면, release 모드나 debug 모드만을 위한 빌드를 수행할 수 있다. debug모드를 이용해 빌드할 경우 실행파일의 이름 끝에 d라는 문자가 추가로 붙어 bin폴더에 생성된다.

```
cd DERS/linux
make
```

4.5.2 DERS 환경 파일 설정

빌드를 통해 생성된 실행파일을 이용해 DERS를 실행하는 명령어는 아래와 같다.

```
DERSVC7.exe <cfg파일>
```

여기서 <cfg파일>는 환경 설정(configuration) 파일로서, DERS 실행에 필요한 옵션들을 설정하기 위한 외부 입력 파일이다. 일반적으로 한 줄에 하나의 옵션이 설정된다. 그리고 '#' 문자 뒤의 문자들은 주석으로 인식되어 옵션의 설정과는 구분 된다. 이 환경 설정 파일을 이용해 DERS의 실행 방법을 조절할 수 있다. DERS/configuration_files 폴더를 확인하면, 몇 가지 테스트 영상의 예제 cfg파일을 확인할 수 있다. 그 중 'DepthEstimation_news_4.cfg' 파일을 열면 다음과 같이 옵션이 설정 되어 있는 것을 확인 할 수 있다.

```
#================ INPUT PARAMETERS =================
DepthType  0   # 0...Depth from camera, 1...Depth from the origin of 3D space
SourceWidth 1024   # Input frame width
SourceHeight 768   # Input frame height
StartFrame  0        # Starting frame #
TotalNumberOfFrames  200                # Total number of input frames
LeftCameraName          param_news03       # Name of left camera
CenterCameraName        param_news04       # Name of center camera
RightCameraName         param_news05       # Name of right camera
MinimumValueOfDisparitySearchRange  15     # Minimum value of disparity search range.
MaximumValueOfDisparitySearchRange  50     # Maximum value of disparity search range.
MinimumValueOfDisparityRange  15           # Minimum value of disparity range.
MaximumValueOfDisparityRange  50           # Maximum value of disparity range.
SmoothingCoefficient  2.0     # Smoothing coefficient to compute depth maps
FileLeftViewImage      c:\\YUV\\Newspaper\\Newspaper_R_3.yuv
```

```
                              # Name of left input video
FileCenterViewImage  c:\\YUV\\Newspaper\\Newspaper_R_4.yuv
                              # Name of center input video
FileRightViewImage   c:\\YUV\\Newspaper\\Newspaper_R_5.yuv
                              # Name of right input video
FileOutputDepthMapImage  depth_newspaper_4.yuv # Name of output depth map file
FileCameraParameter  ..₩₩camera_parameter_files₩₩cam_param_news.txt  # Name of
camera parameters

BaselineBasis        1   # 0...minimum baseline, 1...maximum baseline, 2...left baseline,
                           3...right baseline
Precision            1   # 1...Integer-pel, 2...Half-pel, 4...Quater-pel
SearchLevel          1   # 1...Integer-pel, 2...Half-pel, 4...Quater-pel
Filter               1   # 0...(Bi)-linear, 1...(Bi)-Cubic, 2...MPEG-4 AVC 6-tap
MatchingMethod       1   # 0...Conventional, 1...Disparity-based, 2...Homography-based,
                           3...Soft-segmentation-based

#========== Temporal Enhancement ==========
TemporalEnhancement        1          # 0...Off, 1...On
Threshold                  1.50       # Threshold of MAD

#========== Size of Matching Block(ignored when MatchingMethod = 3) ==========
MatchingBlock       3            # 1...Pixel matching, 3...3x3 block matching

#========== Softsegmentation(for MatchingMethod = 3 only) ==========
SoftDistanceCoeff    10.0        # SoftSegmentation Distance Coefficient
SoftColorCoeff       20.0        # SoftSegmentation Color Coefficient
SoftBlockWidth       11          # SoftSegmentation Block Width
SoftBlockHeight      11          # SoftSegmentation Block Height

#========== Segmentation ==========
ImageSegmentation    0           # 0...Off, 1...On
SmoothingCoefficient2 1.00       # Smoothing coefficient to compute depth maps
SegmentationMethod  3            # 1...mean shift algorithm, 2...phyramid segmentation, 3...K
                                   mean clustering
```

```
MaxCluster              64            # Positive Integer Value

#========== Semi-automatic Depth Estimation ==========
DepthEstimationMode  0
#0...automatic Depth Estimation; 1...Semi-automatic mode1; 2...Semi-automatic mode2;
3...Reference Depth mode

#---- For DepthEstimationMode = 1 or 2 ------
FileCenterManual ..₩₩semi_automatic_input₩₩newspaper_4  #Path and filename prefix of the
manual input files

#---- For DepthEstimationMode = 2  ------
ThresholdOfDepthDifference        10          # Threshold value of depth difference
MovingObjectsBSize                1           # 0: small  1: medium  2: large
MotionSearchBSize                 0           # 0: narrow 1: medium 2: wide
```

지금부터 환경 설정 파일의 각 항목별 편집 방법을 알아보자.

(1) DepthType(Bool형(0 or 1))

카메라 파라미터의 표현 방법을 구분하기 위한 것이다. 0으로 설정되면 카메라 변수의 세계 좌표계와 카메라 좌표계의 원점이 일치해 깊이값이 항상 양수가 되는 환경을 가리키고, 1로 설정되면 세계 좌표계와 카메라 좌표계가 서로 다른 위치에 있어 깊이값이 음수가 될 수 있는 환경이다. 실제로 카메라 변수를 추출하는 과정에서 외부 변수를 표현하는 방법이 서로 다를 수 있는데, 이를 구분하기 위해서 만든 옵션이다.

(2) SourceWidth(unsigned int형)

입력 영상의 가로 길이를 입력한다.

(3) SourceHeight(unsigned int형)

입력 영상의 세로 길이를 입력한다.

(4) StartFrame(unsigned int형)

깊이 영상을 생성하기 위한 시작 프레임을 지정한다.

(5) TotalNumberOfFrames(unsigned int형)

깊이 영상을 생성하기 위한 총 프레임 수를 지정한다.

(6) LeftCameraName(string형), CenterCameraName(string형), RightCameraName(string형)

DERS는 기본적으로 한 시점의 깊이 영상을 생성하기 위해 세 시점의 영상을 이용한다. 생성하고자 하는 시점을 중간 시점의 카메라(Center Camera)로 놓고, 좌/우의 인접 시점의 카메라(Left Camera and Right Camera)를 참조 영상으로 이용한다. 특히 DERS에 사용하는 카메라 변수는 DERS\camera_parameter_files 에서 확인할 수 있다. 하나의 예로 'cam_param_news.txt'파일을 열면 <그림 4-28>와 같이 카메라 변수가 설정되어 있음을 확인 할 수 있다. 각 카메라의 이름은 각 변수의 첫 줄에 정의되어 있다. 여기에 정의된 이름을 위의 옵션에 입력하면 된다. 더불어 이름 아래의 세 줄은 카메라 내부 변수(A)를 가리킨다. 그리고 두 줄의 '0.0'은 카메라 내부 변수와 외부 변수를 구분하기 위한 구분자이다. 구분자 아래에는 그림과 같이 외부 변수인 방향 행열(R)과 위치벡터(t)를 표시했다. 이 카메라 변수는 VSRS(view synthesis reference software)에도 동일한 방법으로 이용한다.

(7) MinimumValueOfDisparitySearchRange(int형), MaximumValueOfDisparitySearchRange(int형)

변위 탐색을 위한 최소/최대 변위값을 의미한다. 이 방법은 앞에서 설명한 부화소 깊이값 결정 방법을 위해 필요한 변수이다.

(8) MinimumValueOfDisparityRange(int형), MaximumValueOfDisparityRange(int형)

변위값 탐색을 위한 최소/최대 변위값을 의미한다. 최소 변위는 가장 먼 깊이 값을 결정하는 데 이용된다.

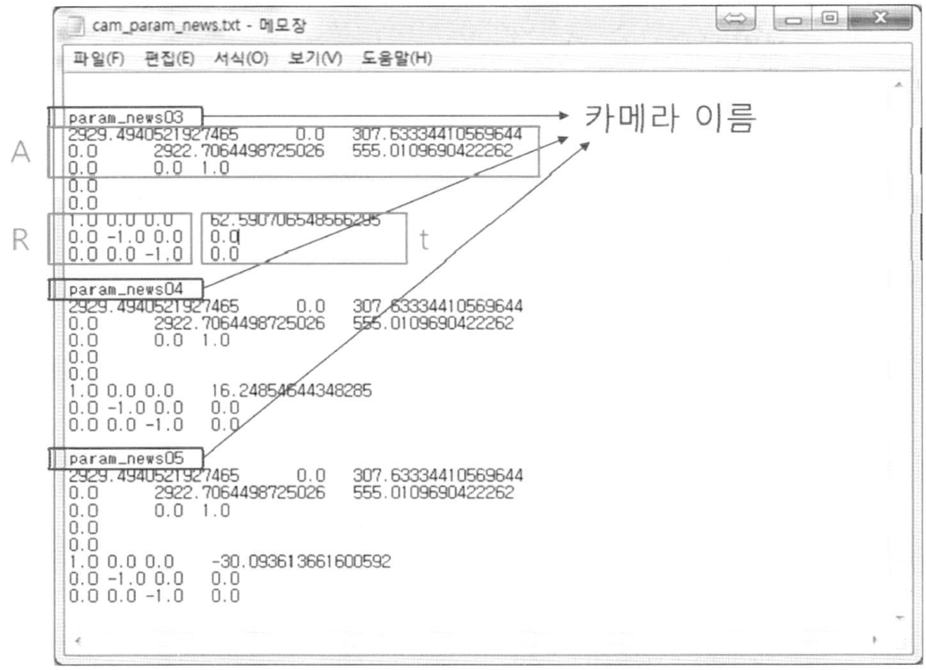

〈그림 4-28〉 카메라 변수 파일의 내용

(9) SmoothingCoefficient(double형)

변위값을 Graph-cuts를 통해 결정할 때 인접 화소와의 유사도를 결정하는 변수이다. 이 값이 클수록 깊이 영상이 단순해진다.

(10) FileLeftViewImage(string형), FileCenterViewImage(string형), FileRightViewImage(string형)

깊이 영상 예측을 위한 입력 영상의 파일 이름을 지정하는 옵션이다.

(11) FileOutputDepthMapImage(string형)

깊이 영상 예측을 통해 출력되는 깊이 영상의 파일 이름을 지정한다.

(12) FileCameraParameter(string형)

앞의 <그림 4-28>에서 설명한 카메라 변수 파일을 연결하기 위해 파일 이름을 지정하는 옵션이다.

(13) BaselineBasis(unsigned int형)

변위에 대한 기본 기준선을 의미한다. 0은 최소 기준선을, 1은 최대 기준선을, 2는 중앙과 좌 시점 사이의 기준선을, 그리고 3은 중앙과 우 시점 사이의 기준선을 의미한다.

(14) Precision(unsigned int형), SearchLevel(unsigned int형), Filter(unsigned int형)

위의 세 옵션은 부화소 변위값 결정(sub-pel precision)을 위한 옵션을 보인 것이다. 'Precision'과 'SearchLevel'을 서로 다르게 설정할 수 있으나, 일반적으로는 동시에 같은 값으로 설정한다. 그리고 'Filter'는 Half-pel이나 Quarter-pel로 변위를 결정할 경우에 참조 시점의 영상을 업샘플링하는 필터를 결정한다.

(15) MatchingMethod(unsigned int형)

두 영상간의 스테레오 매칭을 통해 정합을 찾을 때 사용하는 방법에 대한 매개변수로, 0이면 주어진 최대 변위와 최소 변위 범위에서 변위 기반 정합을, 1이면 최대 깊이 값과 최소 깊이값을 기반으로 변위 범위를 구하고 그 범위 내에서 변위 기반 정합을, 2이면 호모그래피 기반 정합을, 3이면 단순 분할(soft segmentation) 기반 정합을 의미한다. 단순 분할 방식은 변위 탐색 시 주변 화소의 가중치를 화소와의 값의 유사도와 거리를 고려해 다르게 설정함으로써 객체의 경계와 같은 영역에서 보다 정확한 예측이 가능하다.

(16) TemporalEnhancement(Bool형), Threshold(double형)

앞에서 설명한 시간적 상관도 향상을 위한 방법의 선택을 위한 옵션이다. 1로 선택했을 경우,이 과정에서 사용하는 문턱치(Threshold)를 입력해 주어야 한다.

(17) MatchingBlock(unsigned int형(1 or 3), default: 1)

블록 정합의 크기를 위한 옵션으로 1이면 화소 단위의 매칭하고, 3이면 3x3 블록 단위의 매칭을 수행한다.

(18) SoftDistanceCoeff (float형), SoftColorCoeff float형), SoftBlockWidth (unsigned int형), SoftBlockHeight (unsigned int형)

앞에서 설명한 MatchingMethod이 3으로 지정되었을 경우 위의 옵션들이 활성화된다. SoftDistanceCoeff와 SoftColorCoeff는 깊이 영상과 컬러 영상의 가중치 할당을 위한 변수이다. 그리고 softblock의 크기를 설정한다.

(19) ImageSegmentation(unsigned int형), SmoothingCoefficient2(double형), SegmentationMethod(unsigned int형), MaxCluster(unsigned int형)

ImageSegmentation=1이면 영상분할을 이용해 깊이 영상을 생성한다. 이 경우 아래의 세 옵션이 활성화 되어 깊이 영상 생성과정에 이용된다. 이미지 분할 방식을 결정한다. 1이면 OpenCV에 구현된 cvPyrMeanShift 필터링 방법, 2이면 OpenCV에 구현된 cvPyrSegmentation 방법, 3이면 OpenCV에 구현된 cvKMeans2 방법을 이용한다. smoothing coefficient는 두 화소가 하나의 분할 영역에 속하면 "SmoothingCoefficient"이고, 그렇지 않으면 "SmoothingCoefficient"와 "SmoothingCoefficient2"의 곱으로 표현된다. 영상 분할 방법이 K-means이면 최대 클러스터(MaxCluster)의 수를 지정할 수 있다.

(20) DepthEstimationMode(unsigned int형)

깊이 영상 예측 방법 선택을 위한 옵션으로, 0이면 자동 깊이 영상 예측 방식이고, 1이면 Nagoya 대학에서 제안한 반자동화 방식, 2이면 ETRI에서 제안한 반자동화 방식, 3이면 참조 깊이 모드 방식이다. 3의 경우 소프트웨어에 구현이 되어 있으나 MPEG 3차원 비디오 부호화 표준화 그룹에서는 이 방법을 이용하지 않고 있다.

(21) FileCenterManual(string형)

반자동화 방식(DepthEstimationMode=1)으로 깊이 영상을 예측할 때 쓰이는 부가 데이터의 이름을 입력하는 옵션이다.

(22) ThresholdOfDepthDifference(int형), MotionSearchBSize(int형), MovingObjectsBSize(int 형)

반자동화 방식(DepthEstimationMode=2)으로 깊이 영상을 예측할 때 쓰이는 부가 데이터의 이름을 입력하는 옵션이다. 부가적으로 Motion Search를 위한 블록 크기와 탐색 범위를 지정해야 한다.

4.6 중간 시점 영상 합성 기술

시청자가 원하는 임의 시점의 영상을 자유롭게 보여주기 위해서는 많은 수의 시점을 이용하는 것이 효과적이다. 하지만 전송 채널의 대역폭은 제한이 있으므로, 충분한 수의 다시점 영상을 전송하는 것은 기술적 어려움이 있다. 이 문제를 해결하는 방법으로 제한된 수의 다시점 영상을 압축하여 전송하고, 재현단에서는 복원한 데이터를 이용하여 임의의 중간 시점을 합성하면 된다. 이런 개념을 이용해 MPEG 3차원 비디오 부호화 표준화 그룹에서는 3차원 비디오 데이터 형식과 호환하는 중간 시점 영상 합성 기술을 3차원 비디오 시스템의 기본 기술로 포함했다. 그리고 탐색 실험을 통해 VSRS(view synthesis reference software)을 개발했다. 현재는 VSRS3.5를 영상 합성의 기본 소프트웨어로 이용하고 있다 [68].

VSRS에서 이용하는 영상 합성기술은 크게 Nagoya 대학에서 제안한 3차원 워핑(3D warping)을 이용한 기술[69]과, Thomson에서 제안한 변위(disparity)를 이용한 기술[70]로 나눌 수 있다. 이 두 기술을 하나의 소프트웨어로 통합한 후, 경계 잡음 제거 기술(boundary noise removal) [71]과 블렌딩 기술[72]이 추가됐다.

중간 시점 영상을 생성하는 기술은 <그림 4-29>에 보인 것과 같이 3차원 워핑을 이용한 합성 기술이 일반적이다. MPEG 3차원 비디오 부호화 표준화 그룹에서는 2시점 이상의 다시점 영상을 기본 입력으로 취하고, 중간 시점의 영상을 생성하는 것을 기본 구조로 정의하고 있다. 그러므로 <그림 4-29>에 보인 것처럼 입력 영상을 두 시점의 영상으로 정의할 수 있다. 이때 입력으로 사용되는 데이터는 두 시점의 컬러 영상과 각 시점의 깊이 영상이다. 먼저 수행하는 작업은 3차원 워핑 기술을 이용해 깊이 영상을 가상 시점으로 각각 시점 이동하는 것이다. 이때 발생하는 홀 중에서 크기가 작은 홀을 미디언 필터로 제거한다. 이렇게 홀을 제거한 두 시점의 깊이 영상을 원본 시점의 컬러 영상을 이용해 컬러 정합(color mapping)을 수행한다. 이 과정을 거치면 가상 시점의 합성 영상을 획득할 수 있다. 합성 영상에는 시점 이동으로 인해 새롭게 드러나는 홀영역(hole region)을 포함한다. 홀영역을 효과적으로 제거하기 위해 적절한 홀채움 기술을 적용하고, 깊이 영상에서 부정확한 깊이값으로 인해 발생할 수 있는 경계 잡음을 경계 잡음 제거 방법(boundary noise removal)을 이용해 제거한다. 그리고 마지막으로 각 참조 시점의 영상을 이용해 생성한 두 장의 가상 시점의 영상을 한 장으로 통합하는 블렌딩 과정을 거치면 최종 합성 영상을 획득한다. 이어지는 절에서는 3차원 워핑의 기본 원리와 각 단계별 기술의 자세한 내용을 다룬다.

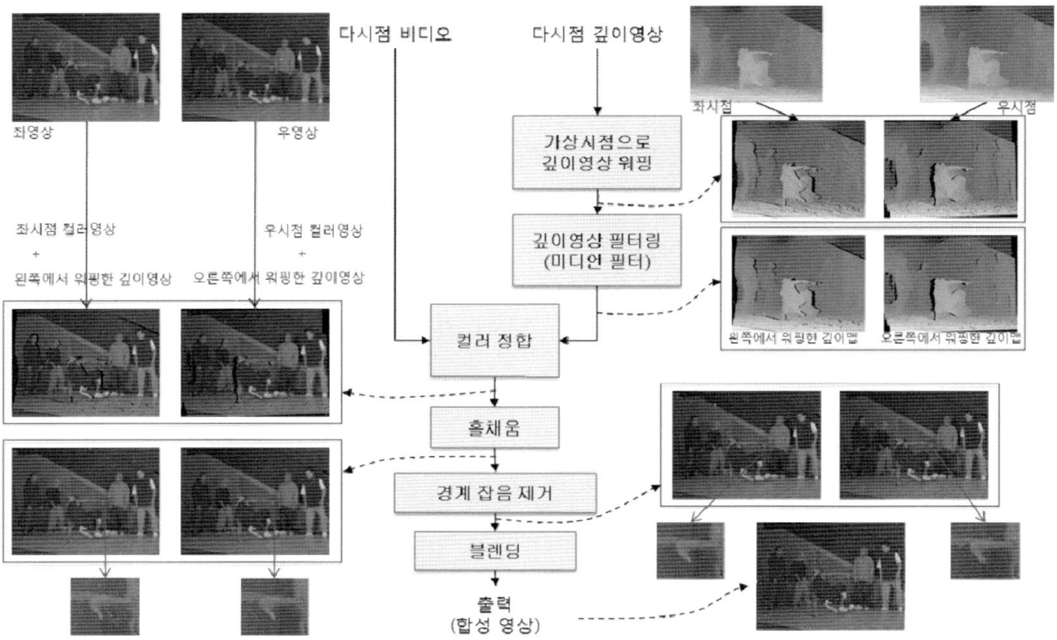

〈그림 4-29〉 3차원 워핑을 이용한 중간 영상 합성기술

4.6.1 3차원 워핑을 이용한 시점 이동

3차원 워핑(3D warping)은 영상 기반 렌더링(image based rendering)에서 임의 시점의 영상을 생성하는 방법 중에 하나로 깊이 영상을 이용한 시점 이동 방법을 가리킨다. 깊이 영상은 영상의 모드 화소에 대해 3차원 거리 정보를 제공한다. 이를 이용하면 참조 시점의 모든 화소를 깊이 정보를 이용해 원래의 세계 좌표계 위의 점으로 되돌릴 수 있다. 그리고 이렇게 되돌린 점들을 원하는 가상 시점의 위치로 다시 사영하면 참조 시점의 화소와 가상 시점의 화소를 서로 연결할 수 있다. 이런 기하학적 관계를 이용해 가상 시점의 영상을 획득하는 방법이다.

이와 같은 과정을 보다 구체적으로 이론적으로 표현하면 다음의 <그림 4-30>을 이용할 수 있다. 가상 시점을 포함해 모든 참조 시점의 카메라 변수를 알고 있다고 가정하자. 다시점 영상을 제공할 때 카메라 변수를 기본적으로 제공한다. 카메라 변수는 카메라 좌표계와 세계 좌표계 사이의 관계를 기술한 값으로, 카메라의 내부정보를 표현하는 **A** 행렬과 카메라의 방향을 표시하는 **R** 행렬, 그리고 카메라의 3차원 위치를 나타내는 t 벡터로 구성된다. 세계좌표계 위의 한 점 $\mathbf{M}_W$가 한 카메라를 통해 사영된 점이 $\mathbf{m}=[u\ v]$라고 하면, 이 두 점 사이의 관계식을 식 (4-10)과 같이 표현할 수 있다.

$$\widetilde{\mathbf{m}} = \mathbf{A} \cdot \mathbf{R} \cdot \mathbf{M}_W + \mathbf{A} \cdot \mathbf{t} \tag{4-10}$$

여기서 $\widetilde{x}$ 는 깊이값이 곱해진 3차원 벡터이다. 그러므로 실제의 영상에서 2차원 점의 위치를 구하기 위해서는 다음과 같이 x-축 요소와 y-축 요소를 z-축 요소로 각각 나누면 된다.

이런 관계를 이용해 참조 시점의 한 화소 mr와 가상 시점의 상응화소 $\mathbf{m}_v$의 관계를 유도해 보자. 원래의 세계 좌표계 위의 한 점 $\mathbf{M}_W$가 참조 시점의 한 점 $\mathbf{m}_r$으로 사영됐다고 하면, 이 두 점의 관계를 식 (4-10)을 이용해 식 (4-11)과 같이 표현할 수 있다.

$$Z(\mathbf{m}_r) \cdot (\mathbf{m}_r \mid 1)^T = \mathbf{A}_r \cdot \mathbf{R}_r \cdot \mathbf{M}_W + \mathbf{A}_r \cdot \mathbf{t}_r \tag{4-11}$$

여기서 각 행렬이나 벡터의 아래 첨자에 보인 r은 참조 시점을 가리킨다. 그리고 식 (4-11)의 $Z(\mathbf{m}_r)$는 깊이 영상의 값과 깊이 영상의 범위(Z_{near}, Z_{far})를 이용해 식 (4-12)와 같이 계산한 실제 깊이값을 가리킨다.

$$Z(\mathbf{m}_r) = \frac{1}{\frac{D(\mathbf{m}_r)}{255}\left(\frac{1}{Z_{near}} - \frac{1}{Z_{far}}\right) + \frac{1}{Z_{far}}} \tag{4-12}$$

깊이값을 이용해 찾을 수 있는 정보는 식 (4-11)을 이용해 세계 좌표계 위의 한 점 $\mathbf{M}_W$이므로, 이를 유도하면 식 (4-13)과 같이 된다.

$$\mathbf{M}_W = \mathbf{R}_r^{-1} \cdot \mathbf{A}_r^{-1} \cdot (\mathbf{m}_r \mid 1)^T \cdot Z(\mathbf{m}_r) + \mathbf{A}_r \cdot \mathbf{t}_r \tag{4-13}$$

다음 단계는 이렇게 찾은 세계 좌표계 위의 한 점 $\mathbf{M}_W$를 가상 시점으로 사영하는 것이다. 우리는 가상 시점의 카메라 변수를 모두 알 고 있으므로 가상 시점으로 사영하는 것은 식

(4-10)의 과정을 그대로 적용하면 식 (4-14)와 같이 된다.

$$\widetilde{\mathbf{m}}_v = \mathbf{A}_v \cdot \mathbf{R}_v \cdot \mathbf{M}_W + \mathbf{A}_v \cdot \mathbf{t}_v \tag{4-14}$$

이 식을 식 (4-13)과 연결하면 가상 시점의 상응점과 참조 시점의 점과의 관계를 식 (4-15)와 같이 표현할 수 있다.

$$\widetilde{\mathbf{m}}_v = \mathbf{A}_v \cdot \mathbf{R}_v \cdot \left(\mathbf{R}_r^{-1} \cdot \mathbf{A}_r^{-1} \cdot (\mathbf{m}_r \mid 1)^T \cdot Z(\mathbf{m}_r) + \mathbf{A}_r \cdot \mathbf{t}_r\right) + \mathbf{A}_v \cdot \mathbf{t}_v \tag{4-15}$$

이를 정리하면,

$$\widetilde{\mathbf{m}}_v = \mathbf{A}_v \cdot \mathbf{R}_v \cdot \mathbf{R}_r^{-1} \cdot \mathbf{A}_r^{-1} \cdot (\mathbf{m}_r \mid 1)^T \cdot Z(\mathbf{m}_r) - \mathbf{A}_v \cdot \mathbf{R}_v \cdot \mathbf{R}_r^{-1} \cdot \mathbf{t}_l + \mathbf{A}_r \cdot \mathbf{t}_r \tag{4-16}$$

위에서 설명한 3차원 워핑을 이용한 영상 합성은 일반적인 카메라 구조에서 사용 가능한 방법이다. 만약 카메라의 구조가 일차원 평행형이면 식 (4-16)이 단순하게 정리된다. 일차원 평행형 카메라는 카메라의 방향이 같기 때문에 $\mathbf{R}_v \cdot \mathbf{R}_r^{-1} = \mathbf{I}$이 성립한다. 또한 카메라 내부 변수의 초점거리(f)가 같다고 가정하고 주점(principal point)의 x-축 값만 다르다고 하면, 식 (4-16)은 식 (4-17)과 같이 간단하게 표현할 수 있다.

$$u_v = u_r - \frac{f \cdot (t_x^r - t_x^v)}{Z(\mathbf{m}_r)} + (p_x^r - p_x^v) \tag{4-17}$$

여기서 u_r은 좌영상의 x-축 화소 위치이고, u_v은 우영상의 x-축 화소 위치이다. 또한 t_x^r과 t_x^v은 카메라의 위치 벡터의 x-축 값을 나타낸다. 이와 같은 변위차를 이용하는 방법은 VSRS의 '1D mode'에 구현되어 있다 [70].

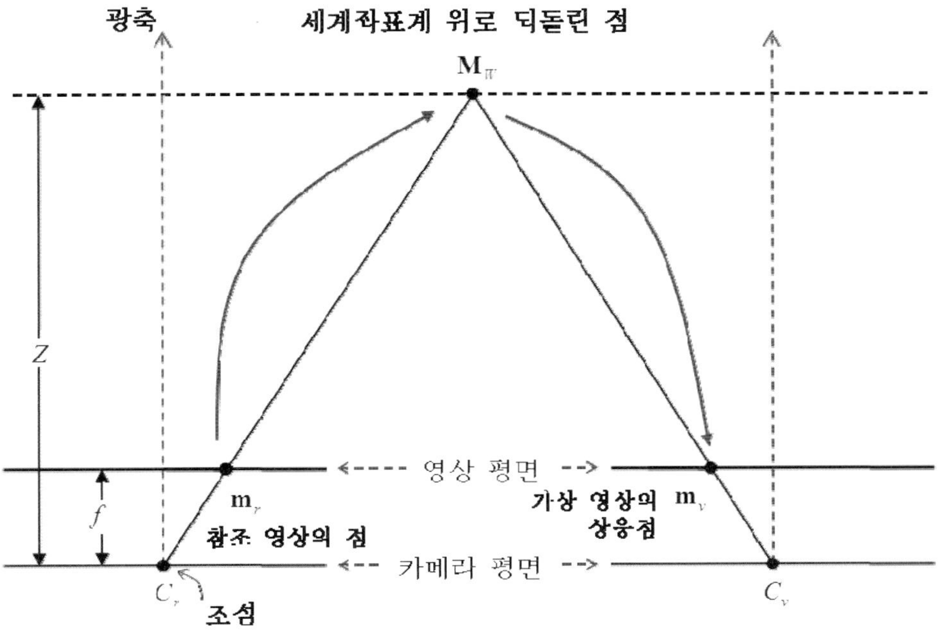

〈그림 4-30〉 두 카메라와 세계 좌표계 상의 한 점의 관계

4.6.2 홀채움 기술

3차원 워핑을 이용해 시점을 이동하면 참조 영상에서는 보이지 않던 영역이 가상 시점에서는 새로 드러나게 된다. 이런 영역을 비폐색 영역(disocclusion) 또는 빈 공간(hole)이라고 하는데, 이런 영역은 참조 영상에 없는 정보이므로 그 값을 효율적으로 채우는 것이 중요하다. 하지만, 3차원 비디오와 같이 다시점의 영상이 있을 경우에는 그 영역에 해당하는 정보를 다른 시점에서 찾아 채워 넣는 방법으로 해결한다. <그림 4-31>를 잘 살펴보면, 왼쪽시점에서 오른쪽으로 이동한 영상은 비폐색 영역이 객체의 오른쪽에 생김을 알 수 있다. 이 영역의 정보를 오른쪽에서 왼쪽으로 이동한 영상에서는 존재하는 정보이므로, 대체 가능한 정보를 다른 시점에서 찾아 빈 공간을 채우는 방법을 이용한다.

〈그림 4-31〉 중간 시점의 영상에서 인접 시점을 이용한 빈공간 채우기

앞에서 설명한 홀과는 달리, 참조 시점에서 모두 존재하지 않는 공통 빈공간(common-hole)이 존재할 수 있다. 이런 빈공간은 인접한 화소외에 참조 가능한 정보가 없으므로, 인접한 화소를 적절히 이용해야 한다. 일반적으로 이용하는 인페인팅(inpainting) 방법 [73]은 손상된 영상을 복원하는 기술이므로, 객체의 위치를 고려하지 않는다. 제안하는 공통 빈공간 채움 방법은 깊이값을 이용해 배경 객체의 컬러만을 이용해 채우는 방법이다. 우선, 공통 빈공간의 화소의 가상 깊이값을 결정하기 위해 인접 화소 중에서 최소 깊이값을 선택한다. 이후 식 (4-18)과 같은 변형된 양방향 필터(bilateral filter, BF)를 이용해 공통 빈공간의 컬러값 $C(p)$를 결정한다.

$$C(p) = \frac{\sum_{q \in \Omega} W(p,q) \cdot C(q)}{\sum_{q \in \Omega} W(p,q)} \tag{4-18}$$

여기서 p는 결정해야 할 공통 빈공간의 한 화소이고, q는 p를 중심으로 둘러싸인 윈도우 Ω 내의 한 화소이다. 이때 인접 화소 $C(q)$는 홀이 아닌 값들만 이용한다. 그리고 W는 식 (4-19)와 같은 수식으로 결정된다.

$$W(p,q) = \exp\left(\frac{|\hat{d} - d(q)|^2}{2\sigma_D^2}\right) \cdot \exp\left(\frac{\| p - q \|^2}{2\sigma_R^2}\right) \tag{4-19}$$

여기서 $\hat{d}$은 앞에서 결정한 가상 깊이값이고, σ_D와 σ_R은 각각 두 가우시안 함수의 표준편차를 나타낸다. <그림 4-32>는 공통 빈공간 채움 방법을 이용한 합성 영상을 보인 것이다.

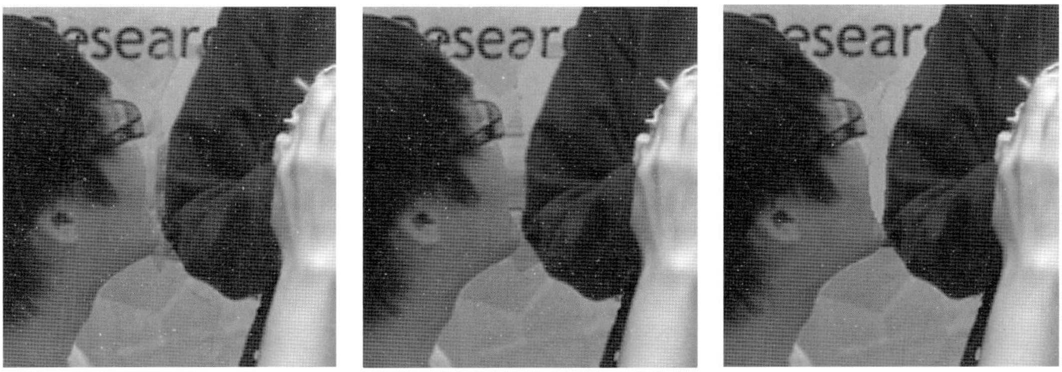

(a) 인페인팅 (b) 수평방향으로 채움 (c) 공통 빈공간 채움

〈그림 4-32〉 공통 빈공간 채움 결과

4.6.3 합성한 영상의 경계 잡음 제거 방법

앞에서 설명한 시점 이동과 빈공간 채움 방법은 깊이 영상의 각 화소별 깊이값이 정확하다는 가정으로 수행된다. 하지만, 획득된 깊이 영상의 정확도가 항상 정확하지 않기 때문에, 합성된 영상도 항상 정확하지 않다. 특히, 객체의 경계 부근에서 깊이값이 정확하지 않을 경우, <그림 4-33>와 같은 경계 잡음이 발생할 수 있다. 이는 깊이 영상에서 깊이값의 경계와 객체의 경계가 일치하지 않을 때 발생하는 합성 오류이다. 이것은 영상 합성과정에 영향을 주어 카메라와 가까이에 있는 객체의 일부분이 배경에 위치하게 된다. <그림 4-33>의 네모를 살펴보면, 전경 객체의 일부분이 배경에 위치해 있음을 알 수 있다. 이런 문제를 본 연구에서는 경계 잡음(boundary noise)라고 정의하고 다음과 같은 방법으로 제거한다.

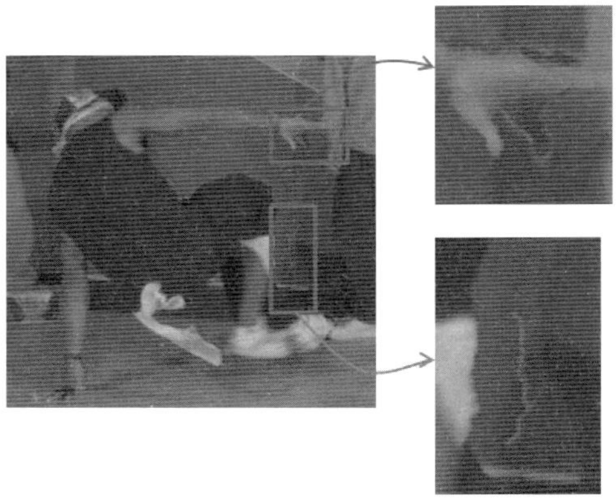

〈그림 4–33〉 경계 잡음의 예

경계 잡음의 발생원인은 깊이 불연속점의 모호성 때문에 발생하는 깊이 값의 측정 오류이다. 그러므로 경계 잡음은 객체의 경계부분과 비폐색 영역의 배경부분에서 주로 발생한다. 이점을 주목하면 비폐색 영역의 경계를 따라 배경에 해당하는 부분을 구별하고, 그 주변의 화소를 대체하면 경계 잡음을 제거할 수 있다. <그림 4-34>는 이와 같은 경계 잡음을 제거하는 방법을 소개한 것이다.

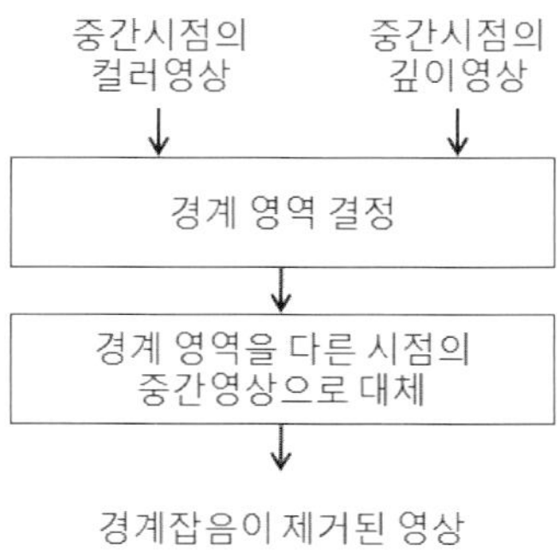

〈그림 4–34〉 경계 잡음 제거 방법

비폐색 영역은 3D 워핑을 통해 쉽게 알 수 있다. 그렇다면 어떤 경계부분이 배경에 해당하는지 구분해야 한다. <그림 4-35>를 보면, 비폐색 영역은 깊이값이 할당되어 있지 않음을 알 수 있다. 반면 전경과 배경에는 각각 깊이값이 할당되어 있다. 이를 이용해 비폐색 영역의 경계를 따라 비폐색 영역의 경계에서 배경과 맞닿아 있는 부분을 찾아낸다. 만약 같은 높이에서 비폐색 영역과 닿아있는 배경의 깊이 값이 101이고 전경의 깊이 값이 155라면, 155가 전경임을 알 수 있다. 이렇게 비폐색 영역 좌우의 깊이값의 차이가 미리 지정한 문턱치보다 크면 작은 깊이값을 갖는 부분이 배경이라고 지정한다.

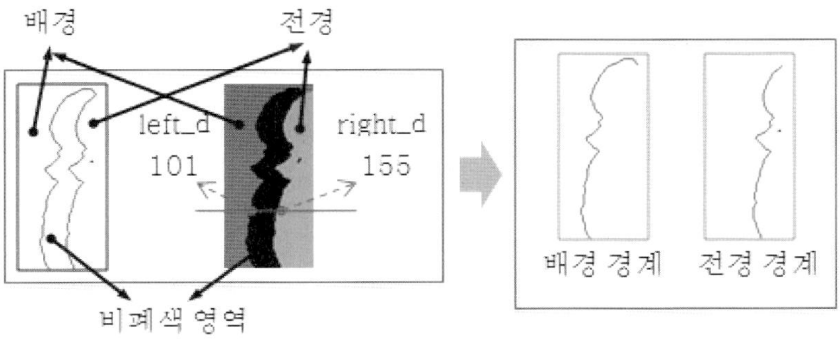

〈그림 4–35〉 비폐색 영역의 전경/배경 구분

위의 단계에서 추출한 배경경계 정보는 배경과 빈 공간이 인접해 있는 경계선이다. 제거하고자 하는 경계 잡음은 이 경계선 주변에 주로 발견되므로, 이 경계선을 따라 대체할 수 있는 정보로 대체해 잡음을 제거할 수 있다.

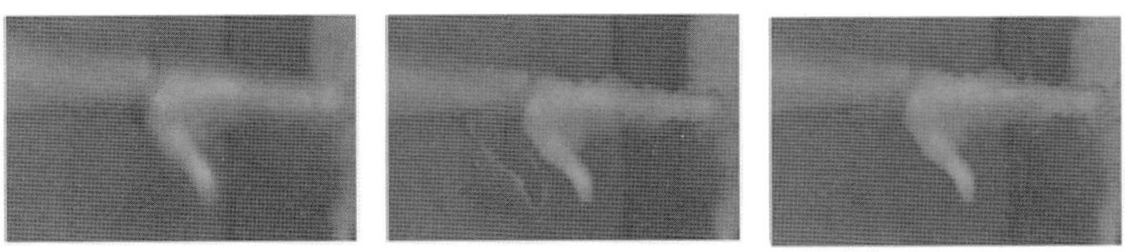

(a) 'Breakdancers' 영상의 합성 결과

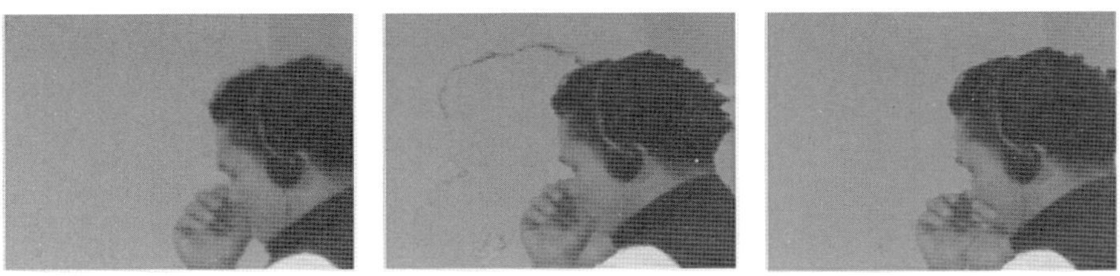

(b) 'Ballet' 영상의 합성 결과

〈그림 4–36〉 경계 잡음 제거 결과

먼저 이전 단계에서 구분한 배경 경계를 따라서 대체할 대상이 되는 배경 영역을 결정한다. 이때 대체할 영역의 넓이는 사용자가 임의로 결정할 수 있다. 대상 영역을 결정할 때 전경 영역이 포함되지 않도록 주의해야 한다. 대상 영역이 결정된 후엔 대상 영역의 정보가 존재하는 참조 시점의 영상으로 대체하는 것이다. 다른 참조 시점의 원본 영상은 경계 잡음이 존재하지 않으므로 경계 잡음을 제거한 깨끗한 합성 영상을 얻을 수 있다. <그림 4-36>은 이와 같은 경계 잡음 제거 방법을 통해 얻은 합성 영상을 보인 것이다.

4.6.4 시점 혼합 기술

지금까지 설명한 방법을 이용해 생성한 가상 시점의 영상은 참조 시점의 수만큼 얻을 수 있다. 여기에서 이용한 두 시점의 영상을 이용한 영상 합성방법은 두 개의 가상 시점의 영상을 얻을 수 있다. 이렇게 획득한 영상을 각각 Iv.l과 Iv,r이라고 하면 식 (4-20)과 같은 방법으로 최종 영상을 획득할 수 있다.

$$I_v = \alpha \cdot I_{v,l} + (1-\alpha) \cdot I_{v,r} \ , \quad \alpha = \frac{|t_x^v - t_x^r|}{|t_x^l - t_x^r|} \tag{4-20}$$

이때, 상수값 알파는 참조 시점과 가상 시점의 거리를 나타낸다.

참조 시점의 깊이 영상과 기타 변수가 정확할 경우에는 위의 방법이 효과적으로 이용된다. 하지만, 데이터가 부정확할 경우는 두 가상 시점의 영상을 합성하는 방법이 효과적이지 않게 된다. 특히 두 깊이 영상이 서로 일관성이 낮으면 가상 시점의 영상에 눈에 띄는 잡음이 발생하게 된다. 이런 영향을 줄이기 위한 방법으로 참조 시점에 가까운 가상 시점의 영상을 주로 이용하는 방법이다. 예를 들어, 가상 시점의 위치가 왼쪽 참조 영상과 가까운 경우, 홀채움과 경계 잡음이 제거된 왼쪽 가상 영상을 최종 합성 영상으로 이용하는 것이다. <그림 4-37>는 'Champagne_tower' 영상을 합성한 결과이다. <그림 4-37(a)>와 같이, 가상 시점으로 합성한 두 영상을 이용한 영상은 컵 주위가 지저분하지만, 가까운 시점을 이용한 방법은 <그림 4-37(b)>와 같이 객체의 모양이 선명한 것을 확인 할 수 있다.

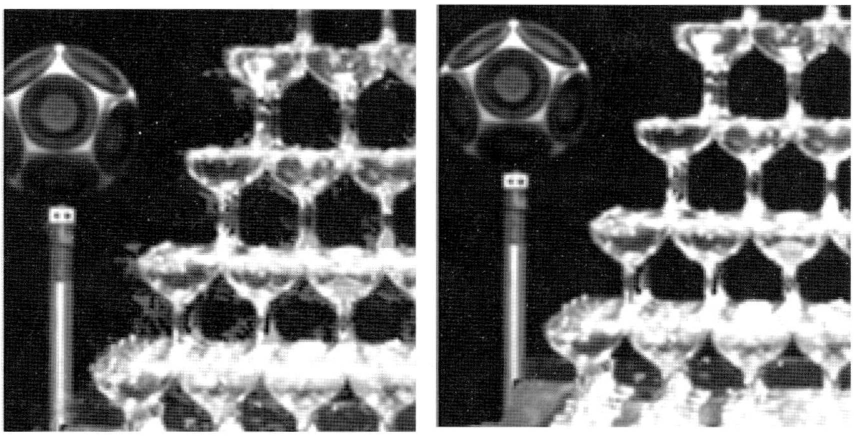

(a) 두 영상 합성 (b) 가까운 시점 이용

〈그림 4-37〉 시점 혼합 기술을 이용한 합성결과

4.7 시점 합성 참조 소프트웨어(VSRS)

이번 절에서는 앞에서 소개한 가상 시점 영상 합성 방법들이 구현되어 있는 참조 소프트웨어인 VSRS(view synthesis reference software)의 실제적인 사용 방법에 대해 알아보자.

4.7.1 VSRS 내려 받기와 빌드

VSRS 참조 소프트웨어를 내려 받는 방법은 앞에서 설명한 DERS를 내려 받는 방법과 동일하다. SVN 서버를 이용해 내려 받는 방법은 앞의 내용을 참고하기 바란다. SVN 소프트에의 설치를 마쳤으면 참고문헌의 링크를 이용해 VSRS를 내려 받을 수 있다 [68].

<표 4-5>는 내려 받은 폴더에 포함되어 있는 내용을 간략히 소개한 것이다. 여기서 자주 이용하는 폴더는 빌드를 위한 'windows' 혹은 'linux', MPEG 3DVC 테스트 영상의 카메라 변수 정보를 모아둔 'camera_parameter_files', VSRS실행을 위한 환경 설정 파일(configuration files), 그리고 VSRS의 매뉴얼이 포함되어 있는 'doc'폴더 등이 있다.

VSRS의 빌드를 위해서는 Visual Studio와 같은 윈도우즈 플랫폼이나 gcc와 같은 리눅스 플랫폼에서 빌드가 가능하다. VSRS는 C++로 짜여져 있기 때문에 C++ 컴파일러를 제공하

는 다른 플랫폼에서도 빌드가 가능하다. 모든 라이브러리는 정적 라이브러리로 모든 실행파일들은 정적으로 라이브러리들과 연결된다.

〈표 4-5〉 VSRS의 폴더 내용

폴더	내용
VSRS	VSRS 의 소스코드와 프로젝트 파일들이 있다.
VSRS/windows	윈도우 기반의 Visual Studio 프로젝트 파일이 있다. 이 파일을 통해 빌드를 할 수 있다.
VSRS/linux	리눅스를 위한 makefile이 제공된다.
VSRS/ViewSyn	소스 및 프로젝트 파일들이 포함되어 있다.
VSRS/ViewSynLibStatic	라이브러리를 위한 소스 및 프로젝트 파일들이 있다.
VSRS/CommonLibStatic	VSRS와 DERS의 공통 라이브러리에 대한 소스가 있다.
VSRS/camera_parameter_files	실험 영상에 대한 카메라 매개변수 파일들이 포함되어 있다.
VSRS/configuration_files	VSRS 구동을 위한 환경 설정(configuration) 파일이 포함되어 있다.
VSRS/bin	VSRS의 실행파일들이 생성되는 폴더이다.
VSRS/lib	라이브러리 파일들이 위치하는 곳이다
VSRS/doc	VSRS의 매뉴얼이 포함되어 있다.

Window 운영체제에서는 Visual Studio로 빌드가 가능하다. Visual Studio 6.0환경에서는 'dsw'확장자의 프로젝트 파일을 이용하면 되고, .NET 이상의 버전에서는 'sln'파일을 열어서 사용하면 된다. VSRS는 공개 라이브러리인 OpenCV를 기본적으로 이용하고 있기 때문에, 이를 연결해 주기 위한 환경 설정이 필요하다. 자세한 내용은 OpenCV의 환경 설정을 참고하기 바란다.

Linux 운영체제에서는 gcc 컴파일러를 이용해 빌드할 수 있다. 빌드 방법은 Make 파일이 위치한 디렉토리로 이동한 후 아래와 같이 make 명령을 수행하면 된다. make라는 명령어 대신 'make release' 나 'make debug'라는 명령어를 이용하면, release 모드나 debug 모드만을 위한 빌드를 수행할 수 있다. debug모드를 이용해 빌드할 경우 실행파일의 이름 끝에 d 라는 문자가 추가로 붙어 bin폴더에 생성된다.

```
cd VSRS/linux
make
```

4.7.2 VSRS 환경 파일 설정

빌드를 통해 생성된 실행파일을 이용해 VSRS를 실행하는 명령어는 아래와 같다.

```
VSRSVC7.exe <cfg파일>
```

여기서 <cfg파일>는 환경 설정(configuration) 파일로서, VSRS 실행에 필요한 옵션들을 설정하기 위한 외부 입력 파일이다. 일반적으로 한 줄에 하나의 옵션이 설정된다. 그리고 '#' 문자 뒤의 문자들은 주석으로 인식되어 옵션의 설정과는 구분된다. 이 환경 설정 파일을 이용해 VSRS의 실행 방법을 조절할 수 있다. 'VSRS/configuration_files' 폴더를 확인하면, 몇 가지 테스트 영상의 예제 cfg파일을 확인할 수 있다. 그 중 'ViewSynthesis_news.cfg'파일을 열명 다음과 같이 옵션이 설정 되어 있는 것을 확인 할 수 있다.

```
#================ Input Parameters ================
DepthType  1   # 0...Depth from camera, 1...Depth from the origin of 3D space
SourceWidth  1024  # Input frame width
SourceHeight  768  # Input frame height
StartFrame    0          # Starting frame #
TotalNumberOfFrames  100        # Total number of input frames
LeftNearestDepthValue  3393.977060  # Nearest depth value of left image
LeftFarthestDepthValue  7542.171244  # Farthest depth value of left image
RightNearestDepthValue  3393.977060  # Nearest depth value of right image
RightFarthestDepthValue  7542.171244  # Farthest depth value of right image
CameraParameterFile   ../camera_parameter_files/cam_param_news.txt
# Name of text file which includes real and virtual camera parameters
LeftCameraName    param_news03              # Name of real left camera
VirtualCameraName  param_news05             # Name of virtual camera
RightCameraName   param_news06              # Name of real right camera
```

```
LeftViewImageName   I:₩Newspaper₩Newspaper_3.yuv    # Name of left input video
RightViewImageName  I:₩ Newspaper₩Newspaper_6.yuv  # Name of right input video
LeftDepthMapName   I:₩Newspaper₩news_d_3.yuv         # Name of left depth map video
RightDepthMapName  I:₩Newspaper₩news_d_6.yuv        # Name of right depth map video
OutputVirtualViewImageName     news_virtual05.yuv       # Name of output virtual view video

ColorSpace    0      # 0...YUV, 1...RGB
Precision       2      # 1...Integer-pel, 2...Half-pel, 4...Quater-pel
Filter             1      # 0...(Bi)-linear, 1...(Bi)-Cubic, 2...MPEG-4 AVC

BoundaryNoiseRemoval   1      # Boundary Noise Removal: Updated By GIST
SynthesisMode                 1      # 0...General, 1...1D parallel

#---- General mode ------
ViewBlending                   1       # 0...Blend left and right images, 1...Not Blend
```

위에 있는 예제 환경 설정 파일에서의 각각의 매개변수의 의미와 역할에 대해 좀 더 자세히 알아보기로 한다.

(1) DepthType(Bool형)

카메라 파라미터의 표현 방법을 구분하기 위한 것이다. 0으로 설정되면 카메라 변수의 세계 좌표계와 카메라 좌표계의 원점이 일치해 깊이값이 항상 양수가 되는 환경을 가리키고, 1로 설정되면 세계 좌표계와 카메라 좌표계사 서로 다른 위치에 있어 깊이값이 음수가 될 수 있는 환경이다. 실제로 카메라 변수를 추출하는 과정에서 외부 변수를 표현하는 방법이 서로 다를 수 있는데, 이를 구분하기 위해서 만든 옵션이다.

(2) SourceWidth(unsigned int형), SourceHeight(unsigned int형)

입력 영상의 가로/세로 크기를 입력한다.

(3) StartFrame(unsigned int형), TotalNumberOfFrames(unsigned int형)

영상 합성을 수행할 첫 화면의 위치와 총 화면수를 입력한다.

(4) LeftNearestDepthValue(double형), LeftFarthestDepthValue(double형)
RightNearestDepthValue(double형), RightFarthestDepthValue(double형)

좌/우 영상의 Znear, Zfar 값을 입력한다. 이 값은 각 테스트 영상에서 제공하는 값을 그대로 이용해야 한다.

(5) CameraParameterFile(string형)

모든 카메라 시점에 대한 내부 변수와 외부 변수를 담고 있는 파일이다.

(6) LeftCameraName(string형), VirtualCameraName(string형),
RightCameraName(string형)

DERS의 경우와 마찬가지로, 이용할 참조 영상의 카메라 변수 이름과, 가상 시점의 카메라 변수 이름을 지정한다. 모든 카메라 시점에 대한 내부 파리미터와 외부 매개변수를 담고 있는 파일이다.

(7) LeftViewImageName(string형), RightViewImageName(string형),
LeftDepthMapName(string형), RightDepthMapName(string형)

좌/우 시점의 컬러 영상과 깊이 영상의 파일 경로를 입력한다.

(8) OutputVirtualViewImageName(string형)

합성된 출력 영상의 파일의 경로를 지정한다.

(9) ColorSpace(unsigned int형)

영상 합성 과정에 이용되는 색상 포맷에 대한 옵션으로 0이면 YUV, 1이면 RGB를 의미한다.

(10) Precision(unsigned int형), Filter(unsigned int형)

깊이 영상의 예측 사용되었던 예측의 정확도를 위한 옵션으로 1이면 정화소, 2이면 반화소, 4이면 1/4화소를 의미한다. 부화소 위치의 화소 생성을 위한 업샘플링 방법을 정의한다. 0이면 바이리니어(bi-linear) 필터를, 1이면 바이 큐빅(bi-cubic) 필터를, 2이면 H.264/AVC에 있는 업샘플링 방법을 이용한다는 의미이다.

(11) BoundaryNoiseRemoval(unsigned int형)

경계 잡음 제거 사용 유무에 대한 옵션으로 0이면 사용하지 않음을 1이면 사용함을 의미한다.

(12) SynthesisMode(unsigned int형)

영상 합성 방법을 결정하는 옵션으로 0이면 모든 카메라 배치 타입에 이용이 가능한 방법이고, 1이면 1D 평행형 배치 타입에 이용이 가능한 방법이다.

(13) ViewBlending(unsigned int형)

영상 합성 시 좌영상으로부터 합성된 영상과 우영상으로부터 합성된 두 영상을 합치는 방법에 대한 옵션으로 0이면 두 영상에 모두 존재하는 영역은 평균을 한 영역에만 존재하는 영역은 그대로 쓰는 방식이고, 1이면 가상 시점에 가까운 참조 시점으로부터 대부분의 영역을 가져오고 나머지 홀 영역만을 다른 참조 시점으로부터 채우는 방식이다.

4.8 공통 테스트 조건(common test condition)

테스트 시나리오는 앞에서 설명한 두 가지의 3차원 영상 재현 시나리오와 같이 2-시점 카메라 구조와 3-시점 카메라 구조로 구분된다. 각 시나리오에 따라 부호화 할 시점 수가 다르기 때문에, 부호화 과정에서 사용하는 예측 구조도 다르다. 예를 들어, 2-시점 카메라 구조에서는 부호화할 시점이 2개이므로 시점 방향으로 I-P 구조를 이용한다. 반면에 3-시점 카메라 구조는 중간의 시점을 먼저 부호화하는 P-I-P 구조를 이용한다. <표 4-6>은 부호화 과정에 이용될 테스으 영상을 정리한 것이다.

〈표 4-6〉 3차원 비디오 부호화에 이용되는 테스트 영상

클래스	Seq. ID	테스트 영상	2-시점	3-시점	제공 기관	영상 크기
A	S01	Poznan_Hall2	7-6	7-6-5	Poznan 대학	1920x1088
	S02	Poznan_Street	4-3	5-4-3	Poznan 대학	
	S03	Undo_Dancer	2-5	1-5-9	Nokia	
	S04	GT_Fly	5-2	9-5-1	Nokia	

C	S05	Kendo	3-5	1-3-5	Nagoya 대학	1024x768
	S06	Balloons	3-5	1-3-5	Nagoya 대학	
	S07	Lovebird1	6-8	4-6-8	MPEG_KOREA	
	S08	Newspaper	4-6	2-4-6	광주과학기술원	

마지막으로 3차원 비디오 부호화 기술은 두 가지의 서로 다른 부호화 기술을 바탕으로 개발할 수 있다. 먼저 기존의 AVC(advanced video coding) 부호화 표준과의 호환성을 유지하기 위한 'AVC-Compatible' 모드를 개발할 수 있다. 그리고 현재 JCT-VC(Joint Collaborative Team on Video Coding) 그룹에서 연구 중인 HEVC(High Efficiency Video Coding)와의 호환성을 가지는 'HEVC-Compatible' 모드를 개발할 수 있다. 또한 이 모드에서는 기존 부호화 방법에 구애되지 않은 새로운 부호화 방법에 대한 가능성도 열어두고 있다. 다만, 각 기술에 대한 상세한 기술이 동반되어야 한다.

2011년 10월에 열린 회의에서는 각 기관에서 제안한 3차원 비디오 부호화 기술이 공개되고 올해 1월에 처음으로 CE별로 기술 평가가 시행됐다. 이 과정을 통해 일부 기술들은 CE에서 탈락되고, 나머지 기술들은 평가를 계속하기로 했다. 그러므로 앞으로 몇 차례의 회의를 더 수행해 각 CE별 기술을 평가하고, 그 중 가장 성능이 뛰어난 기술이 표준화 기술로 채택될 것이다.

이런 과정을 통해 세 가지의 기술 표준화 작업이 진행될 것으로 보인다 [74]. 먼저 이미 표준화가 된 다시점 비디오 부호화 방법의 확장으로 'MVC compatible extension including depth'라는 표준안이 2013년 4월까지 최종 표준안 제정을 마무리 할 예정이다. 이 표준안은 블록단위의 기술 변경 없이 깊이 영상의 표현 방법을 수정해 다시점 비디오 부호화기에 적용하는 방법이다. 그리고 이어서 현재 수행하고 있는 CE 중에서 AVC-호환에 대한 기술을 평가해 2013년 7월까지 'AVC compatible video-plus-depth extension'라는 표준안이 제정될 예정이다. 지금까지 제안된 기술들은 전체적으로 AVC/MVC 기술에 비해 약 30%정도의 비트율 감소 효과를 보이고 있다. 앞으로 수행될 CE를 통해서 보다 안정적이고 확실한 기술들을 선별해 표준안에 포함할 예정이다. 그리고 마지막으로 HEVC-호환의 기술들을 평가해 2014년 1월까지 'HEVC 3D extensions'라는 이름으로 표준안이 제정될 예정이다. 현재 JCT-VC 그룹에서 진행하고 있는 HEVC 기술은 최종 표준안이 결정되지 않았기 때문에 바로 MPEG의 3DVC그룹에서 HEVC-호환 기술을 결정할 수 없다. 그러므로 좀 더 시간을 가지고 HEVC-호환의 기술들을 평가하고, HEVC기술이 최종적으로 표준화 작업이 마무리 되면 HEVC의 확장판 형식으로 HEVC-호환 기술들을 표준안으로 제정할 계획이다.

CHAPTER 5

AVC기반의 3차원 비디오 부호화

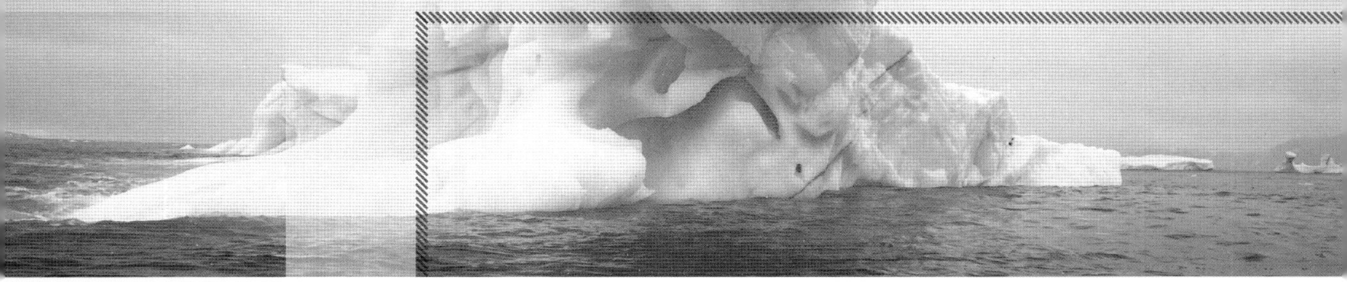

3차원 비디오 부호화 기술은 다시점 영상을 생성해 편안한 3차원 영상 서비스를 제공하기 위해 개발됐다 [44]. 부호화할 입력 영상은 다시점 비디오와 깊이 데이터(multi-view video-plus-depth, MVD)로 구성된다 [75]. 깊이 데이터(depth data)는 획득한 영상의 각 화소의 3차원 거리 정보를 표현한 것으로 주로 8-비트 4:0:0 또는 4:2:0 형식의 영상으로 나타낸다. 이런 깊이 정보를 이용하면 장면을 구성하는 각 화소가 3차원 공간상의 위치를 알 수 있으므로, 3차원 영상 복원(3D reconstruction) [76], 다시점 영상 생성(multi-view video generation) [45], 객체 인식(object recognition) [77]과 같은 다양한 분야에 이용된다.

앞의 제4장에서 소개했듯이, 국제 표준화 기구인 ISO/IEC산하의 MPEG(moving picture experts group)의 3차원 비디오 부호화(3D video coding) 그룹에서는 2007년부터 3차원 비디오 부호화에 대한 표준화를 진행하고 있다. 2008년에 1월에는 3차원 비디오 부호화를 위한 테스트 영상을 요청했고 [46], 이후 약 3년 동안 부호화 실험 환경 구축을 위한 탐색 실험(exploration experiment)을 수행했다 [58]. 이어 2011년 3월에는 3차원 비디오 부호화에 대한 제안요청서(Call for Proposal)가 배포됐다 [47]. 이어서 열린 7월 회의에서는 총 12개 기관에서 제안한 기술을 바탕으로 현재까지 3차원 비디오 부호화 기술이 제안 및 평가되고 있다.

3차원 비디오 부호화의 기술은 크게 두 종류로 분류할 수 있다. 첫째는 AVC(advanced video coding)를 기반으로 한 3D-AVC이고, 둘째는 HEVC(high efficiency video coding)를 기반으로 한 3D-HEVC 기술이다. 3D-AVC 부호화 기술은 이미 널리 이용되고 있는

H.264/AVC [29] 기술과 호환성을 갖는 기술을 말하고, 3D-HEVC 부호화 기술은 현재 표준화가 진행되고 있는 차세대 부호화 표준인 HEVC와 호환이 되는 3차원 비디오 부호화 기술을 말한다. 2011년 10월에 열린 회의에서는 총 12개 연구기관이 제안한 부호화 기술을 AVC기반의 부호화 기술과 HEVC기반의 부호화 기술로 분류한다. AVC기반의 기술은 3DV-ATM(3D video - AVC Test Model)라고 명명한 참조 소프트웨어에 구현하고, HEVC기반의 기술은 3DV-HTM(3D video - AVC Test Model)라고 명명한 참조 소프트웨어에 구현하고 있다. 이번 장에서는 3DV-ATM에 구현된 AVC기반의 3차원 비디오 부호화 기술에 대해서 자세히 알아본다.

5.1 AVC기반의 참조 소프트웨어(3DV-ATM)

2011년 3월에 배포된 제안요청서에 대한 응답으로 7월 회의에서는 총 12개 기관이 다양한 부호화 방법을 제안했다. 그리고 그 다음 회의인 10월 회의에서는 각 기관에서 제안한 기술의 평가 결과가 발표됐다. 그 결과 AVC기반의 부호화 방법은 Nokia에서 제안한 기술[78]이 가장 좋은 평가를 받아 기본 부호화 방법으로 채택이 됐다. 이에 MPEG 3차원 비디오 부호화 그룹에서는 Nokia사에서 제공한 소프트웨어(jm17.2 [79])를 기반으로 3차원 비디오 부호화 기술을 구현한 소프트웨어를 AVC기반의 참조 소프트웨어로 지정했다. 그리고 타 기관에서 제안한 기술을 3DV-ATM[80]에 통합하고 객관적인 성능 평가를 수행하고 있다. <표 5-1>은 AVC기반의 3차원 비디오 부호화 기술을 총 10개의 핵심 실험(core experiments)을 보인 것이다 [49]. 이 표에 기술한 방법들은 3DV-ATM에 함께 구현되어 각 CE 그룹별로 성능 평가가 이루어지고 있다. 예를 들면, CE1의 기술은 영상 합성 예측(view synthesis prediction)을 이용한 부호화 방법인데, 이와 비슷한 기술을 기고한 6개 기관들이 각 CE1에 참여해 가장 우수한 성능을 보이는 한 방법을 기술 표준으로 선택한다.

<표 5-1>에 보인 기술들은 12개 기관들이 제안한 방법을 각 세부 기술로 구분한 것이다. 그 중 일부는 3DV-ATM에 구현되어 성능 평가가 이루어져 소프트웨어에 채택(adopted)됐고, 일부는 성능 평가 결과 부호화 효율이 낮아 채택되지 못했다. 이번 절에서는 2012년 12월에 배포된 3DV-ATM 소프트웨어를 기준으로 자세히 기술한다. 그리고 각 기술로 소프트

웨어에 구현되어 있는 부분을 보이고, 각 함수의 기능을 간략히 소개한다.

〈표 5-1〉 AVC기반의 3차원 비디오 부호화 기술의 분류

CE그룹	기술 구분	참여기관
CE1	View synthesis prediction for texture and depth	삼성, Nokia, MERL, NTT, Zhejiang 대학, Poznan 대학
CE2	Depth-based prediction	Sharp, NTT, Poznan 대학
CE3	Depth-representation and coding	Poznan 대학, 삼성
CE4	Depth intra prediction without inter-component prediction	Poznan 대학, Sony
CE5	Depth range compensation for inter/inter-view prediction	Poznan 대학, Sony
CE6	In-loop Depth Resampling	Ericsson, MERL
CE7	RD optimization through view synthesis distortion	삼성, MERL, Zhejiang 대학
CE8	Global depth and view prediction	NICT, Nagoya 대학
CE9	Texture based prediction for depth coding	삼성
CE10	Depth in-loop filtering	삼성

5.1.1 ATM 내려 받기와 실행 방법

3차원 비디오 부호화는 2012년 1월부터 ISO/IEC산하의 MPEG(moving picture experts group)과 ITU-T산하의 VCEG(video coding experts group)이 협력해 JCT-3V(joint collaborative team on 3D video coding)라는 표준화 그룹을 형성하고 표준화 작업을 진행하고 있다. 3차원 비디오 부호화의 표준화 과정에서 생성되는 모든 문서와 참조 소프트웨어는 공개되어 있다. 각 문서와 기고서는 해당 링크를 통해 확인할 수 있다. 하지만 2011년까지는 MPEG에서 주관해 표준화 작업을 수행했기 때문에, 2011년까지의 문서와 기타 소프트웨어는 MPEG을 통해 접속해야 한다. MPEG 사이트의 접속은 MPEG포럼에 회원가입을 통해 회원자격을 부여 받고, 접속 비밀번호를 얻을 수 있다.

JCT-3V의 표준화 활동을 참여하기 위한 첫 단계로 메일링 리스트(mailing list)에 가입해야 한다. 메일링 리스트는 다수의 이용자가 공통된 주제에 대해 논의하기 위한 메일링 서비

스이다. JCT-3V의 메일링 리스트에 가입하기 위해서는 참고문헌의 링크에 접속해 메일링 리스트에 가입하면 된다 [81]. 메일링 리스트에 가입을 마치게 되면, 3차원 비디오 부호화의 표준화를 위한 논의에 참여할 수 있다. 메일링 리스트에 가입을 마친 후에 수행해야 할 일은 3DV-ATM 소프트웨어를 직접 다운 받는 것이다. 아래의 링크에 접속하면 <그림 5-1>과 같은 화면을 확인할 수 있다. 그 중 관심 있는 버전의 소프트웨어를 다운 받으면 된다 [80].

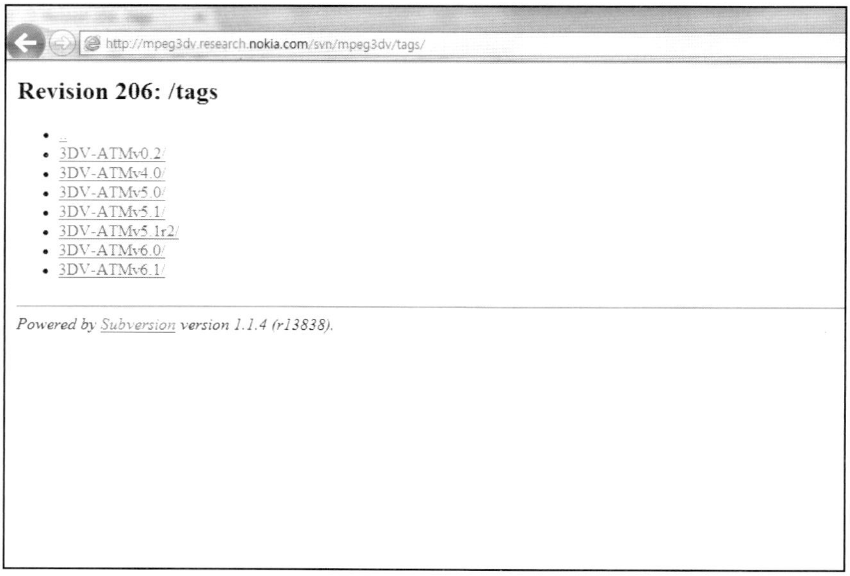

〈그림 5-1〉 3DV-ATM 소프트웨어 저장공간

특정 버전의 소프트웨어를 간단한 방법으로 내려 받으려면 아래의 명령어를 커맨드창(command prompt)에서 실행하면 된다. 만약 subversion 소프트웨어가 설치되지 않았을 경우는 해당 소프트웨어를 인터넷을 통해 내려 받아 설치하면 된다. 제대로 명령어를 실행했다면 <그림 5-2>와 같이 실행된다. 3DV-ATM을 성공적으로 내려 받았다면 대상 하드 드라이브에 새로운 폴더가 새로 생성됨을 확인할 수 있다. 내려 받은 소프트웨어의 각 폴더별 상세 내용은 <표 5-2>에서 확인 할 수 있다.

```
svn checkout http://mpeg3dv.research.nokia.com/svn/mpeg3dv/tags/3DV-ATMv6.1/
```

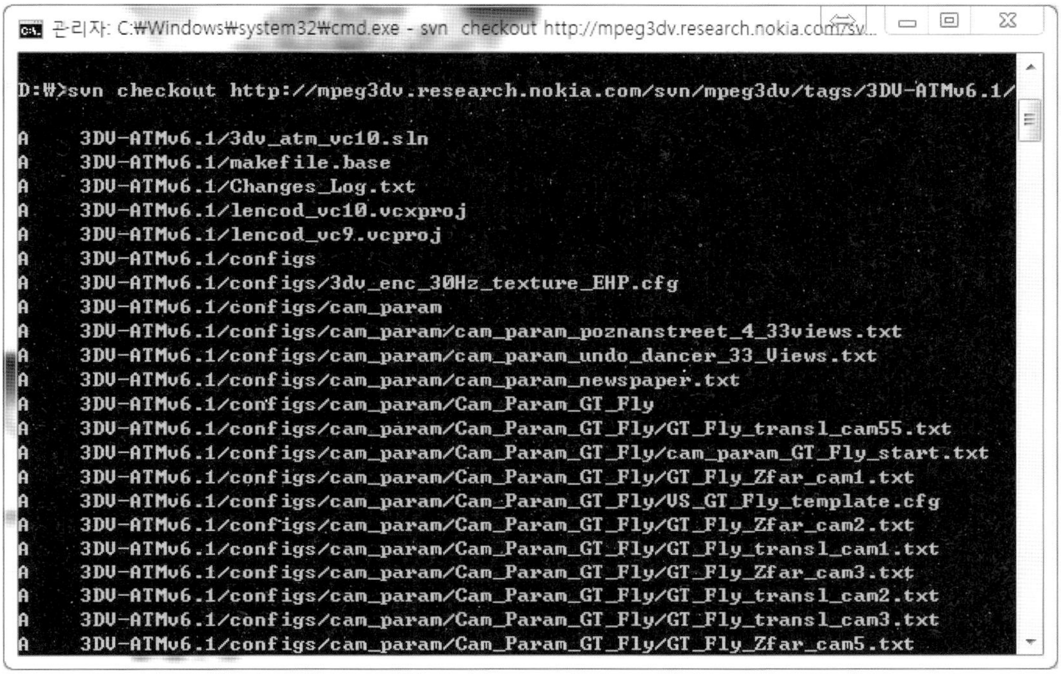

〈그림 5-2〉 SVN 명령어를 이용한 3DV-ATM 소프트웨어 내려 받기

〈표 5-2〉 내려 받은 3DV-ATM 소스의 각 폴더의 내용

폴더	내용
bin	소프트웨어 빌드 후 생성되는 바이너리들(실행파일)이 위치한다.
configs	3DV-ATM 부호화기를 실행하기 위한 기본 환경 설정 파일(configuration files)이 포함되어 있다. 현재 JCT-3V에서 사용되고 있는 테스트 영상의 카메라 파라미터와 cfg파일들을 확인할 수 있다.
lcommon	3DV-ATM의 인코더와 디코더에서 공통적으로 사용하는 소스를 포함하고 있다. 예를 들어, 변환(transformation), 움직임 예측(motion estimation)과 같은 기본 함수를 포함한다.
ldecod	3DV-ATM의 디코더 함수들을 포함한다.
lencod	3DV-ATM의 인코더 함수들을 포함한다.
results	부호화 성능을 평가할 수 있는 엑셀 파일을 포함하고 있다. 여기에 포함하고 있는 엑셀 파일은 JCT-3V에서 정한 공통 테스트 조건(common test condition) 을 반영한 평가 방법이다.

supplementary	'GT_Fly' 테스트 영상의 영상 합성을 위한 부가 데이터(GT_Fly_Znear_cam1.txt)가 포함되어 있다.
Visbd	영상 합성을 위한 함수를 포함한다.

내려 받은 3DV-ATM 소프트웨어를 빌드하기 위해서는 두 가지 방법을 이용할 수 있다. 첫번째는 마이크로 소프트사에서 제공하는 Visual Studio를 이용한 빌드 방법이고, 두번째는 리눅스 환경에서 gcc 컴파일러를 이용한 빌드 방법이다.

Visual Studio를 이용해 빌드할 경우를 먼저 살펴보자. 내려 받은 폴더를 살펴보면 '3dv_atm_vc10.sln'파일과 'Makefile'을 확인할 수 있다. sln파일은 Visual Studio .Net 이상의 버전에서 프로젝트 열기가 가능하다. 저자는 현재 Visual Studio 2010을 사용하고 있기 때문에, 이 컴파일러를 기준으로 설명한다. '3dv_atm_vc10.sln'파일을 열면 <그림 5-3>과 같이 열리는 것을 확인할 수 있다. 다음으로 빌드를 클릭해 바이너리 파일(실행파일)을 생성해 보자. 이때 빌드 방법을 'Debug'모드와 'Release'모드로 선택할 수 있다. 'Debug'모드는 프로그램을 실행하다 발생할 수 있는 오류에 대해서 디버깅이 가능하도록 부가정보를 삽입해 빌드하는 것이다. 그러므로 실행속도가 느리고 복잡하다. 'Release'모드는 부가정보를 생략하고 순수 프로그램 내용만 포함하기 때문에 처리속도가 크게 향상 될 수 있다. 그리고 또 중요한 것은 3DV-ATM이 깊이 영상을 포함한 다시점 영상을 부호화하기 때문에 많은 메모리 공간을 요구한다. 그렇기 때문에 빌드를 할 때 <그림 5-3>과 같이 'x64'로 설정하고 빌드해야 한다. 그렇지 않을 경우 Full HD 해상도의 테스트 영상을 실행했을 때 메모리 오류로 인한 프로그램 중단 현상이 발생할 수 있다. 이런 과정을 제대로 수행하게 되면 bin폴더에 다음과 같은 실행파일들이 생성된다.

```
lencod-R64.exe
ldecod-R64.exe
ldecod-R64.map
```

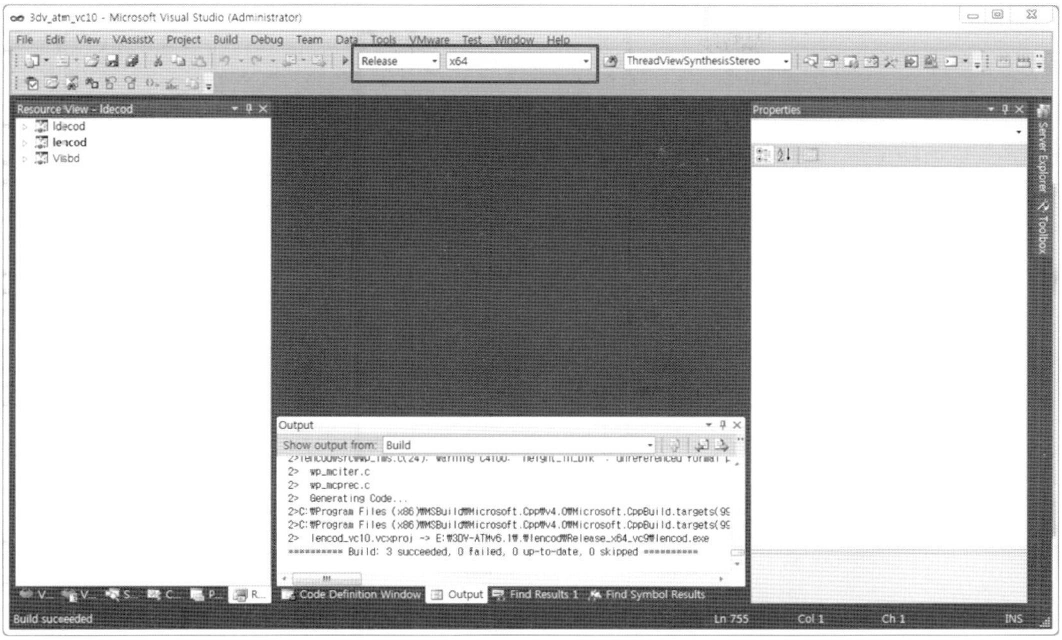

〈그림 5-3〉 Visual Studio를 이용해 빌드한 결과

빌드를 완료한 실행 파일을 이용해 부호화기를 실행하기 위해서는 총 4개의 환경 설정 파일을 수정해야 한다. 컬러 비디오와 깊이 비디오의 부호화 설정을 위한 파일 2개와 시점간 예측 구조를 설정하기 위한 파일 2개가 필요하다. 실행 방법은 다음과 같은 명령어를 이용하면 된다.

```
lencod-R64.exe –d texture_EHP.cfg –depd depth_EHP.cfg
```

여기서 '–d'는 이어지는 파일을 읽으라는 명령어로 위의 명령어에서 'texture_EHP.cfg'을 해석해 부호화 방법을 반영한다. '–depd'는 깊이 비디오의 부호화 방법을 설정하는 파일로 이어지는 'depth_EHP.cfg'파일에 설정된 대로 부호화 방법을 결정한다.

실제적인 실험을 위해 'Undo_Dancer' 영상을 이용해 실험하는 과정을 살펴본다. 'Undo_Dancer'영상은 Full HD 영상(1920x1088)이므로 25Hz의 프레임율을 갖는다. 그러므로 아래와 같이 총 4개의 cfg파일을 실험을 수행할 폴더로 복사한다. 더불어 하위 폴더 'cam_param'에서 'cam_param_dancer.txt'를 함께 복사한다.

〈표 5-3〉 3DV-ATM 인코더 실행에 필요한 파일

파일 이름	파일의 기능
lencod-R64.exe	인코더 실행파일
3dv_enc_25Hz_texture_EHP.cfg	컬러 비디오 부호화 변수 설정 파일
3dv_enc_25Hz_depth_EHP.cfg	깊이 비디오 부호화 변수 설정 파일
3dv_texture_dancer.cfg	컬러 비디오 시점간 예측 설정 파일
3dv_depth_dancer.cfg	깊이 비디오 시점간 예측 설정 파일
cam_param_dancer.txt	카메라 변수 파일

먼저 컬러 비디오의 부호화 설정을 위한 방법을 설명한다. '3dv_enc_25Hz_texture_EHP.cfg'파일은 입력 컬러 비디오의 부호화 방법을 결정한다. 이 파일을 메모장이나 다른 텍스트 편집 소프트웨어를 이용해 부호화 변수를 확인할 수 있다. 하지만, 기본적인 환경 변수들은 JCT-3V의 공통 실험 조건에 맞추어 설정되어 있기 때문에, 실행에 필요한 일부 환경 변수들만 언급한다. <표 5-4>는 실험 환경 변수 중에서 중요한 변수들만 보인 것이다. 여기서 중요한 것은 QP설정으로, I, P, B화면의 QP값을 동일하게 설정해야 하는 것이다. 그리고 3차원 비디오 부호화 기술 제어부에서 각 기술의 설정이 공통 테스트 조건(common test conditions) [82]과 일치해야 한다. 그리고 '3DVConfigFile' 항목에서 컬러 비디오의 시점간 예측과 입력 파일의 연결을 위한 환경 설정파일인 '3dv_texture_dancer.cfg'를 정확하게 연결해야 한다.

〈표 5-4〉 컬러 비디오의 부호화 설정을 위한 cfg 파일의 주요 변수

입출력 파일 정보(Files)	
InputFile1 = " balloons3.yuv"	(무설정) 입력 파일 이름은 '3dv_texture_dancer.cfg'에 입력
InputFile2 = " Ballet_1.yuv"	
InputHeaderLength = 0	입력 헤더 데이터의 길이(기본값:0)
StartFrame = 0	부호화할 시작 프레임(기본값:0)
FramesToBeEncoded = 50	부호화할 총 프레임 수
FrameRate = 25.0	프레임율
SourceWidth = 1920	입력 영상의 가로 화소수

SourceHeight = 1088	입력 영상의 세로 화소수
SourceResize = 0	깊이 영상의 Resampling기술 사용여부(0: 비사용, 1: 사용)
OutputWidth = 1920	출력 영상의 가로 화소수
OutputHeight = 1088	출력 영상의 세로 화소수
OriginalWidth = 1920	원본 영상의 가로 화소수
OriginalHeight = 1088	원본 영상의 세로 화소수
TraceFile = "trace_enc_texture.txt"	디버깅을 목적으로 부호화를 수행할 때 생성되는 파일 이름
ReconFile1 = "texture_rec.yuv"	복원영상의 파일 이름, 복호화해 생성되는 출력영상과 동일한 화질의 영상이 생성됨
StatsFile = "stats.dat"	실험 결과가 출력되는 파일이름
부호기 제어(Encoder Control)	
QPISlice = 36	I-슬라이스를 부호화할 때 이용하는 양자화변수(QP) 설정(0-51)
QPPSlice = 36	P-슬라이스를 부호화할 때 이용하는 양자화변수(QP) 설정(0-51)
SearchRange = 96	움직임 예측을 위한 탐색 범위
3차원 비디오 부호화 기술 제어(3DV)	
NumberOfViews = 3	부호화할 시점 수
3DVCoding = 1	컬러 비디오와 깊이 비디오를 동시에 부호화하는 방법을 설정
3DVConfigFile = 3dv_texture_dancer.cfg	컬러 비디오 부호화에 필요한 파일 이름과 예측 구조를 설정
3DVCodingOrder = "T0D0D1D2T1T2"	컬러 비디오-깊이 비디오의 부호화 순서
CompatibilityCategory = 1	0: MVC호환의 부호화구조 1: AVC호환의 부호화구조
InterPredictionAtAnchor = 0	앵커 화면에서의 인터 예측을 끔
GradualViewRefresh = 0	Gradual View Refresh 기술을 사용할지 여부(0: 미사용, 1: 사용)
DepthBasedMVP = 1	컬러 영상 부호화를 위한 깊이기반 움직임 벡터 예측 방법 사용여부(0: 미사용, 1: 사용)
SliceHeaderPred = 1	슬라이스 헤더 예측(0: 미사용, 1: 사용)
AdaptiveLuminanceCompensation = 1	적응적 휘도 보상 기술 사용(0: 미사용, 1: 사용)

이어서 깊이 영상 부호화를 위한 환경 설정 방법을 설명한다. 깊이 영상 부호화의 환경 설정은 주로 '3dv_enc_25Hz_depth_EHP.cfg'파일을 편집하면 된다. <표 5-5>는 실험 환경 변수 중에서 중요한 변수들만 보인 것이다. 여기서도 마찬가지로 중요한 것은 QP설정으로, I, P, B화면의 QP값을 동일하게 설정해야 하는 것이다. 또한 3차원 비디오 부호화 기술의 환경 설정이 공통 테스트 조건(common test conditions) [82]과 일치해야 한다. 그리고 '3DVConfigFile' 항목에서 컬러 비디오의 시점간 예측과 입력 파일의 연결을 위한 환경 설정파일인 '3dv_depth_dancer.cfg'를 정확하게 연결해야 한다. AVC호환의 부호화 방법에서는 깊이 영상의 해상도를 1/4로 줄여 사용한다. 그러므로 입력영상의 크기를 원본 크기에서 절반으로 줄인 값으로 입력해야 한다. 그리고 IVMP, DISP, PSIP, VSO와 같은 기술들은 공통 테스트 조건에서 기본적으로 사용해 부호화 한다.

〈표 5-5〉 깊이 영상 부호화 설정을 위한 cfg 파일의 주요 변수

입출력 파일 정보(Files)	
SourceWidth = 960	입력 영상의 가로 화소수
SourceHeight = 544	입력 영상의 세로 화소수
SourceResize = 0	깊이 영상의 Resampling기술 사용여부(0: 비사용, 1: 사용)
OutputWidth = 960	출력 영상의 가로 화소수
OutputHeight = 544	출력 영상의 세로 화소수
OriginalWidth = 1920	원본 영상의 가로 화소수
OriginalHeight = 1088	원본 영상의 세로 화소수
TraceFile = "trace_enc_texture.txt"	디버깅을 목적으로 부호화를 수행할 때 생성되는 파일 이름
ReconFile1 = "texture_rec.yuv"	복원영상의 파일 이름, 복호화해 생성되는 출력영상과 동일한 화질의 영상이 생성됨
StatsFile = "stats.dat"	실험 결과가 출력되는 파일이름
부호기 제어(Encoder Control)	
QPISlice = 36	I-슬라이스를 부호화할 때 이용하는 양자화변수(QP) 설정(0-51)
QPPSlice = 36	P-슬라이스를 부호화할 때 이용하는 양자화변수(QP) 설정(0-51)
SearchRange = 96	움직임 예측을 위한 탐색 범위

깊이 영상 부호화를 위한 기술 제어(3DV for depth)	
NumberOfViews = 3	부호화할 시점 수
InterPredictionAtAnchor = 0	앵커 화면에서의 인터 예측을 비활성화(기본값: 1)
GradualViewRefresh = 0	Gradual View Refresh 기술을 사용할지 여부(0: 미사용, 1: 사용)
3DVConfigFile = 3dv_depth_dancer.cfg	깊이 영상 부호화에 필요한 파일 이름과 예측 구조를 설정
ForceYUV400 = 1	YUV 4:0:0부호화
IVMP = 1	Inside View Motion Prediction 기술 사용(0: 미사용, 1: 사용)
DISP = 1	Depth Intra Skip Prediction 기술 사용(0: 미사용, 1: 사용)
PSIP = 1	Depth Plane Segmentation Intra Prediction 기술 사용(0: 미사용, 1: 사용)
ViewSynRDO = 1	View Synthesis Optimization 기술 사용(0: 미사용, 1: 사용)
ViewSynCfg = "[C L R ; 0.25 0.5 0 75]"	영상 합성 시점
ProcessInput = 0	Joint view filtering을 위한 필터 사용여부(JVF가 on일 경우 항상 1로 설정되어야 함)
PreJVFMode = 0	(0: 미사용, 1: 고정 문턱치 사용, 2: 적응적 문턱치 사용)
ThresholdForPreJVF = 4	고정 문턱치 설정
InLoopJVF = 0	In-loop JVF 사용여부(0: 미사용, 1: 사용)
ThresholdForInLoopJVF = 4	In-loop JVF 사용을 위한 문턱치 설정

컬러 비디오와 깊이 영상의 부호화를 위한 환경 설정에 이어서 각 데이터에 대한 시점간 참조 구조와 입력파일의 이름을 지정해야 한다. '3dv_texture_dancer.cfg'과 '3dv_depth_dancer.cfg'에서 주의해야 할 사항은 각 입력 데이터의 파일 이름을 정확히 기입하는 것이다. 나머지 변수들은 변경하지 않아야 한다.

5.1.2 ATM의 예측 구조와 부호화 순서

3차원 비디오 부호화에서 사용하는 예측 구조는 다시점 비디오 부호화(multi-view video coding)의 기본 예측 구조를 이용한다. 하지만 3차원 비디오 부호화가 깊이 영상을 동시에 부호화하기 때문에 수정된 예측 구조를 이용한다. 예측 구조를 이해하면 3D-AVC 부호화 방법을 이해하기 쉬우므로 3DV-ATM에서 정의된 예측 구조를 먼저 설명한다. 그리고 3차원 비디오 데이터를 부호화한 후 부호화 효율을 평가하기 위한 방법을 설명한다.

3차원 비디오 부호화의 참조 소프트웨어인 3DV-ATM과 3DV-HTM 모두 다시점 비디오 부호화의 예측 구조를 이용한다. 하지만 부호화 순서는 조금 다르다. <그림 5-4>는 3DV-ATM의 부호화 예측 구조를 설명하기 위해 GOP(group of pictures)를 4로 설정한 간단한 경우를 보인 것이다. 실제로는 GOP가 15 혹은 12로 설정되기 때문에 이와 같은 부호화 순서와 일치하진 않는다. 다만 계층적 B화면 부호화(hierarchical B-picture coding) [38] 구조를 이용한 예측 구조이므로, GOP가 늘어나더라도 부호화 구조를 쉽게 이해할 수 있을 것이다.

먼저 엑세스 유닛(access unit)에 대해 설명한다. 엑세스 유닛은 임의의 시간에서 접근할 수 있는 모든 시점의 데이터를 말한다. 예를 들면, <그림 5-4>의 T_1의 엑세스 유닛은 S_0, S_1, S_2 시점의 컬러 영상과 깊이 영상을 모두 포함한 6개의 화면을 말한다. 한 엑세스 유닛에서는 시점 이동이 자유로워야 하므로, 엑세스 유닛을 기반으로 한 소프트웨어 및 하드웨어 설계가 필요하다.

다음은 시점 방향의 예측 구조를 설명한다. 이는 앞의 다시점 비디오 부호화에서도 설명을 한 내용이다. 3차원 비디오 부호화는 다시점 영상을 부호화하기 때문에 각 시점을 지칭하는 방법이 다양하다. 먼저 각 시점을 S0, S, S2와 같이 번호로 명시해 표시할 수 있다. 그리고 예측 구조에서 하위 호환성(backward compatibility)를 위한 시점을 기준 시점(base view)이라고 한다. <그림 5-4>에서는 S1의 시점이 기준 시점이 되고, 각 기준 화면(anchor frame)을 I-화면 부호화 방법을 이용하기 때문에 I시점(I view)라고 표시하기도 한다. 특히 이 시점은 다른 시점을 참조하지 않기 때문에 독립시점(independent view)라고 부르기도 한다. I시점은 부호화 과정에서 가장 먼저 부호화를 수행한다. I시점의 부호화를 마치게 되면 인접 시점을 부호화 한다. <그림 5-4>에서는 S0시점의 영상을 먼저 부호화하게 되는데, 이는 환경 설정파일에 지정한대로 수행된다. S0시점의 영상은 이미 부호화가 끝난 I시점의 영상을 참조해 부호화를 수행한다. 이때 앵커시점의 영상을 부호화 할 때 I시점만을 참조해 부호화하기 때문에 P-화면 부호화 방법을 이용한다. 그러므로 이 시점을 P시점(P view)라고 표시한다. S2시점 또한 마찬가지로 I시점의 영상을 참조해 부호화하기 때문에 역시 P시점이라고 표시한다. 이런 P시점은 기준 시점을 참조해 부호화하기 때문에 의존 시점(dependent view)라고 부르기도 한다.

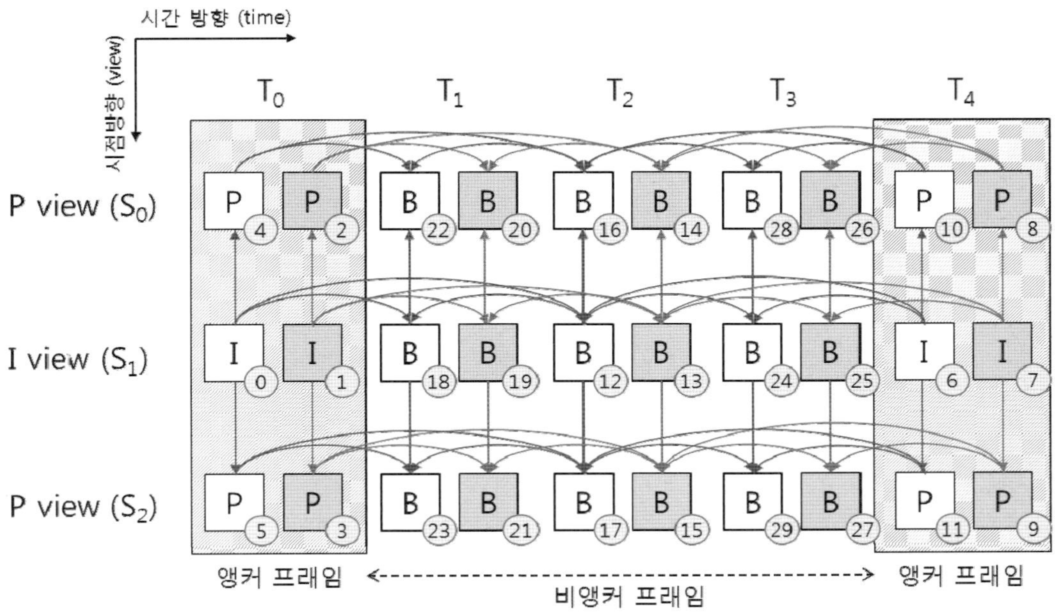

〈그림 5-4〉 3차원 비디오 부호화의 3DV-ATM의 예측 구조

예측 구조의 명칭을 이해했으면 부호화 순서를 정확히 이해할 필요가 있다. <그림 5-4>에서 각 화면의 오른쪽 아래에 원으로 부호화 순서를 표시했다. 그리고 각 화면에서 흰색 바탕의 사각형이 컬러 영상을 나타내고, 회색 바탕의 사각형이 깊이 영상을 나타낸다. 이를 바탕으로 부호화 순서를 해석하면 T0S0의 컬러 영상이 I화면 부호화를 이용해 부호화 된다. 그 다음 동일 시간의 깊이 영상이 부호화된다. 그 다음 S0T0시점의 깊이 영상이 부호화되고, 그 다음 S2T0시점의 깊이 영상이 부호화된다. 이어서 S0T0의 컬러 영상이 부호화되고, S2T0의 컬러 영상이 부호화된다. 이런 부호화 순서는 앞서 설명한 환경 설정 파일의 “3DVCodingOrder”항목을 "T0D0D1D2T1T2"와 같이 설정한 것과 동일한 순서로 부호화가 되는 것이다.

여기서 주목할 점은 기준 시점의 컬러 영상이 먼저 부호화되고, 이어서 세 시점의 깊이 영상들이 연달아 부호화된다는 것이다. 이는 부호화 의존 시점의 컬러 영상을 부호화할 때에 깊이 영상들이 이미 부호화가 끝난 상태이므로 필요에 따라 깊이 영상의 정보를 이용할 수 있다는 장점이 있다. 이런 특징을 기억해 두자. 뒤에 설명할 영상 합성 예측(view synthesis prediction) 방법은 이런 부호화 구조를 이용해 개발한 부호화 방법이다.

5.1.3 부호화 결과 평가 방법

JCT-3V에서는 3DV-ATM과 3DV-HTM의 부호화 방법의 부호화 성능을 비교하기 위한 성능 평가 방법을 제정했다 [47, 82]. 3차원 비디오 부호화의 부호화 데이터는 다시점의 컬러 데이터와 깊이 영상이다. 일반적인 비디오 부호화의 성능을 비교하는 방법은 부호화 결과로 발생한 비트율(bitrate)과 복호화한 영상의 화질을 PSNR(peak-signal-to-noise- ratio)을 이용해 평가한다. 동일한 비트율을 이용했을 때 복호화된 영상의 화질을 비교하거라, 동일한 화질의 영상으로 부호화하기 위해 사용된 비트율을 비교해 부호화 방법의 성능을 평가할 수 있다. 일반적인 PSNR 계산식은 식 (5-1)을 이용해 계산할 수 있다. 일반적으로 영상의 한 화소를 8비트로 표현하게 되므로, 식 (5-1)의 (2^N-1)은 255가 된다.

$$PSNR = 10\log_{10}\left(\frac{(2^N-1)^2}{MSE}\right) \tag{5-1}$$

$$MSE = \frac{1}{mn}\sum_{i=0}^{m-1}\sum_{j=0}^{n-1}\left|I(i,j)-\hat{I}(i,j)\right|^2 \tag{5-2}$$

여기서 m, n은 영상의 가로 세로의 크기를 나타낸다. 그리고 I 와 $\hat{I}$ 은 원본 영상과 복호한 영상을 가리킨다.

3차원 비디오 부호화의 부호화 기술의 효율은 일반적인 단일 시점 비디오 부호화 기술과 조금 다르게 평가된다. 3차원 비디오 부호화에서 부호화할 데이터가 컬러 비디오뿐만 아니라 깊이 영상도 포함하므로 깊이 영상 부호화 결과도 동시에 고려 해야 한다. 여기서 문제는 비트율-왜곡 측면에서 비트율과 왜곡도를 각각 하나의 수치로 환산해 계산해야 한다는 것이다 비트율은 컬러 비디오와 깊이 영상을 부호화한 결과를 모두 더해 평균을 내면 되지만, 왜곡도는 컬러 비디오와 깊이 영상의 PSNR이 서로 다른 특성을 지니기 때문에 하나의 수치로 환산하기가 곤란하다. 다시 설명하면, 깊이 영상은 3차원 비디오 시스템에서 사용자에게 보여지는 정보가 아니라 영상 합성을 위한 보조 데이터이기 때문에 깊이 영상의 PSNR값이 큰 의미를 갖지 못한다. 다만 컬러 비디오의 왜곡도는 중요하기 때문에 그대로 이용해야 한다.

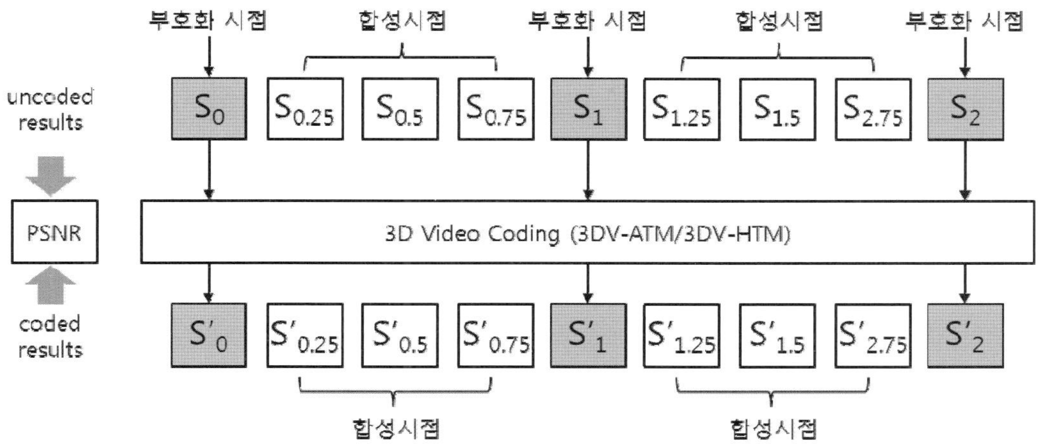

〈그림 5–5〉 3차원 비디오 부호화의 화질 평가 방법

이런 문제를 반영해 JCT–3V의 전문가들은 <그림 5–5>와 같은 화질 평가 방법을 제시한다. 먼저 부호화하지 않은 컬러 비디오와 깊이 영상을 이용해 중간의 시점을 합성한다. 그리고 3차원 비디오 부호화 방법을 이용해 세 시점의 영상을 부호화 한다. 복호화가 끝난 세 시점의 컬러 비디오와 깊이 비디오를 이용해 중간의 세 시점을 합성하고, 부호화하지 않은 자료로 합성한 영상과 부호화를 한 자료로 합성한 영상을 서로 비교해 PSNR값을 구한다. 이렇게 하면 부호화 결과로 발생하는 영상의 왜곡이 합성 영상에 영향을 줄 수 있으므로 객관적인 화질 평가를 이룰 수 있다.

이와 같은 평가 방법에 맞추어 JCT–3V 그룹에서는 화질 평가에 도움을 주기 위한 스트레드시트(spread sheet)를 제공하고 있다. 배포하는 3DV–ATM 소프트웨어를 내려 받으면 ‘results’라는 폴더를 확인할 수 있는데, 그 안에 xls파일을 확인 할 수 있다. <그림 5–6>은 제공되는 스프레드시트를 보인 것이다. 이 파일을 열면 총 다섯 개의 스프레드시트 탭을 확인할 수 있다. ‘Summary’ 탭은 부호화 결과를 종합적으로 보여주는 탭으로 다른 데이터를 채우게 되면 자동으로 업데이트 된다. ‘Experiment Coding’탭은 순수 부호화 결과를 입력하는 것으로 네 개의 비트율(RP)에 따른 세 시점의 부호화 결과(View5, View6, View7)를 입력하면 된다. 해당 데이터를 모두 입력하면 'performance'셀에서 부호화 결과를 자동으로 계산한다. 이때 부호화 성능은 Bjontegaard의 BDBR(Bjontegaard delta bit-rate)과 BDPSNR(Bjontegaard delta peak-signal-to-noise ratio)을 이용해 계산한 결과이다 [83]. 'Experiment VS' 탭은 부호화 결과로 얻은 복원 영상을 이용해 합성한 결과를 평가하는 탭으로 위의 <그림 5-5>의 방법을 이용해 부호화 성능을 비교한다. 이때 입력하는 데이터는 각 대상 비트율(RP)에 따른 전체 비트율(컬러 비디오 비트율 + 깊이 영상 비트율)과 각 합성 영상의 PSNR결과이다. 해당 데이터를 모두 입력하면 'Performance vs. Anchor' 셀에서 부호화 결과를 자동으로 계산한다. 앞에서 설명한 부호화 결과의 성능 비교는 공통 테스트 조건을 바탕으로 부호화해 얻은 결과와 비교한다. 이런 결과는 'EHP C3 Coding v6.0'탭과 'EHP C3 VS v6.0'탭에 미리 입력이 되어 있다. 이 두 탭의 데이터를 변경할 수 없도록 잠금 설정이 되어 있기 때문에 임의로 변경이 불가능하다.

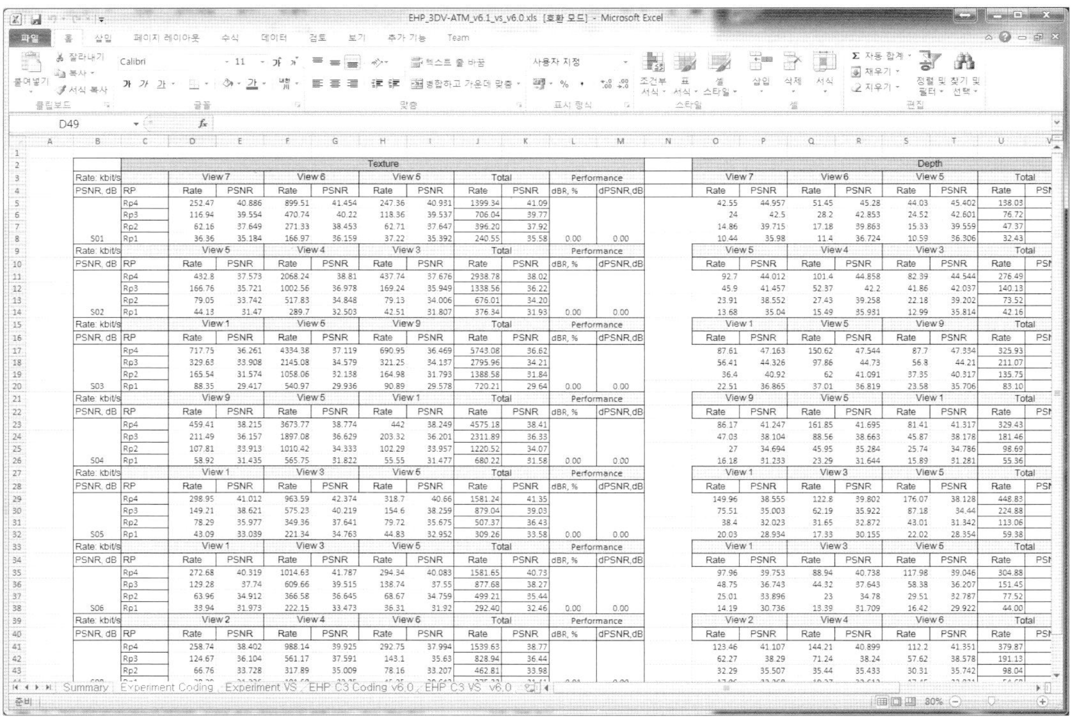

〈그림 5-6〉 화질 평가를 위해 제공되는 스프레드시트

5.2 AVC기반의 부호화 방법

3차원 비디오 부호화를 위한 제안요청서에 대한 응답으로 총 12개의 연구기관이 AVC기반의 부호화 방법을 제안 했다. <표 5-6>은 각 기관이 제안한 기술을 컬러 비디오 부호화 방법과 깊이 영상 부호화 방법으로 구분해 정리한 것이다. 이 표를 참조하면 각 기관이 제안한 문서번호를 확인할 수 있다. 또한 각 기관별로 부호화 방법을 구현한 소프트웨어를 확인할 수 있다. JM [79]은 H.264/AVC를 개발하기 위해 개발된 참조 소프트웨어고, JMVC(joint multi-view video coding) [84]는 다시점 비디오 부호화를 개발하기 위해 개발된 참조 소프트웨어다. 이 표를 참고할 때, 'Reduced-resolution coding'과 같은 기술은 각 기관마다 표현하는 방법이 다를 수 있지만, 기본 개념이 비슷하면 같은 범주로 여기고 이 이름을 공통적으로 사용한다. 여기에서는 이와 같이 제안된 기술들 중에서 3차원 비디오 부호화의 참조 소프트웨어인 3DV-ATM에 구현되어 있는 기술들을 중심으로 알고리즘과 소스코드를 간략하게 살펴본다.

〈표 5-6〉 12개 기관이 제안한 AVC기반의 부호화 방법 요약

문서번호 (연구기관)	컬러 비디오 부호화 방법	깊이 영상 부호화 방법	SW
M22552 (Nokia)	View synthesis prediction Gradual view refresh Reduced-resolution coding Depth-based MV prediction	View synthesis prediction Gradual view refresh Reduced-resolution coding In-loop Joint inter-View Depth Filtering Depth-range-based weighted prediction Monochrome coding(YUV4:0:0)	JM
M22564 (Sony)	Reduced-resolution coding	Reduced-resolution coding	JMVC
M22567 (Nagoya)	Multi-view with layered depth		JMVC
M22569 (HHI)	Hybrid architecture	HEVC-based depth coding methods	JMVC &HM
M22573 (NICT)	HEVC for depth and non-base texture views		JMVC

M22583 (Qualcomm)	Reduced-resolution coding Inter-view prediction	Reduced-resolution coding Inter-view prediction	JMVC
M22603 (Philips/Ghent)	Reduced-resolution coding	HEVC for resolution enhancement layers and depth Inter-view prediction	JMVC
M22616 (NTT)	View synthesis prediction	View synthesis prediction Reduced-resolution coding Decoder-side MB info. derivation Depth-based mode skip Palette-based prediction	JMVC
M22629 (Sharp)	Disparity prediction coding		JMVC
M22632 (Samsung)	View synthesis prediction	Plane Segmentation based Intra Region-based Adaptive Loop Filter Intra Skip for depth coding Adaptive depth quantization Depth-Block Skip Method	JMVC
M22663 (Mitsubishi)	View synthesis prediction	View synthesis prediction Reduced-resolution coding	JMVC
M22674 (Zhejiang)		Intra prediction using MPM derivation Entropy coding for depth coding	JMVC

5.2.1 영상 합성 예측을 이용한 부호화 방법

제안된 3차원 비디오 부호화 기술 중에서 가장 많은 참여기관이 제안한 기술이 영상 합성 예측(view synthesis prediction, VSP)을 이용한 부호화 방법이다. 다시점 비디오는 시점간 상관도가 매우 높기 때문에 의존 시점의 영상을 부호화할 때, 기준 시점의 컬러 영상과 깊이 영상을 이용해 부호화할 의존 시점의 영상을 합성할 수 있다. 이렇게 합성한 영상을 VS-frame이라고 명명하자. 이렇게 생성한 VS-frame은 부가적인 참조 영상으로 이용해 부호화 효율을 개선할 수 있다. <그림 5-7>은 이런 개념을 설명한 것이다. I-view는 다른 시점을 참조하지 않는 기준 시점이므로 VSP를 이용하지 않지만, P-view는 I-view의 데이터를 이용할 수 있기 때문에 VSP를 이용할 수 있다. VSP 방법은 컬러 비디오 부호화뿐만 아니라 깊이 데이터의 부호화에도 적용할 수 있다.

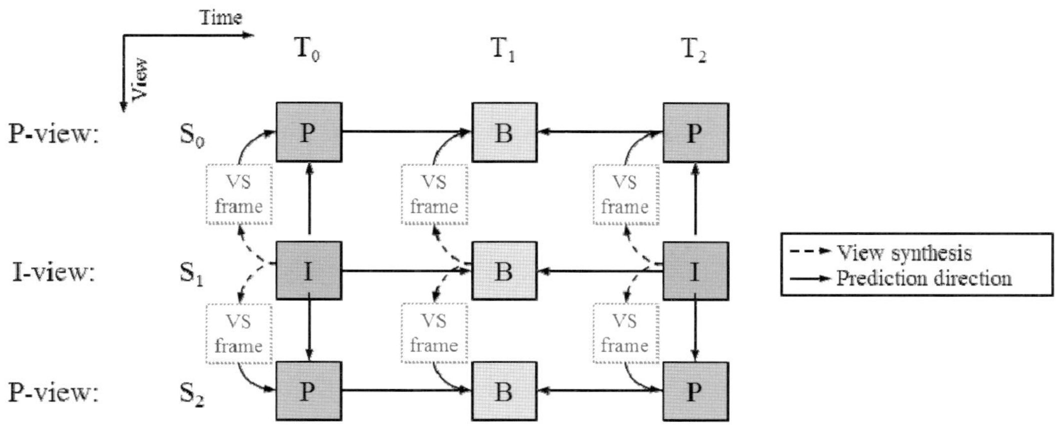

〈그림 5-7〉 영상 합성 예측을 이용한 부호화 방법

이 VSP 방법의 기본 개념은 이미 다시점 비디오 부호화의 표준화 과정에서 제안되었지만 [85], 영상 합성을 위한 깊이 데이터를 부호기와 복호기에서 직접 계산해야 하는 복잡도 문제로 인해 표준안에 채택되지 못했다. 하지만 3차원 비디오 부호화는 깊이 데이터를 기본 입력 데이터로 이용하기 때문에, 영상 합성을 위한 복잡도 증가를 제외하면 다시점 영상을 부호화할 수 있는 가장 신뢰도가 높은 방법이다. VSP를 이용한 부호화 방법을 제안한 연구기관은 삼성 [86], Nokia [78], MERL [87], NTT [88], Zhejiang 대학교 [89] 등이 있다.

영상 합성을 이용해 생성한 VS-frame이 갖는 가장 큰 장점은 부호화할 시점과 일치한다는 것이다. 그러므로 영상 합성이 이상적으로 수행됐다면 부호화할 현재 시점의 화면과 정확하게 일치하는 영상이 되는 것이다. 이런 VS-frame은 인접 시점의 영상을 이용해 생성한 영상이므로 복호기에서도 동일한 VS-frame을 생성할 수 있다. 그러므로 현재 시점의 화면과 동일한 영상을 예측해 생성할 수 있으므로 시점간 상관도를 이용해 부호화 효율을 높일 수 있는 것이다. 실제로 이 VSP 기술을 제안한 연구기관에서 공통적으로 제안하는 부호화 방법은 VS-frame을 생성해 참조 리스트(reference lists: LIST_0, LIST_1)에 추가하고, 부호화 과정에서는 VS-frame에서 부호화할 현재 시점의 블록과 동일한 위치에 있는 블록(co-located block)을 움직임 정보 없이 참조하는 방법(VSP-SKIP, VSP-DIRECT)을 제안했다. VSP-SKIP은 움직임 정보와 잔여 데이터를 전혀 보내지 않고 부호화하는 방법이고, VSP-DIRECT는 움직임 정보는 보내지 않으나 잔여 데이터는 부호화해 전송하는 방법이다. 이렇게 추가한 두 가지 예측 모드는 기존의 예측 방법에서 추가한 방법이므로, 최종 부호화 방법의 선택은 비트율-왜곡 최적화(rate-distortion optimization) 방법을 기준으로 가장 비용값이 적은 예측 모드를 선택한다. 이런 방법을 이용해 부호기를 설계하면 다음의 <그림 5-8>과 같이 표시할 수 있다. 참조 화면 버퍼에서 영상 합성에 필요한 영상에 접근하고, 합성한 VS-frame은 참조 영상으로 추가한다. 그리고 부호화 과정에서 추가한 모드를 이용해 부호화를 수행한다.

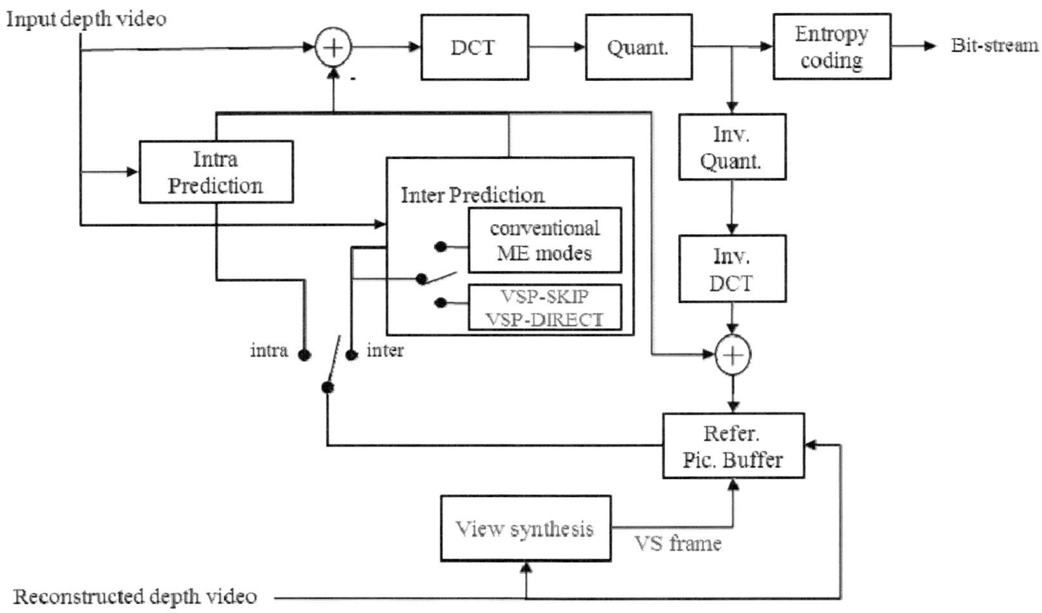

〈그림 5-8〉 VSP를 이용한 부호기 구조

추가한 예측 모드인 VSP-SKIP모드나 VSP-DIRECT모드를 이용해 부호화할 경우는 내부적으로 VS-frame을 참조해서 부호화해야 하기 때문에 VS-frame을 참조 화면 리스트(LIST_0, LIST_1)에 배정해야 한다. VSP를 제안한 기관마다 조금씩 다른 방법을 이용하지만, 공통적으로 이용하는 Nokia의 방법 [78]을 기준으로 설명하면 다음의 <그림 5-9>와 같이 나타낼 수 있다. P-view의 기준화면과 같은 경우는 LIST_0만 사용하므로, VS-frame을 LIST_0의 두 번째 화면에 배정한다. 이상적으로는 VS-frame과 부호화할 현재 화면과의 상관도가 높으므로 첫 번째 참조 화면으로 배정해야 할 것이나, 실제로는 VS-frame의 화질이 깊이값의 오류와, 부호화 오류, 그리고 시점이동으로 인한 홀영역으로 인해 VS-frame의 화질이 항상 좋다고 할 수 없다. 그러므로 인접시점의 참조 화면인 V-frame을 첫 번째로 배정하고, VS-frame은 그 다음으로 배정한다. 비앵커 프레임의 B화면에서도 마찬가지로 VS-frame을 가장 뒤쪽에 배정한다. 한 시점 안에서 시간적 상관도가 가장 높으므로 시간 방향의 참조 화면인 T-frame을 LIST_0과 LIST_1의 첫 번째 참조 화면으로 배정하고, 인접 시점에서 가져온 V-frame을 두번째로 배열한다. 그리고 마지막으로 VS-Frame을 각각 배정한다. 이런 참조 화면 배정 방법은 연구기관마다 조금씩 다를 수 있고, 구현 방법에 따라 변경가능 하다는 것을 기억하기 바란다. 일례로, MERL은 VS-frame을 임의로 배정하고, 그 위치를 복호기에 전송하는 방법을 이용한다.

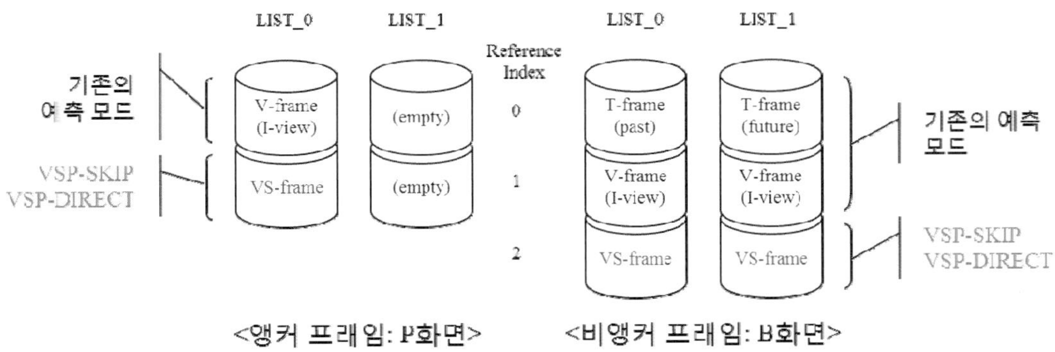

〈그림 5-9〉 VS-frame의 참조 화면 배정

VSP가 부호화 효율에 기여하기 위해서는 합성한 VS-frame의 화질이 좋아야 한다. 각 연구 기관별로 조금씩 다른 영상 합성 방법을 이용했다. <표 5-7>은 VSP를 제안한 각 기관별 영상 합성 방법을 비교한 것이다. 3차원 비디오 부호화의 테스트영상이 일차원 평행형이라는 점을 이용해 대부분의 연구기관이 변위기반 시점이동을 이용했다. 그리고 홀채움 기술은 각 기관별로 조금씩 다르게 사용했다. 만약 VSP기술이 3차원 비디오 부호화의 기본 부호화 방법으로 채택이 된다면 영상 합성 방법이 복호기에 구현이 되어야 하므로 영상 합성 방법도 표준화 대상 기술(normative issue)이 된다.

〈표 5-7〉 기관별 영상 합성 방법 비교

연구기관	시점이동	홀채움기술	참조 소프트웨어
삼성	변위기반 시점이동	수평방향 채움	-
Nokia	변위기반 시점이동	ViSBD의 홀채움 기술	ViSBD
MERL	변위기반 시점이동	VSRS 1D-Mode방법	VSRS
NTT	3D 영상 워핑	영상 인페인팅	-
Zhejiang대학	변위기반 시점이동	영상 인페인팅	-

이제 보다 구체적으로 3DV-ATM에 구현되어 있는 VSP기술을 살펴보자. VSP기술은 Nokia가 제안한 테스트 모델에 포함된 기술이므로, 공통 테스트 조건에 기본적으로 포함된다. 그러므로 환경 설정파일(cfg 파일)에 VSP을 조절할 수 있는 변수가 존재하지 않는다. 다시 말해, 3DV-ATM에서 VSP기술은 기본 부호화 방법으로 설정되어 항상 실행된다.

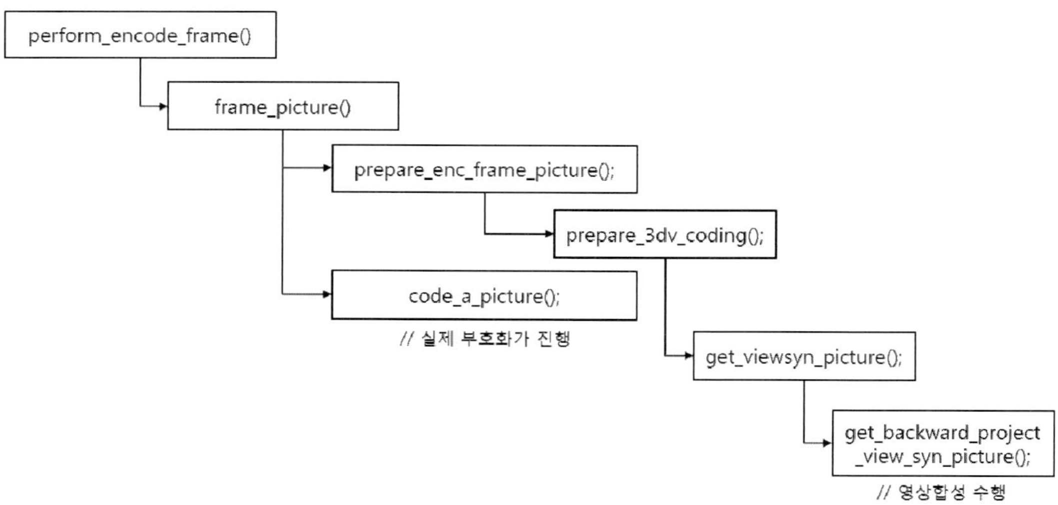

〈그림 5-10〉 3DV-ATM에서 영상 합성을 수행하는 함수 호출 순서

3DV-ATM 소프트웨어에서 VS-frame을 생성하는 영상 합성 단계는 한 화면의 부호화를 시작하기 전 초기화(initialization)단계에서 수행된다. <그림 5-10>은 3DV-ATM에서 영상 합성을 수행하는 함수 호출 순서를 보인 것이다. 한 화면의 부호화를 시작할 때 최상의 함수인 perform_encode_frame함수를 호출해 부호화가 시작된다. 그리고 하위 함수인

get_backward_project_view_syn_picture함수에서 영상 합성이 이루어진다. <소스코드 5-1>은 3DV-ATM에 구현되어 있는 영상 합성 함수인 get_backward_project_view_syn_picture함수를 보인 것이다. 이 소스코드에서 알 수 있듯이, 부호화하는 현재 시점의 깊이 영상을 변수 Curr_D로 받아서 사용한다. 이는 3DV-ATM의 부호화 순서에서 알 수 있듯이, 부호화할 현재 시점인 의존 시점의 컬러 영상을 부호화하기 위해 현재 시점의 깊이 영상과, 기준 시점의 컬러 영상을 이용해 영상 합성을 수행한다. 이렇게 하면 기준 시점의 깊이 영상을 이용해 영상 합성을 수행하는 것보다 홀영역의 영향을 줄일 수 있고, 보다 정확한 깊이 영상을 이용할 수 있기 때문에 정확한 합성 영상을 생성할 수 있다.

〈소스코드 5-1〉 영상 합성을 위한 함수 get_backward_project_view_syn_picture()

```
#if NOKIA_USTC_B_VSP_M26069
static void get_backward_project_view_syn_picture(VideoParameters* p_Vid,
                                        StorablePicture* refer_text,
                                        StorablePicture* curr_depth,
                                        StorablePicture* refer_depth,
                                        StorablePicture* view_syn_text,
                                        StorablePicture* view_syn_depth,
                                        int* disparity_table)
{

  int j,i;
  imgpel** refer_text_Y   =refer_text->imgY; // 참조 시점의 컬러 영상(Y)
  imgpel*** refer_text_UV =refer_text->imgUV; // 참조 시점의 컬러 영상(UV)

  imgpel** curr_D      =curr_depth->imgY; // 현재 시점의 깊이 영상
  imgpel** refer_D     =refer_depth->imgY; // 참조 시점의 깊이 영상
  imgpel** view_syn_Y  =view_syn_text?view_syn_text->imgY : NULL; // 합성 영상(Y)
  imgpel***view_syn_UV =view_syn_text?view_syn_text->imgUV : NULL; // 합성 영상(UV)
  imgpel** view_syn_D =view_syn_depth?view_syn_depth->imgY:NULL;// 합성한 깊이 영상

  int disparity_mul4,dx,pos,pos0,pos1,pos2,pos3,pos4,pos5;
  int luma_width_minus1=p_Vid->width-1;
```

```
 int chroma_width_minus1=p_Vid->width_cr-1;
 int w0,w1;

 imgpel b;

#if BVSP_BLOCK
 int intX, intY;
 int texture_depth_ratio = p_Vid->mixed_res;
 int BLOCK_VSP_D = BLOCK_VSP_T >> texture_depth_ratio;
 imgpel D1,D2,D3,D4;
 assert(p_Vid->is_depth==0);
#endif

 for(j=0;j<p_Vid->height;++j)
 {
  imgpel* refer_line_Y=refer_text_Y[j];
  imgpel* refer_line_U=refer_text_UV[0][j>>1];
  imgpel* refer_line_V=refer_text_UV[1][j>>1];
  imgpel* refer_line_D=refer_D[j>>1];

  for(i=0;i<p_Vid->width;++i)
  {
   int chroma_comp=(j%2==0)&&(i%2==0);
#if BVSP_BLOCK
     intY =(j-j%BLOCK_VSP_T) >> texture_depth_ratio;
     intX =(i-i%BLOCK_VSP_T) >> texture_depth_ratio;
     if(BLOCK_VSP_D >1)
     {
        D1 = curr_D[intY][intX];
        D2 = curr_D[intY][intX + BLOCK_VSP_D - 1];
        D3 = curr_D[intY + BLOCK_VSP_D - 1][intX];
        D4 = curr_D[intY + BLOCK_VSP_D - 1][intX + BLOCK_VSP_D - 1];
        disparity_mul4=disparity_table[max(D1,max(D2,max(D3,D4)))]; // 깊이 영상을
                       변위로 변환하는 테이블
     }else
```

```
            disparity_mul4=disparity_table[curr_D[intY][intX]]; // 깊이 영상을 변위로 변환하는
                                  테이블
#else
   int disparity_mul4=disparity_table[depth_map[y>>p_Vid->mixed_res][x>>p_Vid->
        mixed_res]];
#endif

   pos=(i<<2)+disparity_mul4;
   dx=pos&0x03;
   pos=pos>>2;
   pos2=iClip3(0,luma_width_minus1,pos);

   if(dx==0)
   {
    view_syn_Y[j][i]=refer_line_Y[pos2];
   }
   else
   {
    pos0=iClip3(0,luma_width_minus1,pos-2);
    pos1=iClip3(0,luma_width_minus1,pos-1);
    pos3=iClip3(0,luma_width_minus1,pos+1);
    pos4=iClip3(0,luma_width_minus1,pos+2);
    pos5=iClip3(0,luma_width_minus1,pos+3);

    b=(imgpel)iClip3(0,255,(refer_line_Y[pos0]+refer_line_Y[pos5]
    -5*(refer_line_Y[pos1]+refer_line_Y[pos4])
     +20*(refer_line_Y[pos2]+refer_line_Y[pos3])+16)>>5);

    if(dx==1)
    {
     view_syn_Y[j][i]=(refer_line_Y[pos2]+b+1)>>1;  // 컬러 정합
    }
    else if(dx==2)
    {
     view_syn_Y[j][i]=b;
```

```
        }
        else
        {
          view_syn_Y[j][i]=(b+refer_line_Y[pos3]+1)>>1;
        }
      }
      if(chroma_comp)
      {
        pos=(i<<2)+disparity_mul4;
        dx=pos&0x07;
        pos=pos>>3;

        w0=8-dx;
        w1=dx;

        pos2=iClip3(0,chroma_width_minus1,pos);
        pos3=iClip3(0,chroma_width_minus1,pos+1);

        view_syn_UV[0][j>>1][i>>1]=iClip3(0,255,(w0*refer_line_U[pos2]+w1*
                                          refer_line_U[pos3]+4)>>3);
        view_syn_UV[1][j>>1][i>>1]=iClip3(0,255,(w0*refer_line_V[pos2]+
                                          w1*refer_line_V[pos3]+4)>>3);
#if !MTK_SKIP_DIRECT_A0045
        view_syn_D[j>>1][i>>1]=iClip3(0,255,(w0*refer_line_D[pos2]+
                                     w1*refer_line_D[pos3]+4)>>3);
#endif
      }
    }

  }

}
#endif
```

5.2.2 움직임/모드 정보의 예측 방법

3차원 비디오 부호화 기술의 가장 큰 특징은 기존의 단일 시점 비디오 부호화 방법과 다르게 시점간 예측을 통해 시점간 중복성(inter-view redundancy)를 제거하는 한다는 것이다. 이런 개념을 바탕으로 앞에서 설명한 시점간 예측 구조가 고안된 것이다 [39]. 실제로는 시점간 중복성을 제거하기 위해 기존의 움직임 예측방법을 시점 방향으로 수행해 시점간 중복성을 제거한다. 다시 말해, 움직임 예측을 수행하는 순서와 방법은 동일하나, 현재 블록과 가장 유사한 블록은 인접 시점의 참조화면에서 수행하는 것이다. <그림 5-11>은 의존 시점인 P-view의 Ft 화면을 부호화할 때 수행하는 예측 방법을 보인 것이다. 여기서 시간축 방향의 움직임 예측과 시점간 예측을 구분한다. 움직임 예측을 통해 얻어지는 정보는 움직임 벡터(motion vector)이고, 시점간 예측을 통해 얻어지는 정보는 변위 벡터(disparity vector)라고 한다.

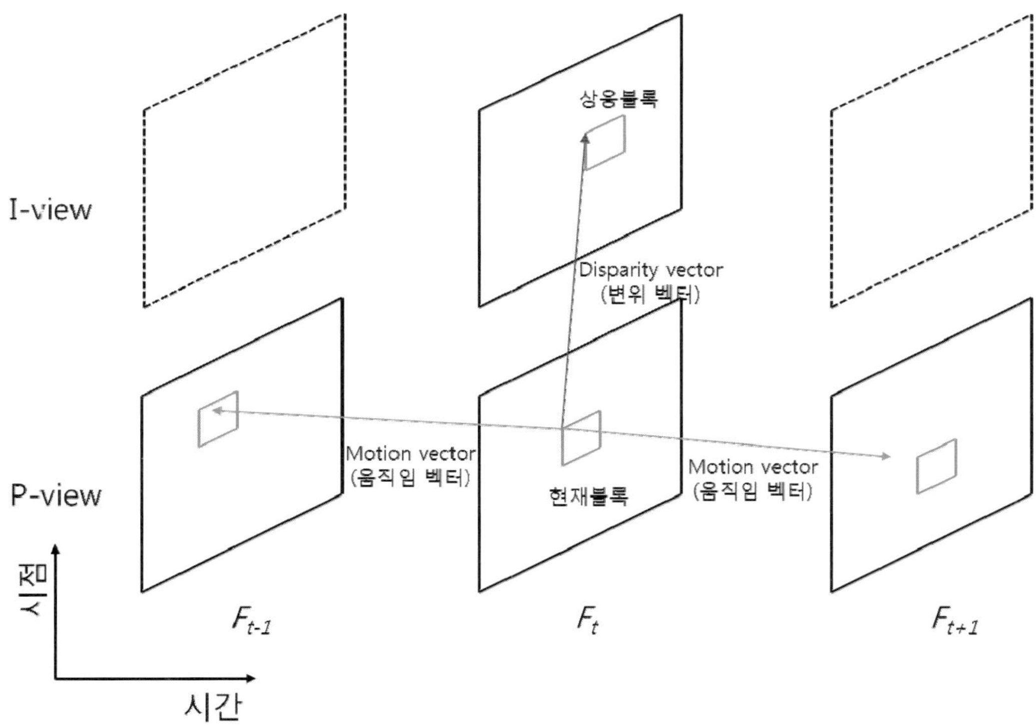

〈그림 5-11〉 3차원 비디오 부호화에서의 움직임/변위 벡터

움직임 예측과 변위 예측의 수행 순서는 <그림 5-12>와 같이 간단히 정리할 수 있다. 먼저 현재 블록과 가장 유사한 블록을 움직임 예측이나 변위 예측을 이용해 탐색(searching)하기에 앞서 인접 블록의 움직임 벡터를 이용해 현재 블록이 가질 수 있는 가장 확률이 높은 움직임 벡터를 결정한다. 이런 과정이 motion vector prediction(MVP)이다. 시점간 변위 벡터의 예측은 disparity vector prediction(DVP)이다. 기존의 H.264/AVC는 현재 블록을 기준으로 인접한 세 개의 블록의 움직임 벡터를 참조해 그 중간값(median)을 취해 예측한 움직임 벡터로 취한다. 보다 자세한 내용은 참고문헌[34, 35]을 참고하기 바란다.

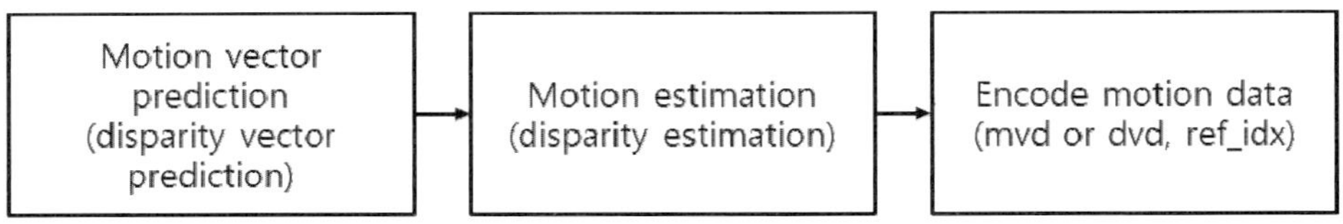

〈그림 5-12〉 움직임/변위 예측을 이용한 부호화 과정

예측한 움직임 벡터(혹은 변위 벡터)는 다음 단계인 움직임 예측(혹은 변위 예측)을 수행하기 위한 초기 정보가 된다. 정확한 움직임 벡터(혹은 변위 예측)를 결정하기 위해서 탐색을 수행하는데, 시작점이 앞 단에서 예측한 MVP(혹은 DVP)를 이용한다. 그리고 탐색 과정을 통해 결정한 가장 유사한(SAD를 이용) 위치가 움직임 벡터(혹은 변위 벡터)가 된다. 복호기에 전달되는 정보는 움직임 벡터(혹은 변위 벡터)에서 예측한 MVP(혹은 DVP)를 뺀 mvd (혹은 dvd)와 참조 영상의 위치를 나타내는 ref_idx이다. 예측한 벡터의 정확도가 높으면 높을수록 mvd(혹은 dvd)의 크기가 작아지게 되므로, 부호화할 데이터가 줄어들게 된다. 이런 측면에서, 시점간 예측의 정확도를 높이기 위한 방법이 이번 절에서 설명하는 움직임/모드 정보의 예측 방법(motion/mode parameter prediction)이다. 움직임/모드 정보의 예측 방법은 NTT[21], Sharp [26], MediaTek [27] 등이 AVC호환의 3DV-ATM을 위한 기술을 제안했다.

먼저 NTT에서 제안한 방법을 살펴보자. NTT에서는 시점간 예측을 수행할 때 예측 모드인 skip모드와 direct모드의 선택 확률을 높이기 위해 깊이 정보를 이용하는 방법을 제안했다. 혼동을 피하기 위해 시간 방향의 예측 방법을 움직임 생략(motion skip, MS)과 시점간 예측 방법을 깊이 영상 기반의 모드 생략(depth-based mode skip, DMS)으로 구분한다. 의존 시점의 컬러 영상을 부호화하기 위해 동일 시점의 깊이 영상을 이용해 변위 벡터를 예측한다는 것이 핵심이다. <그림 5-12>는 이 알고리즘을 도시화한 것이다. 그림과 같이 부호화할 현재의 블록이 의존 시점의 컬러 영상일 경우, 현재 블록의 시점간 변위 예측(disparity estimation)을 수행한다. 이때 이미 부호화가 끝난 동일 시점의 깊이 영상을 이용해 변위 벡터를 예측할 수 있다. 그림에 보인 것처럼, 첫번째로 컬러 영상의 현재 블록과 동일한 위치에 존재하는 깊이 영상의 깊이값 중에서 평균 깊이값(d)를 결정한다. 그리고 평균 깊이값과 카메라 변수를 이용해 현재 블록과 상응하는 I-view에서의 상응 블록을 결정한다. 그러면 시차에 의해서 현재 블록과 상응 블록의 위치 차이가 발생하는데, 이 값의 차이를 변위 벡터 예측값(disparity vector prediction)으로 취한다. 이렇게 결정한 변위 벡터를 이용해 DMS모드의 부호화 효율을 점검한다. Sharp에서 제안한 방법도 NTT의 방법과 유사하게, 현재 블록에 대한 대표 변위값으로 동일위치의 깊이값의 평균값을 취해 변위 벡터 예측을 수행한다.

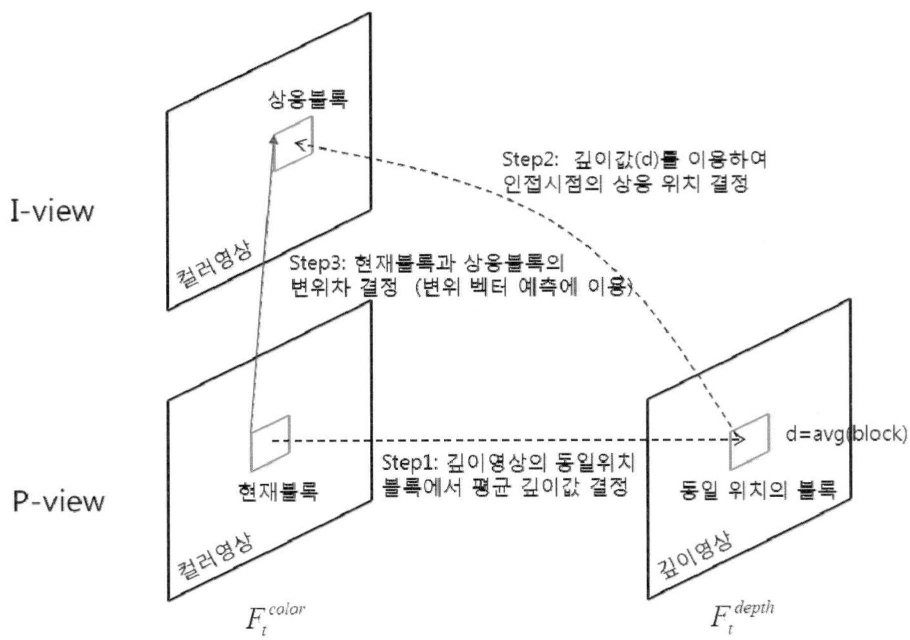

〈그림 5-13〉 깊이 영상을 이용한 변위 벡터 예측 방법

이어서 MediaTek에서 제안한 변위 벡터 예측 방법을 소개한다. 이 방법은 <그림 5-14>에 보인 것과 같이, 의존 시점의 현재 블록의 주변 블록(A, B, C, 혹은 D)의 깊이값을 이용해

현재 블록의 변위 벡터를 예측하는 방법이다. 주변 블록 중에서 시점 방향으로 예측해 부호화했을 경우, 그 블록의 변위값을 이용해 현재 블록의 변위 벡터 예측으로 이용하는 방법이다. 만약 블록 A가 시간방향의 움직임 예측을 이용해 부호화 했을 경우는, 다음 블록인 B블록의 부호화 방법을 점검한다. 만약 블록 B가 시점 방향으로 변위 예측을 수행했다면, B블록의 변위값을 이용해 변위 벡터 예측을 수행한다. 이와 같이 A, B, C블록의 순서로 주변 블록의 부호화 방법을 점검해 시점간 변위 예측을 수행한 블록의 변위값을 바로 이용한다. 이 방법은 3DV-ATM 6.1버전에 구현되어 있다 [90]. 이 방법의 효율을 테스트하려면 텍스처 데이터의 'DepthBasedMVP' 변수를 1로 설정하고 실험하면 된다.

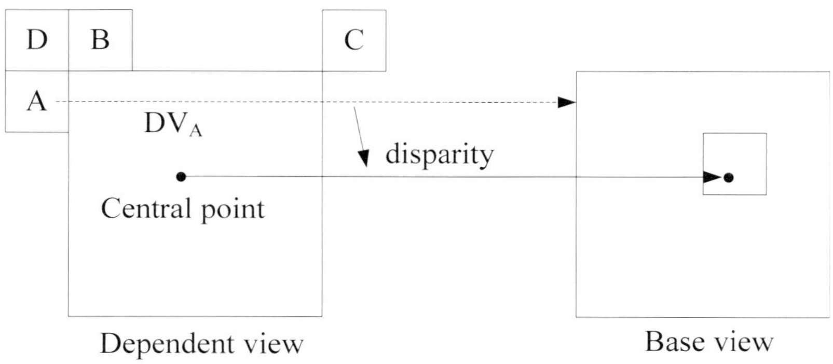

〈그림 5-14〉 인접 블록의 깊이값을 이용한 변위 벡터 예측 [91]

<소스코드 5-2>는 MediaTeck에서 3DV-ATM에 구현한 방법 중에서 Skip모드의 변위 벡터를 결정하는 소스코드를 보인 것이다. 이 소스코드에서는 변위 벡터를 움직임 벡터(MV)로 표현했다. 하지만 시점간 예측에 이용하므로 변위 벡터와 같은 개념임을 기억하기 바란다. 움직임 예측과 변위 예측은 디코더에서 모두 이용하는 과정이므로, 표준화 대상이 되는 'normative issue'에 속한다.

〈소스코드 5-2〉 MediaTek의 변위 벡터 예측 방법

```
void FindSkipModeMotionVector_MVP(Macroblock *currMB)
{
  Slice *currSlice = currMB->p_Slice;
```

```
  VideoParameters *p_Vid = currMB->p_Vid;
  InputParameters* p_Inp =currMB->p_Inp;
  int by,bx;

  prepare_mvp_skip_params(currMB);  // 참조할 변위 벡터를 인접 블록에서 결정
  currMB->best_mvp[0]=(currMB->best_ref[0]!=-1)?currMB->best_mvp[0]:zero_mv;
  currMB->best_ref[0]=(currMB->best_ref[0]>=0)?currMB->best_ref[0]:0;

  for(by = 0;by < 4;by++)
  {
   for(bx = 0;bx < 4;bx++)
   {
    currSlice->all_mv[LIST_0][currMB->best_ref[0]][0][by][bx] = currMB->best_mvp[0];
   }
  }
}

void prepare_mvp_skip_params(Macroblock* currMB)
{
  int i;
  PixelPos mb[4];
  VideoParameters *p_Vid = currMB->p_Vid;
  PicMotionParams **motion = p_Vid->enc_picture->mv_info;
  Boolean mvp_available=FALSE;
  MotionInfo motion_interview[2];
  int view_id;

  get_neighbors(currMB, mb, 0, 0, 16);     // 인접 블록 접근
  currMB->best_ref[0]=currMB->best_ref[1]=-1;
  currMB->best_mvp[0]=currMB->best_mvp[1]=zero_mv;

  view_id = currMB->p_Inp->ViewCodingOrder[0];
  get_inter_view_MV(currMB, 7, 7, LIST_0, view_id, motion_interview, mb); // 인접 블록에서
                                                                            변위값 받아오기
  if( motion_interview[LIST_0].ref_idx != -1 )
  {
   currMB->best_ref[0]=motion_interview[LIST_0].ref_idx;
```

```
    currMB->best_mvp[0]=motion_interview[LIST_0].mv;
    mvp_available=TRUE;
  }

#if SAIT_SKIP_DIRECT_MVP_B0151
  if(!mvp_available)
  {
        currMB->best_ref[0]=0;
        currMB->GetMVPredictor(currMB, mb, &currMB->best_mvp[0], 0, motion, LIST_0, 0, 0,
16, 16, currMB->p_Slice->depth_based_mvp_flag);
        mvp_available=TRUE;
  }
#else
  for(i=0;i<3 && !mvp_available;++i)
  {
    if(mb[i].available)
    {
      if(motion[mb[i].pos_y][mb[i].pos_x].ref_idx[LIST_0]>=0)
      {
        currMB->best_ref[0]=motion[mb[i].pos_y][mb[i].pos_x].ref_idx[LIST_0];
        currMB->best_mvp[0]=motion[mb[i].pos_y][mb[i].pos_x].mv[LIST_0];
        mvp_available=TRUE;
      }
    }
  }

  if(!mvp_available)
  {
    currMB->best_ref[0]=0;
    currMB->best_mvp[0]=zero_mv;
  }
#endif
}
```

5.2.3 깊이 영상의 리셈플링(Resampling)

제안 요청서에 대한 응답으로 Nokia[78]와 MERL[87]에서는 제안한 깊이 영상 부호화 방법 중에서 깊이 영상의 해상도를 줄여서 부호화하고, 복호단에서 원래의 해상도로 복원하는 방법을 제안했다. 깊이 영상의 특성을 분석해 보면 객체의 경계 부근에서 깊이값의 차이가 크게 발생하고 그 외의 영역에서는 깊이값의 차이가 크지 않다는 것을 알 수 있다. 이런 특성은 깊이 영상이 공간적 중복성이 높다는 것을 말해준다. 이런 특성을 이용해 <그림 5-15>와 같이 깊이 영상의 해상도를 줄여서 입력 영상으로 이용하고, 복호단에서 원본 영상과 동일한 해상도로 복원하는 방법을 이용할 수 있다.

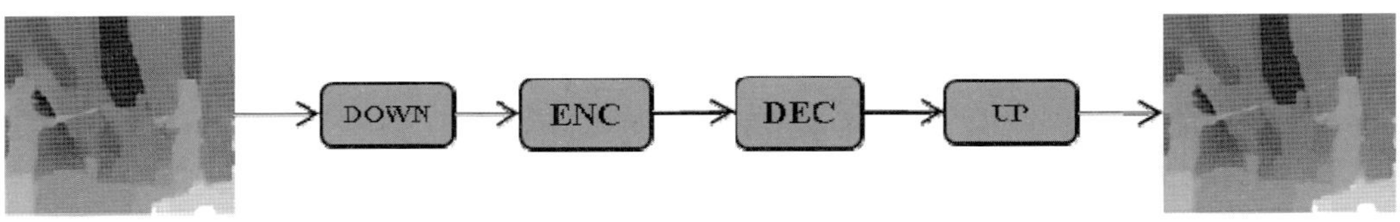

〈그림 5-15〉 깊이 영상 해상도 변환을 이용한 부호화 방법 [87]

MERL에서 제안한 깊이 영상의 다운셈플링(down-sampling) 방법은 식 (5-3)과 같이 중간값 필터(median filter)를 이용한 비교적 간단한 방법이다.

$$img_{down}(x,y) = median(W_{s\times s}) \tag{5-3}$$

여기서 s는 윈도우 W의 크기를 나타내는 값이고, 보통 s=2를 이용한다. 업셈플링(up-sampling)은 식 (5-4)와 같이 단순하게 다운셈플링된 값을 확장하는 방법을 이용할 수 있다.

$$img_{up}(x,y) = img_{down}(\lfloor x/s \rfloor, \lfloor y/s \rfloor) \tag{5-4}$$

Nokia에서는 <그림 5-16>에 보인것과 같이 MERL과는 다른 방법을 이용한다. 다운셈플링 방법은 <그림 5-16(a)>와 같이 다운셈플링 비율에 따라 'Group of pixels'를 결정하고, 특정 값의 화소의 개수가 전체 화소의 절반이 넘을 경우는 그 값을 샘플값으로 이용하고, 그렇지 않을 경우는 'Group of pixels'의 평균값을 샘플값으로 이용한다. 업셈플링 방법은 <그

림 5-16(b)>와 같이 추가되는 중간 화소를 중심으로 주변의 참조 가능한 깊이 영상을 이용해 업셈플링을 수행한다. 예를 들어, 화소 'E'를 중심으로 중간 화소 'a'는 인접한 참조 화소는 {A, B, D, E}가 된다. 이런 참조화소를 이용해 <소스코드 5-3>의 방법을 이용해 중간화소 'a'의 값을 결정한다.

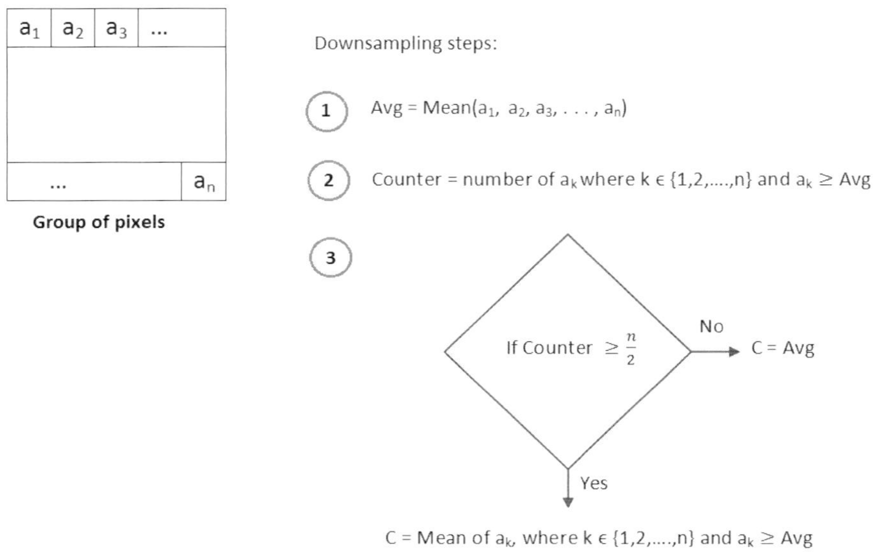

(a) 다운셈플링 방법

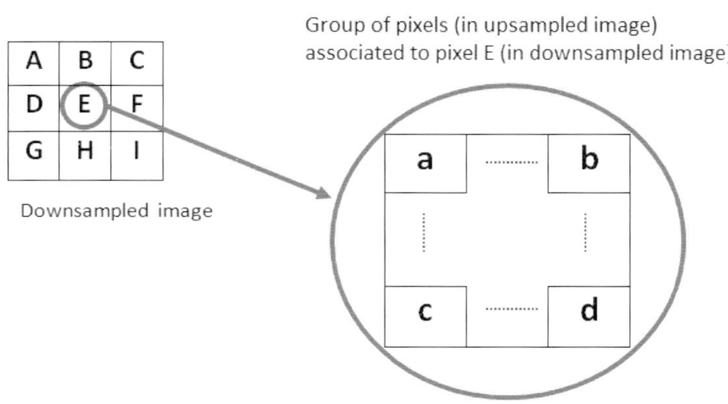

(b) 업셈플링 방법

〈그림 5–16〉 Nokia에서 제안한 다운-업셈플링 방법

〈**소스코드 5-4**〉 Nokia의 깊이 영상 업샘플링 방법

```
    if(abs(A-I)<th) &(abs(C-G)<th)
        a = E; b = E; c = E; d = E;
    else
        a = f(A, B, D, E);
        b = f(C, B, F, E);
        c = f(G, D, H, E);
        d = f(I, F, H, E);
    end
where: Y = f(X1, X2, X3, X4) is defined as following:
    if(abs(X2-X4)>th) &(abs(X3-X4)>th)
        Y =(X1 + X2 + X3)/3;
    else
        Y = X4;
    end
```

<그림 5-17>은 위에서 설명한 방법을 이용해 부호화했을 때 얻을 수 있는 부호화 결과를 보인 것이다. 다운 샘플링 비율을 0.5로 했을 때 가장 높은 부호화 효율을 보였다.

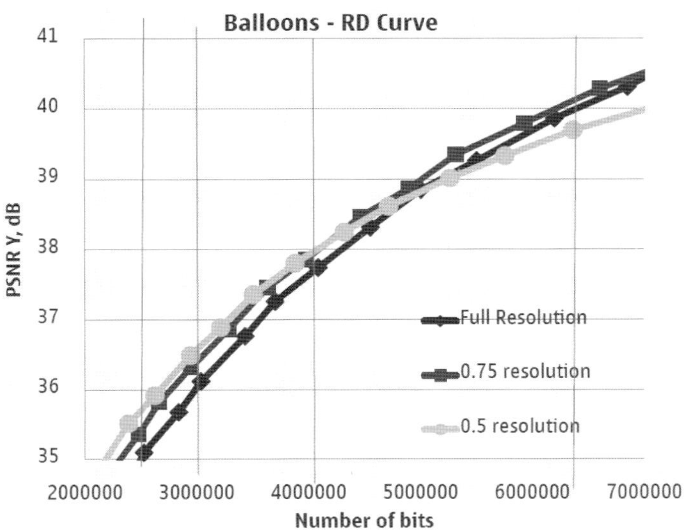

〈**그림 5-17**〉 깊이 영상의 해상도를 줄였을 때의 부호화 결과 [78]

3DV-ATM에서 깊이 영상의 리셈플링은 영상 합성 예측 방법과 복호된 깊이 영상을 저장을 위해 사용된다. 영상 합성 예측을 위해서는 컬러 영상과 동일한 해상도의 깊이 영상이 필요하므로 업셈플링 기술이 적용된다. 그리고 복호된 깊이 영상은 파일로 쓰기 전에 업셈플링을 수행해야 하므로 업셈플링 기술이 적용된다. <소스코드 5-4>는 3DV-ATM에 구현된 업셈플링 방법을 보인 것이다. 업셈플링이 수행될 때 img_upsampling()함수가 호출이 되는데, 실제 업셈플링이 수행되는 함수는 하위 함수인 generic_upsampler()함수에서 수행된다. 이 함수는 output.c파일에 구현되어 있다.

〈**소스코드 5-4**〉 3DV-ATM의 업셈플링 소스코드: img_upsampling()함수

```
void img_upsampling(imgpel**imgX_low_res,imgpel**imgX_ori_res, int component, int
                    method, ResizeParameters* upsampling_params, int size_x, int size_y,int
                    crop_left, int crop_right, int crop_top, int crop_bottom)
{
  int h;
  int width  = size_x - crop_left - crop_right;
  int height = size_y - crop_top - crop_bottom;
  int cropped=crop_left||crop_right||crop_top||crop_bottom;

  imgpel** cropped_low_img;
  if(cropped) {
    get_mem2Dpel(&cropped_low_img,height,width);
    for(h=0;h<height;++h)
       memcpy(cropped_low_img[h],&(imgX_low_res[h+crop_top][crop_left]),
               width*sizeof(imgpel));
  }
  else
    cropped_low_img=imgX_low_res;

  if(0==component) {
      generic_upsampler(upsampling_params,cropped_low_img,NULL,NULL,imgX_ori_res,
          NULL,NULL,component,method); // 깊이 영상의 업셈플링이 수행
  }
```

```
else if(1==component) {
      generic_upsampler(upsampling_params,NULL,cropped_low_img,NULL,NULL,
          imgX_ori_res,NULL,component,method); // 깊이 영상의 업셈플링이 수행
  }
else {
      generic_upsampler(upsampling_params,NULL,NULL,cropped_low_img,
          NULL,NULL,imgX_ori_res,component,method); // 깊이 영상의 업셈플링이 수행
  }
  if(cropped)
      free_mem2Dpel(cropped_low_img);
}
```

이상의 깊이 영상의 다운셈플링 방법은 부호화를 하기 전에 수행하는 전처리(pre-processing)과정이고, 업셈플링 방법은 복호기 내부에서 수행하게 된다. 그러므로 다운셈플링은 표준화 기술에 포함되지 않는 'non-normative'기술로 분류가 되고, 업셈플링은 표준화 기술에 포함되는 'normative'기술로 분류가 된다.

5.2.4 깊이 영상의 인루프 필터링

3차원 비디오 부호화를 이용해 부호화되는 깊이 영상은 컬러 영상과는 달리 비교적 단순한 값을 가진다. 객체의 경계에서는 깊이값의 차이가 크게 나지만, 객체의 내부에의 깊이값은 비교적 비슷한 값을 가지기 때문이다. 깊이 영상 부호화를 이용해 복원된 깊이 영상을 살펴보면 부호화 오류가 깊이값의 변화가 큰 객체의 경계 부근에서 두드러지게 나타나고, 깊이값의 변화가 적은 객체의 내부 영역에서는 적게 나타나는 것을 알 수 있다. 이렇게 객체의 경계에 나타나는 부호화 오류는 임의 시점의 영상을 합성할 때 합성 오류로 발현이 된다. 이런 특성을 이용해 복원된 깊이 영상의 부호화 오류를 줄이는 기술이 깊이 영상의 인루프 필터링(in-loop filtering for depth)이다. 광주과학기술원[92]과 삼성[93]은 기존의 디블록킹 필터(deblocking filter)의 기능을 대체하는 깊이 영상 필터를 설계했다.

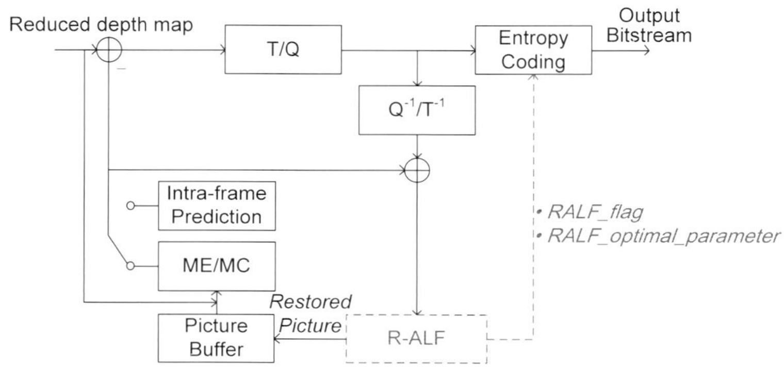

(a) 인루프 필터를 이용한 부호기 구조

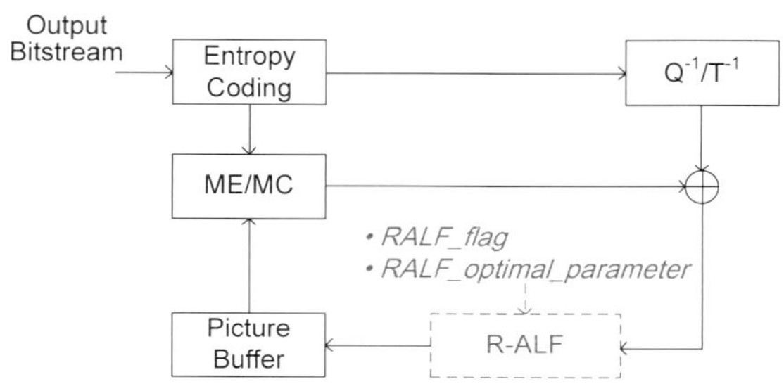

(b) 인루프 필터를 이용한 복호기 구조

〈그림 5-18〉 삼성이 제안한 깊이 영상 인루프 필터 구조 [93]

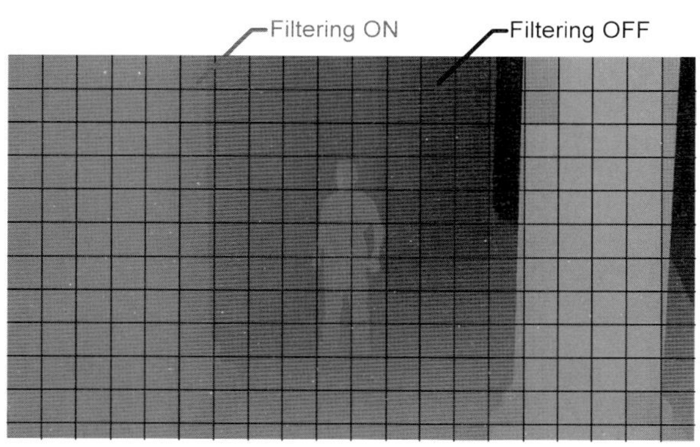

〈그림 5-19〉 깊이값의 차이가 큰 영역만을 처리하기 위한 영역 구분 [93]

삼성은 <그림 5-18>과 같이 디블록킹 필터를 대체하는 R-ALF(region-based loop filter)를 제안했다. 이 방법에서 이용하는 필터는 식 (5-5)와 같이 깊이 영상의 대상화소(x)와 참조화소(y)와의 깊이값 유사도를 이용한 필터를 이용한다.

$$\hat{I}(x) = \frac{1}{K}\sum_{y \in N(x)} e^{\frac{-\|I(y)-I(x)\|^2}{2\sigma_r^2}} I(y) \qquad (5\text{-}5)$$

여기서 I는 깊이 영상의 화소값을 나타내고, N(x)는 대상화소 x를 중심으로 한 주변 화소를 가리킨다. K는 정규화(normalization)을 위한 가중치를 나타낸다. 그리고 σ_r은 필터의 고정 변수인 표준편차이다.

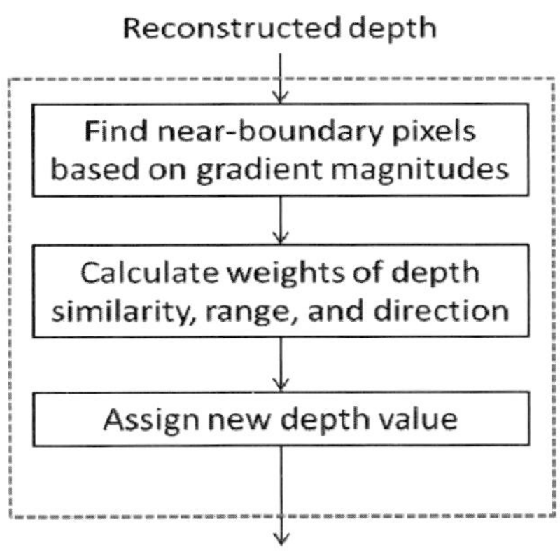

〈그림 5-20〉 깊이 영상 경계 필터링 [92]

특히 R-ALF는 깊이 영상의 잡음분포가 높은 영역에만 제안하는 필터를 적용한다. 보다 구체적으로 설명하면, 깊이값의 변화가 큰 영역에만 적응적으로 필터링을 수행한다. 이런 이유로 영역기반(region-based)의 필터링이 되는 것이다. 잡음분포는 식 (5-6)을 이용해 잡음의 강도를 측정하고, 이 잡음분포도가 문턱치(threshold) 보다 높은 영역에 대해서만 필터링을 수행한다. <그림 5-19>는 이와 같은 방법으로 필터링을 수행할 영역을 구분한 영상이다.

$$\hat{\sigma}^2(x) = \max(N(x)) - \min(N(x)) \qquad (5\text{-}6)$$

광주과학기술원에서는 디블록킹필터를 대신해 깊이 영상의 경계를 선명하게 하는 깊이 영상 경계 필터링(depth boundary filtering)을 제안했다 [92]. <그림 5-20>은 제안된 깊이 영상상 경계 필터링을 도시화한 것이다. 첫 단계로, 깊이 영상의 그레디언트 값이 일정 강도를 넘을 경우 식 (5-7)과 같은 필터를 적용한다.

$$D'(p) = \frac{\sum_{q \in N(p)} \omega(p,q) D(q)}{\sum_{q \in N(p)} \omega(p,q)} \tag{5-7}$$

여기서 p는 필터링을 수행할 대상 화소이고, q는 p를 중심으로 한 주변 화소 $N(p)$내의 참조 화소이다. $\boldsymbol{\omega}$ 는 각 참조 깊이화소 $D(q)$에 할당하는 가중치 함수로 식 (5-8)과 같이 결정한다.

$$\omega(p,q) = w\_sim_{p,q} \cdot w\_range_{p,q} \cdot w\_direction_{p,q} \tag{5-8}$$

$$w\_sim_{p,q} = \exp\left(\frac{-\left| D_p - D_q \right|^2}{2\sigma^2} \right)$$

$$w\_range_{p,q} = \exp\left(\frac{(p_x - q_x)^2 + (p_y - q_y)^2}{2\sigma^2} \right)$$

$$w\_direction = 1 - \cos(\theta_{p,q}), \quad 0 \le \theta_{p,q} \le \frac{\pi}{2} \tag{5-9}$$

여기서 p_x, q_x는 p, q화소의 x-축 그래디언트 값이고, p_y, q_y는 p, q화소의 y-축 그래디언트 값을 나타낸다. $\theta_{p,q}$는 그래디언트로 결정되는데, <그림 5-21>과 같이 깊이 영상의 경계 방향에 따라 결정된다. 이 깊이 영상 경계 필터링을 수행하면 깊이 영상의 경계를 선명하게 복원하는 효과를 얻을 수 있다.

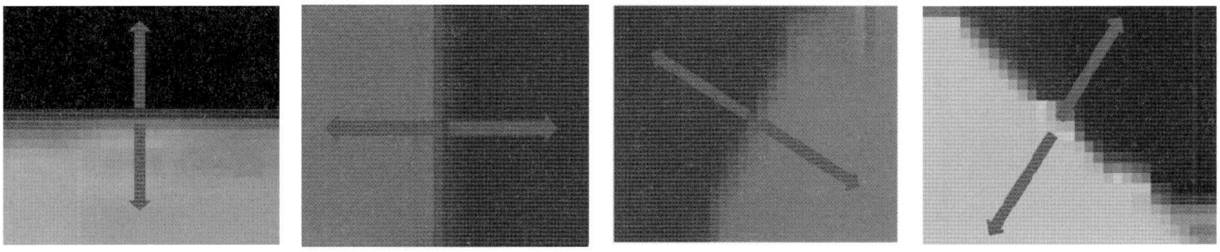

(a) 수평방향 (b) 수직방향 (c) 대각선1 (d) 대각선2

〈그림 5–21〉 경계 방향에 따른 가중치 할당 방법 [92]

지금까지 소개한 디블록킹 필터를 대체할 수 있는 필터는 부호화 성능을 보이지만, 디블록킹 필터의 기능을 대체할 만큼 큰 이득을 얻지 못했다는 이유로 표준화 작업이 중단됐다.

5.2.5 깊이 영상의 인트라 예측

깊이 영상은 객체의 경계 부근에서 깊이값의 변화가 크고, 객체의 내부에서는 깊이값의 변화가 적다. 또한 스테레오 매칭(stereo matching)과 같은 소프트웨어를 이용해 얻은 깊이 영상은 객체의 경계뿐만 아니라, 다른 영역에서도 깊이값의 차이가 큰 영역이 자주 발생한다. 이렇게 깊이값의 변화가 큰 영역은 I화면뿐만 아니라 P화면이나 B화면에서도 인트라 예측 모드가 자주 선택되어 부호화되는 것을 알 수 있다. 그만큼 깊이 영상에서는 인트라 예측이 중요한 역할을 수행한다. 이런 특성을 반영해 삼성 [94], Zhejiang 대학 [95], ETRI_KHU [96] 등에서 깊이 영상 부호화를 위한 인트라 예측 방법을 제안했다.

먼저 삼성에서 제안한 평면 분할 기반의 인트라 예측(plane segmentation based intra prediction, PSIP)에 대해서 설명한다 [94]. 삼성에서는 깊이 영상을 부호화할 때 깊이값의 차이가 큰 깊이값 경계의 부호화를 정확하게 해야 한다는 관점에서 영상분할 방법을 이용했다. 일반적인 블록기반 예측과 변환(transformation)을 이용하면 값의 차이가 큰 영역에서 왜곡이 많이 발생한다. 그러므로 깊이 영상의 경계에 더 많은 비트를 할당하면 깊이 영상의 경계를 더 선명하게 유지할 수 있고, 그 결과 합성한 영상의 화질도 보장이 될 것이다. 이런 견지에서 각 블록을 두 영역으로 분할하고, 각 영역에 서로 다른 예측 방법을 적용하는 방법이 제안됐다. 영상 분할의 예를 들면, <그림 5–22>와 같이 참조 가능한 인접 화소(available pixels)를 이용해 현재의 블록의 화소값을 예측하게 된다. 이때, 현재의 블록을 영상분할을 이용해 두 영역으로 나누고 분할된 각 영역을 인접 화소를 이용해 예측할 수 있다. 그리고 분할한 영상의 영역 정보를 예측지도(prediction map)이라 하는데, 이 정보를 부호화해 복호기에서 정확하게 예측을 수행할 수 있도록 해야 한다.

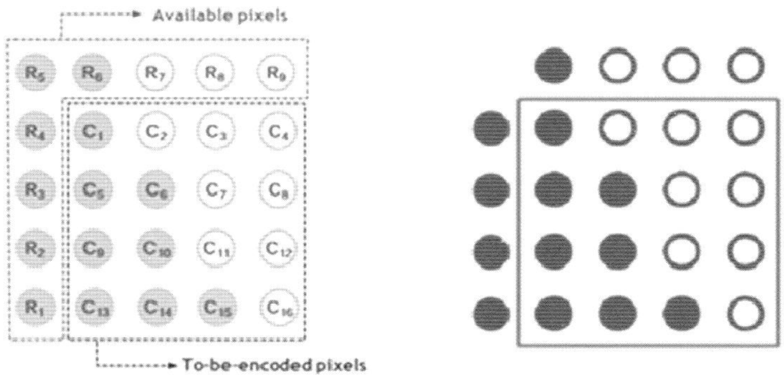

(a) 영상분할 결과 (b) 예측지도

〈그림 5-22〉 깊이 영상 부호화를 위한 영상 분할 [94]

삼성에서 제안한 인트라 예측 방법은 추가적인 인트라 예측 모드이므로 기존의 인트라 예측 모드들은 기본적으로 사용한다. 다만 어떤 모드가 가장 효율적인지 결정해야 하기 때문에 비트율-왜곡 비용값(rate-distortion cost)을 비교해 결정한다. 기존의 인트라 예측모드의 비용값은 복호된 영상과 원본 영상과의 왜곡도와 예측과 잔여 데이터 복원을 위한 제반 정보를 부호화할 때 발생하는 비트율을 이용해 계산한다 [34]. 그리고 PSIP는 사용여부를 가리는 flag 비트와 예측지도를 복원하기 위한 패턴 코드(pattern code)를 이용해 비트율을 계산한다. 패턴코드는 깊이 영상의 특성을 반영해 <그림 5-23(a)>과 같이 제한된 패턴 형태만 취한다. 실제로 깊이 영상의 경계 정보가 수직, 수평, 대각선 등의 형태를 보이므로, 임의 형태의 영상분할은 거의 발생하지 않는다. 이런 가정을 통해 생성한 패턴 코드는 <표 5-8>을 참조해 부호화 한다. 패턴 코드는 블록의 윗쪽 참조 영상을 기준으로 위에서 아래로 그 차이를 반영해 부호화 한다. <그림 5-23(b)>의 예시를 이용하면, 첫번째 줄의 패턴은 윗쪽 참조 화소와 비교했을 때 왼쪽으로 한 칸 이동했으므로, +1이동이 된다. 이럴 경우 <표 5-8>에 의해 '01'을 부호화 한다. 이어서 두번째 줄의 패턴은 바로 위의 패턴에 비해 왼쪽으로 두 칸 이동했으므로 '0001'을 부호화하게 된다. 이런 원리로 한 블록의 패턴지도를 부호화 한다.

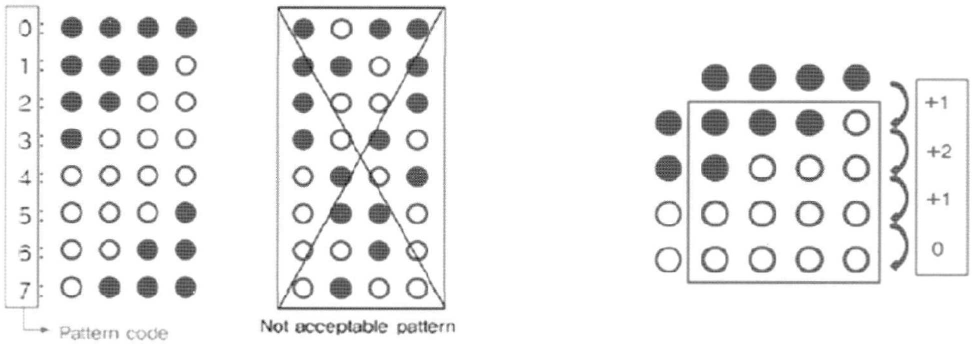

(a) 부호화가 가능한 패턴코드 (b) 패턴코드 부호화 예

〈그림 5-23〉 이용 가능한 패턴코드와 패턴코드 부호화 방법 [94]

〈표 5-8〉 패턴코드를 부호화하기 위한 바이너리 코드

Pattern code diff.	Binary code
0	1
+1	01
-1	001
+2	0001
-2	00001
+3	000001
-3	0000001
…	…

다음의 <소스코드 5-5>는 Intra4x4에 PSIP를 적용한 실제 소스코드이다. 이 함수 이외에도 PSIP는 'PSIP16x16_pred', 'intra8x8_PSIP_pred', 'get_i4x4_dc'과 같이 같은 기능을 수행하되 블록의 크기가 다른 함수들도 구현이 되어 있다.

〈소스코드 5-5〉 PSIP의 Intra4x4 함수

```
static inline void get_i4x4_PSIP( imgpel **cur_pred, imgpel *PredPel, Macroblock *currMB, int
                    img_x, int img_y )
```

```
{
    int n, m, k;
    int cnt[2] = {0,0};
    int predMap[5][5];
    int rRepVal[2] = {0,0}, rRepTh;
    imgpel rMax = 0, rMin = 255;
    imgpel rVal[8];

    int nHorSeg = 0, nVerSeg = 0;
    int A[5];
                // 0000  0001  0011  0111  1111  1110  1100  1000
    int b[8] = { 0x00, 0x01, 0x03, 0x07, 0x0f, 0x0e, 0x0c, 0x08 }; // 패턴 코드 정의
    unsigned int bitHorEdge, bitVerEdge;
    int horInfo[5], verInfo[5];
    int horCodeDiff[4], verCodeDiff[4];

    PixelPos pLeft, pUp;
    imgpel** img_org = currMB->p_Vid->pCurImg;
    imgpel **imgY = currMB->p_Vid->enc_picture->imgY;
    char* iCodeDiff4x4;
    int                         b4;
    int by[16] = { 0, 0, 1, 1, 0, 0, 1, 1, 2, 2, 3, 3, 2, 2, 3, 3 };
    int bx[16] = { 0, 1, 0, 1, 2, 3, 2, 3, 0, 1, 0, 1, 2, 3, 2, 3 };

    b4 = currMB->iLuma4x4BlkIdx;
    currMB->iBitEdge4x4[b4] = 0;
    iCodeDiff4x4 = currMB->p_Vid->iCodeDiff4x4[b4];

    /////영상 분할 /////
    getNonAffNeighbour(currMB,(bx[b4]<<2) - 1, by[b4]<<2   ,
                        currMB->p_Vid->mb_size[IS_LUMA], &pLeft);
    getNonAffNeighbour(currMB, bx[b4]<<2    ,(by[b4]<<2) -1,
                        currMB->p_Vid->mb_size[IS_LUMA], &pUp);

    for( n = 0 ; n < 4 ; n++ )
```

```
        rVal[n] = imgY[pUp.pos_y][pUp.pos_x+(3-n)];

    for( m = 0 ; n < 8 ; n++, m++ )
        rVal[n] = imgY[pLeft.pos_y+m][pLeft.pos_x];

    for( n = 0 ; n < 8 ; n++ ) {
        if( rVal[n] < rMin )  rMin = rVal[n];
        if( rVal[n] > rMax )  rMax = rVal[n];
    }
    rRepTh = (imgpel)(( rMax + rMin ) / 2 );
    if( rMax - rMin < 4 )  { currMB->iBitEdge4x4[b4] = SHRT_MAX; return; }

    rRepVal[0] = rRepVal[1] = cnt[0] = cnt[1] = 0;
    for( n = 0 ; n < 8 ; n++ ) {
        if( rVal[n] > rRepTh ) { rRepVal[1] += rVal[n];  cnt[1]++; }
        else  { rRepVal[0] += rVal[n];  cnt[0]++; }
    }

    rRepVal[1] =(imgpel)( rRepVal[1] / cnt[1] );
    rRepVal[0] =(imgpel)( rRepVal[0] / cnt[0] );
    rRepTh =(imgpel)(( rRepVal[1] + rRepVal[0] ) / 2 );

    for( n = 0 ; n < 4 ; n++ )
    {
        for( m = 0 ; m < 4 ; m++ )
        {
            if( img_org[currMB->opix_y+img_y+n][currMB->pix_x+img_x+m] > rRepTh )
            {
                cur_pred[n][m] = rRepVal[1]; predMap[n+1][m+1] = 1;
            }
        else {
                cur_pred[n][m] = rRepVal[0]; predMap[n+1][m+1] = 0;
            }
        }
    }
```

```
for( n = 1 ; n < 5 ; n++ )  predMap[0][n] =( rVal[4-n] > rRepTh ? 1 : 0 );
for( n = 1 ; n < 5 ; n++ )  predMap[n][0] =( rVal[n+3] > rRepTh ? 1 : 0 );

/////////// Bi-level Prediction ////////
// hor-edge
for( n = 0 ; n < 5 ; n++ )
{
    A[n] = predMap[n][1] +(predMap[n][2]<<1) +(predMap[n][3]<<2)
          +(predMap[n][4]<<3);

    for( k = 0 ; k < 8 ; k++ )
        if( A[n] == b[k] ) {  nHorSeg++;  horInfo[n] = k; }
}

if( nHorSeg == 5 )
{
    bitHorEdge = 0;
    for( n = 1 ; n < 5 ; n++ )
    {
        horCodeDiff[n-1] =( horInfo[n] - horInfo[n-1] + 12 ) % 8 - 4;

        bitHorEdge += abs( horCodeDiff[n-1] ) * 2 + 1;
        if( horCodeDiff[n-1] > 0 )  bitHorEdge -= 1;
    }
}
else if( nHorSeg < 5 )
    bitHorEdge = SHRT_MAX;

// ver-edge
for( m = 0 ; m < 5 ; m++ )
{
    A[m] = predMap[1][m] +(predMap[2][m]<<1) +(predMap[3][m]<<2)
          +(predMap[4][m]<<3);
```

```
        for( k = 0 ; k < 8 ; k++ )
            if( A[m] == b[k] ) { nVerSeg++;  verInfo[m] = k; }
    }

    if( nVerSeg == 5 )
    {
        bitVerEdge = 0;
        for( m = 1 ; m < 5 ; m++ )
        {
            verCodeDiff[m-1] =( verInfo[m] - verInfo[m-1] + 12 ) % 8 - 4;

            bitVerEdge += abs( verCodeDiff[m-1] ) * 2 + 1;
            if( verCodeDiff[m-1] > 0 )  bitVerEdge -= 1;
        }
    }
    else if( nVerSeg < 5 )
        bitVerEdge = SHRT_MAX;


    if( bitHorEdge < bitVerEdge )
    {
        currMB->iBitEdge4x4[b4] = bitHorEdge + 1;
        iCodeDiff4x4[0] = 0;
        for( n = 1 ; n < 5 ; n++ )  iCodeDiff4x4[n] = horCodeDiff[n-1];
    }

    else if( bitVerEdge <= bitHorEdge )
    {
        currMB->iBitEdge4x4[b4] = bitVerEdge + 1;
        iCodeDiff4x4[0] = 1;
        for( m = 1 ; m < 5 ; m++ )  iCodeDiff4x4[m] = verCodeDiff[m-1];
    }

}
```

중국의 Zhejiang 대학에서는 <그림 5-24>와 같이 참조 가능한 인접 블록의 그래디언트를 이용해 현재 블록의 방향을 예측하는 방법이다 [95]. 기존의 인트라예측 방향에 대한 추정을 인접 블록의 정보를 이용했다. 하지만 제안된 그래디언트 기반의 최우도 예측모드 추정 방법(gradient based most probable mode derivation)은 인접 블록의 부호화 정보를 이용하지 않고, 직접 인접 화소의 상황을 반영해 결정한다. 이 방법은 복잡도에 비해 낮은 효율로 인해 3DV-ATM에 적용되지 못했다.

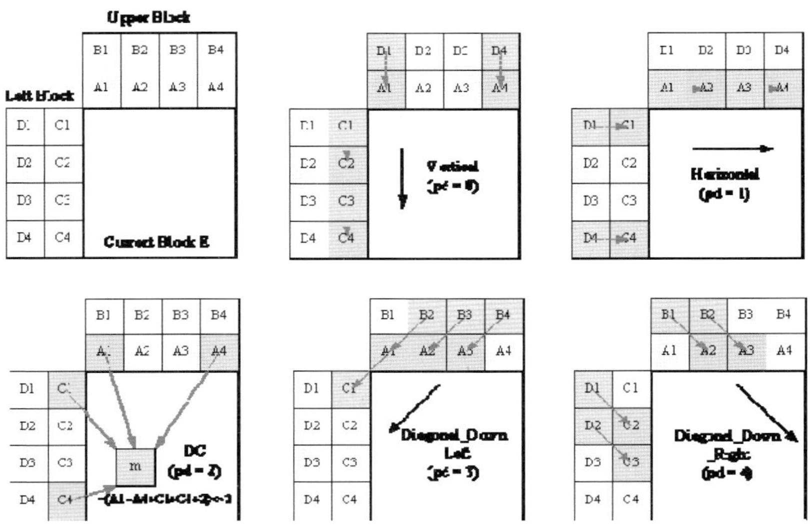

〈그림 5-24〉 그래디언트 기반의 예측모드 추정 방법 [95]

마지막으로 한국전자통신연구원(ETRI)와 경희대학교가 공동으로 제안한 깊이 영상의 인트라 생략 예측(depth intra skip prediction)에 대해 소개한다 [96]. AVC를 이용한 깊이 영상 부호화 특성을 분석해 보면 많은 영역에서 INTRA16x16으로 부호화됨을 알 수 있다. INTRA16x16모드는 각 예측방향과 cbp(coded block pattern)을 표시하는 mb_type정보를 전송하고, 잔여 데이터를 함께 전송한다. 하지만, <그림 5-25(a)>에 보인 것처럼 INTRA16x16모드의 위쪽과 왼쪽의 참조 화소를 이용해 예측방향을 결정하고 나머지 정보(cbp나 잔여 데이터)를 보내지 않는 인트라 생략(intra skip)모드가 제안됐다. 이 방법에서 이용하는 예측 방향은 수평, 수직, DC의 세 가지 모드만 이용한다. 예측 방향은 식 (5-10)과 <소스코드 5-6>의 법칙을 이용해 결정한다.

$$NOC(L) = \sum_{i=1}^{15} C(i), C(i) = \begin{cases} 1, & I(i) = I(i+1) \\ 0, & I(i) \neq I(i+1) \end{cases} \qquad (5\text{-}10)$$

여기서 L은 왼쪽의 참조화소를 나타내고, I(i)는 i번째 화소의 화소값을 나타낸다.

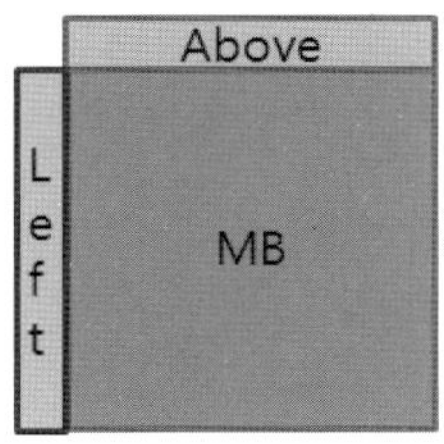

(a) 매크로블록과 인접 화소

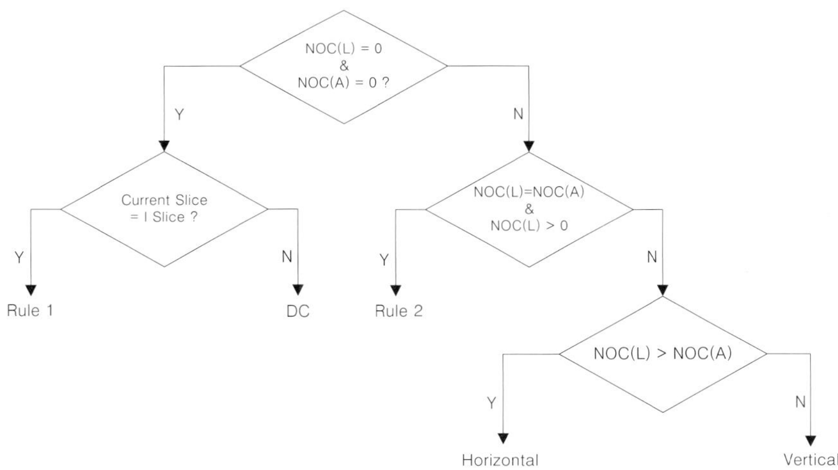

(b) NOC를 이용한 방향 예측

〈그림 5-25〉 인접화소의 유사도를 이용한 인트라 예측 방향 결정 [96]

〈소스코드 5-6〉 DISP의 인트라 방향 예측 방법

```
<Rule 1>

if(left MB = ver I16x16 mode & above MB = ver I16x16 mode)
: vertical direction
```

```
else if(left MB = hor I16x16 mode & above MB = hor I16x16 mode)


<Rule 2>

if(left MB = ver I16x16 mode & above MB = ver I16x16 mode)
: vertical direction
else if(left MB = hor I16x16 mode & above MB = hor I16x16 mode)
: horizontal direction
else if(left MB ≠ I16x16 mode & above MB = ver I16x16 mode)
```

여기에서 설명한 PSIP와 DISP는 부호기와 복호기에 모두 구현이 되어야 하므로 표준화 대상인 'normative issue'에 속한다. 현재 이 두 방법은 3DV-ATV에 구현되어 공통 테스트 조건에 포함되어 있다.

5.2.6 기타 AVC기반의 부호화 방법

지금까지 설명한 AVC기반의 부호화 방법 이외에 전역적 깊이값을 이용해 시점간 예측을 효율적으로 수행하는 방법을 일본의 NICT [97]와 Nagoya 대학[98]에서 제안했다. 먼저 일본의 나고야 대학에서는 기존의 광선 공간(Ray Space)을 이용한 자유시점 TV의 기술을 바탕으로 EPI(eipipolar plane image)을 이용한 전역적 깊이 영상(global depth map, GDM)으로 변환하는 깊이 영상 부호화 방법을 제안했다. 이와는 별도로 일본의 NICT에서는 다시점의 깊이 영상의 부호화 효율을 높이기 위해 깊이 영상을 한 시점의 깊이 영상으로 변환하고, 이로 인해 발생하는 깊이값 오류는 따로 전송하는 방법을 제안했다. <그림 5-26>은 이와 같은 방법을 도식화 한다. 깊이 영상 중 임의의 한 시점을 기준 시점(base view)로 결정하고, 나머지 시점에 대해서는 전역적 깊이 영상을 이용해 발생한 깊이값 오류(predicted residual)를 부호화 한다.

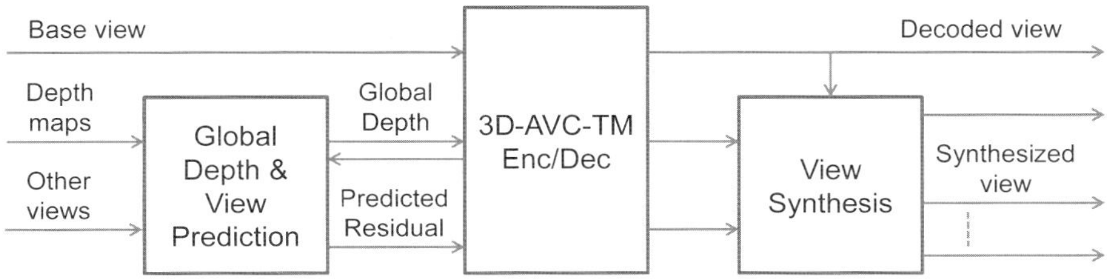

〈그림 5-26〉 전역적 깊이값을 이용한 깊이 영상 부호화 방법

삼성에서는 합성 영상의 화질을 고려한 비트율-왜곡 최적화 방법을 제안하여 깊이 영상을 부호화 할 때 이용하였다 [86]. 쉽게 설명하면, 만약 깊이 영상이 포함하고 있는 영상 왜곡이 합성 영상의 화질에 영향을 주지 못할 경우엔 깊이 영상의 화질 왜곡에 대한 고려를 하지 않아도 된다. 그러므로 비트율-왜곡 최적화 시에 깊이 영상의 왜곡이 합성 영상의 화질에 얼마나 영향을 줄 지를 예측해 최적의 부호화 방법을 결정하는 것이다. 이 방법은 큰 부호화 효율을 보이지만, 복호기에 구현이 되는 기술이 아니기 때문에 향후 표준화 과정의 귀추가 주목된다.

CHAPTER 6

HEVC기반의 3차원 비디오 부호화

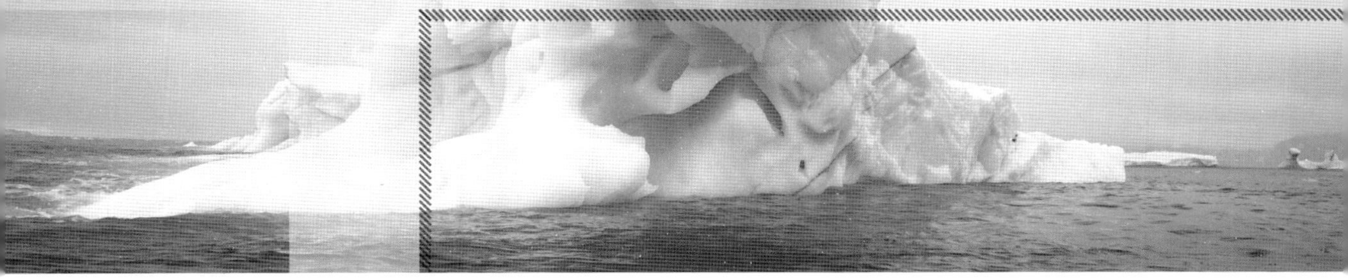

이번 장에서는 HEVC(high efficiency video coding)기반의 3차원 비디오 부호화 기술을 알아본다. H.264/AVC [34, 36] 비디오 부호화 표준은 2003년에 제정되어 방송 및 VOD(video on demand) 서비스와 같은 다양한 서비스에 이용되고 있다. 특히 디지털 TV에 HD급 이상의 고해상도의 영상이 이용되면서 효율적인 부호화 방법이 중요하게 됐다. 이런 요구에 부응하기 위해 ISO/IEC산하의 MPEG(moving picture experts group)과 ITU-T산하의 VCEG(video coding experts group)이 공동으로 설립한 JCT-VC(joint collaborative team on video coding) 그룹은 2010년 1월부터 고해상도 영상에 대한 고효율의 비디오 부호화 표준, 이른바 HEVC 기술에 대한 표준화 작업을 시작했다. HEVC는 초고해상도(ultra high definition, UHD) 영상도 효과적으로 부호화 할 수 있는 기술이므로, 향후 방송통신융합 서비스를 한층 더 발전시킬 새로운 기술이 될 것으로 예상된다.

이런 HEVC기술 표준이 진행되는 동안, MPEG의 3차원 비디오 부호화(3D video coding, 3DVC) 표준화 그룹에서는 3DVC가 호환할 수 있는 기술의 범위를 정했다. 기본적으로 3DVC기술은 한 시점 이상의 영상을 복원하는 역방향 호환성(backward compatibility)을 유지해야 하므로, AVC를 호환하는 기술을 제시했다. 또한 3DVC의 표준화 작업이 진행될 동안 HEVC의 표준안이 제정될 것이므로, HEVC를 이용하여 단일 시점의 영상을 복원할 수 있는 전방향 호환성(forward compatibility)을 기본 요구 조건으로 정했다 [27]. 이런 배경으로 3차원 비디오 부호화 기술 중에서 HEVC를 호환하는 기술이 다수 제안됐다. 그리고 이 기술을 바탕으로 개발된 참조 소프트웨어의 이름을 3DV-HTM(3D video coding -

HEVC-based test model)이라 정하고, 표준화 기술을 개발하고 있다.

이번 장에서는 HEVC 기술의 이해를 위한 기본 개념을 소개하고, 이어서 여러 기관에서 제안한 3D-HEVC 부호화 기술을 간략하게 소개한다. 더불어 3DV-HTM을 내려 받는 방법과 이용 방법을 간략히 소개한다.

6.1 HEVC의 기초

6.1.1 계층적 부호화 구조

HEVC가 기존의 H.264/AVC와 차별을 갖는 가장 큰 특징은 부호화 구조(coding structure)이다. H.264/AVC의 경우 부호화의 기본 단위인 매크로블록(macroblock)의 크기를 16x16으로 이용했다. 인트라 예측의 경우는 16x16, 8x8, 4x4의 쿼드-트리(quad-tree) 구조를 이용하여 부호화했다. 변환은 기본적으로 4x4단위로 수행되지만 FRExt 프로파일의 경우 8x8크기의 변환까지 사용한다. 이와 달리, HEVC는 새로운 부호화 단위를 정의하여 부호화할 화면의 특성에 따라 유동적으로 블록의 크기를 달리하여 부호화 한다 [36]. HEVC는 부호화 단위(coding unit, CU), 예측 단위(prediction unit, PU), 변환 단위(transform unit, TU)의 새로운 블록을 정의하여 사용한다. <그림 6-1>은 HEVC의 세가지 블록의 관계를 설명하기 위한 것이다.

먼저 부호화 단위(CU)를 설명한다. CU는 LCU(largest coding unit)과 부CU(sub-CU)로 구분할 수 있다. LCU는 부호화에서 이용하는 가장 큰 블록이다. LCU가 H.264/AVC의 매크로블록과 비슷한 개념이긴 하지만, LCU는 사용자가 직접 결정할 수 있다. LCU보다 작은 크기의 블록을 부CU라고 부르는데, 계층적 분할(hierarchical division)방식으로 나눈다. H.264/AVC의 경우처럼 매크로블록의 크기가 16x16으로 고정되어 있다면, 한번 분할한 블록의 크기는 8x8로 항상 고정되어 있다. 하지만, HECV의 LCU의 크기가 선택적으로 바뀔 수 있으므로, 부CU의 크기를 알기 위해서는 LCU의 크기와 깊이(depth)를 이용하면 알 수 있다. 예를 들어, <그림 6-1>에서 LCU의 크기가 128이라고 하면, LCU_1의 크기는 128이고 깊이는 0(depth=0)이 된다. 그리고 LCU_1의 하위 계층에 있는 네 개의 블록(CU_0, CU_1, CU_2,

CU_3)은 크기가 64x64가 되고 깊이는 1(depth=1)이 된다. 이와 같은 방식으로 분할하면 <그림 6-1>에 보이는 $CU_{2,3,2}$는 두 번 분할되어 깊이는 2(depth=2)가 되고 블록의 크기는 32x32가 된다. LCU가 계층적으로 분할되어 가질 수 있는 CU를 SCU(smallest coding unit)라고 부르는데, 이 값은 최대 깊이값(max partition depth)에 의해 결정된다. 만약 LCU가 128x128이고 최대 깊이값이 4일 경우, SCU의 크기는 8x8이 된다.

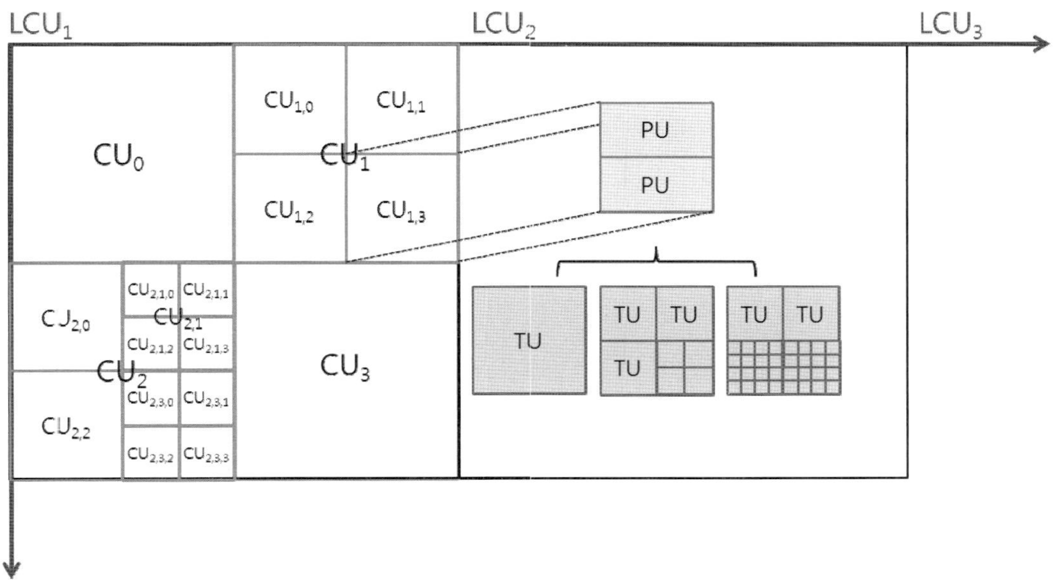

〈그림 6-1〉 HEVC의 부호화 구조

이와 같은 가변적인 CU크기는 몇 가지 장점이 있다. 첫째로, LCU의 크기를 조절하여 큰 블록을 이용할 수 있으므로, 화소값이 비슷한 영역일수록 비트를 적게 사용한다. 둘째로, 다양한 콘텐츠와 응용에 적용하기가 용이하다. 작은 해상도의 비디오에는 LCU의 크기를 작게 설정하면 되고, 큰 해상도의 비디오에는 LCU를 크게 설정하여 부호화할 수 있다. 아직 LCU를 사용하는 프로파일과 레벨은 정의되지 않았지만, 향후 HEVC의 표준화 과정을 통하여 응용에 따른 프로파일과 레벨이 정해질 것으로 예상된다.

다음으로 설명하는 단위는 예측 단위(prediction unit, PU)이다. 블록 분할 과정을 수행하고 난 후 부호화 단위가 결정되면, 현재의 CU를 기준으로 부호화를 위한 예측 과정이 수행된다. 이를 위해 다양한 크기의 블록을 이용하는데, 이때 사용하는 것이 예측 단위다. 기본적으로 PU는 CU보다 작거나 같은 크기로 결정된다. PU는 예측하는 방법(prediction type)과 분할(splitting) 과정을 통해 결정된다. 예측의 방법은 크게 생략(skip), 인트라(intra), 인터(inter) 중에 한 방법을 선택하여 부호화 한다. <그림 6-2>는 2Nx2N 크기의 CU에서 가능한 모든 PU의 경우를 보인 것이다. 인트라 PU는 두 개의 서로 다른 분할(2Nx2N과 NxN)을 수행한다. 그리고 인터 PU는 여덟 개의 서로 다른 분할(네 개의 대칭 분할과 네 개의 비대칭 분할)을 수행한다. 비대칭분할에서 nU, dD, nL, nR은 각각 N/2위치를 나타낸다. 비대칭 분할을 기존의 H.264/AVC에는 존재하지 않는 새로운 분할 방법이다. 생략 PU단위는 2Nx2N 만을 수행한다. 예측 단위 분할 과정에서 N은 CU의 크기에 따라 결정된다. 예를 들어, 부호화 단위의 크기가 128x128이면, 인트라 PU의 크기는 128x128과 64x64가 되고, 인터 PU의 크기는 128x128, 128x64, 64x128, 64x64, 128x32, 128x96, 32x128, 96x128이 된다.

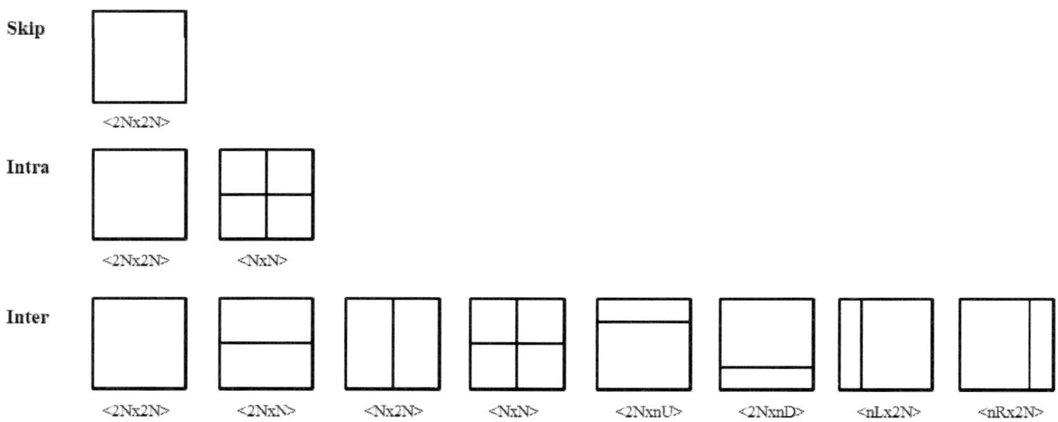

〈그림 6-2〉 예측 단위 분할의 예

HEVC에서 사용하는 계층적 부호화 구조는 반복적인 블록의 분할 과정을 통해 부호화하기 때문에 다양한 크기의 블록이 이용된다. 이런 구조를 바탕으로, 인터 예측에서 움직임 예측 및 보상(motion estimation and motion compensation)을 수행한 후, 각 블록의 움직임 데이터를 복호기에 전송해야 한다. H.264/AVC의 경우는 생략 모드(skip mode)를 제외한 모든 예측 모드에서 각 블록의 움직임 정보를 모두 전달하지만, HEVC에서는 분할 크기가 같은 인접한 블록과의 움직임 정보를 비교한다. 움직임 정보가 인접 블록과 비슷할 경우 블록을 병합하여 움직임 정보를 한번만 블록 병합(block merging) 기술을 이용한다.

블륵 병합은 현재 블록 이전에 부호화가 수행된 모든 블록 중 블록 병합이 가능한 인접 블록을 선택하여 수행한다. 블록 병합에 이용 가능한 블록은 현재 블록을 기준으로 왼쪽에 위치한 블록과 위쪽에 위치한 블록이고, 이들 중 인터로 예측된 블록만 이용 가능하다. 만약 이용 가능한 블록 중에서 움직임 정보(motion vector, reference index)가 동일하다면 병합 블록을 이용하도록 설정하고, 이를 표시하기 위한 플래그 비트(merge_flag)를 전송한다. 그리고 왼쪽의 블록과 오른쪽의 블록 중에서 어느 블록과 병합하는지 표시하기 위해 merge_left_flag를 이용하여 표시한다. 1이면 왼쪽 블록이 선택되고, 0이면 위쪽 블록이 선택된다.

마지막으로 변환 단위(transform unit, TU)에 대해서 설명한다. 앞의 <그림 6-1>에서 간략히 소개한 대로, TU는 예측 단위(PU)가 결정된 다음에 수행된다. 기존 H.264/AVC에서는 변환 크기가 8x8이나 4x4로 제한돼 있지만, HEVC에서의 TU는 크기의 제한이 없다. 하지만, PU보다 클 수는 있지만 CU보다는 클 수 없다. TU의 크기는 PU 분할에 따라 두 개의 서로 다른 크기의 TU를 가질 수 있다. 따라서 CU내의 TU의 크기는 변환 단위 크기 플래그(transform unit size flag)에 의해 결정된다. 만약 이 플래그가 0이면, TU의 크기는 CU와 크기가 같다. 반대로, 플래그가 0이면, TU의 크기는 PU의 분할 방법에 따라 NxN와 N/2xN/2로 구별된다. 이렇게 다를 수 있는 이유는 PU가 대칭 예측 분할 뿐만 아니라, 비대칭 예측 분할을 수행하기 때문이다.

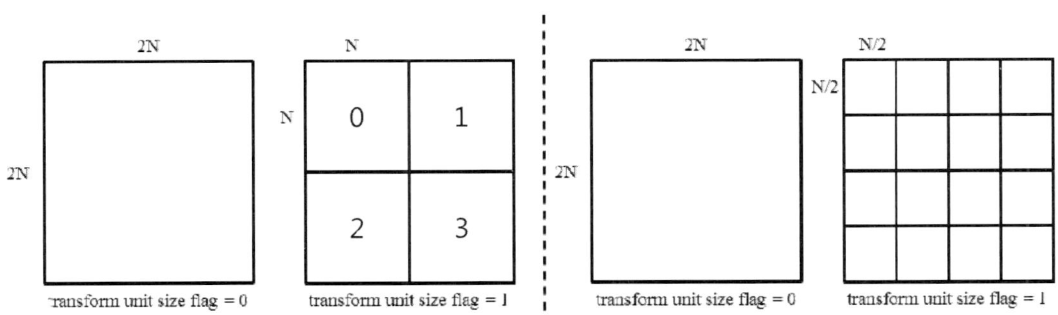

(a) 대칭 분할 (b) 비대칭 분할

〈그림 6-3〉 변환 단위 크기 플래그 값에 따른 변환 단위의 예

<그림 6-3>은 CU의 크기가 2Nx2N일 때, TU의 크기를 보인 것이다. TU의 크기는 변환

단위 크기 플래그와 PU 분할에 따라 TU의 크기는 2Nx2N, NxN, N/2xN/2로 구별된다. <그림 6-3(a)>의 경우 분할될 수 있는 블록의 크기가 2Nx2N과 NxN이므로, 변환 단위 크기 플래그의 값에 따라 2Nx2N과 NxN 크기의 변환을 사용한다. 하지만 <그림 6-3(b)>의 비대칭 분할 과정의 경우 분할 될 수 있는 블록의 최소 크기가 N/2이므로, TU의 크기는 최소 N/2xN/2가 되어야 한다. 따라서, PU가 비대칭으로 되면, 변환단위 크기 플래그 값에 따라 2Nx2N과 N/2xN/2 크기의 변환을 사용한다.

6.1.2 인트라 예측(intra prediction)

HEVC의 인트라 예측 기술은 H.264/AVC의 기술을 바탕으로 보다 정밀하고 다양하게 발전했다. HEVC의 인트라 예측 기술이 H.264/AVC의 인트라 예측과 비교했을 때 가장 큰 차이를 보이는 것은 예측 모드의 수이다. H.264/AVC는 4x4와 8x8 크기의 블록에 총 9개의 예측 방향과, 16x16크기의 블록에 대해 4개의 예측 방향을 이용했지만, HEVC는 모드 블록 크기에 대해 <그림 6-4>와 같이 총 35개 방향을 이용한 인트라 예측을 제공한다. 늘어난 방향 수만큼 방향을 표시하기 위한 정보량도 증가하게 되지만, 다양한 방향의 예측을 이용함에 따라 예측의 정확도가 증가하게 되고, 이로 인해 잔여 데이터가 줄어들기 때문에 다양한 방향의 예측을 이용한다. <표 6-1>은 각 인트라 예측 방법에 따른 할당된 모드 번호를 보인 것이다. 0번 모드는 Planar 예측, 1번 모드는 DC모드, 2번부터 34번은 <그림 6-4>와 같은 방향성 모드, 그리고 35번 모드는 색차 블록에서만 쓰이는 Intra_FromLuma 모드이다.

〈표 6-1〉 HEVC의 모드별 인트라 예측 모드

모드 번호	예측 모드
0	Intra_Planar
1	Intra_DC
2, …, 34	Intra_Angular
35	Intra_FromLuma(색차 블록에서만 사용)

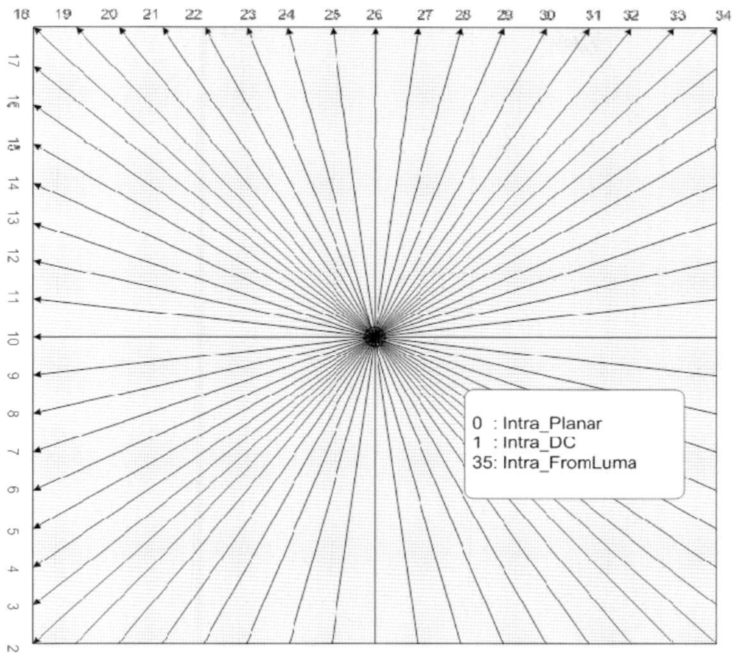

〈그림 6-4〉 HEVC의 인트라 예측 모드

0번 모드인 Planar 예측에 대해서 알아보자. Planar 영상은 값의 차이가 크지 않으나 값의 변화가 점진적으로 변화하는 영상에 효과적인 모드이다. <그림 6-5>에 보인 것처럼, 부호화할 현재 블록 주변의 참조 화소들을 이용하여 현재 블록 내의 화소값을 결정한다. 먼저 위쪽의 참조 화소(TR)을 대상 화소의 가장 오른쪽 위치에 복사하고, 동일한 높이의 왼쪽 참조 화소를 이용하여 보간을 수행한다. 그리고 동일한 방법을 이용하여, 왼쪽의 참조 화소(LB)를 대상 화소의 가장 아래에 복사하고, 동일한 너비의 위쪽 참조 화소를 이용하여 보간을 수행한다. 이렇게 결정된 두 값의 평균값을 대상 화소의 값으로 결정한다. 이렇게 결정한 영상은 인접 화소의 값을 점진적으로 변화시킨 효과를 얻을 수 있다.

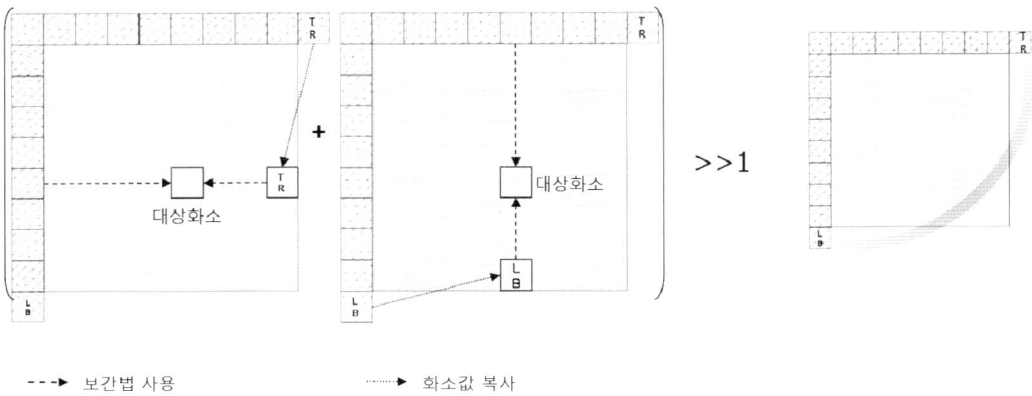

〈그림 6-5〉 8x8블록의 Planar 예측

1번 모드인 DC 예측은 H.264/AVC와 유사하게 동작한다. 현재 PU의 크기가 nS라고 가정 하고, 위쪽 블록의 참조 화소를 A, 왼쪽 블록의 참조 화소를 B라고 하자. 그러면 <그림 6-6>과 같이 인접한 참조 화소 A와 B의 평균값으로 현재 블록을 예측한다. 만약 현재 블록이 영상의 가장 위쪽에 위치해 있다면 A의 값들을 이용할 수 없으므로, B의 평균을 이용하고, 현재 블록이 영상의 왼쪽에 위치해 있다면 B의 화소값을 이용할 수 없으므로, A의 평균을 이용한다.

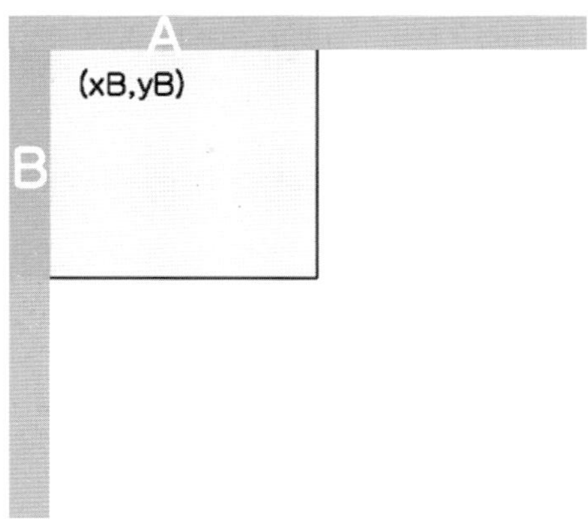

〈그림 6-6〉 DC 예측모드

2번부터 34번까지는 <그림 6-4>에 보인 것과 같이 총 33개의 방향으로 예측을 수행하는 Angular 예측이다. 이 Angular 예측은 원심을 기준으로 일정한 간격으로 방향을 나누었기 때문에 각 예측의 방향이 참조 화소에 도달했을 때는 일정한 간격으로 결정되지 않는다. <그림 6-7(a)>는 이와 같은 문제를 보인 것으로, 8x8블록의 가장 가장자리의 화소를 30번 모드로 예측했을 때 정확히 A의 화소가 매핑이 되므로, A의 값을 그대로 이용할 수 있자. 하지만, B의 화소와 같은 경우는 같은 방향으로 예측을 할 때 참조할 화소의 결정이 모호해진다. 이러할 경우, <그림 6-7(b)>와 같이 선형 보간법을 이용하여 B의 값을 예측하게 된다. 참조하는 블록을 AR_1과 AR_2라고 할 때, 그 사이의 거리를 32등분하고, 예측하는 모드의 방향에 따라 B를 참조할 위치를 결정한다. 만약 그 위치가 <그림 6-7>과 같이 13일 경우는 식 (6-1)과 같은 식을 이용하여 대상 화소인 P_{00}의 값을 결정한다.

$$P_{00} = (19 \times AR_1 + 13 \times AR_2) / 32 \qquad (6\text{-}1)$$

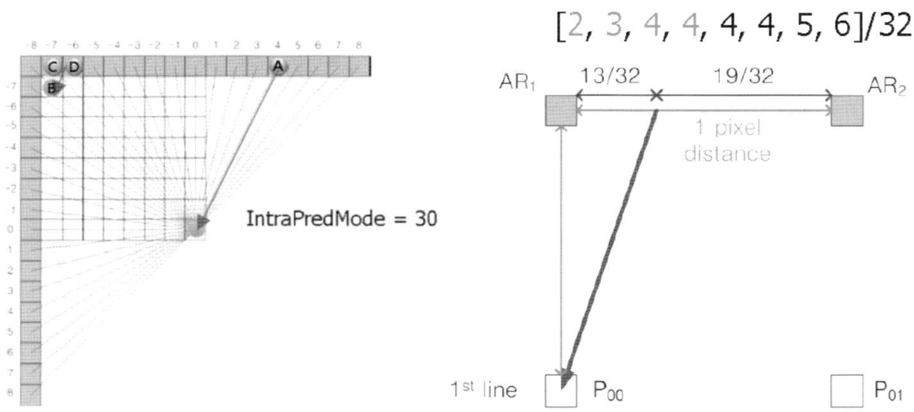

(a) 방향성 예측에 따른 참조 화소 결정　　(b) 선형 보간을 위한 예측값 결정

〈그림 6-7〉 Angular예측 방법

인트라 예측에서 각 방향에 대한 설명 이외에 중요한 기술은 방향성을 예측하는 방법이다. 인트라 예측을 이용하는 블록은 예측하는 방향을 전송해야 한다. 가장 쉬운 방법은 방향 정보를 그대로 전송하는 것이지만, 방향이 총 33가지가 되므로 값의 전송해야 할 정보량이 많아진다. 이런 단점을 보완하기 위해, 인접한 블록의 방향 정보를 이용하여 현재 블록의 방향을 예측하고, 그 차이값만 전송하는 방법을 이용한다. 이렇게 예측한 모드 정보를 최고 확률 모드(most probable mode, MPM)이라고 한다. H.264/AVC에서 최고 확률 모드를 계산하

기 위해 한가지의 방법만 이용했지만, HEVC에서는 총 세 개의 MPM계산 방법을 이용한다.

<그림 6-8>은 MPM을 결정하는 방법을 설명한 것이다. 왼쪽의 참조 블록(left PU)과 위쪽의 참조 블록(above PU)의 참조 가능성을 먼저 점검하고, 각 블록의 예측 방법이 인트라 모드인지 확인한다. 만약 인트라 모드일 경우 각 블록의 MPM을 확인하여 세 개의 MPM을 결정한다. MPM 중에서 최종으로 이용할 모드는 세 개의 구문 요소(syntax element)를 이용하여 결정한다. 만약 현재의 실제 모드가 MPM 후보 중 하나와 동일하면 prev_intra_pred_flag가 1로 설정된다. 그리고 실제 모드가 MPM[0]과 동일하면 mpm_idx를 0, MPM[1]과 동일하면 mpm_idx를 1, MPM[2]과 동일하면 mpm_idx를 2로 설정한다. 하지만 현재의 실제 모드가 MPM 후보에 없을 경우에는 prev_intra_pred_flag가 0으로 설정되고, rem_intra_pred_mode를 실제 모드로 설정하여 부호화 한다.

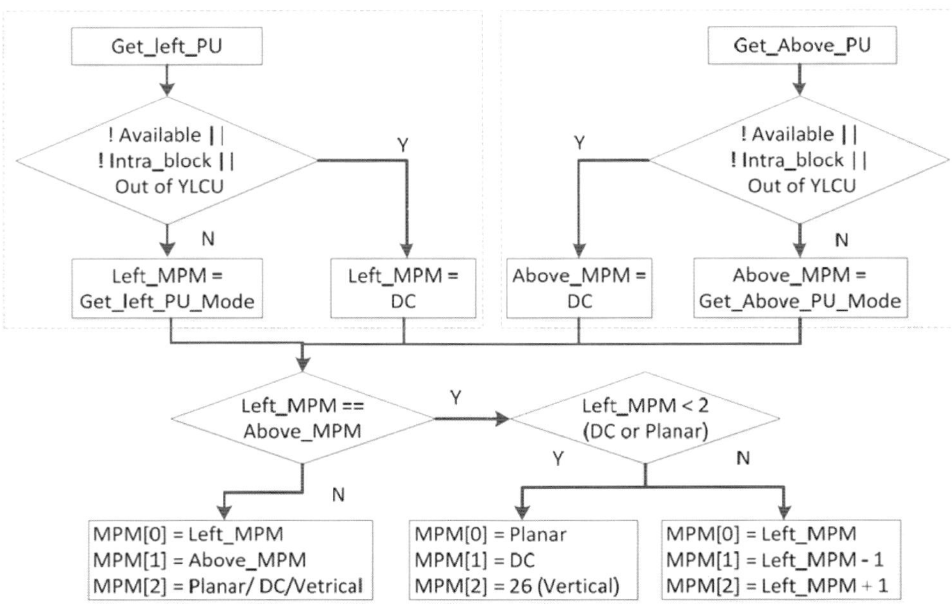

〈그림 6-8〉 최고 예측 모드(MPM) 결정 방법

6.1.3 인터 예측(inter prediction)

이번 절에서는 HEVC의 인터 예측을 설명한다. HEVC의 인터 예측은 H.264/AVC에서 이용한 움직임 예측을 기본으로 사용하지만, 정확한 움직임 예측 방법과 움직임 정보량을 줄

이기 위한 기술을 추가했다. 적응적 움직임 벡터 예측(advanced motion vector prediction)은 현재 PU와 주변의 참조 가능한 PU의 움직임 벡터의 시/공간적 상관성을 이용하여 수행한다. H.264/AVC에서 수행하는 움직임 벡터 예측 방법은 인접한 참조 가능한 블록의 움직임 벡터의 중간값(median)을 이용하는 것이다. 하지만 HEVC에서는 보다 정확한 움직임 벡터 예측을 위해 시간적/공간적 움직임 벡터를 다양하게 조사하고 가장 효율적인 움직임 벡터를 선택하는 방법을 이용한다.

HEVC의 움직임 벡터 예측 과정은 <그림 6-9>로 설명할 수 있다. 먼저 현재 블록에서 참조하는 참조 화면 리스트 정보를 바탕으로 5개의 공간적 움직임 벡터 후보 중에서 두 개의 후보 벡터를 선택하고, 2개의 시간적 움직임 벡터 후보 중에서 한 개의 후보 벡터를 선정한다. 이렇게 취합한 후보 벡터 중에서 중복되는 움직임 벡터를 제거한 후, 남아 있는 후보가 2개보다 적을 경우 제로 벡터를 추가한다. 마지막으로, 후보 움직임 벡터에서 상위 두 개의 움직임 벡터를 선택한다.

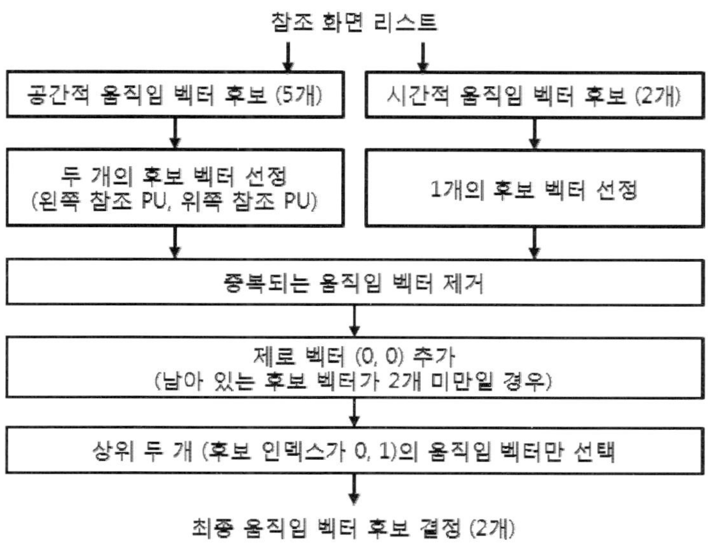

〈그림 6-9〉 움직임 벡터 후보 결정 과정

공간적 움직임 벡터 예측을 위한 후보 벡터 결정 단계에서는 <그림 6-10>과 같이 현재 블록의 좌측에서 1개, 상단에서 1개, 총 2개의 후보가 탐색된다. 이때 탐색한 각 블록이 참조 가능

(available)해야 하고, 인터 예측을 통해 부호화가 되어야 한다. 만약 이런 조건을 만족하지 못하면 그 블록은 건너뛰게 된다. 탐색 순서는 각각 $A_0 \rightarrow A_1 \rightarrow$ scaled $A_0 \rightarrow$ scaled A_1, $B_0 \rightarrow B_1 \rightarrow B_2 \rightarrow$ scaled $B_0 \rightarrow$ scaled $B_1 \rightarrow$ scaled B_2이다.

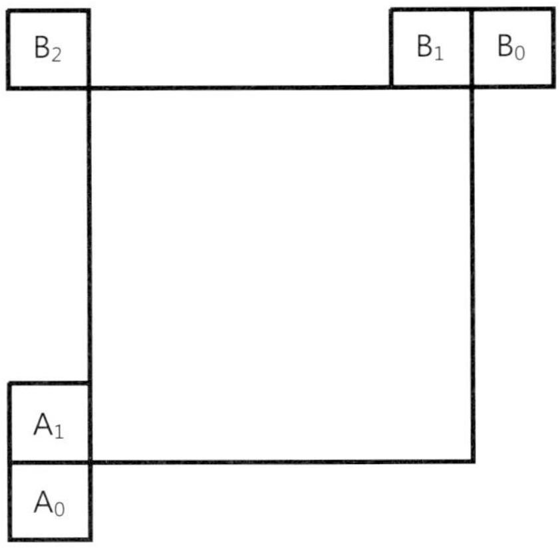

〈그림 6–10〉 공간적 움직임 벡터 예측 후보를 결정하기 위한 블록 접근 순서

시간적 움직임 벡터 예측은 다음의 <그림 6–11>과 같이 수행된다. 주어진 참조 화면 중에서 현재 화면과 POC 차이가 가장 작은 화면(현재 화면과 가장 가까운 화면)에서 현재의 PU와 동일한 위치의 PU(co–located PU)를 기반으로 움직임 벡터를 예측한다. 동일 위치 PU의 정보를 얻기 위해서는 참조 화면 리스트의 정보를 슬라이스 헤더에서 전송한다. 시간적 움직임 벡터 예측은 <그림 6–11(b)>와 같이 각 참조 리스트(LIST_0, LIST_1)에서 하나씩 선발된다. 시간적 움직임 벡터 후보를 결정하기 위한 스케일링된 움직임 벡터는 다음의 식 (6–2)와 (6–3) 과 같이 현재 화면과 참조 화면의 POC거리에 따라 결정된다. 보다 자세한 내용은 참고문헌 [36, 99]을 참고하기 바란다.

$$DistScaleFactor = \frac{POC_{curr} - POC_{ref}}{POC_{col} - POC_{col\_ref}} \tag{6–2}$$

$$Scaled\_MV = \frac{sign(DistScaleFactor \cdot MV) \cdot (|DistScaleFactor \cdot MV| + 127)}{256} \tag{6–3}$$

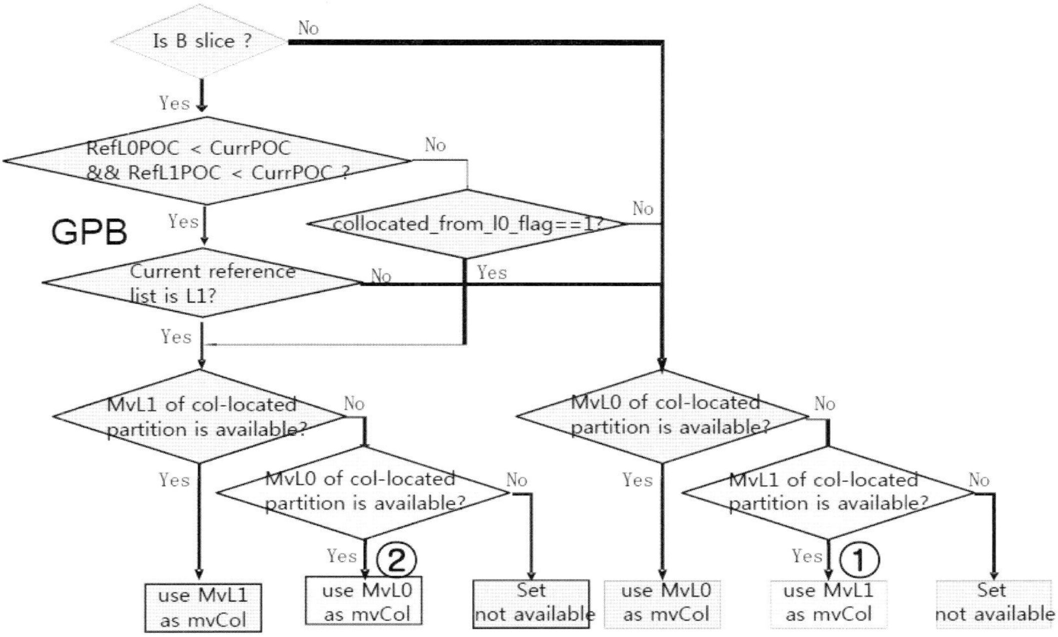

(a) 시간적 움직임 벡터 예측을 위한 블록 다이어그램

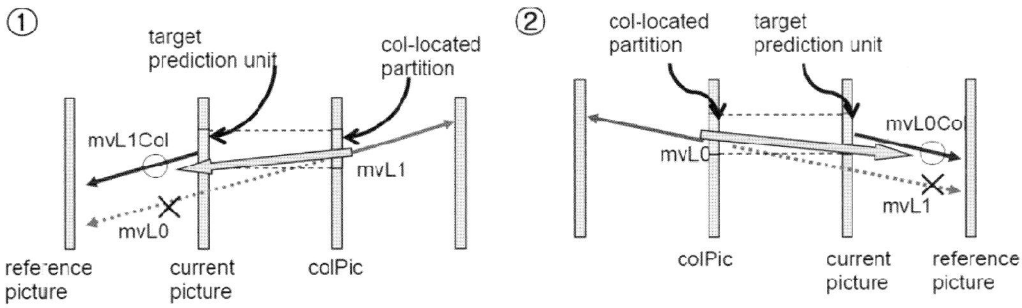

(b) 시간적 움직임 벡터 예측 개념도

〈그림 6–11〉 시간적 움직임 벡터 예측

6.2 HEVC기반의 참조 소프트웨어(3DV–HTM)

2011년 3월에 배포된 제안요청서에 대한 응답으로 같은 해 7월 회의에서는 총 12개 기관이 다양한 부호화 방법을 제안했다. 그리고 그 다음 회의인 10월 회의에서는 각 기관에서 제

안한 기술의 평가 결과가 발표됐다. 그 결과 HEVC기반의 부호화 방법은 독일의 연구기관인 HHI에서 제안한 방법이 가장 좋은 평가를 받았다. 이에 MPEG 3차원 비디오 부호화 그룹에서는 HHI에서 제공한 소프트웨어(HM5.0)를 기반으로 3차원 비디오 부호화 기술을 구현한 소프트웨어를 참조 소프트웨어로 지정했다 [100]. 그리고 타 기관에서 제안한 기술을 함께 통합하여 3DV-HTM [101]이라 명명하고 객관적인 성능 평가를 수행하고 있다. <표 6-2>는 HEVC기반의 3차원 비디오 부호화 기술을 총 10개의 핵심 실험(core experiments)으로 구분한 것을 정리한 것이다 [102]. 이 표에 기술한 방법들은 3DV-HTM에 구현되어 각 CE 그룹별로 성능 평가가 이루어 지고 있다. 예를 들어, CE1의 기술이 텍스쳐 영상을 위한 영상 합성 예측(view synthesis prediction for texture)을 이용한 부호화 방법인데, 여러 기관들이 제안한 방법 중에서 가장 우수한 성능을 보이는 방법이 표준에 선택된다.

<표 6-2>에 보인 기술들은 10개 기관들이 제안한 방법을 각 세부 기술별로 구분한 것이다. CE의 구성은 회의마다 재정비 되므로 표에 보인 구성 현황은 참고만 하기 바란다. 이렇게 나열한 CE 중에서 일부는 3DV-HTM에 구현되어 성능 평가가 이루어져 소프트웨어에 채택(adopted)됐고, 일부는 성능 평가 결과 부호화 효율이 낮아 채택되지 못한다. 이번 절에서는 2012년 12월에 배포된 3DV-HTM 5.0을 기준으로 소프트웨어에 구현된 기술을 자세히 기술한다. 그리고 각 기술별로 소프트웨어에 구현되어 있는 부분을 보이고, 각 함수의 기능을 간략히 소개한다.

〈표 6-2〉 HVC기반의 3차원 비디오 부호화 기술의 분류

CE그룹	기술 구분	참여기관
CE1	View synthesis prediction for texture	Poznan 대학, Aachen 대학, 삼성
CE2	View synthesis prediction for depth	Poznan 대학, Aachen 대학, LG, 삼성
CE3	Motion Parameter Prediction and Coding	Sony, LG, HHI, 광운대학교
CE4	Transform Coding for Depth	Poznan 대학, ETRI&KWU, 삼성
CE5	In-loop Filtering for Depth	Poznan 대학, MERL, Nokia, ETRI&KWU, Aachen 대학
CE6	Prediction Parameter Coding for Motion Data and Intra Prediction Modes	HHI, Aachen 대학, Sony, 삼성, ETRI&KWU
CE7	Coding of Quantization Parameters	삼성

CE8	Component Extraction	HHI, Ericsson
CE9	Prediction Structures for Inter-view Prediction	삼성
CE10	Modified Distortion Measure for Depth Coding	HHI, Poznan 대학, 삼성, LG, Zhejiang 대학

6.2.1 HTM 내려 받기와 실행 방법

앞에서 간략히 소개했지만, 현재 3차원 비디오 부호화는 2012년 1월부터 ISO/IEC산하의 MPEG(moving picture experts group)과 ITU-T산하의 VCEG(video coding experts group)이 협력하여 JCT-3V(joint collaborative team on 3D video)라는 표준화 그룹을 신설하여 표준화 작업을 진행하고 있다. 그렇기 때문에 3차원 비디오 부호화의 표준화 과정에서 생성되는 모든 문서와 참조 소프트웨어는 공개되어 있다. 그러므로 각 문서와 기고서는 해당 링크를 통해 확인할 수 있다.

앞장에서 소개한 대로 JCT-3V의 메일링 리스트에 가입하면, 표준화 그룹에 참여하고 있는 전문가들이 논의하고 있는 상황을 직접 살펴볼 수 있다. 아래의 링크에 접속하여 메일링 리스트에 가입하면 된다 [81]. 메일링 리스트에 가입을 마치게 되면, 3차원 비디오 부호화의 표준화를 위한 논의에 참여할 수 있다.

메일링 리스트에 가입을 마친 후에 수행해야 할 일은 3DV-HTM 소프트웨어를 직접 내려 받는 것이다. 참고문헌의 링크 [100]에 접속하면 <그림 6-12>와 같은 화면을 확인할 수 있다. <표 6-3>은 서버에 접속하기 위한 아이디와 비밀번호이다. 이 '/trunk' 폴더에 있는 버전은 가장 최신의 소프트웨어가 저장되어 있다. 상위 폴더에 접속하여 '../tags/' 폴더에 접속해 보면 그 동안 개발한 버전이 저장되어 있다. 그 중 관심 있는 버전의 소프트웨어를 다운 받으면 된다.

〈표 6-3〉 3DV-HTM이 저장된 서버에 접속하기 위한 정보

user name	mpeg3dv_guest
password	eek9Po$F

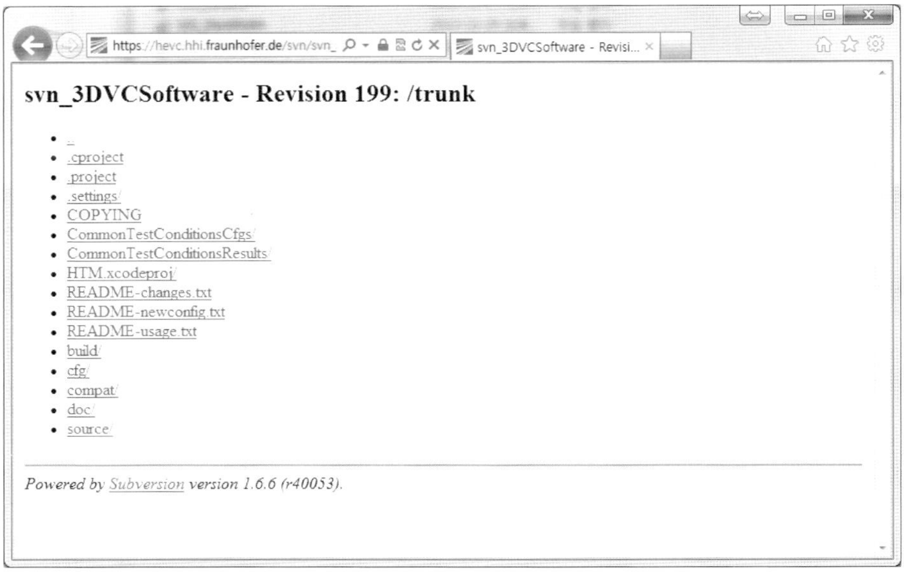

〈그림 6-12〉 3DV-HTM 소프트웨어 저장공간

3DV-HTM을 성공적으로 내려 받았다면 대상 하드 드라이브에 새로운 폴더가 새로 생성됨을 확인할 수 있다. 내려 받은 소프트웨어의 각 폴더별 상세 내용은 <표 6-4>에서 확인 할 수 있다.

〈표 6-4〉 내려 받은 3DV-HTM 소스의 각 폴더의 내용

폴더	내용
bin	소프트웨어 빌드 후 생성되는 바이너리들(실행파일)이 위치한다.
build	소프트웨어를 열기 위한 프로젝트 파일이 저장되어 있다. Visual Studio는 'sln'확장자의 파일을 열면 되고, Linux 환경에서는 Makefile을 이용한다.
cfg	3DV-HTM 부호화기를 실행하기 위한 기본 환경 설정 파일(configuration files)이 포함되어 있다. 현재 JCT-3V에서 사용되고 있는 테스트 영상의 카메라 파라미터와 cfg파일들을 확인할 수 있다.
CommonTestConditionsCfgs	JCT-3V 그룹에서 제시한 공통 테스트 조건(common test conditions)에 따라 미리 설정해 놓은 환경 설정 파일이 포함되어 있다.

CommonTestConditionsResults	이전 버전의 소프트웨어와 최신 버전의 소프트웨어의 실험 결과를 비교한 스트레드시트(xls)가 포함되어 있다.
compat	변수의 타입을 정의하는 'stdint.h'파일이 포함되어 있다.
doc	HEVC의 기본 소프트웨어인 HM을 설명하는 파일이 저장되어 있다. 특히 'README_data-structure.ppt'파일에는 부호화 구조를 설명한 내용이 포함되어 있다.
source/App	3DV-HTM의 부호기/복호기/비트스트림 추출기/영상 합성 기술의 소스파일이 포함되어 있다.
source/Lib	3DV-HTM의 라이브러리 파일이 포함되어 있다.

내려 받은 3DV-HTM 소프트웨어를 빌드하기 위해서는 두 가지 방법을 이용할 수 있다. 첫번째는 마이크로 소프트사에서 제공하는 Visual Studio를 이용한 빌드 방법이고, 두번째는 리눅스 환경에서 gcc 컴파일러를 이용한 빌드 방법이다.

Visual Studio를 이용하여 빌드할 경우를 먼저 살펴보다. 내려 받은 소스코드에서 'build' 폴더를 살펴보면 'HM_vc10.sln'파일과 같은 'sln'파일들과 'linux' 폴더를 확인할 수 있다. sln파일은 Visual Studio의 버전에 맞추어 프로젝트를 열면 된다. 저자는 현재 Visual Studio 2010을 사용하고 있기 때문에, 이 컴파일러를 기준으로 설명한다. 'HM_vc10.sln'파일을 열면 <그림 6-13>과 같이 열리는 것을 확인할 수 있다. 다음으로 빌드를 클릭하여 바이너리 파일(실행파일)을 생성해 보자. 이때 빌드 방법을 'Debug'모드와 'Release'모드로 선택할 수 있다. 'Debug'모드는 프로그램을 실행하다 발생할 수 있는 오류에 대해서 디버깅이 가능하도록 부가정보를 삽입하여 빌드하는 것이다. 그렇다 실행속도가 다소 느리고 복잡하다. 'Release'모드는 부가정보를 생략하고 순수 프로그램 내용만 포함하기 때문에 처리속도가 크게 향상 될 수 있다. 그리고 또 중요한 것은 3DV-HTM이 깊이 영상을 포함한 다시점 영상을 부호화하기 때문에 많은 메모리 공간을 요구한다. 그렇기 때문에 빌드를 할 때 <그림 6-13>과 같이 'x64'로 설정하여 빌드해야 한다. 그렇지 않을 경우 Full HD 해상도의 테스트 영상을 실행했을 때 메모리 오류로 인한 프로그램 중단 현상이 발생할 수 있다. 이런 과정을 제대로 수행하게 되면 bin폴더에 다음과 같은 실행파일들이 생성된다.

```
TAppDecoder.exe
TAppEncoder.exe
TAppExtractor.exe
TAppRenderer.exe
```

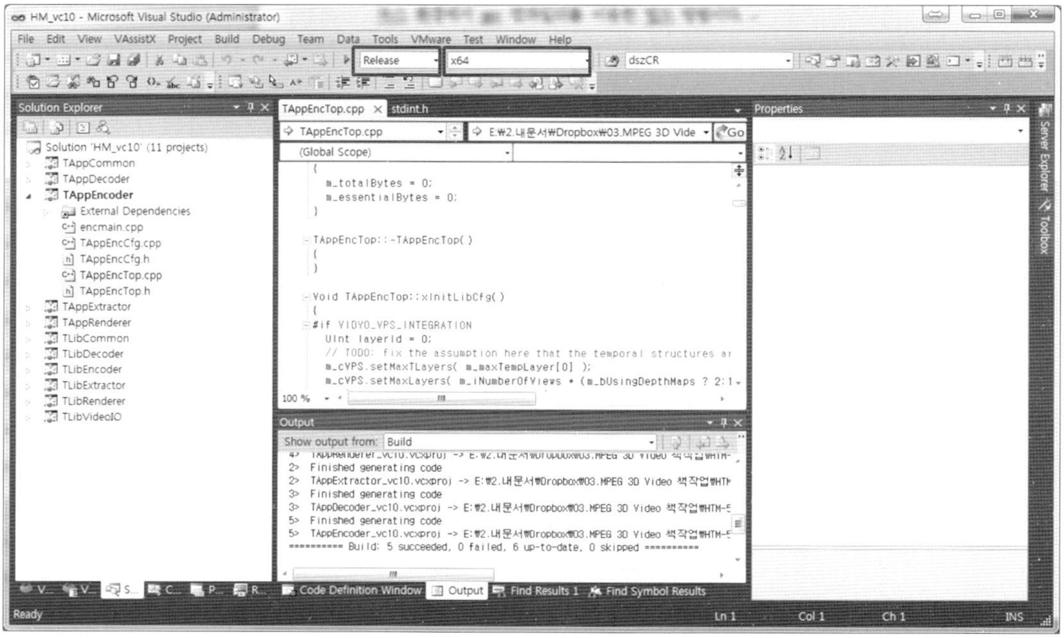

〈그림 6-13〉 Visual Studio를 이용하여 빌드한 결과

빌드를 완료한 실행파일을 이용하여 부호화기를 실행하기 위해서는 환경 설정 파일(configuration file)을 먼저 편집해야 한다. 3DV-HTM은 공통 테스트 조건에 맞춘 환경 설정 파일을 생성할 수 있는 방법을 제시한다. <표 6-5>와 같이, 'CommonTestConditionsCfgs'폴더에 '_README.txt' 파일을 통해 원하는 조건의 환경 설정 파일을 생성할 수 있다. 예를 들어, 'Balloons'영상의 3시점 깊이 영상과 컬러 영상을 QP30으로 부호화하는 cfg파일을 생성하려면 아래와 같이 실행하면 된다. 이와 같은 명령어는 커맨드 창에서 실행하면 된다.

```
cat baseCfg_3view+depth.cfg  >  encoder.cfg
cat seqCfg_Balloons.cfg          >> encoder.cfg
cat qpCfg_QP30.cfg                 >> encoder.cfg
```

이렇게 생성한 cfg 파일은 입력 데이터의 파일위치만 다시 설정하고 다음의 명령어를 이용하여 부호화하면 된다. '-c'는 환경 설정 파일(cfg)을 해석하라는 명령어이다. 그리고 <encoder.cfg>는 사용할 환경 설정 파일명을 가리킨다. 부호화 프로그램이 제대로 실행되면 <그림 6-14>와 같은 콘솔창이 뜬다.

```
TAppEncoder.exe -c <encoder.cfg>
```

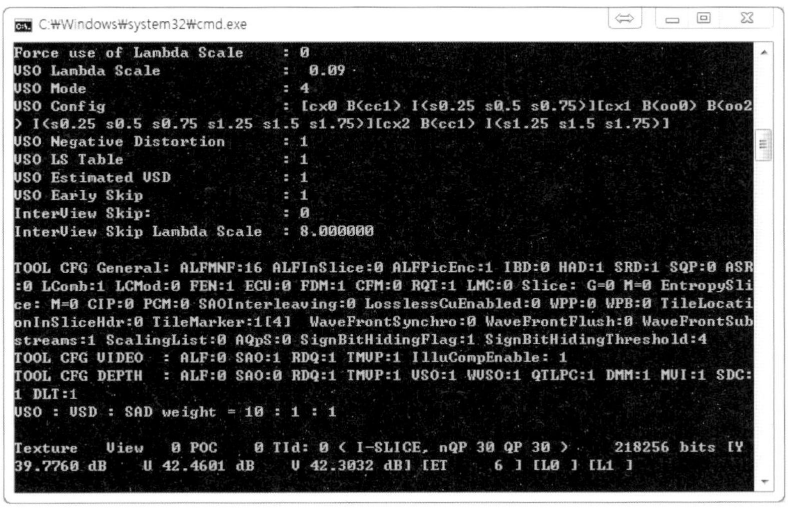

〈그림 6-14〉 3DV-HTM 부호기 실행화면

3DV-HTM의 부호기 설정을 위한 환경 설정 파일의 편집 방법을 알아본다. <표 6-5>는 3DV-HTM에서 제공하는 환경 설정 파일의 여러 변수 중에서 3차원 비디오 부호화 기술의 이해를 위해 필수적인 변수들만 간추려서 정리한 것이다. 먼저 부호화할 파일 정보를 '입출력 파일 정보: file i/o'란에 입력한다. 주의할 점은 각 시점을 연결할 때 시점방향의 부호화 순서에 맞추어야 한다. 예를 들어 'Newspaper'영상의 세개 시점의 영상을 4번-2번-6번 순

서로 부호화 한다면, 'InputFile_0'에 4번 시점의 컬러 영상인 'Newspaper_CC_4.yuv'를 입력하고, 'InputFile_1'에 2번 시점의 컬러 영상인 'Newspaper_CC_2.yuv'를 입력하고, 'InputFile_2'에 6번 시점의 컬러 영상인 'Newspaper_CC_6.yuv'를 입력하면 된다. 깊이 영상(DepthInputFile)의 파일명과 복원 파일(ReconFile), 깊이 영상의 복원 파일(DepthReconFile) 등도 같은 방법으로 파일명을 설정하면 된다. 양자화 변수는 공통 테스트 조건(common test conditions, CTC) [103]에 맞추어 설정해야 한다.

3차원 비디오 부호화 기술에 대해서는 '3차원 비디오 부호화 기술 설정: 컬러 비디오(multi-view coding tools)'과 '3차원 비디오 부호화 기술 설정: 깊이 비디오(depth coding tools)'를 참고하면 된다. 표에 보인 설정들은 CTC의 내용을 반영한 값이다. 그리고 나머지 항목에 대해서는 부호화 방법을 이해하기 위해 필요한 항목들이니 참고하기 바란다.

〈표 6-5〉 컬러 비디오의 부호화 설정을 위한 cfg 파일의 주요 변수

입출력 파일 정보: file i/o	
InputFile_0 : Newspaper_CC_4.yuv	부호화할 컬러 비디오의 파일명을 시점 방향의 부호화 순서대로 입력한다.
InputFile_1 : Newspaper_CC_2.yuv	
InputFile_2 : Newspaper_CC_6.yuv	
DepthInputFile_0 : depth_newspaper_4.yuv	부호화할 깊이 데이터의 파일명을 시점 방향의 부호화 순서대로 입력한다.
DepthInputFile_1 : depth_newspaper_2.yuv	
DepthInputFile_2 : depth_newspaper_6.yuv	
ReconFile_0: rec_0.yuv	복원한 컬러 영상의 파일명을 시점 방향의 부호화할 순서대로 입력한다.
ReconFile_1: rec_1.yuv	
ReconFile_2: rec_2.yuv	
DepthReconFile_0: rec_depth_0.yuv	복원한 깊이 영상의 파일명을 시점 방향의 부호화할 순서대로 입력한다.
DepthReconFile_1: rec_depth_1.yuv	
DepthReconFile_2: rec_depth_2.yuv	
BitstreamFile: stream.bit	출력 비트스트림 파일명을 입력한다.
SourceWidth : 1024	입력 영상의 가로 크기
SourceHeight : 768	입력 영상의 세로 크기
FrameRate : 30	프레임율
FramesToBeEncoded : 300	부호화할 총 화면 수

BaseViewCameraNumbers : 4 2 6	시점 방향의 부호화 순서
QP : 30 39	양자와 변수 설정 : 컬러 영상 깊이 영상
일반적인 부호화 변수 설정(general coding parameters)	
NumberOfViews : 3	부호화할 시점 수(2시점/3시점)
CodeDepthMaps : 1	깊이 영상 부호화 방법 이용여부
카메라 변수(camera parameters)	
CameraParameterFile : cam_newspaper.cfg	카메라 변수 파일 연결
CodedCamParsPrecision : 5	카메라 변수의 소수점을 표현하는 정확도
부호화 구조 설정(coding unit definitions)	
MaxCUWidth : 64	최대 CU의 가로 크기 설정
MaxCUHeight : 64	최대 CU의 세로 크기 설정
MaxPartitionDepth : 4	블록분할의 최대 계층 수
QuadtreeTULog2MaxSize : 5	TU크기의 최대값에 대한 log2 값
QuadtreeTULog2MinSize : 2	TU크기의 최소값에 대한 log2 값
QuadtreeTUMaxDepthIntra : 3	인트라로 부호화된 CU블록의 TU분할 깊이
QuadtreeTUMaxDepthInter : 3	인터로 부호화된 CU블록의 TU분할 깊이
예측 구조(coding structure)	
IntraPeriod : 24	인트라 화면사이의 거리
GOPSize: 8	group of pictures 값
부호기 제어 / 움직임 예측(encoder control / motion search)	
FastSearch : 1	고속 움직임 예측 방법 선택(0: Full search, 1: Diamond, 2: PMVFAST)
SearchRange : 96	움직임 예측을 위한 탐색 범위
3차원 비디오 부호화 기술 설정: 컬러 비디오(multi-view coding tools)	
PredDepthMapGen : 1	예측 깊이 영상 생성 방법
Multi-viewMvPred : 7	깊이 영상을 이용한 mv 예측 방법
Multi-viewMvRegMode : 1	시점간 움직임벡터 정규화를 위한 깊이 영상 사용
Multi-viewMvRegLambdaScale : 1.0	시점간 움직임벡터 정규화를 위한 가중치
Multi-viewResPred : 1	시점간 잔여 데이터 예측 방법
InterViewSkip : 0	시점간 생략(SKIP) 모드
InterViewSkipLambdaScale : 8	시점간 생략(SKIP) 모드를 위한 가중치

3차원 비디오 부호화 기술 설정: 깊이 비디오(depth coding tools)	
DMM : 1	Wedgelet을 이용한 깊이 영상 인트라 부호화
MVI : 1	움직임 변수 공유기술
VSO : 1	깊이 영상 부호화를 위한 VSO기술
QTLPC : 1	깊이 영상 부호화를 위한 쿼드트리 제한 및 예측 부호화
SDC : 1	단순화된 깊이 영상 부호화 트리
DLT : 1	깊이 영상 부호화를 위한 룩업(lookup) 표

부호화를 통해 얻어진 비트스트림은 다음과 같은 명령어를 이용하여 복호화 할 수 있다. '–b'는 비트스림파일 <stream.bit>을 해석하라는 명령어이고, '–o'는 복호환 파일의 이름 <decoded.yuv>을 받는 명령어이다. 제대로 복호화가 진행됐다면 부호화된 수만큼의 컬러 영상과 깊이 영상이 동시에 생성된다.

```
TAppDecoder.exe –b <stream.bit> –o <decoded.yuv>
```

다음으로 컬러 영상과 깊이 영상을 이용하여 중간 시점의 영상을 합성하는 소프트웨어인 Renderer의 실행 방법에 대해 알아본다. Renderer는 HHI가 3차원 비디오 부호화 기술과 함께 제공한 영상 합성 소프트웨어이다 [104]. Renderer를 실행하기 위해서는 두 시점의 컬러 영상과 두 시점의 깊이 영상과 카메라 변수파일이 필요하다. 그리고 부호기와 마찬가지로 실행을 위해서는 환경 설정 파일을 먼저 편집해야 한다. 환경 설정파일이 준비가 됐다면 다음과 같은 명령어를 이용하여 Renderer를 실행할 수 있다.

```
TAppRenderer.exe –c <rendering.cfg>
```

여기에서 '–c'는 환경 설정파일을 해석하라는 명령어이고, <rendering.cfg>는 실행하고자 하는 환경 설정 파일이다. 이 환경 설정파일은 3DV–HTM소스코드의 'CommonTestConditionsCfgs'폴더에 아래와 같이 총 네 개의 환경 설정 파일이 저장되어 있다. 2view는 참조 시점이 두 개인 영상을 위한 환경 설정파일이고, 3view는 참조 시점이 세 개인 영상을 위한 환경 설정 파일이다. 환경 설정파일의 편집은 <표 6-6>을 참고하기 바란다.

```
rendering_2view_decData.cfg
rendering_2view_orgData.cfg
rendering_3view_decData.cfg
rendering_3view_orgData.cfg
```

〈표 6-6〉 영상 합성 소프트웨어인 Renderer의 환경 설정 파일 변수

일반적인 환경 변수 설정	
FramesToBeRendered : 1	합성할 총 프레임 수
SourceWidth : 1024	입력 영상의 가로 크기
SourceHeight : 768	입력 영상의 세로 크기
BaseViewCameraNumbers : 4 2 6	시점의 부호화 순서
입력 파일 정보	
VideoInputFile_0 : rec_0.yuv	0번 시점의 컬러 비디오 파일명
VideoInputFile_1 : rec_1.yuv	1번 시점의 컬러 비디오 파일명
VideoInputFile_2 : rec_2.yuv	2번 시점의 컬러 비디오 파일명
DepthInputFile_0 : rec_depth_0.yuv	0번 시점의 깊이 비디오 파일명
DepthInputFile_1 : rec_depth_1.yuv	1번 시점의 깊이 비디오 파일명
DepthInputFile_2 : rec_depth_2.yuv	2번 시점의 깊이 비디오 파일명
SynthOutputFileBaseName : rec_synth_$.yuv	합성한 결과 영상의 파일명
ContOutputFileNumbering : 1	결과 영상의 시점 표시 자릿수
FrameSkip : 0	건너 뛸 프레임 수
SynthViewCameraNumbers : 0 .25000 .50000 .75000 1 1.25000 1.50000 1.75000 2	합성 시점의 카메라 번호
CameraParameterFile : cam_newspaper.cfg	카메라 변수 파일명
영상 합성을 위한 변수 설정	
RenderDirection : 0	시점 합성 방향 설정
RenderMode : 0	시점 합성 모델 설정
TemporalDepthFilter : 0	깊이 영상의 시간적 상관도 향상 필터

SimEnhance : 1	시점간 유사도 향상 방법
ShiftPrecision : 2	영상 보간을 위한 변수
HoleFillingMode : 1	홀채움 방법 선택
BlendMode : 0	합성 영상의 블랜딩 방법
BlendZThresPerc : 30	블랜딩에 사용하는 깊이값 문턱치 설정
BlendUseDistWeight : 1	블랜딩에 사용하는 거리에 따른 가중치
BlendHoleMargin : 6	블랜딩에 사용하는 홀영역의 거리

6.2.2 HTM의 예측 구조와 부호화 순서

제5장에서 설명한 것과 같이 3차원 비디오 부호화에서 사용하는 예측 구조는 다시점 비디오 부호화(multi-view video coding, MVC)의 기본 예측 구조를 이용한다. 하지만 3차원 비디오 부호화가 깊이 영상을 동시에 부호화하기 때문에 예측 구조가 일부 변형됐다. 이 예측 구조를 이해하면 HEVC기반의 부호화 방법을 이해하기 쉬워지기 때문에 지금부터는 3DV-HTM을 기준으로 한 예측 구조를 먼저 설명한다. 그리고 3차원 비디오 데이터를 부호화한 후 부호화 효율을 평가하기 위한 방법을 설명한다.

3차원 비디오 부호화의 참조 소프트웨어인 3DV-ATM과 3DV-HTM모두 다시점 비디오 부호화의 예측 구조를 기본적으로 이용하고 있다. 하지만, 부호화 순서는 두 방식은 서로 다르다. <그림 6-15>는 3DV-HTM의 부호화 예측 구조를 설명하기 위해 GOP(group of pictures)를 4로 설정한 간단한 경우를 보인 것이다. 실제로는 GOP가 15 혹은 12로 설정되기 때문에 이와 같은 부호화 순서와 일치하진 않는다. 다만 계층적 B화면 부호화(hierarchical B-picture coding) [38] 구조를 이용한 예측 구조이므로, GOP가 늘어나더라도 부호화 구조를 쉽게 이해할 수 있을 것이다. <그림 6-15>에서 각 시점을 가리키는 I-view, P-view에 대한 설명과, 기준 화면과 비기준 화면에 대한 정의는 제5장의 내용을 참고하기 바란다.

3DV-HTM의 예측 구조는 3DV-ATM과 기본적으로 같다. 하지만 소프트웨어의 구현 방법에 따라 각 프레임의 부호화 순서는 서로 다르게 설정되어 있다. <그림 6-15>에서 각 화면의 오른쪽 아래에 원으로 부호화 순서를 표시한 것과 같이 각 시점별로 컬러 영상을 먼저 부호화하고 이어서 깊이 영상을 부호화 한다. 3DV-ATM는 I-시점의 컬러 영상을 먼저

부호화하고, 깊이 영상을 연이어 부호화 한다. 하지만, 3DV-HTM은 시점별로 각각 수행된다. 그러므로 3DV-HTM의 구조에서 P-시점의 컬러 영상을 부호화할 때는 동일 시점의 깊이 영상을 이용할 수 없다.

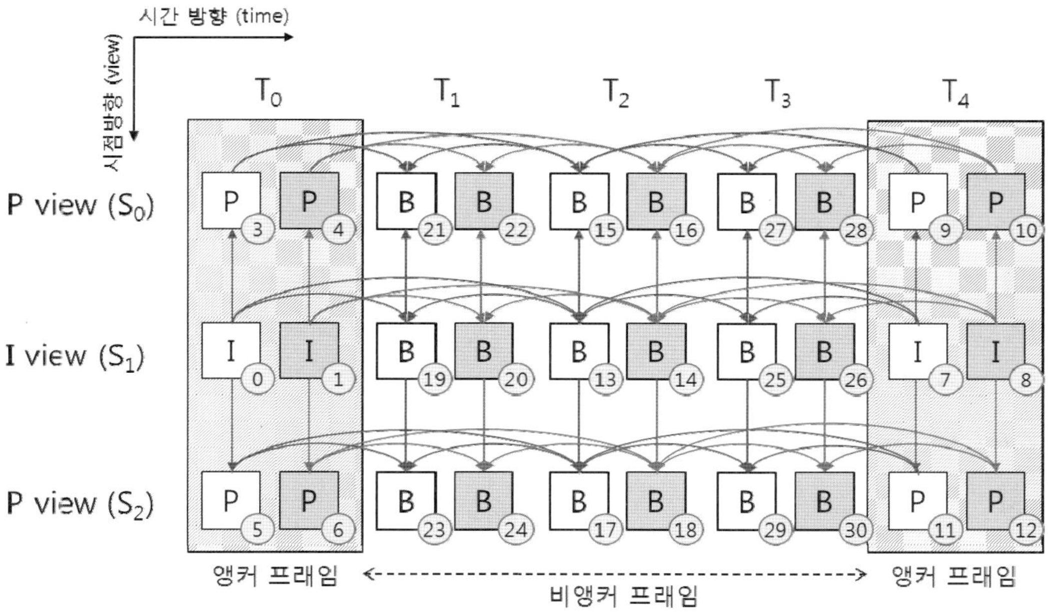

〈그림 6-15〉 3차원 비디오 부호화의 3DV-HTM의 예측 구조

6.2.3 부호화 결과 평가 방법

JCT-3V에서는 3DV-ATM과 3DV-HTM의 부호화 방법의 부호화 성능을 비교하기 위한 성능 평가 방법을 제정했다 [47, 82]. 3차원 비디오 부호화의 부호화 데이터는 다시점의 컬러 비디오와 깊이 영상이다. 일반적인 비디오 부호화의 성능을 비교하는 방법은 부호화 결과로 발생한 비트율(bitrate)와 복호화한 영상의 화질을 PSNR(peak-signal-to-noise-ratio)을 이용하여 평가한다. 동일한 비트율을 이용했을 때 복호화된 영상의 화질을 비교하거나, 동일한 화질의 영상으로 부호화하기 위해 사용된 비트율을 비교하여 부호화 방법의 성능을 평가할 수 있다. 일반적인 PSNR 계산식은 식 (6-4)를 이용해 계산할 수 있다. 일반적으로 영상의 한 화소를 8비트로 표현하게 되므로, 식 (6-4)의 (2^N-1)은 255가 된다.

$$PSNR = 10\log_{10}\left(\frac{(2^N - 1)^2}{MSE}\right) \tag{6-4}$$

$$MSE = \frac{1}{mn}\sum_{i=0}^{m-1}\sum_{j=0}^{n-1}\left|I(i,j) - \hat{I}(i,j)\right|^2 \tag{6-5}$$

여기서 m, n은 영상의 가로 세로의 크기를 나타낸다. 그리고 I 와 $\hat{I}$ 은 원본 영상과 복호한 영상을 가리킨다.

3차원 비디오 부호화의 부호화 효율은 일반적인 성능 평가 방법과 조금 다르다. 3차원 비디오 부호화에서 부호화할 데이터가 컬러 비디오뿐만 아니라 깊이 영상도 포함하므로 깊이 영상 부호화 결과도 동시에 고려해야 한다. 여기서 문제는 비트율-왜곡 측면에서 비트율과 왜곡도를 각각 하나의 수치로 환산하여 계산해야 한다는 것이다 비트율은 컬러 비디오와 깊이 영상을 부호화한 결과를 모두 더하여 평균을 내면 되지만, 왜곡도는 컬러 비디오와 깊이 영상의 PSNR이 서로 다른 특성을 지니기 때문에 하나의 수치로 환산하기가 곤란하다. 다시 설명하면, 깊이 영상은 3차원 비디오 시스템에서 사용자에게 보여지는 정보가 아니라 영상 합성을 위한 보조 데이터이기 때문에 깊이 영상의 PSNR값이 큰 의미를 갖지 못한다. 다만 컬러 비디오의 왜곡도는 중요하기 때문에 그대로 이용해야 한다. 이런 문제를 반영하여 JCT-3V의 전문가들은 컬러 영상과 깊이 영상을 부호화한 비트율과 복호된 영상의 왜곡도를 이용한 화질 평가 방법을 제정했다. 먼저 부호화하지 않은 컬러 비디오와 깊이 영상을 이용하여 중간의 시점을 합성한다. 그리고 3차원 비디오 부호화 방법을 이용하여 세 시점의 영상을 부호화 한다. 복호화가 끝난 세 시점의 컬러 비디오와 깊이 비디오를 이용하여 중간의 세 시점을 합성하고, 부호화하지 않은 자료로 합성한 영상과 부호화를 한 자료로 합성한 영상을 서로 비교하여 PSNR값을 구한다. 이렇게 하면 부호화 결과로 발생하는 영상의 왜곡이 합성 영상에 영향을 줄 수 있으므로 객관적인 화질 평가를 이룰 수 있다.

3DV-ATM에서 부호화 결과 비교를 위한 스프레드 시트를 제공한 것처럼, 3DV-HTM도 동일한 기능을 가진 스트레드시트(spread sheet)를 제공하고 있다. 배포하는 3DV-HTM 소프트웨어를 내려 받으면 'CommonTestConditionsResults'라는 폴더를 확인할 수 있는데, 그 안에 xls파일을 확인 할 수 있다. <그림 6-16>은 제공되는 스프레드시트를 보인 것이다. 이 파일에서는 가장 최근 버전의 부호화 결과와 이전 버전의 부호화 결과를 비교한 내용

을 확인할 수 있다. 'summary(auto)'탭의 부호화 결과는 Bjontegaard의 BDBR(Bjontegaard delta bit-rate)와 BDPSNR(Bjontegaard delta peak-signal-to-noise ratio)를 이용하여 계산한 결과이다 [83]. 이때 입력하는 데이터는 전체 비트율(컬러 비디오 비트율 + 깊이 영상 비트율)과 각 합성 영상의 PSNR결과이다.

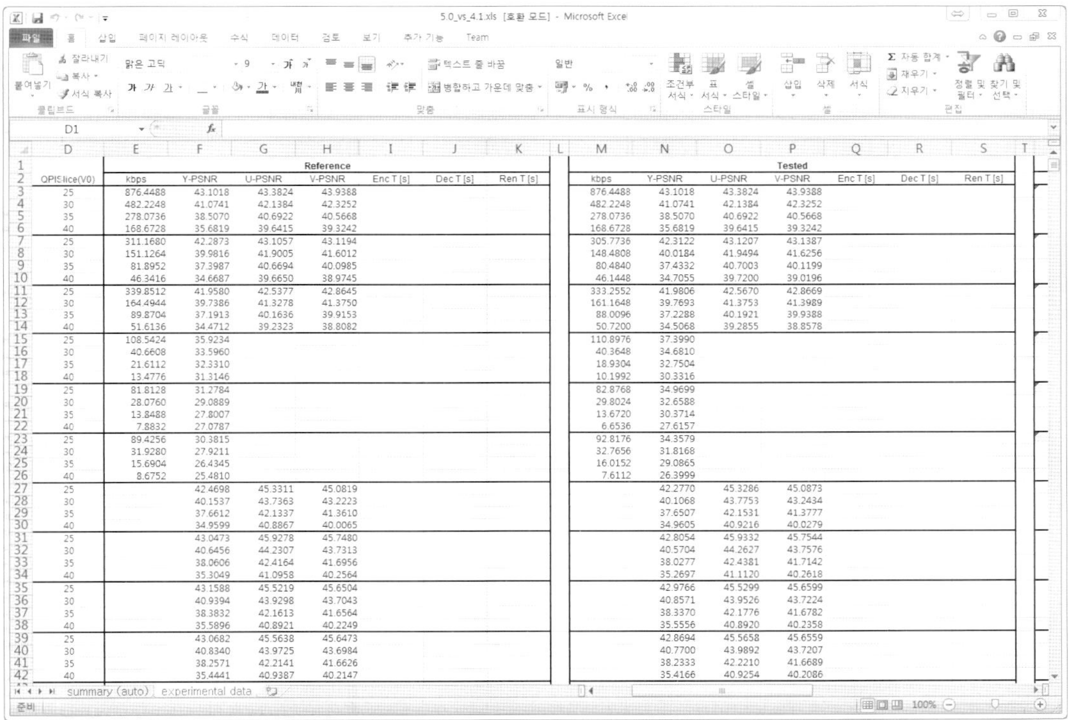

		Reference							Tested						
	QPISlice(V0)	kbps	Y-PSNR	U-PSNR	V-PSNR	Enc T [s]	Dec T [s]	Ren T [s]	kbps	Y-PSNR	U-PSNR	V-PSNR	Enc T [s]	Dec T [s]	Ren T [s]
3	25	876.4488	43.1018	43.3824	43.9388				876.4488	43.1018	43.3824	43.9388			
4	30	482.2248	41.0741	42.1384	42.3252				482.2248	41.0741	42.1384	42.3252			
5	35	278.0736	38.5070	40.6922	40.5668				278.0736	38.5070	40.6922	40.5668			
6	40	168.6728	35.6819	39.6415	39.3242				168.6728	35.6819	39.6415	39.3242			
7	25	311.1680	42.2873	43.1057	43.1194				305.7736	42.3122	43.1207	43.1387			
8	30	151.1264	39.9816	41.9005	41.6012				148.4808	40.0184	41.9494	41.6256			
9	35	81.8952	37.3987	40.6694	40.0985				80.4840	37.4332	40.7003	40.1199			
10	40	46.3416	34.6687	39.6650	38.9745				46.1448	34.7055	39.7200	39.0196			
11	25	339.8512	41.9580	42.5377	42.8645				333.2552	41.9806	42.5670	42.8669			
12	30	164.4944	39.7386	41.3278	41.3750				161.1648	39.7693	41.3753	41.3989			
13	35	89.8704	37.1913	40.1636	39.9153				88.0096	37.2288	40.1921	39.9388			
14	40	51.6136	34.4712	39.2323	38.8082				50.7200	34.5068	39.2855	38.8578			
15	25	108.5424	35.9234						110.8976	37.3990					
16	30	40.6608	33.5960						40.3648	34.6810					
17	35	21.6112	32.3310						18.9304	32.7504					
18	40	13.4776	31.3146						10.1992	30.3316					
19	25	81.8128	31.2784						82.8768	34.9699					
20	30	28.0760	29.0889						29.8024	32.6588					
21	35	13.8488	27.8007						13.6720	30.3714					
22	40	7.8832	27.0787						6.6536	27.6157					
23	25	89.4256	30.3815						92.8176	34.3579					
24	30	31.9280	27.9211						32.7656	31.8168					
25	35	15.6904	26.4345						16.0152	29.0865					
26	40	8.6752	25.4810						7.6112	26.3999					
27	25		42.4698	45.3311	45.0819					42.2770	45.3286	45.0873			
28	30		40.1537	43.7363	43.2223					40.1068	43.7753	43.2434			
29	35		37.6612	42.1337	41.3610					37.6507	42.1531	41.3777			
30	40		34.9599	40.8867	40.0065					34.9605	40.9216	40.0279			
31	25		43.0473	45.9278	45.7480					42.8054	45.9332	45.7544			
32	30		40.6456	44.2307	43.7313					40.5704	44.2627	43.7576			
33	35		38.0606	42.4164	41.6956					38.0277	42.4381	41.7142			
34	40		35.3049	41.0958	40.2564					35.2697	41.1120	40.2618			
35	25		43.1588	45.5219	45.6504					42.9766	45.5299	45.6599			
36	30		40.9394	43.9298	43.7043					40.8571	43.9526	43.7224			
37	35		38.3832	42.1613	41.6564					38.3370	42.1776	41.6782			
38	40		35.5896	40.8921	40.2249					35.5556	40.8920	40.2358			
39	25		43.0682	45.5638	45.6473					42.8694	45.5658	45.6559			
40	30		40.8340	43.9725	43.6984					40.7700	43.9892	43.7207			
41	35		38.2571	42.2141	41.6626					38.2333	42.2210	41.6689			
42	40		35.4441	40.9387	40.2147					35.4166	40.9254	40.2086			

〈그림 6-16〉 3DV-HTM에서 제공하는 화질 평가 스프레드시트

6.3 HEVC기반의 부호화 방법

3차원 비디오 부호화를 위한 제안요청서에 대한 응답으로 총 10개의 연구기관이 HEVC 기반의 부호화 방법을 제안했다. <표 6-7>은 각 기관이 제안한 기술을 컬러 비디오 부호화 방법과 깊이 영상 부호화 방법으로 구분하여 정리한 것이다. 이 표를 통해 각 기관이 제안한 문서번호를 확인할 수 있다. 또한 각 기관별로 부호화 방법을 구현한 소프트웨어를 확인할

수 있다. HM [105]은 HEVC를 개발하기 위해 개발된 참조 소프트웨어이다. 이 표를 참고할 때, 'Mode inheritance'과 같은 기술은 각 기관마다 표현하는 방법이 다를 수 있지만, 기본 개념이 비슷하면 같은 범주로 보고 공통적으로 사용한다. 2011년 10월 MPEG회의에서는 10개연구 기관에 제안한 부호화 기술을 평가한 결과를 발표했다. 그 결과 HHI에서 제안한 방법이 가장 효율적인 방법으로 결론을 내렸다. 이에 표준화 그룹에서는 HHI가 제안한 부호화 방법을 기본으로 다른 연구기관에서 제안한 방법을 함께 집적하기로 했다. 여러 번의 표준화 회의를 통해 성능 검증이 된 기술들은 참조 소프트웨어인 3DV-HTM에 구현됐다.

〈표 6-7〉 12개 기관이 제안한 AVC기반의 부호화 방법 요약

문서번호 (연구기관)	컬러 비디오 부호화 방법	깊이 영상 부호화 방법	SW
M22550 (Aachen)	Warped prediction Trilateral loop filter	Mode inheritance	HM3.3
M22566 (Sony)	Inter-view prediction Vector prediction	Inter-view prediction Weighted prediction Vector prediction Header reduction	HM3.0
M22570/71 (HHI)	Inter-view prediction Inter-view prediction of motion parameters and residual data	Inter-view prediction Reduced MV accuracy Disable in-loop filtering Depth-modeling modes Motion parameter inheritance	HM3.0
M22668 (Disney/HHI)	Inter-view prediction Inter-view prediction of motion parameters and residual data		HM3.0
M22577 (LG)	Inter-view prediction Multi-view motion info reuse Virtual view skip	Inter-view prediction Multi-view motion info reuse	HM3.0
M22582 (Ericsson)	Inter-view prediction	Inter-view prediction	HM3.0
M22625 (ETRI/ Kwangwoon)	Inter-view prediction	Inter-view prediction Spatial quantization Anisotropic media filter Intra prediction	HM2.0

M22633 (Samsung)		Region-adaptive loop filter Adaptive depth quantization Depth-Block Skip	HM3.0
M22634 (Samsung)	Inter-view prediction Asymmetric motion partition Rotational transform	Inter-view prediction Asymmetric motion partition Rotational transform Intra prediction	HM3.0
M22697 (Poznan)	Inter-view prediction View synthesis prediction Depth-based motion prediction	Inter-view prediction Inter-view depth-based motion prediction	HM3.0

HHI가 제안한 HEVC기반의 기본 부호화 구조는 <그림 6-17>과 같이 도시화할 수 있다. HEVC 기술로 기준 시점의 컬러 영상을 부호화 한다. 그리고 동일 시점의 깊이 영상은 복원된 컬러 영상을 참조하여 부호화 한다. 그리고 나머지 의존 시점의 영상은 기준 시점의 영상을 참조하여 부호화 한다. 이번 절에서는 이와 같은 부호화 구조를 바탕으로 제안된 여러 기술들 중에서 3차원 비디오 부호화의 참조 소프트웨어인 3DV-HTM에 구현되어 있는 기술들을 중심으로 알고리즘과 소스코드를 살펴본다.

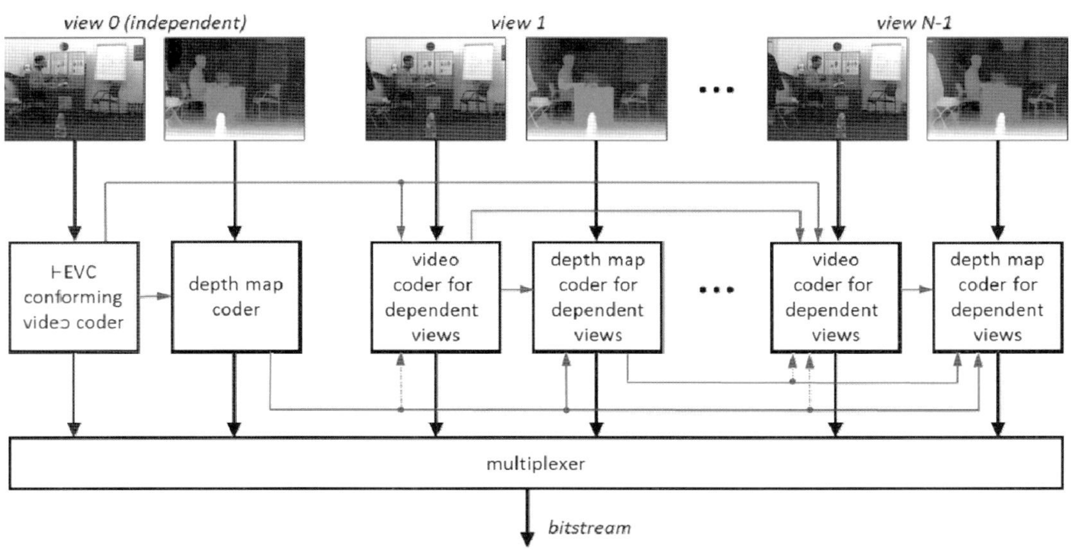

〈그림 6-17〉 3DV-HTM의 기본 부호화 구조 [104]

6.3.1 움직임/모드 정보 예측

3차원 비디오 부호화는 다시점의 컬러 영상과 깊이 영상을 동시에 부호화하는 기술이기 때문에 시점간 예측을 기본적으로 이용한다. 시점간 예측은 앞의 <그림 6-15>에 보인 것처럼 예측 구조만 설계해도 시점간 중복성을 효과적으로 줄일 수 있다. 하지만 이 방법은 각 화면을 부호화할 때 시간 방향과 시점 방향으로 가장 유사한 블록을 탐색하는 작업이 기본적으로 포함하기 때문에 소극적인 시점간 예측 방법이라고 할 수 있다. 이에 반해 이번 절에서 소개하는 움직임/모드 정보 예측(motion/mode parameter prediction) 기술은 시점간 중복성을 보다 적극적으로 이용하는 방법이다. 이 기술은 HHI [104], Sony [106], 광운대학교 [107], LG [108] 등의 연구기관이 제안을 했다. <표 6-8>은 각 기관에서 제안한 움직임/모드 정보 예측 기술의 문서번호와 제안 기술 이름을 정리한 것이다. 각 기관마다 제안한 이름은 다르나 기술의 특징이 같아 움직임/모드 정보 예측이라는 핵심 실험(core experiment, CE)에 배정하고 각 기술의 성능을 평가하고 있다.

〈표 6-8〉 움직임/모드 정보 예측 기술을 제안한 기관과 기술 제목

연구기관	문서번호
HHI	M22571
Sony	M22566
LG	M22577
광운대학교	M22560

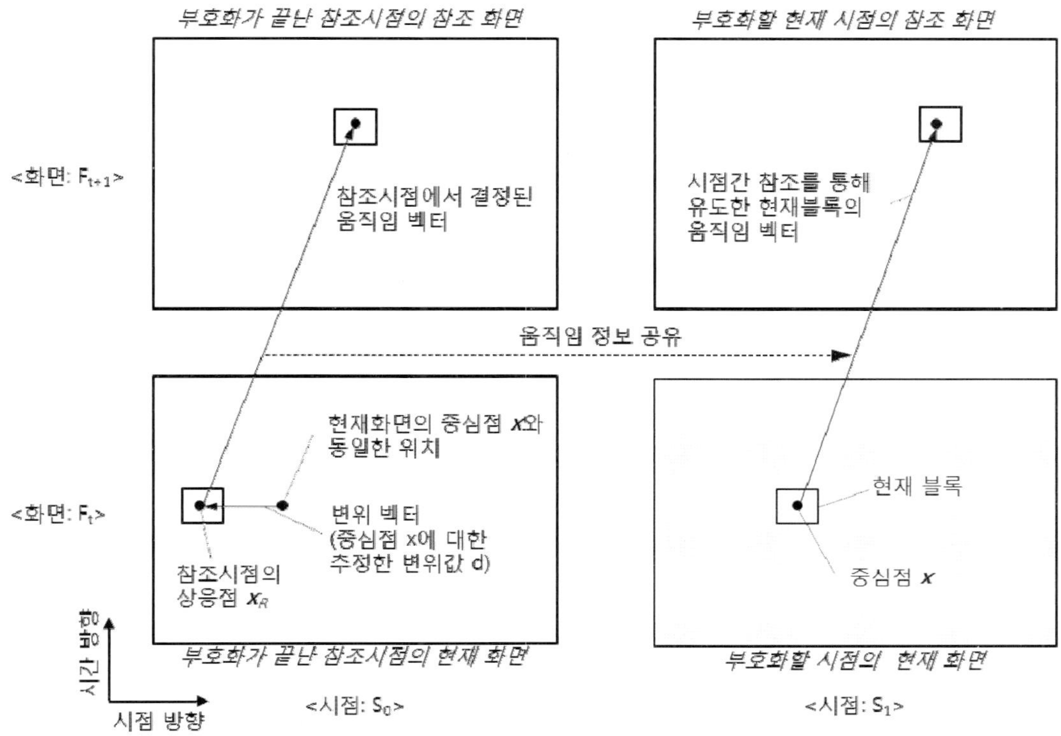

〈그림 6–18〉 HHI의 시점간 움직임 예측 방법

2012년 12월에 배포된 3DV–HTM 5.0에는 HHI에서 제안한 기술이 기본 설정으로 구현되어 있다. 이 기술을 바탕으로 다른 기관의 기술도 함께 구현되어 있으나, 기본 개념은 HHI에서 제안한 방법이 대표적이므로 이 방법을 주로 설명한다. HHI에서는 <그림 6–18>에 보인 것처럼, 의존 시점의 움직임 정보를 이미 부호화가 끝난 참조 시점의 움직임 정보를 공유해 사용하는 방법이다. 다시 말해, 시점 S_1의 F_t화면은 부호화할 현재 화면이고, 현재 블록의 움직임 정보를 이미 부호화가 끝난 S_0시점의 움직임 예측 정보를 공유하는 방법이다. 이를 위해서 먼저 수행하는 작업은 현재 블록의 중심점 x의 변위 벡터 d를 구하는 것이다. 3DV–HTM은 컬러 영상을 먼저 부호화하는 구조이므로, 변위 벡터 d는 추가적인 예측 과정을 통해 구할 수 있다. 현재 블록의 중심점 x의 변위 벡터 d를 구하면 참조 시점의 상응점 x_R을 구할 수 있다. 이 상응점 x_R을 포함하는 참조 화면의 블록을 현재 화면의 현재 블록과의 상응 블록(corresponding block)이 된다. 이 상응 블록이 인터 예측을 통해 부호화가 되었을 다면 움직임 벡터를 가지고 있게 된다. 이 상응블록의 움직임 벡터를 현재 블록의 움직임 벡

터의 예측값으로 이용하게 된다. <소스코드 6-1>은 HHI가 구현한 시점간 움직임 예측을 수행하는 코드를 보인 것이다.

〈**소스코드 6-1**〉 시점간 움직임 예측을 수행하는 함수

```
Void TEncSearch::xMotionEstimation( TComDataCU* pcCU, TComYuv* pcYuvOrg, Int iPartIdx,
      RefPicList eRefPicList, TComMv* pcMvPred, Int iRefIdxPred, TComMv& rcMv, UInt& ruiBits,
      UInt& ruiCost, Bool bBi  )
{
/* 중간 생략 */

#if HHI_INTER_VIEW_MOTION_PRED
      { // init inter-view regularization
            TComMv  cOrgDepthMapMv;
            Bool bMulti-viewReg = pcCU->getIViewOrgDepthMvPred( iPartIdx, eRefPicList,
                                          iRefIdxPred, cOrgDepthMapMv );  // 움직임 벡터 예측 수행
#if HHI_FULL_PEL_DEPTH_MAP_MV_ACC
            if( bMulti-viewReg && pcCU->getSlice()->getSPS()->isDepth() )
            {
                  cOrgDepthMapMv += TComMv( 2, 2 );
                  cOrgDepthMapMv >>= 2;
            }
#endif
            m_pcRdCost->setMulti-viewReg( bMulti-viewReg ? &cOrgDepthMapMv : 0 );
            if( bMulti-viewReg && !bBi )
            {
                  xSetSearchRange( pcCU, cOrgDepthMapMv, iSrchRng, cMvSrchRngLT,
                                          cMvSrchRngRB );
            }
      }
#endif

////* 이하 움직임 예측 수행 *////

}
```

HHI가 제안한 시점간 움직임 예측에서 필수적인 기술이 중심점 x의 상응점 x_R을 구하기 위한 변위 벡터 d를 얻는 방법이다. 현재 3DV-HTM은 컬러 영상을 부호화할 때는 깊이 영상이 아직 부호화되지 않은 상태이므로, 변위 벡터 d를 구하기 위해서는 별도의 변위 벡터 예측과정이 필요하다. 이에 HHI에서는 두 가지의 깊이 영상 추정 방법을 제안했다. 첫번째는 이미 부호화가 끝난 시점의 깊이 영상을 이용하는 방법이고, 두번째는 부호화된 변위 벡터와 움직임 벡터를 이용한 방법이다. 두 가지의 방법 중에 실제로 부호기에 사용할 방법은 환경설정파일의 변수 'Multi-viewMvPred'를 조정하여 결정할 수 있다.

첫번째 방법을 <그림 6-15>의 부호화 예측 구조를 바탕으로 설명을 하면, 의존 시점인 P-시점의 컬러 영상을 부호화할 때 이미 부호화가 끝난 I-시점의 깊이 영상을 이용하여 P-시점의 깊이 영상을 생성하는 방법이다. 이 방법은 제4장의 영상 합성 방법에서 소개한 방법과 유사한 시점 이동 방법을 이용한다. <그림 6-19>에 보인 것처럼, 참조 시점의 깊이 영상을 현재 시점으로 시점 이동해 현재 시점의 깊이 영상을 획득한다. 하지만 시점 이동으로 인한 홀이 발생하기 때문에, 홀채움 기술을 이용한다. 이때 이용하는 홀채움 기술은 홀 주변의 이용 가능한 깊이값 중에서 작은 값으로 채우는 방법을 이용한다. <소스코드 6-2>는 3DV-HTM(버전 5.0)에 구현되어 있는 참조 시점의 깊이 영상을 이용한 깊이 영상 추정 함수를 보인 것이다. 함수에서 xGetDisparityFromVirtDepth()함수는 참조 시점에서 현재 시점으로 시점 이동하기 위한 변위(disparity)값을 구하는 함수이고, xFillDepthMapHoles()함수는 홀영역을 채우는 함수이다.

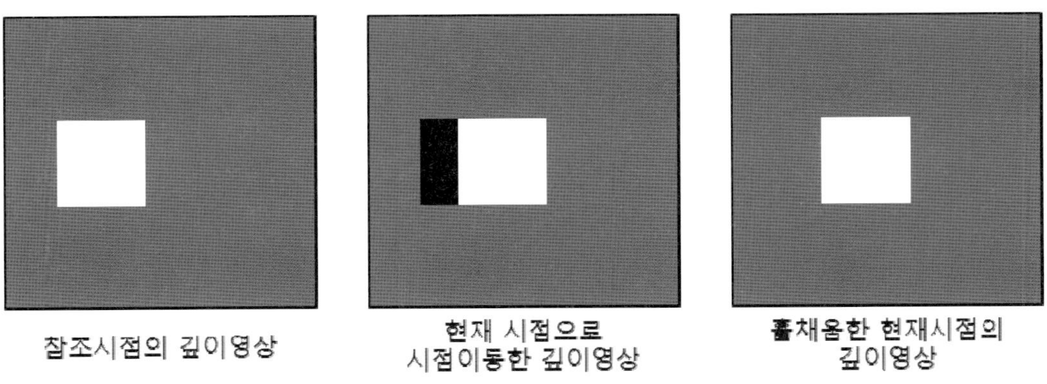

〈그림 6-19〉 참조 시점의 깊이 영상을 이용한 깊이 영상 추정 방법

〈**소스코드 6-2**〉 참조 시점의 깊이 영상을 이용한 깊이 영상 추정 함수

```
Bool
TComDepthMapGenerator::xConvertDepthMapCurr2Ref( TComPic* pcRef, TComPic* pcCur )
{
    AOF( pcCur->getSPS()->getViewId() == m_uiCurrViewId );
    AOF( pcCur->getSPS()->getViewId()  > pcRef->getSPS()->getViewId() );
    AOF( pcCur->getPredDepthMap() );
    AOF( pcRef->getPredDepthMap() );
    AOF( pcRef->getPredDepthMap()->getWidth() ==
          pcCur->getPredDepthMap()->getWidth() );
    AOF( pcRef->getPredDepthMap()->getHeight() ==
          pcCur->getPredDepthMap()->getHeight() );
#if PDM_REMOVE_DEPENDENCE
    if( pcCur->getViewId() == 1)
        xClearDepthMap( pcRef );
    else if(pcCur->getViewId() == 2)
        xClearDepthMap( pcRef, PDM_UNDEFINED_DEPTH, 1 );
#else
    xClearDepthMap( pcRef );
#endif
    TComPicYuv* pcCurDepthMap =  pcCur->getPredDepthMap   ();
    TComPicYuv* pcRefDepthMap =  pcRef->getPredDepthMap   ();
    Int       iWidth         =  pcCurDepthMap->getWidth  ();
    Int       iHeight        =  pcCurDepthMap->getHeight ();
    Int       iCurStride     =  pcCurDepthMap->getStride ();
    Int       iRefStride     =  pcRefDepthMap->getStride ();
    Pel*      pCurSamples    =  pcCurDepthMap->getLumaAddr( 0 );
    Pel*      pRefSamples    =  pcRefDepthMap->getLumaAddr( 0 );
    Int       iRefViewIdx    =  pcRef->getViewId();
#if PDM_REMOVE_DEPENDENCE
    if( pcCur->getViewId() == 2)
    {
        pcRefDepthMap =  pcRef->getPredDepthMapTemp();
        pRefSamples   =  pcRefDepthMap->getLumaAddr( 0 );
    }
```

```
#endif
    Int       iShiftX      = m_uiSubSampExpX + 2;
    Int       iAddX        =( 1 << iShiftX ) >> 1;
    for( Int iY = 0; iY < iHeight; iY++, pCurSamples += iCurStride, pRefSamples += iRefStride )
    {
        for( Int iXCur = 0; iXCur < iWidth; iXCur++ )
        {
            Int iDepth = pCurSamples[ iXCur ];
            Int iDisp  = xGetDisparityFromVirtDepth( iRefViewIdx, iDepth );  // 시점 이동
            Int iXRef  = iXCur +(( iDisp + iAddX ) >> iShiftX );
            if( iXRef >= 0 && iXRef < iWidth && iDepth > pRefSamples[ iXRef ] )
            {
                pRefSamples[ iXRef ] = iDepth;  // 현재 화면에 깊이값 할당
            }
        }
    }
    Bool    bUndefined = xFillDepthMapHoles( pcRef );  // 홀영역 채움
    pcRefDepthMap->setBorderExtension( false );
    pcRefDepthMap->extendPicBorder ();
    return  bUndefined;
}
```

두 번째 방법은 참조 시점의 깊이 영상을 직접 시점 이동하지 않고, 부호화 정보만을 이용하여 깊이 영상을 추정하는 방법이다. 이 방법은 기준 화면에서 먼저 깊이 영상을 추정하고, 비기준 화면에서는 움직임 정보를 이용해 앞에서 구한 깊이 영상을 전달(propagation)하는 방법을 이용한다. <그림 6-20>은 기준 화면에서 부호화된 참조 시점의 변위 벡터를 이용해 깊이 영상을 추정하는 방법을 보여준다. 기준화면의 1번 시점과 같은 컬러 영상은 대부분 시점간 참조를 통해 부호화하게 된다. 이때 이용되는 움직임 벡터(혹은 변위 벡터)는 시점간 상응 블록을 가리키므로 변위 정보로 이용할 수 있다. 그러므로 현재 화면의 깊이정보를 생성하기 위해 시점간 참조 과정에서 이용한 변위 벡터를 이용한다. 그리고 인트라 예측을 통해 부호화된 블록은 인접 블록의 값을 이용하여 채운다.

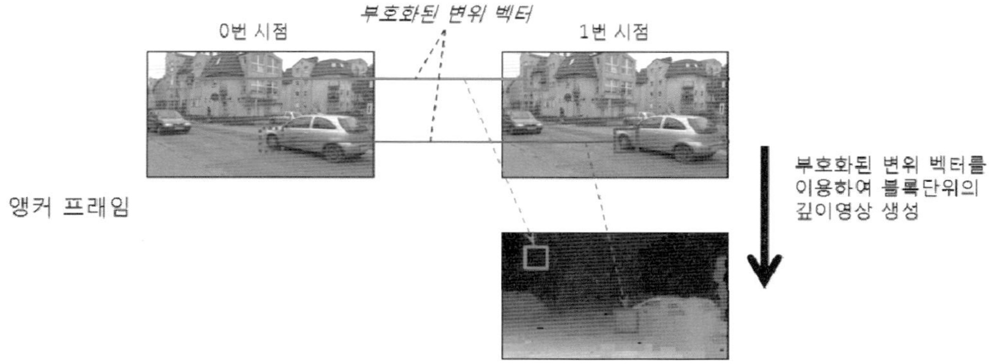

〈그림 6-20〉 기준 화면에서 부호화된 변위 벡터를 이용한 깊이 영상 추정

<그림 6-21>은 기준 화면에서 추정한 깊이 영상을 바탕으로 인접 시점의 움직임 벡터를 이용해 깊이 영상을 추정하는 방법을 설명한 것이다. 현재 화면의 참조 화면이 기준 화면일 경우 앞단에서 추정한 깊이 영상이 존재한다. 이 깊이 영상을 참조 시점으로 시점 이동한다(①번). 그 다음 참조 시점에서 시간축 방향의 움직임 벡터를 이용하여 움직임 보상(motion compensation)을 수행하면 동일 시간의 참조 시점의 깊이 영상을 생성할 수 있다(②번). 마지막으로 다시 현재 시점으로 시점이동을 수행한다(③번). 이런 과정을 통해 얻어진 깊이 영상은 움직임 벡터 예측에 이용된다. <소스코드 6-3>은 비기준 화면에서 깊이 영상을 추정하는 함수를 보인 것이다.

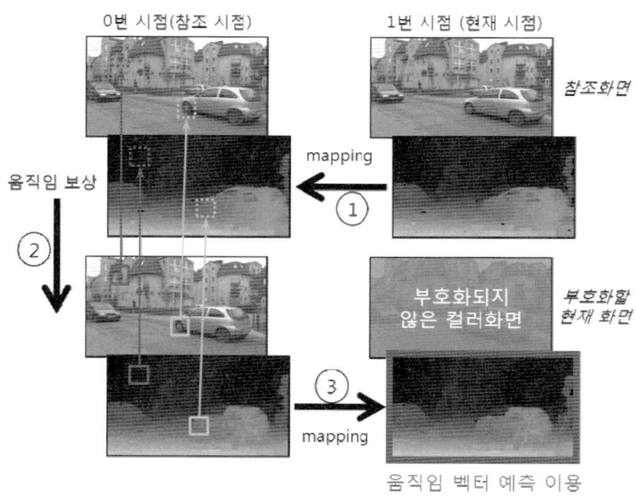

〈그림 6-21〉 비기준 화면에서 부호화된 움직임 벡터를 이용한 깊이 영상 추정

〈소스코드 6–3〉 비기준 화면에서 깊이 영상을 추정하는 함수

```
Void
TComDepthMapGenerator::xPredictCUDepthMap( TComDataCU* pcCU, UInt uiDepth, UInt
                                            uiAbsPartIdx )
{
    UInt uiLPelX  = pcCU->getCUPelX() + g_auiRasterToPelX[ g_auiZscanToRaster[
                    uiAbsPartIdx ] ];
    UInt uiTPelY  = pcCU->getCUPelY() + g_auiRasterToPelY[ g_auiZscanToRaster[
                    uiAbsPartIdx ] ];
    UInt uiRPelX  = uiLPelX        +( g_uiMaxCUWidth  >> uiDepth ) - 1;
    UInt uiBPelY  = uiTPelY        +( g_uiMaxCUHeight >> uiDepth ) - 1;
    Bool bBoundary =( uiRPelX >=
        pcCU->getSlice()->getSPS()->getPicWidthInLumaSamples() || uiBPelY >=
        pcCU->getSlice()->getSPS()->getPicHeightInLumaSamples() );
    Bool bSplit   =(( uiDepth < pcCU->getDepth( uiAbsPartIdx ) && uiDepth <(
        g_uiMaxCUDepth - g_uiAddCUDepth ) ) || bBoundary );
    if(  bSplit )
    {
        UInt uiQNumParts =( pcCU->getPic()->getNumPartInCU() >>( uiDepth << 1 ) ) >> 2;
        for( UInt uiPartUnitIdx = 0; uiPartUnitIdx < 4; uiPartUnitIdx++, uiAbsPartIdx +=
            uiQNumParts )
        {
            uiLPelX = pcCU->getCUPelX() + g_auiRasterToPelX[ g_auiZscanToRaster[
                      uiAbsPartIdx ] ];
            uiTPelY = pcCU->getCUPelY() + g_auiRasterToPelY[ g_auiZscanToRaster[
                      uiAbsPartIdx ] ];
            Bool  bInside = ( uiLPelX < pcCU->getSlice()->getSPS()->
                            getPicWidthInLumaSamples() && uiTPelY <
                            pcCU->getSlice()->getSPS()->getPicHeightInLumaSamples() );
            if(  bInside )
            {
                xPredictCUDepthMap( pcCU, uiDepth + 1, uiAbsPartIdx );  // 재귀함수를
                                    이용한 함수 호출
            }
        }
```

```
        return;
    }

    //--- set sub-CU and sub-depth-map ---
    TComDataCU* pcSubCU   = m_ppcCU [ uiDepth ];
    TComYuv*    pcSubDM   = m_ppcYuv[ uiDepth ];
    TComPicYuv* pcPicDM   = pcCU->getPic()->getPredDepthMap();
#if PDM_REMOVE_DEPENDENCE
    if( pcCU->getPic()->getStoredPDMforV2() == 1)
        pcPicDM   = pcCU->getPic()->getPredDepthMapTemp();
#endif
    UInt       uiCUAddr  = pcCU->getAddr();
    pcSubCU->copySubCU( pcCU, uiAbsPartIdx, uiDepth );

    //--- update depth map ---
    switch( pcSubCU->getPredictionMode( 0 ) )
    {
    case MODE_INTRA:
        xIntraPredictCUDepthMap( pcSubCU, pcSubDM ); // 인트라 예측으로 부호화된 블록의
                                                        깊이 영상 예측
        break;
    case MODE_SKIP:
    case MODE_INTER:
        xInterPredictCUDepthMap( pcSubCU, pcSubDM ); // 인터 예측을 부호화된 블록의 깊이
                                                        영상 예측
        break;
    default:
        AOT( true );
        break;
    }

    //--- copy sub-depth-map ---
    pcSubDM->copyToPicYuv( pcPicDM, uiCUAddr, uiAbsPartIdx );
}
```

6.3.2 시점간 잔여 데이터 예측

앞 절에서 획득한 깊이 영상은 움직임 벡터 예측뿐만 아니라 시점간 잔여 데이터 예측(inter-view residual prediction)에도 이용할 수 있다. <그림 6-22>에 보인 것처럼 현재 시점에서 현재 블록의 시점간 참조를 위해 앞에서 추정한 깊이 영상을 이용할 수 있다. 현재 블록의 깊이값을 변위 벡터로 변환하면 참조 화면에서의 상응 블록을 찾을 수 있다. 이렇게 찾은 상응 블록은 현재 블록과 색상이 일치할 것이므로, 예측을 통해 생성되는 잔여 데이터도 유사할 것이다. 이런 특징을 이용하는 것이 시점간 잔여 데이터 예측 방법이다. 참조 화면의 상응블록에서 얻은 잔여 데이터와 실제로 얻은 잔여 데이터의 차이만 DCT/Quantization 과정을 거쳐 부호화 한다. 복호기에서는 역과정을 통해 잔여 데이터를 예측하고, 복호한 데이터를 더하여 영상을 복원할 수 있다. 이 방법은 비트율-왜곡 최적화(RD-optimization)를 통해 사용 여부가 결정되기 때문에 사용 여부를 가리키는 flag비트가 전송된다.

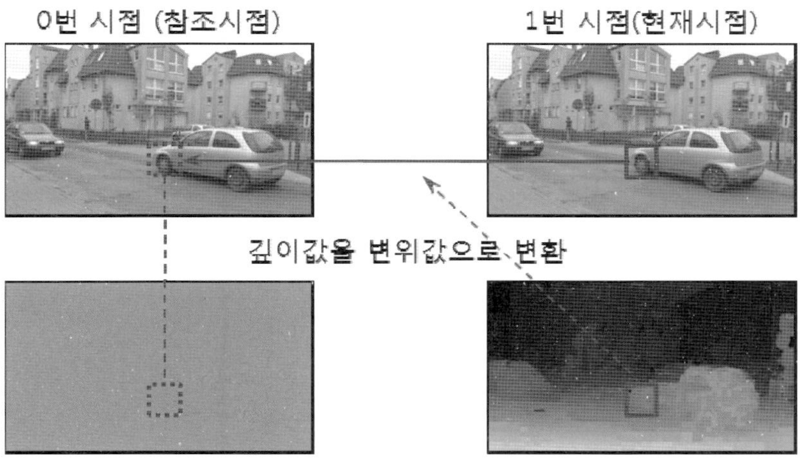

〈그림 6-22〉 시점간 잔여 데이터 예측 방법

6.3.3 깊이 영상 모델링을 이용한 인트라 예측

HEVC를 이용한 깊이 영상 부호화 기술 중에서 가장 주목을 받고 있는 방법은 HHI에서 제안한 깊이 영상 모델링 모드(depth modeling mode, DMM) 기술이다 [104]. 이 기술은 깊이 영상의 특징을 이용한 새로운 인트라 예측 모드를 제안했다.

깊이 영상은 중간 영상을 합성하기 위해 이용되는 부가 정보이므로, 부호화된 깊이 영상이 합성 영상에 주는 영향을 고려해야 한다. 깊이 영상은 객체의 경계 부근에서 깊이값의 변화가 크게 나타나고, 객체 내부의 깊이값은 변화가 적다. 특히 깊이값의 차이가 큰 객체의 경계는 정확하게 부호화 해야 합성에러를 줄일 수 있다. HHI는 이런 특징을 이용해 깊이값의 변화가 큰 영역의 정보를 정확히 전송하는 DMM 기술을 제안했다.

DMM 기술은 부호화할 현재 블록의 영역을 깊이 영상의 경계를 기준으로 두 영역으로 분할 하고, 각 영역을 대표하는 깊이값을 전송하는 방법이다. 이 때 현재 블록을 분할하는 방법에 따라 네 가지 방법으로 분류된다. 현재 블록을 직선으로 분할하고 분할한 직선 정보를 직접 전송하는 방법(DMM mode 1), 현재 블록을 직선으로 분할하고 분할한 정보를 인접 화소를 통해 유추하는 방법(DMM mode 2), 이미 부호화가 끝난 컬러 영상의 경계 정보를 이용하여 현재 블록을 직선으로 분할하는 방법(DMM mode 3), 그리고 부호화가 끝난 컬러 영상을 이용해 현재 블록을 임의의 모양으로 분할하는 방법(DMM mode 4)으로 구분할 수 있다. 이렇게 제안한 네 가지의 인트라 예측 방법을 수행하고, 기존의 방법과 비트율-왜곡 최적화 과정을 통해 최종 부호화 모드를 결정하게 된다. <표 6-9>는 DMM 기술의 각 모드별 이용 정보와 블록분할 모양을 정리한 것이다.

〈표 6-9〉 깊이 영상 모델링 모드(depth modeling mode)

모드 번호	모드 이름	이용 정보	분할 모양
Mode 1	Explicit Wedgelet signaling	깊이 영상	직선
Mode 2	Intra-predicted Wedgelet partitioning	깊이 영상	직선
Mode 3	Inter-component-predicted Wedgelet partitioning	컬러 영상, 깊이 영상	직선
Mode 4	Inter-component-predicted Contour partitioning	컬러 영상, 깊이 영상	임의곡선

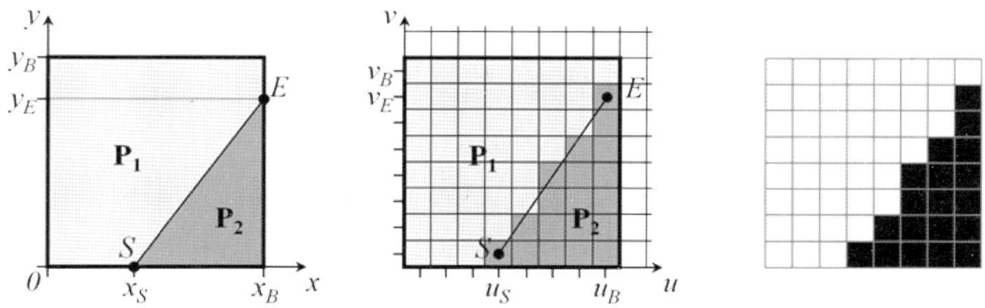

〈그림 6-23〉 DMM Mode 1의 직선 탐색 방법 [104]

DMM Mode 1에 대해 자세히 살펴보자. DMM 기술은 <그림 6-23>과 같이 부호화할 현재 블록을 두 영역으로 분할할 때 분할 직선을 예측하지 않고 직접 찾는다. 최적의 직선은 깊이 영상을 복원했을 때 발생할 수 있는 왜곡이 최소가 되는 직선으로 선택된다. 당연히 이 과정의 복잡도는 매우 높다. 그러므로 빠르게 최적의 직선을 찾는 방법이 중요한 연구 주제 중 하나이다. 이런 문제를 해결하기 위해 각 블록 크기에 따른 직선의 시작점과 끝점을 표로 정리해 일부만 탐색하는 방법을 이용한다. 이와 관련해 <그림 6-24>와 같이 직선을 탐색하는 과정을 간소화 하여 탐색 속도를 높이는 기술이 제안되었다 [109]. 이 기술은 직선을 탐색할 때 각 점마다 모두 직선을 탐색하는 것이 아니라 한 화소씩 건너면서 최적의 직선을 먼저 선택하고, 그렇게 선택된 직선을 보다 정확하게 탐색하는 방법이다. 이 모드는 3DV-HTM의 estIntraPredQT()라는 함수에서 호출이 된다. <소스코드 6-4>는 DMM기술의 Mode 1이 구현되어 있는 소스코드를 보인 것이다. 여기에서 일반적인 탐색 방법과 고속화 알고리즘이 구현되어 있는 것을 볼 수 있다.

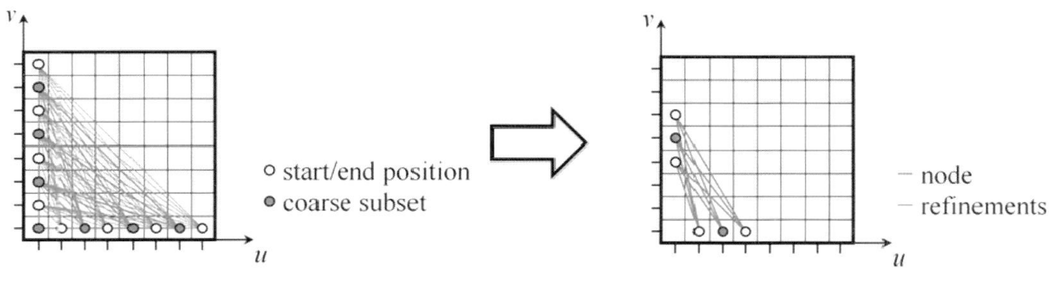

〈그림 6-24〉 DMM Mode 1의 최적의 직선 탐색의 고속화 알고리즘 [109]

〈소스코드 6-4〉 DMM Mode 1 함수

```
Void TEncSearch::findWedgeFullMinDist( TComDataCU*   pcCU,
                                        UInt          uiAbsPtIdx,
                                        Pel*          piOrig,
                                        Pel*          piPredic,
                                        UInt          uiStride,
                                        UInt          uiWidth,
                                        UInt          uiHeight,
                                        UInt&         ruiTabIdx,
                                        Int&          riDeltaDC1,
                                        Int&          riDeltaDC2,
                                        Bool          bAboveAvail,
                                        Bool          bLeftAvail )
{
    assert( uiWidth >= DMM_WEDGEMODEL_MIN_SIZE && uiWidth <=
                    DMM_WEDGEMODEL_MAX_SIZE );

    WedgeList* pacWedgeList = &g_aacWedgeLists[(g_aucConvertToBit[uiWidth])];
    Dist iDist = RDO_DIST_MAX;

#if HHIQC_DMMFASTSEARCH_B0039
    WedgeNodeList*  pacWedgeNodeList =
                    &g_aacWedgeNodeLists[(g_aucConvertToBit[uiWidth])];
    // Mode 1: 직선 탐색 함수(고속화 방법)
        xSearchWedgeFullMinDistFast( pcCU, uiAbsPtIdx, pacWedgeNodeList, pacWedgeList,
                                piOrig, uiStride, uiWidth, uiHeight, ruiTabIdx, iDist );
#else
    // Mode 1: 직선 탐색 함수
    xSearchWedgeFullMinDist( pcCU, uiAbsPtIdx, pacWedgeList, piOrig, uiStride, uiWidth,
                        uiHeight, ruiTabIdx, iDist );
#endif

    TComWedgelet* pcBestWedgelet = &(pacWedgeList->at(ruiTabIdx));
    xGetWedgeDeltaDCsMinDist( pcBestWedgelet, pcCU, uiAbsPtIdx, piOrig, piPredic, uiStride,
                    uiWidth, uiHeight, riDeltaDC1, riDeltaDC2, bAboveAvail, bLeftAvail );
}
```

DMM Mode 2는 Mode 1과는 달리 직선을 참조 가능한 인접 화소를 이용하여 예측하는 방법이다. 이 직선은 복호기에서도 동일한 방법으로 예측할 수 있으므로 직선 정보를 전송하지 않는다. 보다 정확한 직선을 선택하기 위해 예측한 직선을 기준으로 직선의 끝점을 조금씩 바꾸어 최적의 직선을 결정하고, 예측한 직선과의 차이(E_{off})만을 복호기에 전송한다. 직선을 예측할 때는 인접 블록을 참조하여 직선의 시작점(S_p)과 직선의 경사(m_{ref})를 구한다. 만약 인접 블록이 기존의 DMM 기술로 부호화 됐다면(Mode 4 제외), 그 인접 블록내 직선 정보를 이용한다. 인접 블록의 직선의 연장선이 현재 블록과 교차된다면, 그 직선 정보를 현재 블록의 직선의 시작점과 기울기로 사용한다. 만약 인접 블록이 DMM기술로 부호화되지 않고 일반적인 인트라 모드로 부호화됐다면, 인접 블록의 화소값을 이용하여 그래디언트(gradient)를 구한다. 그리고 인접 블록과 현재 블록이 만나는 경계 화소 중에서 값의 차이가 가장 큰 위치를 시작점으로 취한다. 끝점은 앞에서 구한 시작점과 기울기를 이용하여 구한다. <소스코드 6-5>는 DMM Mode 2의 실행 함수를 보인 것이다. 실제로 호출되는 함수는 xSearchWedgePredDirMinDist()이다.

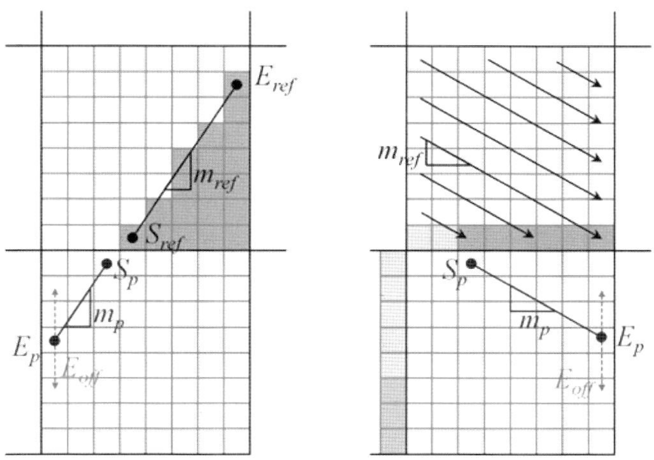

〈그림 6-25〉 DMM Mode 2의 직선 예측 방법[104]

〈소스코드 6-5〉 DMM Mode 2 함수

```
Void TEncSearch::findWedgePredDirMinDist( TComDataCU*    pcCU,
                                          UInt           uiAbsPtIdx,
```

```
                                        Pel*        piOrig,
                                        Pel*        piPredic,
                                        UInt        uiStride,
                                        UInt        uiWidth,
                                        UInt        uiHeight,
                                        UInt&       ruiTabIdx,
                                        Int&        riWedgeDeltaEnd,
                                        Int&        riDeltaDC1,
                                        Int&        riDeltaDC2,
                                        Bool        bAboveAvail,
                                        Bool        bLeftAvail )
{
    assert( uiWidth >= DMM_WEDGEMODEL_MIN_SIZE && uiWidth <=
            DMM_WEDGEMODEL_MAX_SIZE );
    WedgeList* pacWedgeList = &g_aacWedgeLists[(g_aucConvertToBit[uiWidth])];

    ruiTabIdx          = 0;
    riWedgeDeltaEnd = 0;

// 인접 블록의 정보를 이용한 직선 예측(Mode 2)
    xSearchWedgePredDirMinDist( pcCU, uiAbsPtIdx, pacWedgeList, piOrig, uiStride, uiWidth,
                    uiHeight, ruiTabIdx, riWedgeDeltaEnd );

    TComWedgelet* pcBestWedgelet = &(pacWedgeList->at(ruiTabIdx));
    xGetWedgeDeltaDCsMinDist( pcBestWedgelet, pcCU, uiAbsPtIdx, piOrig, piPredic, uiStride,
                    uiWidth, uiHeight, riDeltaDC1, riDeltaDC2, bAboveAvail, bLeftAvail );
}
```

DMM Mode 3과 4는 Mode 1, 2와는 달리 최적의 직선을 구하기 위해 이미 부호화가 끝난 컬러 영상을 이용한다. 그렇기 때문에 'Inter-component-predicted Wedgelet(or Contour) Partitioning'이라 부른다. <그림 6-26>은 Mode 3와 Mode 4의 영역 분할 방법을 소개한 것으로, 컬러 영상의 정보를 이용해 직선(Mode 3) 혹은 임의곡선(Mode 4)로 분할한다. 이때의 분할 정보는 컬러 영상에서 얻어오기 때문에 복호기에 전달되는 정보는 없다. 이런 방법들은 컬러 영상의 경계와 깊이 영상의 경계가 정확하게 일치할 때 효과적이다. 하지단, 부호화 오류로 인해 컬러 영상을 정확한 직선(혹은 곡선)으로 구분하기 어려울 수 있다. 또한 대부분의 깊이 영상이 CG를 통하여 얻어진 것이 아닌 알고리즘으로 추정한 데이터이므로 깊이 영상의 경계가 컬러 영상의 경계와 정확히 일치하지 않는 경우가 많이 발생한다. <소스코드 6-6>과 <소스코드 6-7>은 각각 Mode 3과 Mode 4의 함수를 보인 것이다.

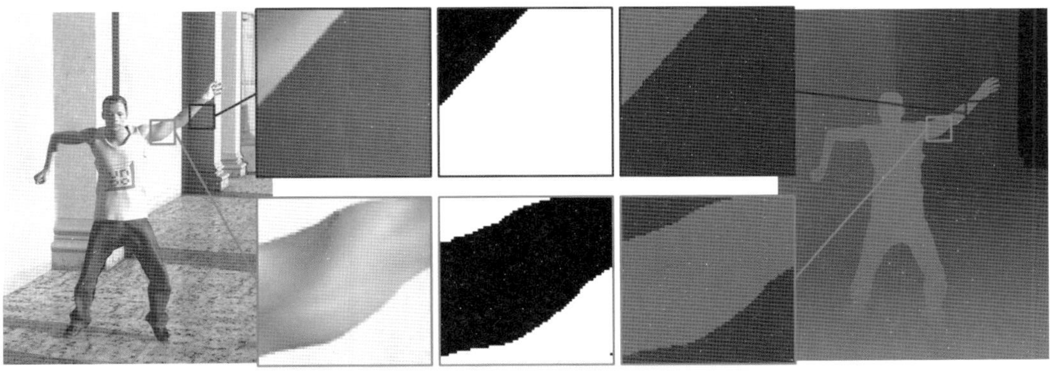

〈그림 6-26〉 DMM Mode 3과 Mode 4의 블록 분할 방법 [104]

〈소스코드 6-6〉 DMM Mode 3 함수

```
Void TEncSearch::findWedgeTexMinDist( TComDataCU*  pcCU,
                                      UInt         uiAbsPtIdx,
                                      Pel*         piOrig,
                                      Pel*         piPredic,
                                      UInt         uiStride,
                                      UInt         uiWidth,
                                      UInt         uiHeight,
                                      UInt&        ruiTabIdx,
                                      Int&         riDeltaDC1,
                                      Int&         riDeltaDC2,
                                      Bool         bAboveAvail,
                                      Bool         bLeftAvail )
{
```

```
    assert( uiWidth >= DMM_WEDGEMODEL_MIN_SIZE && uiWidth <=
            DMM_WEDGEMODEL_MAX_SIZE );
    WedgeList* pacWedgeList = &g_aacWedgeLists[(g_aucConvertToBit[uiWidth])];

    // 컬러 영상을 이용한 직선 검출
    ruiTabIdx = getBestWedgeFromTex( pcCU, uiAbsPtIdx, uiWidth, uiHeight );

    TComWedgelet* pcBestWedgelet = &(pacWedgeList->at(ruiTabIdx));
    xGetWedgeDeltaDCsMinDist( pcBestWedgelet, pcCU, uiAbsPtIdx, piOrig, piPredic, uiStride,
            uiWidth, uiHeight, riDeltaDC1, riDeltaDC2, bAboveAvail, bLeftAvail );
}
```

〈**소스코드 6-7**〉 DMM Mode 4 함수

```
Void TEncSearch::findContourPredTex( TComDataCU*   pcCU,
                                     UInt          uiAbsPtIdx,
                                     Pel*          piOrig,
                                     Pel*          piPredic,
                                     UInt          uiStride,
                                     UInt          uiWidth,
                                     UInt          uiHeight,
                                     Int&          riDeltaDC1,
                                     Int&          riDeltaDC2,
                                     Bool          bAboveAvail,
                                     Bool          bLeftAvail )
{
    // get contour pattern
    TComWedgelet* pcContourWedge = new TComWedgelet( uiWidth, uiHeight );

// 컬러 영상을 이용한 임의 곡선 검출
getBestContourFromTex( pcCU, uiAbsPtIdx, uiWidth, uiHeight, pcContourWedge );

    xGetWedgeDeltaDCsMinDist( pcContourWedge, pcCU, uiAbsPtIdx, piOrig, piPredic, uiStride,
            uiWidth, uiHeight, riDeltaDC1, riDeltaDC2, bAboveAvail, bLeftAvail );
```

```
        pcContourWedge->destroy();
        delete pcContourWedge;
}
```

6.3.4 영상 합성 기반 비트율—왜곡 최적화

비트율-왜곡 최적화(rate-distortion optimization, RDO) 기술은 여러 블록 크기와 여러 예측 방법 중에서 최적의 부호화 방법을 선택하는 방법으로, H.263 [110], H.264/AVC [34] 뿐만 아니라 HEVC[99]에서도 이용하는 중요한 기술이다. JCT-3V 그룹에서는 깊이 영상의 부호화를 위해 영상 합성을 기반으로 한 비트율-왜곡 최적화 방법(view synthesis optimization, VSO)을 평가하고 있다. HHI [111], Poznan 대학 [89], 삼성 [112], LG [108], Zhejiang 대학[113] 등의 여러 기관이 관련 기술을 기고했고, 3DV-HTM에는 HHI가 제안한 기술을 바탕으로 몇 가지 부가 기술이 구현되어 있다.

RDO 기술은 여러 블록 크기에 따른 다양한 예측 모드 중에서 최적의 모드를 선택하기 위해 고안된 부호기 기술이다. 복호기에서는 사용되지 않는다. RDO는 식 (6-6)과 같은 비용 함수를 이용하여 최소의 비용값을 갖는 예측 모드를 최적의 모드로 선택한다.

$$J_{\text{mode}}(s,r,M \mid \lambda_{\text{mode}}) = SSD(s,r,M) + \lambda_{\text{mode}} \cdot R(s,r,M) \tag{6-6}$$

여기서 λ_{mode}는 비트율의 비중을 조절하는 가중치 함수이고, M은 모드 타입(mode_type)과 같은 모드 정보이고, R(s,r,M)은 모드 타입 M으로 부호화했을 때 발생하는 비트수이고, SSD는 같은 모드 타입으로 부호화 했을 때 복원할 수 있는 영상과 원본 영상과의 왜곡값을 나타낸다. 이때의 SSD는 식 (6-7)과 같이 계산할 수 있다.

$$SSD(s,r<) = \sum_{(x,y)\in M} \left| s(x,y) - r(x-m_x, y-m_y) \right|^2 \tag{6-7}$$

여기서 s(x,y)는 원본 영상의 화소값을 나타내고, $r(x-m_x, y-m_y)$는 움직임 벡터(m_x, m_y)가 반영된 복원된 화소값이다.

VSO 방법은 깊이 영상을 부호화할 때 깊이 영상의 왜곡을 새롭게 정의한다. 깊이 영상은 영상 합성을 돕는 부가적인 데이터이고, 시청자에게 직접 보이지 않으므로 RDO에서 깊이 영상의 왜곡은 크게 중요하지 않다. 그러므로 깊이 영상의 부호화 과정에서 이용하는 RDO 기술의 왜곡(distortion)항을 기존의 방법을 이용하지 않고, 영상 합성 관점에서 평가한 왜곡항(synthesized view distortion, SVD)을 이용하면 부호화 효율을 크게 향상할 수 있다.

$$SVD = D - D' = \sum_{(x,y)\in M} \left| s'_{T,ref}(x,y) - s'_T(x,y) \right|^2 - \sum_{(x,y)\in M} \left| s'_{T,ref}(x,y) - \tilde{s}_T(x,y) \right|^2 \tag{6-8}$$

여기서 D는 원본 깊이 영상과 컬러 영상을 이용하여 획득한 합성 영상($s'_{T,ref}$)에서 부호화할 현재 블록의 깊이 영상을 이용하여 획득한 합성 영상($\tilde{s}_T$)을 뺀 왜곡값이고, D′은 원본 깊이 영상과 컬러 영상을 이용하여 획득한 합성 영상($s'_{T,ref}$)에서 원본 깊이 영상과 컬러 영상을 이용하여 획득한 합성 영상(s'_T)을 뺀 왜곡값이다. <그림 6-27>은 이와 같은 SVD를 계산하는 방법을 자세히 소개한 것이다. 합성 영상 왜곡의 기준이 되는 $s'_{T,ref}$는 원본 컬러 영상과 깊이 영상을 이용하여 합성한 결과로 부호기에서 한번 구한 후 저장해 둔다. 그리고 현재 블록을 기준으로 부호화를 마친 블록(encoded block)과 원본 블록(original block)으로 구성된 깊이 영상과 부호화된 컬러 영상을 이용해 얻은 합성 영상(s'_T)은 한 블록의 부호화를 마친 후 다시 구한다. 현재 블록의 깊이값 왜곡이 합성 영상에 미치는 왜곡(s'_T)은 부호화된 블록의 깊이값 및 원본 깊이값으로 구성된 깊이 영상과 부호화된 컬러 영상을 이용해 계산된다.

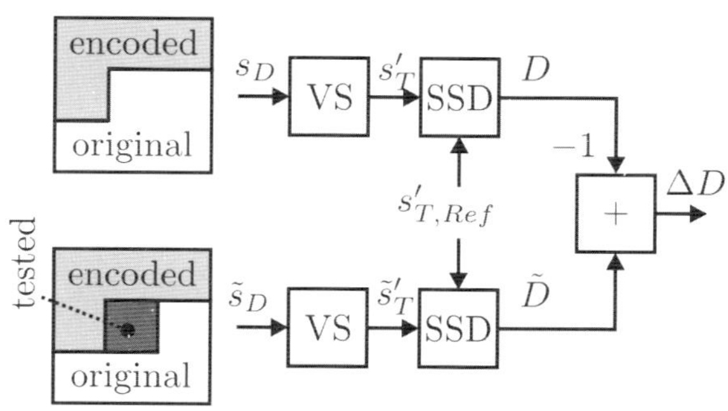

〈그림 6-27〉 VSO의 왜곡항(SVD)을 계산하는 방법 [104]

깊이값의 오류에 따른 실제 합성오류를 구하기 위해서는 실제 합성과정이 부호화 과정에 포함되어야 한다. 영상 합성에서 중요한 요소는 시점 이동, 빈공간 채움 방법 등이다. 자세한 내용은 참고문헌[104]의 3.4.1.2절을 참고하기 바란다.

HHI가 제안한 SVD는 깊이 영상의 부호화 결과를 합성결과에 반영하여 RDO를 수행한다. 특히 주목할 점은 왜곡항에 깊이 영상의 부호화 오류가 직접 반영된 것이 아니라 합성 영상의 왜곡만 반영된다는 것이다. 이런 방법은 <그림 6-28(a)>와 같이 합성 영상의 변화는 크게 없으나 복원된 깊이 영상의 주관적 화질이 크게 떨어진다는 단점이 있다. 깊이 영상의 왜곡은 <그림 6-28(c)>와 같이 합성 영상에 영상 왜곡을 초래할 수 있다. 이러한 단점을 보완하기 위해 LG는 RDO에서 SVD뿐만 아니라 깊이 영상의 왜곡값을 동시에 고려하는 방법을 제안했다 [114]. 이 방법을 이용하면 <그림 6-28(b)>와 같이 깊이 영상의 화질이 유지되는 효과를 얻을 수 있다. 또한 합성한 영상에서도 <그림 6-28(d) >처럼 영상 왜곡이 없는 결과를 얻을 수 있다.

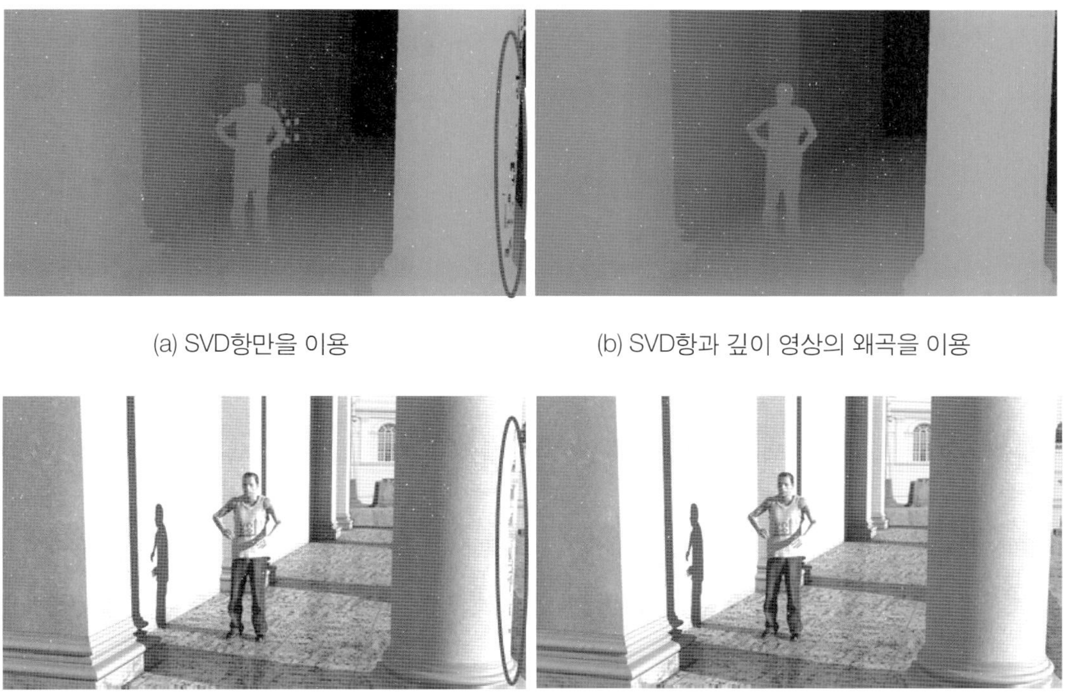

(a) SVD항만을 이용

(b) SVD항과 깊이 영상의 왜곡을 이용

(c) SVD항만을 이용

(d) SVD항과 깊이 영상의 왜곡을 이용

〈그림 6-28〉 VSO의 왜곡항의 이용에 따른 합성결과 비교 [114]

〈**소스코드 6-8**〉 VSO를 이용하여 왜곡을 계산하는 함수

```
RMDist
TRenModel::getDist( Int iStartPosX, Int iStartPosY, Int iWidth, Int iHeight, Int iStride, Pel*
            piNewData, Pel * piOrgData, Int iOrgStride)
{
    iStartPosY -= m_uiHorOff;

    AOT( iWidth  + iStartPosX > m_iWidth  );
    AOT( iHeight + iStartPosY > m_iUsedHeight );

    AOT( iStartPosX < 0);
    AOT( iStartPosY < 0);
    AOT( iWidth     < 0);
    AOT( iHeight    < 0);

    RMDist iDist = 0;

    for(Int iModelNum = 0; iModelNum < m_iNumOfCurRenModels; iModelNum++ )
    {
        if(m_iCurrentContent == 1)
        {
            // 깊이 영상의 왜곡값 계산
            iDist +=  m_apcCurRenModels[iModelNum]->getDistDepth (
                      m_aiCurPosInModels[iModelNum], iStartPosX, iStartPosY,  iWidth,
                      iHeight,  iStride,  piNewData , piOrgData, iOrgStride);
        }
        else
        {
            // 합성 영상의 왜곡만 고려한 SVD값 계산
            iDist +=  m_apcCurRenModels[iModelNum]->getDistVideo (
                      m_aiCurPosInModels[iModelNum], m_iCurrentPlane ,iStartPosX,
                      iStartPosY, iWidth, iHeight, iStride, piNewData );
        }
    }

    return( iDist +(m_iNumOfCurRenModels >> 1) ) / m_iNumOfCurRenModels;
}
```

6.3.5 깊이 영상의 분할 조건 제약

프랑스의 Orange Labs은 깊이 영상의 블록 분할 정보를 부호화할 때 컬러 영상의 블록 분할 정보를 반영하는 방법을 제안했다 [115]. HEVC는 각 블록을 쿼드트리(quadtree, QT) 방식으로 분할하여 부호화 한다. 그리고 3DV-HTM은 컬러 영상과 깊이 영상을 각각 부호화하기 때문에 컬러 영상의 QT구조와 깊이 영상의 QT구조가 각각 별도로 부호화 된다. 깊이 영상은 컬러 영상의 정보를 담고 있기 때문에 두 데이터의 QT구조는 많은 부분이 유사할 수 있다. 이런 특징을 이용하면, 컬러 영상의 QT구조를 깊이 영상의 QT구조 예측에 이용할 수 있다. 하지만 깊이 영상은 컬러 영상보다 텍스처의 구조가 단순하기 때문에, 깊이 영상의 QT구조는 컬러 영상의 QT구조 보다 단순해야 한다. 이렇게 하면 QT구조를 부호화하는 부가정보뿐만 아니라, 부호화 시간도 줄일 수 있다.

<그림 6-30>은 앞에서 보인 <그림 6-29>의 QT구조를 표현하기 위해 실제로 부호화되는 정보를 표시한 것이다. 'DepthLevel'은 한 블록의 분할 레벨을 나타낸다. 여기서 0은 주어진 블록의 원래의 크기를 나타낸다. 그리고 분할 레벨이 1이 되면 원래의 블록에서 한번 분할된 것을 말한다. 그리고 2가 되면 쿼드트리 방법으로 두 번 분할되는 것을 말한다. 이런 방식으로 <그림 6-29>의 컬러 영상과 깊이 영상의 분할 정보를 <그림 6-30>의 'TextureSplitFlag'와 'DepthSplitFlag'에서 확인할 수 있다. 'TexturePartSize'와 'DepthPartSize'는 분할한 블록의 모양을 나타내는 것으로 4등분으로 분할되는 경우 0으로 표시되고, Nx2N으로 분할되면 1, 2NxN으로 분할되면 2로 표시된다.

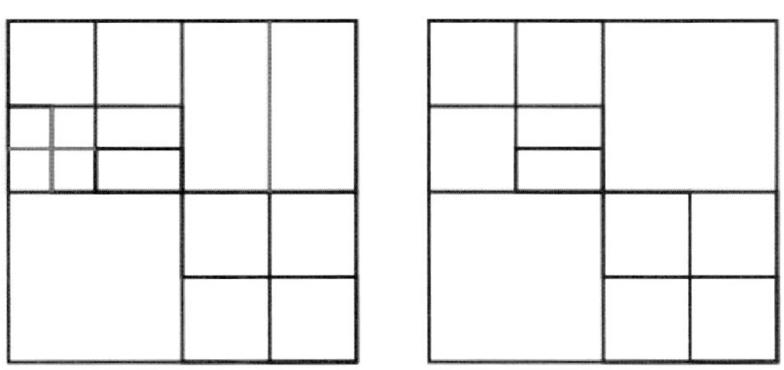

(a) 컬러 영상의 QT구조 (b) 깊이 영상의 QT구조

〈그림 6-29〉 부호화한 컬러 영상과 깊이 영상의 QT구조 비교

Index	0	1	2	3	4	5	6	7	8	9	10	11	12	13	14	15	16
DethLevel	0	1	2	2	2	3	3	3	3	2	1	1	1	2	2	2	2
TextureSplitFlag	1	1	0	0	1	–	–	–	–	0	0	0	1	0	0	0	0
TexturePartSize	–	–	0	0	–	0	0	0	0	1	2	0	–	0	0	0	0
DethSplitFlag	1	1	0	0	0					0	0	0	1	0	0	0	0
DethPartSize	–	–	0	0	0					0	0	0	–	0	0	0	0
ResidualDethSplitFlag	1	1	–	–	0					–	–	–	1	–	–	–	–
ResidualDethPartSize	–	–	–	–	0					–	–	–	–	–	–	–	–

〈그림 6-30〉 컬러 영상과 깊이 영상의 QT구조를 표현하는 정보 비교

Orange Labs에서 제안한 방법은 깊이 영상의 QT구조를 결정할 때 컬러 영상의 QT구조를 이용하되, <그림 6-31>과 같이 깊이 영상의 QT구조를 보다 단순하게 결정할 수 있다. 컬러 영상의 2Nx2N블록이 NxN으로 분할될 경우, 깊이 영상은 그림과 같이 네 가지 경우로 분할될 수 있다. 하지만 컬러 영상의 2Nx2N 블록이 2NxN 또는 Nx2N으로 분할되는 경우, 깊이 영상은 2Nx2N으로만 분할될 수 있다. 이런 법칙에 따르면 <그림 6-30>의 아랫부분에 표시된 정보를 줄일 수 있다.

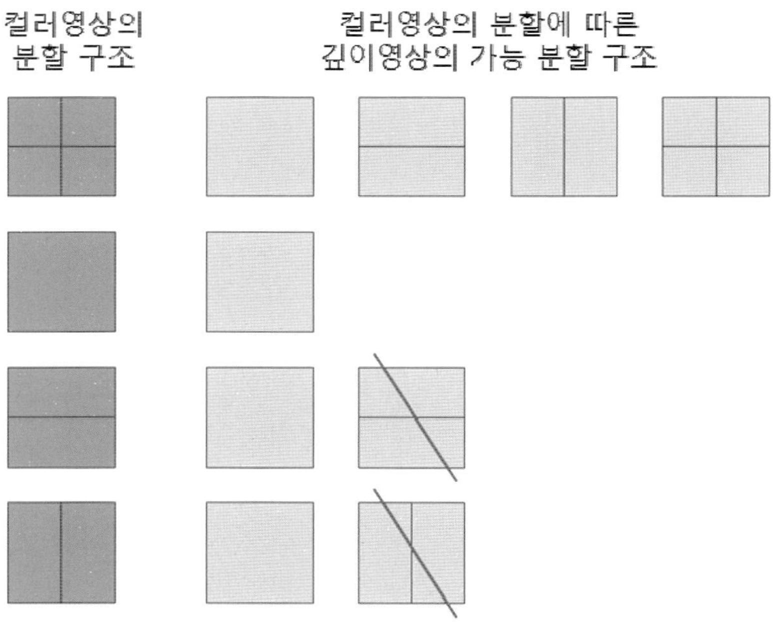

〈그림 6-31〉 컬러 영상의 분할 구조에 따른 깊이 영상의 가능 분할 구조

CHAPTER 7

3차원 비디오 화질 평가

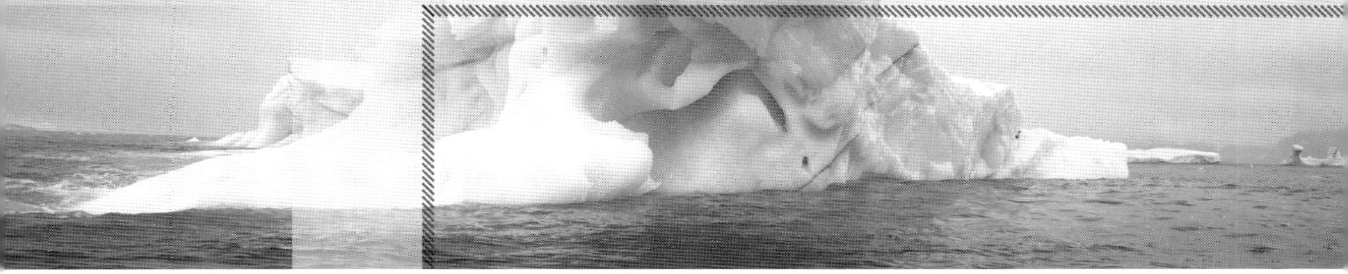

최근 연이은 3차원 영화의 개봉과 흥행으로 3차원 기술에 대한 관심이 높아지면서, 영화뿐만 아니라 다양한 멀티미디어 산업에서 3차원 영상 기술을 활용하려는 움직임이 일어나고 있다. 특히 3차원 영상의 획득, 편집, 압축, 재현 기술에 대한 기술은 입체감과 직접 연관이 있으므로 가장 활발히 연구되고 있다 [116-118]. 이런 기술들을 바탕으로 3차원 카메라, 3차원 TV, 3차원 모니터 등의 다양한 제품들이 출시되고 있다. 하지만 이런 3차원 관련 제품을 이용한 사용자들 중에는 어지럼증, 울렁거림, 눈의 피로감 등을 호소하는 등의 문제점을 보이기도 한다. 이는 3차원 영상기술의 발전에 큰 걸림돌이 될 수 있다. 그렇기 때문에 3차원 영상 기술에서 인간의 시각 특성에 대한 연구가 중요하다 [119]. 이번 장에서는 인간의 시각 특성 중 3차원 영상을 인지할 수 있는 요소와 3차원 재현 장치를 통해 영상을 시청할 경우 이런 요소들이 인간 시각 피로에 어떻게 작용하는지 살펴본다. 이와 더불어 MPEG(moving picture experts group)의 3차원 비디오 부호화(3D video coding) 그룹에서 이용한 3차원 영상 평가 방법에 대해서 설명한다.

7.1 인간의 시각 특성과 3차원 영상

최근 3차원 영상 기술이 주목 받으면서 다양한 연구가 진행되고 있지만 일반 소비자의 시청 환경까지 고려한 3차원 영상 서비스는 제시하지 못하고 있다. 일반 소비자가 접할 수 있는

3차원 영상 기술은 양안식 모니터를 이용한 방식이기 때문에 시청자는 안경을 쓰고 시청해야 한다. 또한 3차원 시청 위치에 따라 깊이감이 달라질 수 있다. 이런 문제점을 해결하기 위해 일부 영화관에서는 조명이나 좌석의 배치 등을 적절하게 조절하는 등의 서비스를 제공하고 있지만, 여전히 일반 가정 환경 내에서 3차원 영상을 즐기기엔 제약 조건이 많기 때문에 해결해야 할 문제가 남아있다. 그러므로 인간 시각 특성 중에서 3차원 영상을 시청하는데 방해가 되는 요소가 무엇인지 파악하여 3차원 영상에 적용하는 것이 중요하다. 이번 장에서는 인간 시각 특성 중에서 3차원 영상과 관련성이 높은 요소에 대해 알아보고 3차원 영상을 통해 발생하는 생리적 인지의 불일치 현상 등을 설명한다.

7.1.1 깊이감 인지 요소

복잡한 객체가 배치되어 있는 장면은 매우 다양한 시각적 요소들을 담고 있다. 인간 시각 시템은 이런 시각적 요소를 다양한 방법으로 해석하여 깊이감을 인지한다. 인간 시각 시스템이 깊이감을 인지하는 요소들을 두 종류로 분류하면 단안(monocular) 요소와 양안(binocular) 요소로 나눌 수 있다.

단안 요소는 <그림 7-1>에 보인 것과 같이 원근감(perceptivity), 가려짐(occlusion), 원근감 조절(accommodation), 그림자(shadow), 결의 경사(texture gradient), 운동 시차 등의 요소로 인하여 깊이감을 느낄 수 있다. 원근감은 멀리 있는 물체는 작게 보이고 가까이 있는 물체는 크게 보이고, 철로와 같이 평행인 물체가 멀어질수록 수렴하는 것과 같은 현상을 말한다. 가려짐에 의한 깊이감 인지는 여러 물체가 놓여 있을 때 앞에 있는 물체가 뒤에 있는 물체를 가림으로 인한 상대적인 위치를 인지하여 공간감을 느낀다. 원근감 조절은 사진 기술의 아웃포커싱(out-focusing)처럼, 멀리 있는 물체에 초점을 맞추면 가까이 있는 물체가 흐리게 보이고, 가까이 있는 물체에 초점을 맞추면 멀리 있는 물체가 흐리게 보이는 현상을 말한다. 그림자로 인한 깊이감 인지는 물체가 빛을 받았을 때 생기는 그림자로 인해 물체의 입체감을 느끼는 원리이다. 결의 경사는 그림과 같이 물체의 결의 모양에 따라 빛의 세기가 달라져 입체감을 느끼는 원리이다. 운동시차는 정지한 배경에서 움직이는 물체가 있을 대 상대적인 거리감을 인지할 수 있다. 이와 같이 단안 요소들은 정지영상에서 거리감을 느끼거나, 학습에 의해서 거리감을 인지하는 특징이 있다.

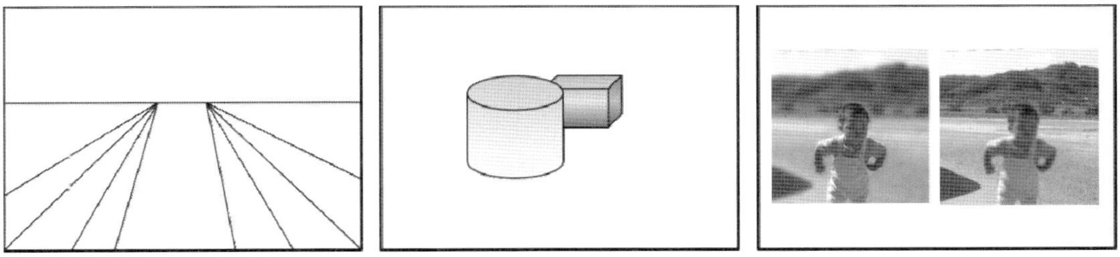

(a) 원근감 (b) 가려짐 (c) 원근감 조절

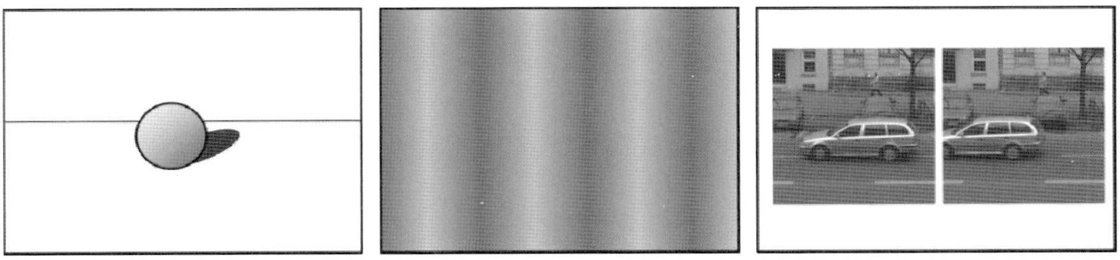

(d) 그늘과 그림자 (e) 결의 경사 (f) 운동 시차

〈그림 7–1〉 입체감을 느끼는 단안 요소

입체감을 인지하는 양안 요소로는 <그림 7–2>와 같이 양안 시차(binocular parallax), 수렴(convergence) 등이 있다. 양안 시차는 양안이 서로 다른 위치에 있기 때문에 같은 장면을 보더라도 양안에 맺히는 상은 변위차가 발생하여 깊이감을 느끼는 것이다. 대부분은 3차원 영상 처리 기술들은 이 양안 시차를 이용하여 깊이감을 조절한다. 수렴(convergence)은 한 객체에 초점을 맞추는 것을 말한다. 이때 양안이 가리키는 각도에 따라 거리감이 달라진다. 이 외에도 인간이 깊이감을 인식하는 요소로, 거리가 먼 물체가 흐리게 보이는 대기 원근감(aerial perspective), 물체간의 상대적인 크기에 따른 깊이감 인지 등이 있다.

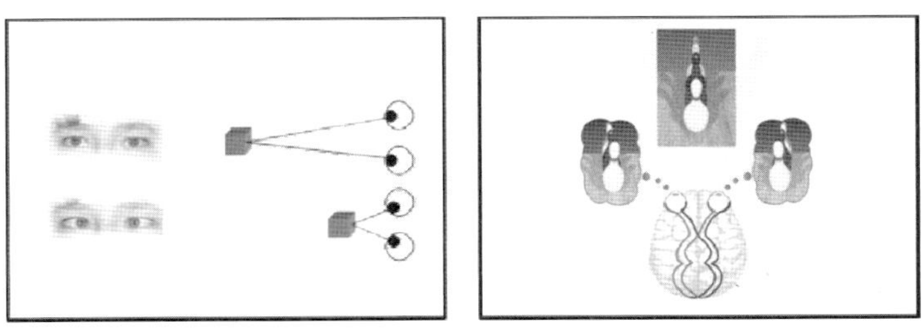

(a) 수렴 (b) 양안 시차

〈그림 7–2〉 입체감을 느끼는 양안 요소

앞에서 설명한 수렴과 관련하여 양안이 한 물체에 맞추어 초점을 맞출 때, 양안이 이루는 수렴각이 일정한 곡선을 호롭터(horopter) 곡선이라고 한다. <그림 7-3>에 보인 것처럼 호롭터 곡선은 이론적인 호롭터 곡선과 실험적으로 얻은 호롭터 곡선이 차이가 발생한다. 이 호롭터 곡선을 기준으로 앞쪽으로 나오는 부분을 교차 시차(crossed disparity)라 하고, 뒤쪽으로 물러난 부분은 비교차 시차(uncrossed disparity)라 한다. 또한 호롭터를 중심으로 시각 시스템에 허용하는 교차 시차와 비교차 시차간의 범위를 'Panum의 융합 범위(Panum's fusional area)'라고 한다. 따라서 인간의 양안이 수평 방향으로 약 6.3cm 정도의 간격을 두고 있기 때문에, 각 눈에 맺히는 상은 시차가 발생한다. 이는 융합 범위 내에서 관찰자에게 객체간의 상대적 거리정보를 제공하여 입체감을 느낄 수 있게 되는 것이다.

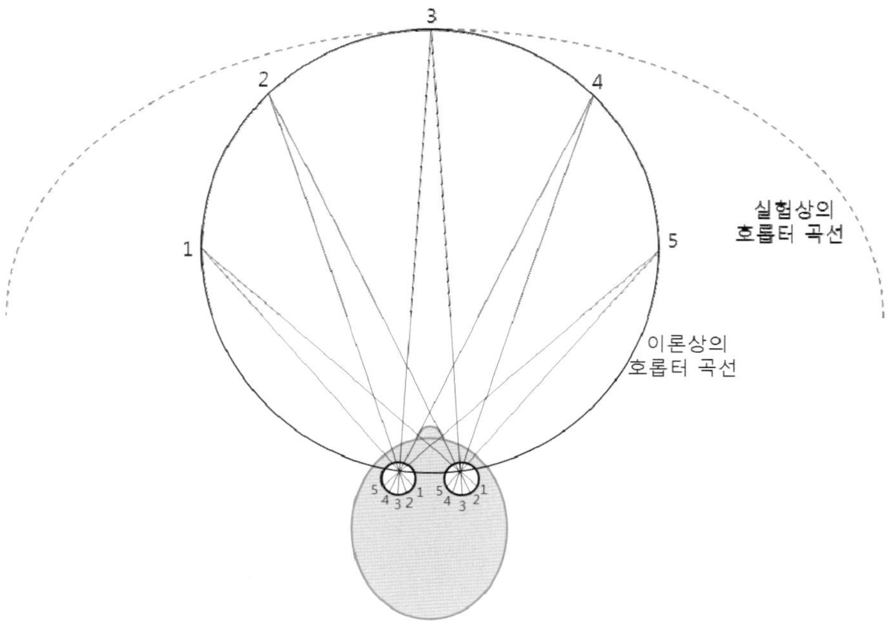

〈그림 7-3〉 실험적 호롭터 곡선과 이론적 호롭터 곡선

7.1.2 3차원 영상의 시각 피로의 원인

시청자가 3차원 영상을 시청할 때 느낄 수 있는 피로감은 3차원 영상의 획득, 보정, 압축, 재현 등의 여러 과정에서 원인을 찾을 수 있다. 시청자의 시청 환경에 따라 피로감의 정도가

달라질 수 있다. 이번 절에서는 3차원 영상에서 시각 피로를 주는 요인들 중에서 몇 가지를 살펴본다.

첫번째로 살펴볼 시각 피로의 원인은 조절과 수렴의 불일치(vergence and accommodation conflict)이다 [120]. 일반적으로 사람이 물체를 볼 경우, 눈은 현재 응시하고 있는 물체에 자연스럽게 초점을 맞추게 되며 이를 조절(accommodation)이라 한다. 응시한 부분을 중심으로 앞이나 뒤쪽에 위치한 물체나 배경은 초점에서 벗어나게 되므로 점차적으로 흐려지게 된다. 그러므로 공간상에서 관찰자의 눈의 수렴과 조절은 매우 밀접한 관계가 있다. 실제 자연영상을 볼 때 수렴과 조절은 동시에 일어난다. 조절을 하면 수렴이 동시에 수행되고, 수렴이 이루어지면 조절이 동시에 이루어진다. 이런 기능을 바탕으로 모든 객체들이 앞에서 설명한 융합 한계 범위 안으로 들어오게 된다. 하지만 3차원 영상을 볼 경우는 이런 수렴과 조절이 분리되게 된다. <그림 7-4>에 보인 것처럼, 시청자가 보고 있는 스크린은 조절거리만큼 떨어져 있기 때문에 양안은 스크린에 맞추어 조절한다. 하지만 스크린에 맺히는 3차원 영상이 가리키는 객체는 수렴거리만큼 떨어져 있는 깊이감을 제공한다. 그러므로 수렴과 조절이 불일치한 문제가 발생한다. 이런 현상은 시각 피로의 중요한 원인이 된다. 현재까지의 3차원 영상 재현 기술들은 이런 수렴과 조절의 불일치 문제를 완벽하게 해결하지 못하고 있다.

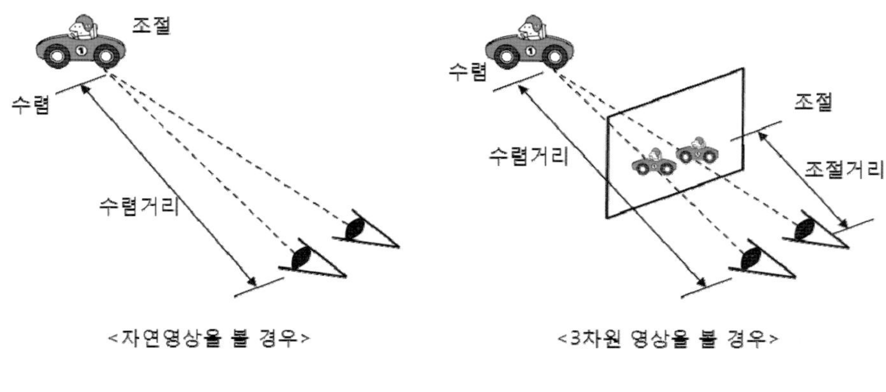

〈그림 7-4〉 조절과 수렴 불일치 문제

두번째 시각 피로 원인은 스테레오 카메라가 서로 수렴하여 촬영할 때 나타나는 키스톤 왜곡(keystone distortion)이다 [121]. <그림 7-5>에 보인 것처럼, 두 대의 카메라로 획득한 3

차원 영상은 조금씩 다른 영상 평면의 방향에서 서로 기울어진 상태로 촬영이 된다. 그 결과 왼쪽과 오른쪽의 카메라에서 촬영한 영상은 서로 반대 방향으로 기울어진 상태의 영상이 된다. 이런 키스톤 왜곡은 영상의 가장자리에서 심하게 나타나고, 카메라의 간격이 넓거나, 수렴거리가 감소하거나, 렌즈의 초점거리가 감소할 때 심하게 발생할 수 있다. 그리고 이때 발생하는 수평시차는 깊이 평면 왜곡(depth plane curvature)의 원인이 된다. 깊이 평면 왜곡으로 영상은 가장자리에 위치한 객체들이 영상의 중앙에 위치한 객체와 비교했을 때 시청자에게서 더 멀리 떨어진 것처럼 보인다.

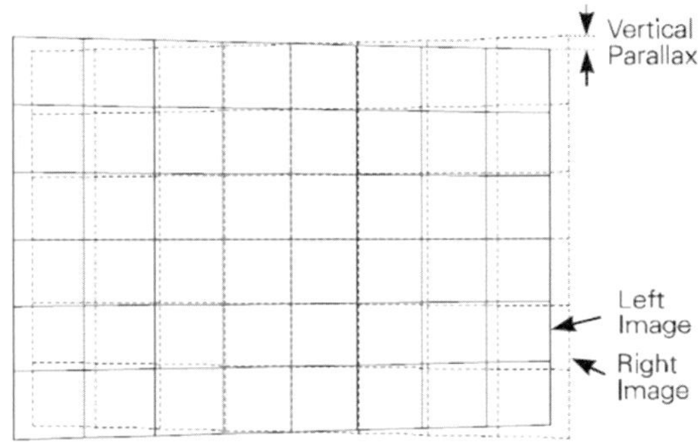

〈그림 7-5〉 키스톤 왜곡 [121]

시각적 크기 왜곡은 3차원 재현 장치에 표시된 객체와 인식된 거리가 실제 상황과 차이가 있을 경우에 발생한다. 실제 상황에서는 망막의 각도가 거리에 따라 변화될 수 있으나 3차원 재현 장치를 통해 시청할 경우 다양한 깊이감 인지 요소들이 객체의 깊이를 해석하는데 방해할 수 있다. 특히 부자연스럽게 평평한 객체나 사람이 보이는 카드보드 효과(cardboard effect)가 생길 수 있는데, 이것은 마치 입체감이 끊겨서 보이는 것처럼 부자연스러운 영상이 될 수 있다. 깊이와 크기간 부호화의 또 다른 현상은 인형 극장 효과(puppet theatre effect)이다 [122]. 일반 영상을 볼 때는 자연스럽게 느껴지던 물체를 3차원 영상으로 보면 사람이 인형처럼 작게 느껴지는 현상이다. 이 현상은 양안식 카메라의 간격이나 피사체의 3차원 간격의 불일치 등에 의해 발생할 수 있다. 이런 효과를 최소화하기 위한 연구가 진행되고 있다. 이런 시각적 크기 왜곡은 스테레오 카메라와 재현 장치의 조건에 따라 조절할 수 있다.

전단 왜곡(shear distortion)은 정면이 아닌 측면에서 3차원 영상을 시청하면 영상이 정면을 향하는 것이 아니라 관찰자가 있는 측면을 향해 있는 것처럼 느껴지는 현상을 말한다. 대부분의 3차원 재현 장치는 중앙과 같은 특정 위치에서만 올바르게 보이고, 그 이외의 위치에서는 전단 왜곡이 발생한다. 이때의 왜곡은 관찰자의 움직임에 반대 방향으로 양(+)의 시차를 갖는 객체가 움직일 때와 음(−)의 시차를 갖는 객체가 동일한 방향으로 움직이면서 나타난다. 이는 마치 시청자가 좌/우로 이동하는 위치에 화면의 객체들이 따라오듯이 왜곡되는 현상이다. 이런 문제를 해결하기 위한 방법으로 시청자의 위치를 파악하여 재현하는 헤드 트래킹 기술이 제안되기도 했다 [123, 124]. 하지만 이런 방법은 부가적인 장비가 필요하다는 단점이 있다. 최근에서는 다시점 영상을 제공하고, 다시점 디스플레이에 이를 재현하면 각 위치에 따라 고유의 영상이 재현되기 때문에 전단 왜곡을 줄일 수 있다.

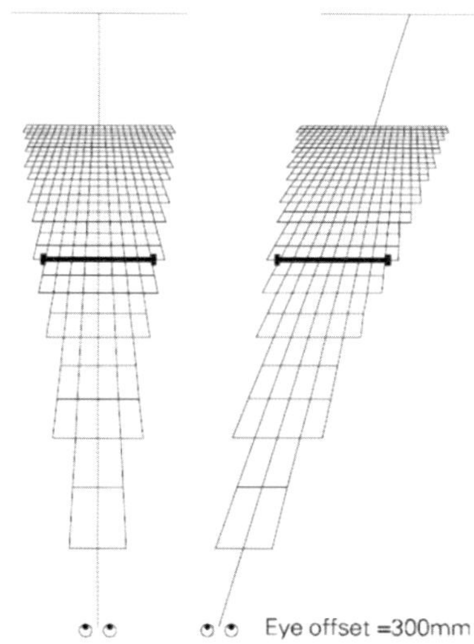

〈그림 7–6〉 전단 왜곡 [121]

크로스톡(cross talk) 또는 고스트 현상(image ghosting)은 디스플레이의 깜박임이나 왼쪽 영상의 일부가 오른쪽 눈으로 들어오는 현상을 일컫는다. 크로스톡은 3차원 영상을 관람하는 중에 이중상, 그림자 등으로 인식되는데, 이는 3차원 영상의 문제점 중에서 해결해야 할 중요한 요소이다. 재현 장치의 깜박임으로 발생하는 크로스톡은 오른쪽 눈과 왼쪽 눈에 번갈아 영상이 표시되는 시분할 방식 재현 장치에서 왼쪽의 일부 영상이 오른쪽 눈에 들어 오면서 발생하게 된다. 이때 시분할을 더 조밀하게 하여 인간 시각 시스템에서 느끼지 못할 정도로 빠르게 교차해서 보여주고 안경과의 동기를 좀 더 정밀하게 맞춰 준다면 크로스톡 현상은 많이 줄일 수 있다. 더욱이 편광 방식에서는 사용자의 자체가 바르지 못하면 자주 발생한다. 보통 편광 방식에서 이와 같은 문제의 해결 방식은 원형 편광(circular polarization) 기술을 사용하여 이를 해결 한다.

무안경 다시점 재현 장치에서 나타나는 전형적인 문제점은 피킷 펜스 효과(Picket Fence Effect)와 영상 반복(Image Flipping)이 있다. 두 현상 모두 디스플레이 앞에서 관찰자가 움직일 때 발생한다. 피킷 펜스 효과는 세로 방향의 화소들 사이에 블랙 마스크가 있기 때문에 영상이 수직으로 잘려진 것처럼 나타나는 효과이다. 영상 반복은 실세계에서 경험할 수 있는 연속적인 시차와는 달리 관찰자가 시점을 이동할 때 영상이 끊기듯 부자연스럽게 느껴지는 현상을 말한다. 이런 현상을 줄이기 위해 디스플레이의 패널 앞에 타일 형태의 랜티큘러 렌즈를 설치하여 영상을 좀 더 부드럽게 한다. 영상 반복 효과는 관찰자 추적을 통해 줄이는 방식도 소개되었다.

7.2 3차원 영상의 화질 측정 방법

일반적으로 3차원 영상의 화질을 측정하는 방법은 크게 주관적 화질 측정 방법과 객관적 화질 측정 방법으로 구분할 수 있다. 최근 MPEG의 3차원 비디오 부호화(3D video coding) 그룹에서는 부호화 방법을 개발하기 위하여 먼저 화질 측정 방법을 결정하고 표준화 작업을 진행하고 있다. 부호화한 다시점 영상의 화질을 평가하기 위하여 원본 다시점 영상을 합성한 중간 시점의 영상과 부호화를 통해 얻어진 영상을 이용하여 합성한 중간 시점의 영상을 PSNR(peak-signal-to-noise ratio)를 계산하여 비교하는 방법을 이용하고 있다. 또한 주관적 화질 평가 방법으로, 원본 영상을 이용하여 얻은 합성 영상과 부호화를 통해 얻어진 합성 영상을 모두 시청하고 각 영상에 점수를 주는 MOS(mean opinion score) 방법을 이용하기도 한다 [47]. HEVC(High Efficient Video Coding)의 표준화 과정에서도 초기에 제안 기술들에 대해서 주관적 화질 평가를 통해 제안 기술들간 경쟁을 했다. 여기서 나온 결과를 바탕으로 표준화가 진행되었다.

객관적 화질 측정 방법을 통해 나온 수치를 기반으로 제안 기술을 평가하는 방법은 그 결과만을 봤을 때 매우 명료하여 객관적 결론을 내릴 수 있다. 하지만 그 결과의 차이가 미미할 경우나 객관적 화질 측정 방법을 반영할 수 없을 때 주관적 화질평가를 통해 보다 더 정확한 결과를 얻을 수 있다. 실제로 MPEG의 3차원 비디오 부호화를 위한 표준화 과정에서 이런 경우가 자주 발생했다. 이번 장에서는 3차원 영상의 화질을 평가하기 위하여 일반적으로 사용되고 있는 주관적 화질 평가 방법과 객관적 화질 평가 방법을 소개하고, MPEG 3차원 비디오 부호화 그룹에서 제안되었던 화질 평가 방법을 살펴본다.

7.2.1 주관적 화질 측정 방법

먼저 소개할 주관적 화질 측정 방법은 ITU-R BT.500-10 "Methodology for the subjective assessment of the quality of television pictures"에서 소개하고 있는 방법 중 두 가지 방법에 대해서 설명한다.

DSCQS(Double Stimulus Continuous Quality-Scale Method) 방법은 아래의 <그림 7-7>과 같은 시스템을 이용하여 3차원 영상을 피시험자들에게 보여주고 화질을 평가하는 방법이다. 테스트 할 입력영상은 원본과 시험 영상이 임의로 섞여 있어서 시험자와 피시험자 모두 현재 재생되고 있는 영상이 원본인지 아닌지 알 수 없어야 한다. 이런 방법을 통해서 화질을 평가할 때 피시험자는 아래의 <그림 7-8>과 같은 점수표에 점수를 표시하면서 진행된다. 보통은 측정이 진행되는 동안 영상과 영상 사이에 휴식 시간을 두어 영상간의 시각적 영향을 막는다. 이런 방식으로 평가하는 방법을 MOS(mean opinion score) 방법이라고 한다. 이 방법은 ITU-T P.80에 소개된 음성품질 평가 방법을 응용한 것이다 .

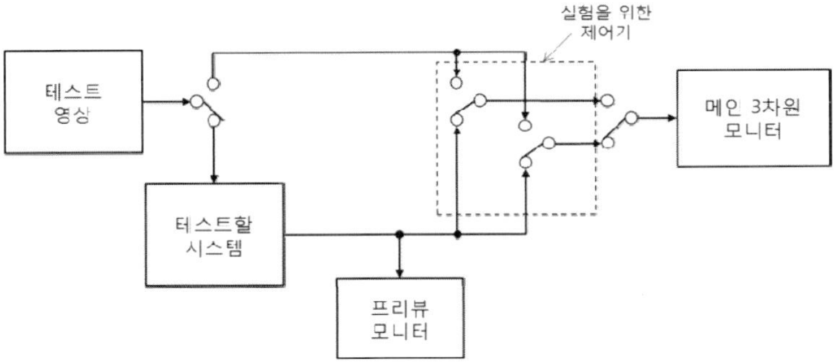

〈그림 7-7〉 DSCQS 측정을 위한 시스템

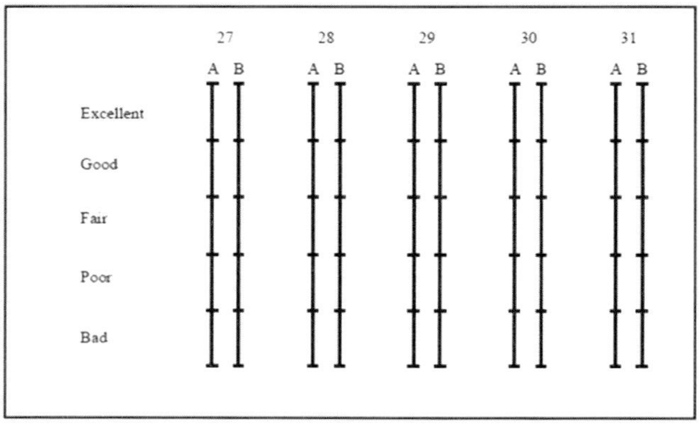

〈그림 7-8〉 주관적 화질 측정 점수표

SSCQE(Single Stimulus Continuous Quality Evaluation) 방법은 원본 영상을 사용하지 않고 대상 실험 영상만을 이용하여 평가하는 방법이다. 다만 실험 영상의 길이가 5분 정도가 되어야 한다. 이 시간 동안 피시험자는 실험을 수행하는 동안 계속하여 화질에 대한 느낌을 나누어서 표현해야 한다. <그림 7-9>는 SSCQE의 화질 평가의 예를 보인 것이다. 피시험자는 실험 영상에 대한 평가를 총 28분 동안 수행한다. 점수를 100점 만점에 화질에 대한 느낌을 1분 또는 지정한 시간 단위로 점수를 매긴다. 이런 결과들을 종합하여 실험 영상에 대한 평가를 내리게 된다. 이는 다양한 제안 기술들이 있을 때 충분한 길이의 실험 영상을 가지고 있다면 가장 정확하게 결과를 측정할 수 있다. 그리고 피시험자는 적어도 15명 이상 되어야 어느 정도 신뢰성 있는 결과를 얻을 수 있다.

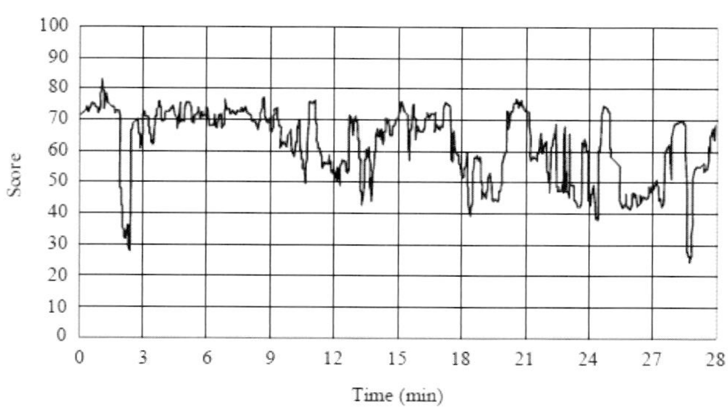

〈그림 7-9〉 SSCQE 단일 화질 평가의 예

7.2.2 객관적 화질 측정 방법

영상의 객관적 화질 평가 방법은 주로 원본 영상과 대상 영상간의 차이를 화소 단위로 계산하여 수치로 표현한다. 그 예로 MSE(Mean Square Error), PSNR(peak-signal-to-noise ratio) 측정 방법이 널리 이용된다. 하지만 이와 같은 측정방법은 단순히 영상 내 화소의 밝기값 만을 고려하여 측정한 방법이므로 인간의 시각적 측정을 정밀하게 고려하지 않는다. 인간의 시각 특성을 고려한 객관적 측정 방법으로는 PDM(perceptual distortion metric) [125], DVQ(Digital Video Quality) [126], JND(Just-Noticeable Distortion) [127] 등이 있다. 여기서는 MPEG 3차원 비디오 부호화 그룹에서 주로 이용하고 있는 객관적 화질 평가 방법을 설명한다.

앞서 제5장에서 3차원 비디오 부호화 과정에서 이용하는 화질 평가 방법을 설명했다. 3차원 비디오 부호화의 목적 중의 하나는 압축된 다시점 컬러 영상과 깊이 영상을 복원해서 이를 기반으로 중간 영상을 합성하고, 이를 다시점 재현 장치를 이용하여 3차원 영상을 서비스하는 것이다. 여기서 표준화 대상은 다시점 컬러 영상과 깊이 영상의 부호화 방법이지만, 중간 영상의 합성 방법도 중요한 기술이다. 이는 단지 복원된 영상을 서비스하는 것이 아니라 중간 영상을 합성해서 함께 제공해야 하기 때문이다. 따라서 중간 영상의 화질을 동시에 평가하면서 부호화 기술의 성능을 점검해야 한다. 이를 위해 주관적 화질 평가 방법과 객관적 화질 측정 방법을 이용한다.

3차원 비디오 부호화의 표준화의 첫 단계는 탐색 실험(exploration experiments, EE)을 통한 실험환경 구축이다. 이를 위해 통해 각 참여기관들은 객관적 화질 평가 결과 및 주관적 화질 평가 결과를 동시에 고려한다 [58]. 주관적 화질 평가는 앞서 설명한대로 원본 영상과 실험 영상을 임의로 배치하고, 피실험자가 각 영상을 평가하는 방법이다. EE중에서 EE1 (depth estimation)의 주요 목적은 효율적인 깊이 영상 추정 방법을 이용한 정확한 깊이 영상 획득이고, EE4(view synthesis)는 획득한 깊이 영상을 이용하여 중간 시점의 영상을 효율적으로 합성하는 방법이다.

EE1을 통해 획득한 깊이 영상은 EE4를 통해 정의한 합성방법을 이용하여 원본 시점의 영상과 비교하여 PSNR을 계산한다. 이때 PSNR 값이 높게 나올수록 깊이 영상의 정확도가 높다고 판단한다. 그리고 EE4를 위해 제안한 중간 시점 합성방법의 평가를 위하여 깊이 영상은 변경하지 않고 각각의 제안한 방법을 이용하여 중간 시점의 영상을 합성하고, 그 영상을 원본 영상과 비교하여 PSNR값을 계산한다. 이렇게 PSNR 값을 비교하여 값이 가장 높은 기술이 최적의 방법으로 평가된다. 이렇게 결정한 깊이 영상과 영상 합성 방법은 더 이상 변동하지 않고, 부호화 결과를 평가하기 위하여 영상 합성 방법을 이용한다.

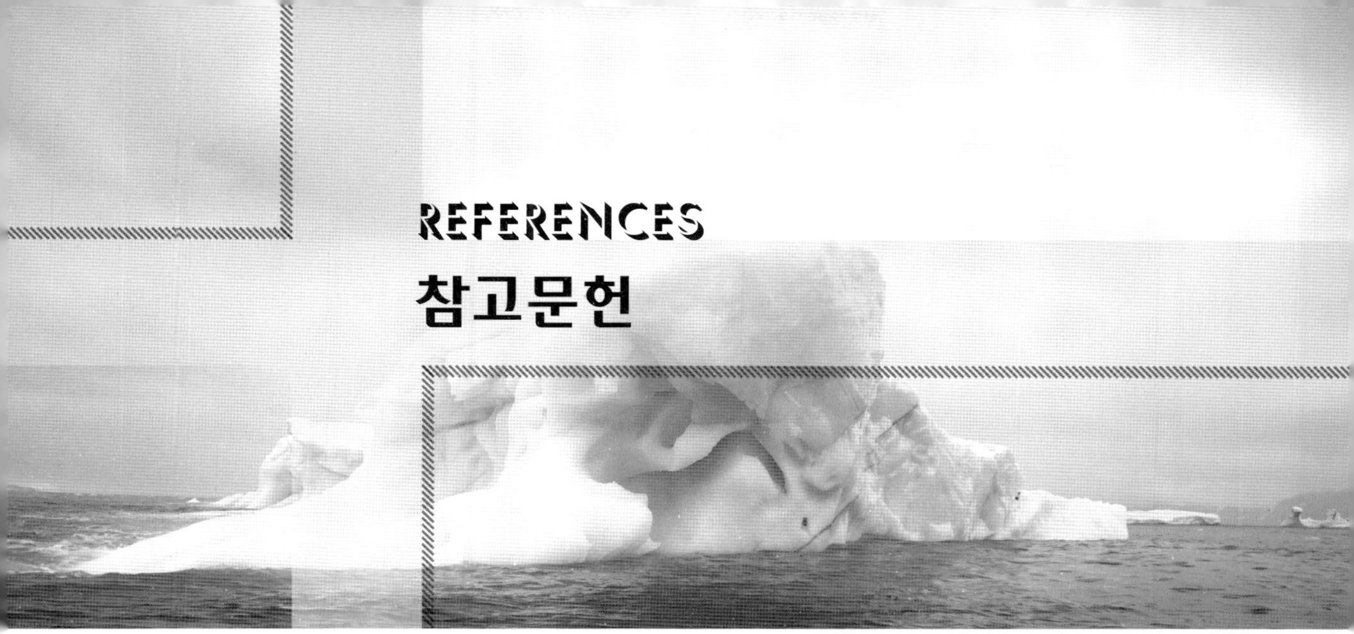

REFERENCES
참고문헌

[1] C. Wheatstone, "On Some Remarkable, and Hitherto Unobserved, Phenomena of Binocular Vision," Philosophical Transactions of the Royal Society, vol. 128, pp. 371–394, June 1838.

[2] R. Hartley and A. Zisserman, "Camera Models," in Multiple View Geometry in Computer Vision, Cambridge University Press, pp. 153–177, 2003.

[3] Q.T. Luong, and O.D. Faugeras, "Self-Calibration of a Moving Camera from Point Correspondences and Fundamental Matrices," International Journal of Computer Vision, vol. 22, no. 3, pp. 261–289, March 1997.

[4] Z. Zhang, "A Flexible New Technique for Camera Calibration," IEEE Transactions on Pattern Analysis and Machine Intelligence, vol. 22, no. 11, pp. 1330–1334, Nov. 2000.

[5] Intel. "OpenCV," http://opencv.org/.

[6] J.Y. Bouguet. "Camera Calibration Toolbox for Matlab," http://www.vision.caltech.edu/bouguetj/calib_doc/.

[7] D.F. Factory. http://www.3dfilmfactory.com/.

[8] 박창섭, 이준용, 함상진, 조인준, 이근식, "3DTV 방송용 카메라 기술 개발동향," 방송공학회지, vol. 15, no. 1, pp. 12–23, 2010. 03.

[9] Intel. "OpenCV 1.0," http://sourceforge.net/projects/opencvlibrary/files/opencv-win/1.0/.

[10] Y.S. Ho, E.K. Lee, and C. Lee, "Multi-view Video Test Sequence and Camera Parameters," ISO/IEC JTC1/SC29/WG11, m15419, April 2008.

[11] C.L. Zitnick, S.B. Kang, M. Uyttendaele, S. Winder, and R. Szeliski, "High-quality Video View Interpolation using a Layered Representation," ACM Transactions on

Graphics, vol. 23 no. 3, pp. 600–608, Aug. 2004

[12] Video Subgroup, "Call for 3D Test Material: Depth Maps & Supplementary Information," ISO/IEC JTC1/SC29/WG11, N10359, Feb. 2009.

[13] R.I. Hartley, "Theory and Practice of Projective Rectification," International Journal of Computer Vision, vol. 35, no. 2, pp. 115–127, Nov. 1999.

[14] A. Fusiello, E. Trucco, and A. Verri, "A Compact Algorithm for Rectification of Stereo Pairs," Machine Vision and Applications, vol. 12, no. 1, pp. 16–22, July 2000.

[15] A. Ilie, and G. Welch, "Ensuring Color Consistency Across Multiple Cameras," IEEE International Conference on Computer Vision, vol. 2, pp. 1268–1275, Oct. 2005.

[16] N. Joshi, B. Wilburn, V. Vaish, M. Levoy, and M. Horowitz, "Automatic Color Calibration for Large Camera Arrays," UCSD CSE Tech. Rep. CS2005–0821, May 2005.

[17] U. Fecker, M. Barkowsky, and A. Kaup, "Improving the Prediction Efficiency for Multi–view Video Coding using Histogram Matching," Picture Coding Symposium, pp. 1–5, April 2006.

[18] Y. Chen, J. Chen, and C. Cai, "Luminance and Chrominance Correction for Multi–view Video using Simplified Color Error Model," Picture Coding Symposium, pp. 1–5, April 2006.

[19] G. Jiang, F. Shao, M. Yu, K. Chen, and X. Chen, "New Color Correction Approach to Multi–view Images with Region Correspondence," Lecture Notes in Computer Science, vol. 4113, pp 1224–1228, Aug. 2006.

[20] K. Yamamoto, M. Kitahara, H. Kimata, T. Yendo, T. Fujii, M. Tanimoto, S. Shimizu, K. Kamikura, and Y. Yashima, "Multi–view Video Coding using View Interpolation and Color Correction," IEEE Transactions on Circuits and Systems for Video Technology, vol. 17, no. 11, pp. 1436–1449, Nov. 2007.

[21] 정재일, 호요성, "다시점 카메라 시스템을 위한 상대적 카메라 특성 기반 색상 보정법," Telecommunications Review, vol. 20, no. 6, pp. 1004–1016, 2010. 12.

[22] A. Klaus, M. Sormann, and K. Karner, "Segment–based Stereo Matching using Belief Propagation and a Self–adapting Dissimilarity Measure," International Conference on Pattern Recognition, pp. 15–18, Aug. 2006.

[23] Y. Boykov, O. Veksler, and R. Zabih, "Fast Approximate Energy Minimization via Graph Cuts," IEEE Transactions on Pattern Analysis and Machine Intelligence, vol. 23, no. 11, pp. 1222–1239, Nov. 2001.

[24] J. Sun, N. N. Zheng, and H. Y. Shum, "Stereo Matching using Belief Propagation," IEEE Transactions on Pattern Analysis and Machine Intelligence, vol. 25, no. 7, pp. 787–800,

July 2003.

[25] 이상범, 오관정, 호요성, "신뢰 확산을 이용한 영역 분할 기반의 다시점 깊이맵 추정 기법," 광주/전남 정보통신분야 통합학술대회, pp. 239-243, 2007. 12.

[26] P.F. Felzenszwalb, and D.P. Huttenlocher, "Efficient Graph-based Image Segmentation," International Journal of Computer Vision, vol. 59, no. 2, pp. 167-181, Sept. 2004.

[27] Video and Requirements Subgroup, "Applications and Requirements on 3D Video Coding," ISO/IEC JTC1/SC29/WG11, N11829, Jan. 2011.

[28] Y.S. Kang, C. Lee, and Y.S. Ho, "An Efficient Rectification Algorithm for Multi-view Images in Parallel Camera Array." 3DTV Conference, pp. 61-64, May 2008.

[29] Video Subgroup, "Study Text of ISO/IEC 14496-10:200x/FPDAM 1 Constrained Baseline Profile and supplementary enhancement information," ISO/IEC JTC1/SC29/WG11, N10540, April 2009.

[30] Video and Test Subgroup, "Call for Proposals on Multi-view Video Coding," ISO/IEC JTC1/SC29/WG11, N7327, July 2005.

[31] T. Wiegand, G.J. Sullivan, J.R. Ohm, and A.K. Luthra, "Introduction to the Special Issue on Scalable Video Coding - Standardization and Beyond," IEEE Transactions on Circuits and Systems for Video Technology, vol. 17, no. 9, pp. 1099-1102, Sept. 2007.

[32] Requirements Subgroup, "Requirements on Multi-view Video Coding v.7," ISO/IEC JTC1/SC29/WG11, N8218, July 2006.

[33] M. Tanimoto, M. Tehrani, T. Fujii, and T. Yendo, "Free-viewpoint TV," IEEE Signal Processing Magazine, vol. 28, no. 1, pp. 67-76, Jan. 2011.

[34] G. J. Sullivan, P. Topiwala, and A. Luthra, "The H.264/AVC Advanced Video Coding Standard: Overview and Introduction to the Fidelity Range Extensions," Proc. SPIE 5558, Applications of Digital Image Processing XXVII, 454 pp. 454-474, Nov. 2004.

[35] 호요성, 김승환, H.264/AVC 알고리즘 이해와 프로그램 분석, 두양사, 2008.

[36] 호요성, 허진, 최정아, 차세대 비디오 압축 기술 - HEVC 알고리즘 이해와 프로그램 분석, 진샘미디어, 2011.

[37] I.E.G. Richardson, H.264 and MPEG-4 Video Compression - Video Coding for Next-generation Multimedia: Wiley, 2003.

[38] H. Schwarz, D. Marpe, and T. Wiegand, "Overview of the Scalable Video Coding Extension of the H.264/AVC Standard," IEEE Transactions on Circuits and Systems for Video Technology, vol. 17, no. 9, pp. 1103-1120, Sept. 2007.

[39] P. Merkle, and K. Müller, "Efficient Prediction Structures for Multi-view Video Coding," IEEE Transactions on Circuits and Systems for Video Technology, vol. 17, no. 11, pp.

1461–1473, Nov. 2007.

[40] A. Vetro, Y. Su, H. Kimata, A. Smolic, "Joint Multi–view Video Model (JMVM) 2.0," ISO/IEC JTC1/SC29/WG11, N8459, Oct. 2006.

[41] Joint Video Team, "MVC View Synthesis Residual Prediction," ITU–T/ISO/IEC JVT, X84, July 2007.

[42] K. Matsumoto, T. Yendo, T. Fujii, and M. Tanimoto, "Multiple–Image Rectification for FTV," 3D Image Conference, pp. 191–174, July 2006.

[43] Video Subgroup, "Introduction to 3D Video," ISO/IEC JTC1/SC29/WG11, N9784, May 2008.

[44] Video and Requirements Subgroup, "Vision on 3D Video," ISO/IEC JTC1/SC29/WG11, N10357, Feb. 2009.

[45] C. Fehn, "Depth–Image–Based Rendering (DIBR), Compression and Transmission for a New Approach on 3D–TV," Proc. SPIE 5291, Stereoscopic Displays and Virtual Reality Systems XI, 93, pp. 93–104, May 2004.

[46] Video Subgroup, "Call for Contributions on 3D Video Test Material (Update)," ISO/IEC JTC1/SC29/WG11, N9595, Jan. 2008.

[47] Video and Requirements Subgroup, "Call for Proposals on 3D Video Coding Technology," ISO/IEC JTC1/SC29/WG11, N12036, March 2011.

[48] Video Subgroup, "Overview of 3DV Coding Tools Proposed in the CfP," ISO/IEC JTC1/SC29/WG11, N12348, Dec. 2011.

[49] Video Subgroup, "Description of Core Experiments for 3D–AVC," ISO/IEC JTC1/SC29/WG11, N12353, Dec. 2011.

[50] Video Subgroup, "Description of Core Experiments in HEVC based 3D Video Coding," ISO/IEC JTC1/SC29/WG11, N12354, Dec. 2011.

[51] Video and Requirements Subgroup, "Description of Exploration Experiments in 3D Video Coding," ISO/IEC JTC1/SC29/WG11, N12037, March 2011.

[52] Video Subgroup, "Results of 3D Video Expert Viewing," ISO/IEC JTC1/SC29/WG11, N9992, July 2008.

[53] F. Bruls, R. K. Gunnewiek, P. Vandewalle, and R. van der Vleuten, "Philips (with 3D4YOU) response to new Call for 3DV Test Material: Beergarden," ISO/IEC JTC1/SC29/WG11, m16421, April 2009.

[54] M. Hannuksela and D. Rusanovskyy, "Extension of Existing 3DV Test Set Toward Synthetic 3D Video Content," ISO/IEC JTC1/SC29/WG11, m19221, Jan. 2011.

[55] H.Y. Shum, and S.B. Kang, "A Review of Image–based Rendering Techniques," Proc.

SPIE Vol. 4067, Visual Communications and Image Processing, p. 2–13, May 2000.
[56] D. Scharstein, and R. Szeliski, "A Taxonomy and Evaluation of Dense Two-frame Stereo Correspondence Algorithms," International Journal of Computer Vision, vol. 47, no. 1–3, pp. 7–42, April, 2002.
[57] MPEG. "Depth Estimation Reference Software," http://wg11.sc29.org/svn/repos/MPEG-04/Part04-Conformance_testing/trunk/3D/depth_estimation/DERS/DERS/.
[58] Video Subgroup, "Report on Experimental Framework for 3D Video Coding," ISO/IEC JTC1/SC29/WG11, N11631, Oct. 2010.
[59] S. Shimizu and H. Kimata, "Experimental Results on Depth Estimation and View Synthesis with subpixel-precision," ISO/IEC JTC1/SC29/WG11, m15884, July 2008.
[60] M. Tanimoto, T. Fujii, and K. Suzuki, "Reference Software of Depth Estimation and View Synthesis for FTV/3DV," ISO/IEC JTC1/SC29/WG11, m15836, Oct. 2008.
[61] M. Tanimoto, T. Fujii, and K. Suzuki, "View Synthesis Algorithm in View Synthesis Reference Software 2.0 (VSRS2.0)," ISO/IEC JTC1/SC29/WG11, m16090, Feb. 2009.
[62] 호요성, 이상범, "결합형 양방향 필터를 이용한 깊이 영상의 후처리 필터링 방법," 한국멀티미디어학회지, 제15권, 제4호, pp. 25–32, 2011. 12.
[63] H. Tao, H. S. Sawhney, and R. Kumar, "Dynamic Depth Recovery from Multiple Synchronized Video Streams," IEEE Conf. on Computer Vision and Pattern Recognition, pp. 118–124, Dec. 2001.
[64] G. Zhang, J. Jia, T. Wong, and H. Bao, "Consistent Depth Maps Recovery from a Video Sequence," IEEE Transactions on Pattern Analysis and Machine Intelligence, vol. 31, no. 6, pp. 974–988, June 2009.
[65] M. Tanimoto, T. Fujii, and K. Suzuki, "Depth Estimation Reference Software (DERS) with Image Segmentation and Block Matching," ISO/IEC JTC1/SC29/WG11, m16092, Feb. 2009.
[66] M. Tanimoto, T. Fujii, M.P. Tehrani, N. Fukushima, and K. Suzuki, "Semi-automatic Depth Estimation for FTV," ISO/IEC JTC1/SC29/WG11, m16391, April 2009.
[67] G. Bang, J. Lee, N. Hur, and J. Kim, "Depth Estimation Algorithm in SADERS1.0," ISO/IEC JTC1/SC29/WG11, m16411, April 2009.
[68] VSRS. "View Synthesis Reference Software," http://wg11.sc29.org/svn/repos/MPEG-04/Part04-Conformance_testing/trunk/3D/view_synthesis/VSRS/.
[69] M. Tanimoto, T. Fujii, M. P. Tehrani, K. Suzuki, and N. Fukushima,, "Reference Softwares for Depth Estimation and View Synthesis," ISO/IEC JTC1/SC29/WG11, m15377, April 2008.

[70] D. Tian, P. Pandit, and C. Gomila, "Simple View Synthesis," ISO/IEC JTC1/SC29/WG11, m15696, July 2008.

[71] C. Lee, and Y.S. Ho, "Implementation of Boundary Noise Removal for View Synthesis," ISO/IEC JTC1/SC29/WG11, m16064, Feb. 2009.

[72] M. Tanimoto, T. Fujii, and K. Suzuki, "View Synthesis Method without Blending," ISO/IEC JTC1/SC29/WG11, m16091, Feb. 2009.

[73] A. Telea, "An Image Inpainting Technique based on The Fast Marching Method," Journal Graphics Tools, vol. 9, pp. 25-36, May 2004.

[74] Video Subgroup, "3D Video Coding Standardization Plans," ISO/IEC JTC1/SC29/WG11, N12557, Feb. 2012.

[75] A. Smolić, and P. Kauff, "Interactive 3-D Video Representation and Coding Technologies," Proceedings of the IEEE, vol. 93, no. 1, pp. 98-110, Jan. 2005.

[76] C. Tomasi, and T. Kanade, "Shape and Motion from Image Streams under Orthography: a Factorization Method," International Journal of Computer Vision, vol. 9, no. 2, pp. 137-154, Nov. 1992.

[77] I. Biederman, "Recognition-by-Components: A Theory of Human Image Understanding," Psychological Review, vol. 94, no. 2, pp. 115-147, April 1987.

[78] D. Rusanovskyy and M. M. Hannuksela, "Description of 3D Video Coding Technology Proposal by Nokia," ISO/IEC JTC1/SC29/WG11, m22552, Nov. 2011.

[79] HHI. "H.264/AVC Reference Software," http://iphome.hhi.de/suehring/tml/download/old_jm/.

[80] JCT-3V, "3DV-ATM," http://mpeg3dv.research.nokia.com/svn/mpeg3dv/tags/.

[81] JCT-3V. "JCT-3V Mailing List," https://mailman.rwth-aachen.de/mailman/listinfo/jct-3v.

[82] Video Subgroup, "Common Test Conditions for 3DV Experimentation," ISO/IEC JTC1/SC29/WG11, N12560, Feb. 2012.

[83] G. Bjontegaard, "Calculation of Average PSNR Differences between RD Curves," ITU-T SG16/Q6, 13th VCEG Meeting, 2001.

[84] Joint Video Team, "WD1 Reference Software for MVC (JMVC) 6.0," ITU-T/ISO/IEC JVT, AF14, Nov. 2009.

[85] S. Yea, J. Oh, S. Ince, E. Martinian, and A. Vetro, "Report on Core Experiment CE3 of Multi-view Coding," ISO/IEC JTC1/SC29/WG11, m13695, July 2006.

[86] J. Lee, B.T. Oh, I. Lim, K.J. Oh, J.Y. Lee, H.C. Wey, S. Lee, S. Lee, D.S. Park, and C.Y. Kim, "Description of AVC Compatible 3D Video Coding Technology by Samsung,"

ISO/IEC JTC1/SC29/WG11, m22632, Nov. 2011.

[87] D. Tian, D. Graziosi, Y. Wang, N.M. Cheung, and A. Vetro, "Mitsubishi Response to MPEG Call for Proposal on 3D Video Coding Technology," ISO/IEC JTC1/SC29/WG11, m22663, Nov. 2011.

[88] ISO/IEC, "Description of 3D Video Coding Technology Proposal by NTT," ISO/IEC JTC1/SC29/WG11, m22616, Nov. 2011.

[89] M. Domanski, T. Grajek, D. Karwowski, K. Klimaszewski, J. Konieczny, M. Kurc, A. Luczak, R. Ratajczak, J. Siast, O. Stankiewicz, J. Stankowski, and K. Wegner, "Technical Desciption of Poznan University of Technology proposal for Call on 3D Video Coding Technology," ISO/IEC JTC1/SC29/WG11, m22697, Nov. 2011.

[90] J.L. Lin, Y.W. Chen, Y.L. Chang, Y.P. Tsai, Y.W. Huang, and S. Lei, "3D-CE5.a results on the motion vector competition-based Skip/Direct mode with explicit signaling," ITU-T/ISO/IEC JCT3V, A0045, July 2012.

[91] J.L. Lin, Y.W. Chen, X. Guo, Y.L. Chang, Y.P. Tsai, Y.W. Huang, and S. Lei, "3D-CE5.a related motion vector competition-based Skip/Direct mode with explicit signaling," ISO/IEC JTC1/SC29/WG11, m22847, May 2012.

[92] Y. Song, C. Lee, and Y. S. Ho, "3D-CE4.a related: Depth boundary filtering," ISO/IEC JTC1/SC29/WG11, m24947, May 2012.

[93] I. Lim, H. C. Wey, and J. Lee, "3D-CE4.a results on region based adaptive loop filter by Samsung," ISO/IEC JTC1/SC29/WG11, m24822, May 2012.

[94] K.J. Oh, B.T. Oh, J. Lee, and D.S. Park, "3D-AVC-CE4 results on Samsung's plane segmentation based intra prediction and depth intra skip prediction," ISO/IEC JTC1/SC29/WG11, m23660, Feb. 2012.

[95] Y. Zhao and L. Yu, "3D-AVC-CE4 results on Gradient-based Most Probable Mode (GMPM) for intra depth coding," ISO/IEC JTC1/SC29/WG11, m23630, Feb. 2012.

[96] G. Bang, K.Y. Kim, G.H. Park, W.S. Cheong, and N.H. Hur, "3D-AVC-CE4 related: The proposal for intra skip prediction modification," ISO/IEC JTC1/SC29/WG11, m23942, Feb. 2012.

[97] T. Senoh, K. Yamamoto, R. Oi, Y. Ichihashi, and T. Kurita, "Technical description of 3DV proposal P-27 (NICT)," ISO/IEC JTC1/SC29/WG11, m22573, Nov. 2011.

[98] M. Tanimoto, T. Fujii, M.P. Tehrani, M. Wildeboer, L. Yang, T. Ishibashi, and Y. Higuchi, "Description of 3D Video Coding Technology Proposal by Nagoya University," ISO/IEC JTC1/SC29/WG11, m22567, Nov. 2011.

[99] B. Bross, W.J. Han, G.J. Sullivan, J.R. Ohm, and T. Wiegand, "High Efficiency Video

Coding (HEVC) text specification draft 9 (SoDIS)," ITU-T/ISO/IEC JCTVC, K1003, Oct. 2012.

[100] JCT-3V, "3DV-HTM," https://hevc.hhi.fraunhofer.de/svn/svn_3DVCSoftware/trunk.

[101] H. Schwarz, C. Bartnik, S. Bosse, H. Brust, T. HInz, H. Lakshman, D. Marpe, P. Merkle, K. Muller, H. Rhee, G. Tech, M. winken, and T. Wiegand, "Description of 3D Video Coding Technology Proposal by Fraunhofer HHI " ISO/IEC JTC1/SC29/WG11, m22529, Nov. 2011.

[102] Video Subgroup, "Description of Core Experiments in 3D Video Coding," ISO/IEC JTC1/SC29/WG11, N12353, Nov. 2011.

[103] D. Rusanovskyy, K. Muller, and A. Vetro, "Common Test Conditions of 3DV Core Experiments," ITU-T/ISO/IEC JCT3V, B1100, Oct. 2012.

[104] H. Schwarz, C. Bartnik, S. Bosse, H. Brust, T. Hinz, H. Lakshman, D. Marpe, P. Merkle, K. Muller, H. Rhee, G. Tech, M. Winken, and T. Wiegand, "Description of 3D Video Technology Proposal by Fraunhofer HHI (HEVC compatible; configuration B)," ISO/IEC JTC1/SC29/WG11, m22571, Nov. 2011.

[105] JCT-VC. "HM Software," https://hevc.kw.bbc.co.uk/git/w/jctvc-a124.git.

[106] Y. Takahashi, S. Hattori, and T. Suzuki, "Descriptions of 3D Video Coding Proposal (HEVC-Compatible Category)," ISO/IEC JTC1/SC29/WG11, m22566, Nov. 2011.

[107] J. Nam, H. Choi, D. Sim, and J. Jung, "Advanced motion and disparity prediction for 3D video coding " ISO/IEC JTC1/SC29/WG11, m22560, Nov. 2011.

[108] S. Yea, J. Sung, E. Son, and J. Jung, "Description of 3D Video Coding Technology Proposal by LG Electronics," ISO/IEC JTC1/SC29/WG11, m22577, Nov. 2011.

[109] P. Merkle, K. Muller, X. Zhao, Y. Chen, L. Zhang, and M. Karczewicz, "CE6.H results on simplified Wedgelet search for DMM modes 1 and 3," ITU-T/ISO/IEC JCT3V, B0039, Oct. 2012.

[110] T. Wiegand, M. Lightstone, D. Mukherjee, T. G. Campbell, and S. K. Mitra, "Rate-distortion Optimized Mode Selection for Very Low Bit Rate Video coding and the emerging H.263 standard," IEEE Transactions on Circuits and Systems for Video Technology, vol. 6, no. 2, pp. 182-190, April 1996.

[111] H. Schwarz, C. Bartnik, S. Bosse, H. Brust, T. Hinz, H. Lakshman, D. Marpe, P. Merkle, K. Muller, H. Rhee, G. Tech, M. Winken, and T. Wiegand, "Description of 3D Video Technology Proposal by Fraunhofer HHI," ISO/IEC JTC1/SC29/WG11, m22570, Nov. 2011.

[112] J. Lee, B.T. Oh, I. Lim, K.J. Oh, J.Y. Lee, H.C. Wey, S. Lee, S. Lee, D.S. Park, and C.Y.

Kim, "Description of HEVC compatible 3D video coding technology by Samsung," ISO/IEC JTC1/SC29/WG11, m22633, Nov. 2011.

[113] L. Yu, D. Fu, Y. Zhue, Y. Zhang, and P. Lv, "Description of video coding technology proposal by Zhejiang University," ISO/IEC JTC1/SC29/WG11, m22674, Nov. 2011.

[114] J. Jung, S. Yea, S.C. Ryu, D. H. Kim, and K.H. Sohn, "CE8.h Depth distortion metric with a weighted depth fidelity term," ITU-T/ISO/IEC JCT3V, A0119, July 2012.

[115] J. Jung and K. Viswanathan, "Depth Quadtree Prediction for HTM," ITU-T/ISO/IEC JCT3V, A0044, July 2012.

[116] A. Smolic, "3D Video and Free Viewpoint Video - From Capture to Display," Pattern Recognition, vol. 44, no. 9, pp. 1958-1968, Sept. 2011.

[117] L. Onural, T. Sikora, and A. Smolic, "An Overview of a New European Consortium: Integrated Three-dimensional Television - Capture, Transmission and Display (3DTV)," European Workshop on the Integration of Knowledge, Semantics and Digital Media Technology, pp. 1-8, Nov. 2004.

[118] M. Tanimoto, "Overview of FTV (Free-viewpoint Television)," Proc. SPIE 7744, Visual Communications and Image Processing, pp. 1552-1553, July 2010.

[119] W.J. Tam, F. Speranza, S. Yano, K. Shimono, and H. Ono, "Stereoscopic 3D-TV: Visual comfort," IEEE Transactions on Broadcasting, vol. 57, no. 2 PART 2, pp. 335-346, June 2011.

[120] D.M. Hoffman, A.R. Girshick, K. Akeley, and M.S. Banks, "Vergence-accommodation Conflicts Hinder Visual Performance and Cause Visual Fatigue," Journal of Vision, vol. 8, no. 3, pp. 1-30, March 2008.

[121] A. Woods, T. Docherty, and R. Koch, "Image Distortions in Stereoscopic Video Systems," Proc. SPIE 1915, Stereoscopic Displays and Applications IV, 36, pp. 36-48, Sept. 1993.

[122] H. Yamanoue, M. Okui, and F. Okano, "Geometrical Analysis of Puppet-theater and Cardboard Effects in Stereoscopic HDTV Images," IEEE Transactions on Circuits and Systems for Video Technology, vol. 16, no. 6, pp. 744-752, June 2006.

[123] G.J. Woodgate, D. Ezra, J. Harrold, N.S. Holliman, G.R. Jones, and R.R. Moseley, "Observer-tracking Autostereoscopic 3D Display Systems," Proc. SPIE 3012, Stereoscopic Displays and Virtual Reality Systems IV, 187, pp. 187-198, May 1997.

[124] P. Surman, I. Sexton, K. Hopf, E. Buckley, W.K. Lee, and R. Bates, "Head Tracked Multi-user 3D Display using an RGB Laser Illumination Source," Proceedings of the 6th Asian Symposium on Information Display, pp. 361-364, Jan. 2006.

[125] S. Winkler, “Perceptual Distortion Metric for Digital Color Video,” SPIE Optical Engineering, vol. 3644, pp. 175–184, Jan. 1999.

[126] A.B. Watson, J. Hu, and J.F. McGowan, “Digital Video Quality Metric based on Human Vision,” Journal of Electronic Imaging, vol. 10, no. 1, pp. 20–29, Oct. 2001.

[127] W. Zhenyu, and K.N. Ngan, “Spatio–Temporal Just Noticeable Distortion Profile for Grey Scale Image/Video in DCT Domain,” IEEE Transactions on Circuits and Systems for Video Technology, vol. 19, no. 3, pp. 337–346, March 2009.

[128] 호요성, 오관정, 3차원 비디오의 이해와 분석 – 3DTV를 위한 MPEG 3DAV/MVC/FTV/3DVC 표준화 작업, 진샘미디어, 2011.

[129] R.Y. Tsai, "Versatile Camera Calibration Technique for High–accuracy 3D Machine Vision Metrology using Off–The–Shelf TV Cameras and Lenses," IEEE Journal of Robotics and Automation, vol. RA–3, pp. 323–344, Aug. 1987.

[130] 호요성, 김성열, 3차원 입체영상 정보처리, 두양사, 2010.

[131] 김진웅, 안치득, 최진수, 문경애, 허남호, 엄기문, 강경옥, 훤히 보이는 3D 기술, 전자신문사, 2010.

[132] 호요성, 최정아, UHD 고화질 영상 압축 기술 – HEVC 알고리즘 이해와 프로그램 분석, 진샘미디어, 2013.

INDEX
찾아보기

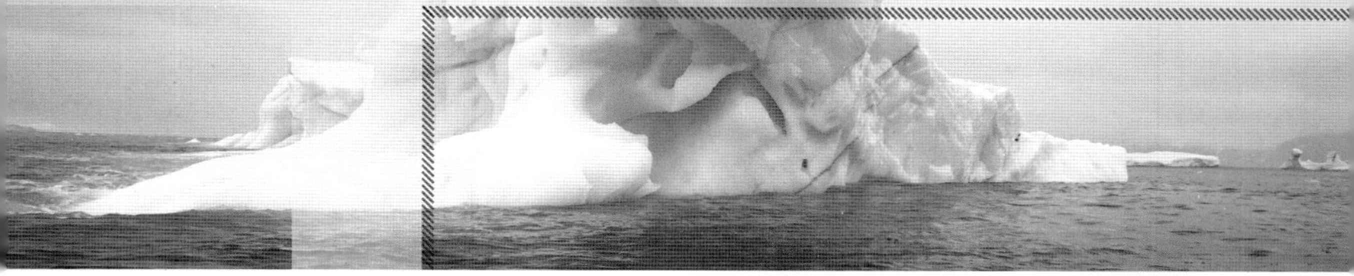

[ㄱ]

[ㄷ]

[ㄹ]

[ㅁ]

[ㅁ]

[ㅅ]

[ㅇ]

[ㅈ]

[숫자]

■ 저자 소개

호요성

- 서울대학교 공과대학 전자공학과 (학사)
- 서울대학교 대학원 전자공학과 (석사)
- University of California, Santa Barbara
  Dept. of Electrical & Computer Engineering (박사)
- 한국전자통신연구소, 선임연구원
- 미국 Philips 연구소, Senior Research Member
- 미국 Polytechnic University, Adjunct Professor
- MPEG-Korea 의장 역임

현) 광주과학기술원, 정보통신공학부 교수
광주과학기술원, 실감방송연구센터 센터장

이천

- 한국항공대학교, 공과대학 전자 및 항공전자공학과 (학사)
- 광주과학기술원, 정보통신공학부 영상통신연구실 (석사)
- 광주과학기술원, 정보통신공학부 영상통신연구실 (박사)

다시점 3차원 영상 처리 및 부호화 기술

3DTV를 위한 MPEG, JVT, JCT-3V 표준화 작업

발 행 일 • 2013년 4월 10일

저 자 • 호요성·이천
발 행 인 • 최봉조
발 행 처 • 진샘미디어
주 소 • 서울시 은평구 역촌동 58-9
부호아파트 102동 상가5호
전 화 • 02)353-4421
팩 스 • 02)353-4431

웹사이트 • www.jinsaem.co.kr
신고번호 • 제311-2005-000025호
I S B N • 978-89-92887-86-1(93560)

정가 18,000원